高职高专"十二五"规划教材

★ 农林牧渔系列

渔业企业经营管理

潘开宇　主编

·北京·

本书以培养渔业企业经理、支持学生自主创业、合理择业为出发点，在内容的选取上以实用为主，理论为辅。主要内容包括：渔业企业的组织架构、水产品市场、渔业企业的成本管理、水产品质量管理、渔业企业生产管理、渔业企业人力资源管理、渔业企业财务管理、渔业企业的物资与设备管理、渔业企业的信息与技术管理、渔业企业的国际化经营、渔业企业的预测与决策、渔业企业的经济效益分析与评价、渔业企业的文化建设、渔业政策与法规。

各章先由典型案例凸显主题，然后切入正文介绍必备知识及技能要点；对重要、必要的理论和概念由于篇幅所限不能放在正文中介绍的，则以链接的方式放在正文之后以小字体标出；作业以"实操与思考"的形式出现，尽可能锻炼读者思考问题的综合性、针对性和可操作性。

本书适合作为高职高专水产养殖及相关专业师生的教材，对水产企业的经营管理人员也有很好的参考作用。

图书在版编目（CIP）数据

渔业企业经营管理/潘开宇主编．—北京：化学工业出版社，2011.7（2023.8 重印）
高职高专"十二五"规划教材★农林牧渔系列
ISBN 978-7-122-11886-8

Ⅰ．渔⋯ Ⅱ．潘⋯ Ⅲ．渔业管理：企业管理-高等职业教育-教材 Ⅳ．F307.4

中国版本图书馆 CIP 数据核字（2011）第 143903 号

责任编辑：梁静丽　李植峰　　　　　　文字编辑：李锦侠
责任校对：王素芹　　　　　　　　　　装帧设计：史利平

出版发行：化学工业出版社（北京市东城区青年湖南街 13 号　邮政编码 100011）
印　　装：北京虎彩文化传播有限公司
787mm×1092mm　1/16　印张 15　字数 390 千字　2023 年 8 月北京第 1 版第 5 次印刷

购书咨询：010-64518888　　售后服务：010-64518899
网　　址：http://www.cip.com.cn
凡购买本书，如有缺损质量问题，本社销售中心负责调换。

定　　价：40.00 元　　　　　　　　　　　　　　　　　　版权所有　违者必究

高职高专规划教材★农林牧渔系列
建设委员会成员名单

主 任 委 员　介晓磊
副主任委员　温景文　陈明达　林洪金　江世宏　荆　宇　张晓根
　　　　　　　窦铁生　何华西　田应华　吴　健　马继权　张震云

委　　　员　（按姓名汉语拼音排列）

边静玮	陈桂银	陈宏智	陈明达	陈　涛	邓灶福	窦铁生	甘勇辉	高　婕	耿明杰
官麟丰	谷凤柱	郭桂义	郭永胜	郭振升	郭正富	何华西	胡克伟	胡孔峰	胡天正
黄绿荷	江世宏	姜文联	姜小文	蒋艾青	介晓磊	金伊洙	荆　宇	李　纯	李光武
李彦军	梁学勇	梁运霞	林伯全	林洪金	刘　莉	刘俊栋	刘　蕊	刘淑春	刘万平
刘晓娜	刘新社	刘奕清	刘　政	卢　颖	马继权	倪海星	欧阳素贞	潘开宇	潘自舒
彭　宏	彭小燕	邱运亮	任　平	商世能	史延平	苏允平	陶正平	田应华	王存兴
王　宏	王秋梅	王水琦	王秀娟	王燕丽	温景文	吴昌标	吴　健	吴郁魂	吴云辉
武模戈	肖卫苹	谢利娟	谢相林	谢拥军	徐苏凌	徐作仁	许开录	闫慎飞	颜世发
燕智文	杨玉珍	尹秀玲	于文越	张德炎	张海松	张晓根	张玉廷	张震云	张志轩
赵晨霞	赵　华	赵先明	赵勇军	郑继昌	朱学文

高职高专规划教材★农林牧渔系列
编审委员会成员名单

主 任 委 员　蒋锦标
副主任委员　杨宝进　张慎举　黄　瑞　杨廷桂　胡虹文　张守润
　　　　　　　宋连喜　薛瑞辰　王德芝　王学民　张桂臣

委　　　员　（按姓名汉语拼音排列）

艾国良	白彩霞	白迎春	白永莉	白远国	柏玉平	毕玉霞	边传周	卜春华	曹　晶
曹宗波	陈传印	陈杭芳	陈金雄	陈　璟	陈盛彬	陈现臣	程　冉	褚秀玲	崔爱萍
丁玉玲	董义超	董曾施	段鹏慧	范洲衡	方希修	付美云	高　凯	高　梅	高志花
弓建国	顾成柏	顾洪娟	关小变	韩建强	韩　强	何海健	何英俊	胡凤新	胡虹文
胡　辉	胡石柳	黄　瑞	黄修奇	吉　梅	纪守学	纪　瑛	蒋锦标	鞠志新	李碧全
李　刚	李继连	李　军	李雷斌	李林春	梁本国	梁称福	梁俊荣	林　纬	林仲桂
刘革利	刘广文	刘丽云	刘振湘	刘贤忠	刘晓欣	刘振华	刘宗亮	柳遵新	龙冰雁
罗　玲	潘　琦	潘一展	邱深本	任国栋	阮国荣	申庆全	石冬梅	史兴山	史雅静
宋连喜	孙克威	孙雄华	孙志浩	唐建勋	唐晓玲	田　伟	田伟政	田文儒	汪玉琳
王爱华	王朝霞	王大来	王道国	王德芝	王　健	王立军	王孟宇	王双山	王铁岗
王文焕	王新军	王　星	王学民	王艳立	王云惠	王中华	吴俊琢	吴琼峰	吴占福
吴中军	肖尚修	熊运海	徐公义	徐占云	许美云	薛瑞辰	羊建平	杨宝进	杨平科
杨廷桂	杨卫韵	杨学敏	杨　志	杨治国	姚志刚	易　诚	易新军	于承鹤	于显威
袁亚芳	曾饶琼	曾元根	战忠玲	张春华	张桂臣	张怀珠	张　玲	张庆霞	张慎举
张守润	张响英	张　欣	张新明	张艳红	张祖荣	赵希彦	赵秀娟	郑翠芝	周显忠
朱雅安	卓开荣

高职高专规划教材★农林牧渔系列
建设单位
(按汉语拼音排列)

安阳工学院	黑龙江农业工程职业学院	盘锦职业技术学院
保定职业技术学院	黑龙江农业经济职业学院	濮阳职业技术学院
北京城市学院	黑龙江农业职业技术学院	青岛农业大学
北京林业大学	黑龙江生物科技职业学院	青海畜牧兽医职业技术学院
北京农业职业学院	黑龙江畜牧兽医职业学院	曲靖职业技术学院
长治学院	呼和浩特职业学院	日照职业技术学院
长治职业技术学院	湖北生物科技职业学院	三门峡职业技术学院
常德职业技术学院	湖南怀化职业技术学院	山东科技职业学院
成都农业科技职业学院	湖南环境生物职业技术学院	山东省贸易职工大学
成都市农林科学院园艺研究所	湖南生物机电职业技术学院	山东省农业管理干部学院
	吉林农业科技学院	山西林业职业技术学院
重庆三峡职业学院	集宁师范高等专科学校	商洛学院
重庆文理学院	济宁市高新技术开发区农业局	商丘职业技术学院
德州职业技术学院	济宁市教育局	深圳职业技术学院
福建农业职业技术学院	济宁职业技术学院	沈阳农业大学
抚顺师范高等专科学校	嘉兴职业技术学院	沈阳农业大学高等职业技术学院
甘肃农业职业技术学院	江苏联合职业技术学院	苏州农业职业技术学院
广东科贸职业学院	江苏农林职业技术学院	乌兰察布职业学院
广东农工商职业技术学院	江苏畜牧兽医职业技术学院	温州科技职业学院
广西百色市水产畜牧兽医局	江西生物科技职业学院	厦门海洋职业技术学院
广西大学	金华职业技术学院	咸宁学院
广西职业技术学院	晋中职业技术学院	咸宁职业技术学院
广州城市职业学院	荆楚理工学院	信阳农业高等专科学校
海南大学应用科技学院	荆州职业技术学院	杨凌职业技术学院
海南师范大学	景德镇高等专科学校	宜宾职业技术学院
海南职业技术学院	昆明市农业学校	永州职业技术学院
杭州万向职业技术学院	丽水学院	玉溪农业职业技术学院
河北北方学院	丽水职业技术学院	岳阳职业技术学院
河北工程大学	辽东学院	云南农业职业技术学院
河北交通职业技术学院	辽宁科技学院	云南省曲靖农业学校
河北科技师范学院	辽宁农业职业技术学院	云南省思茅农业学校
河北省现代农业高等职业技术学院	辽宁医学院高等职业技术学院	张家口教育学院
河南科技大学林业职业学院	辽宁职业学院	漳州职业技术学院
河南农业大学	聊城大学	郑州牧业工程高等专科学校
河南农业职业学院	聊城职业技术学院	郑州师范高等专科学校
河西学院	眉山职业技术学院	中国农业大学烟台研究院
	南充职业技术学院	

《渔业企业经营管理》编写人员名单

主　　编　潘开宇

副 主 编　徐光龙　孟繁静　刘松岩

编写人员　（按姓名笔画排列）

　　　　　　王　权　江苏畜牧兽医职业技术学院

　　　　　　王劲松　荆楚理工学院

　　　　　　刘松岩　信阳农业高等专科学校

　　　　　　李西云　河南省淙河水库管理局

　　　　　　李修峰　襄樊职业技术学院

　　　　　　周海平　广西职业技术学院

　　　　　　郑　伟　日照职业技术学院

　　　　　　张泳涛　湖北生物科技职业学院

　　　　　　孟繁静　盘锦职业技术学院

　　　　　　封　琦　江苏畜牧兽医职业技术学院

　　　　　　胡天正　玉溪农业职业技术学院

　　　　　　徐文彦　郑州牧业工程高等专科学校

　　　　　　徐光龙　江西生物科技职业学院

　　　　　　潘开宇　信阳农业高等专科学校

序

当今，我国高等职业教育作为高等教育的一个类型，已经进入到以加强内涵建设、全面提高人才培养质量为主旋律的发展新阶段。各高职高专院校针对区域经济社会的发展与行业进步，积极开展新一轮的教育教学改革。以服务为宗旨，以就业为导向，在人才培养质量工程建设的各个侧面加大投入，不断改革、创新和实践。尤其是在课程体系与教学内容改革上，许多学校都非常关注利用校内、校外两种资源，积极推动校企合作与工学结合，如邀请行业企业参与制定培养方案，按职业要求设置课程体系；校企合作共同开发课程；根据工作过程设计课程内容和改革教学方式；教学过程突出实践性，加大生产性实训比例等，这些工作主动适应了新形势下高素质技能型人才培养的需要，是落实科学发展观，努力办人民满意的高等职业教育的主要举措。教材建设是课程建设的重要内容，也是教学改革的重要物化成果。教育部《关于全面提高高等职业教育教学质量的若干意见》（教高〔2006〕16号）指出"课程建设与改革是提高教学质量的核心，也是教学改革的重点和难点"，明确要求要"加强教材建设，重点建设好3000种左右国家规划教材，与行业企业共同开发紧密结合生产实际的实训教材，并确保优质教材进课堂。"目前，在农林牧渔类高职院校中，教材建设还存在一些问题，如行业变革较大与课程内容老化的矛盾、能力本位教育与学科型教材供应的矛盾、教学改革加快推进与教材建设严重滞后的矛盾、教材需求多样化与教材供应形式单一的矛盾等。随着经济发展、科技进步和行业对人才培养要求的不断提高，组织编写一批真正遵循职业教育规律和行业生产经营规律、适应职业岗位群的职业能力要求和高素质技能型人才培养的要求、具有创新性和普适性的教材将具有十分重要的意义。

化学工业出版社为中央级综合科技出版社，是国家规划教材的重要出版基地，为我国高等教育的发展做出了积极贡献，曾被新闻出版总署领导评价为"导向正确、管理规范、特色鲜明、效益良好的模范出版社"，2008年荣获首届中国出版政府奖——先进出版单位奖。近年来，化学工业出版社密切关注我国农林牧渔类职业教育的改革和发展，积极开拓教材的出版工作，2007年年底，在原"教育部高等学校高职高专农林牧渔类专业教学指导委员会"有关专家的指导下，化学工业出版社邀请了全国100余所开设农林牧渔类专业的高职高专院校的骨干教师，共同研讨高等职业教育新阶段教学改革中相关专业教材的建设工作，并邀请相关行业企业作为教材建设单位参与建设，共同开发教材。为做好系列教材的组织建设与指导服务工作，化学工业出版社聘请有关专家组建了"高职高专规划教材★农林牧渔系列建设委员会"和"高职高专规划教材★农林牧渔系列编审委员会"，拟在"十一五"、"十二五"期间组织相关院校的一线教师和相关企业的技术人员，在深入调研、整体规划的基础上，编写出版一套适应农林牧渔类相关专业教育的基础课、专业课及相关外延课程教材。专业涉及种植、园林园艺、畜牧、兽医、水产、宠物等。

该套教材的建设贯彻了以职业岗位能力培养为中心，以素质教育、创新教育为基础的教育理念，理论知识"必需"、"够用"和"管用"，以常规技术为基础，关键技术为重点，先进技术为导向。此套教材汇集众多农林牧渔类高职高专院校教师的教学经验和教改成果，又得到了相关行业企业专家的指导和积极参与，相信它的出版不仅能较好地满足高职高专农林牧渔类专业的教学需求，而且对促进高职高专专业建设、课程建设与改革、提高教学质量也将起到积极的推动作用。希望有关教师和行业企业技术人员，积极关注并参与教材建设。毕竟，为高职高专农林牧渔类专业教育教学服务，共同开发、建设出一套优质教材是我们共同的责任和义务。

介晓磊

前言

　　企业是社会经济体系的细胞，渔业企业是渔业经济体系的细胞。正是由于我国众多的渔业企业的存在和它们的努力，才使得我国渔业保持了持续不断的增长，从而在满足国内市场自身需要的同时也为我国换取了大量的外汇、解决了大量的劳动力就业、帮助了很多老少边穷地区的农民脱贫致富。总之，我国的渔业及渔业企业的社会贡献是有目共睹的。

　　渔业企业经营管理是专门研究渔业企业如何制订正确的发展方向和发展目标、如何使企业自身效益最大化的同时又取得较好的社会效益和环境效益的一门课程。尤其在当前我国市场经济体制愈加完善、全球经济一体化步伐愈见加快、渔业技术进步一日千里的形势下，如何使渔业企业的创业者和经营管理者能够较好地驾驭企业的发展，从而为企业自身、同时也为社会做出更大的贡献，这是本书要力求回答的问题。

　　鉴于高职高专的办学类型及学生的自身特点，本书在编写中贯彻了以能力培养为本位，以渔业企业经营管理的实际需要为出发点来构建课程框架和选材内容。力求以案例引证概念，用众多渔业企业的经营管理实践来启发学生思考问题，从而增加了本书的趣味性和可读性。结合实操与思考题，意在培养学生将来从事经营管理的思考能力、学习能力和实际工作能力。在教学使用中全书可按40～60学时安排，实操项目亦可根据需要自行增减。

　　全书共分为十五章，涵盖了渔业企业经营管理的各个方面，在教学过程中可根据实际情况进行取舍。其中第十五章的"渔业政策与法规"中，考虑到学生将来或将成为经理或者是应聘者，特将有关《劳动法》、《经济合同法》的内容列入。

　　本书在编写过程中，结合渔业企业经营管理实际和高职高专的办学特点，编委成员先讨论修改编写大纲，定纲后分工编写；主编统稿后提出修改意见，然后再由主编组织统稿修改；历时四年，几经增删，终于在2011年3月付梓交印。尽管如此，由于水平所限，书中不当之处在所难免，敬请读者批评指正。

　　本书在编写过程中参考了有关著作、教材、刊物和互联网上的观点及资料，由于篇秩繁复，在标注时难免有疏漏之处，在此特对相关作者表示感谢和歉意。

　　厦门海洋职业技术学院李林春，南湾水库管理局副局长、南湾湖渔业公司总经理李睿，无锡中顺生物技术有限公司副总经理、人事行政总监吴芙蓉，河南省信阳市水产局的胡志华和翟文娟，都对本书的编写提出了很好的修改意见，在此亦表示衷心的感谢。

编　者
2011年6月

目录

第一章　绪论 ……………………………… 1
  【学习目标】 ……………………………… 1
  【案例导入】 ……………………………… 1
    一、渔业的概念 ………………………… 2
    二、渔业企业经营活动的特征 ………… 2
    三、渔业的企业特征 …………………… 3
    四、渔业企业的经营观念 ……………… 5
    五、渔业企业经营管理的性质与职能 … 6
    六、渔业企业经营管理的一般原理与
        方法 ………………………………… 7
    七、水产养殖企业的地位与作用 ……… 9
  【实操与思考】 …………………………… 9

第二章　渔业企业的组织架构 …………… 10
  【学习目标】 ……………………………… 10
  【案例导入】 ……………………………… 10
  第一节　我国渔业企业组织形式简介 …… 11
  第二节　渔业企业的组织形式 …………… 12
    一、直线制的组织形式 ………………… 12
    二、直线职能制的组织形式 …………… 12
    三、矩阵制的组织形式 ………………… 13
    四、事业部制的组织形式 ……………… 13
  第三节　渔业企业结构设计的原则 ……… 15
    一、任务目标原则 ……………………… 15
    二、分工协调原则 ……………………… 16
    三、职、责、权相结合的原则 ………… 16
    四、有效管幅与有效管层原则 ………… 16
    五、集中统一与分级管理相结合的原则 … 16
    六、动态平衡原则 ……………………… 17
  【实操与思考】 …………………………… 19

第三章　水产品市场 ……………………… 21
  【学习目标】 ……………………………… 21
  【案例导入】 ……………………………… 21
  第一节　概述 ……………………………… 21
    一、水产品市场的概念、特点和作用 … 21
    二、我国水产品市场的现状、问题与
        对策 ………………………………… 23
  第二节　水产品市场分析 ………………… 28
    一、市场培育 …………………………… 28
    二、消费心理 …………………………… 30
    三、购买行为 …………………………… 31
    四、产品周期 …………………………… 32
  第三节　市场营销组合 …………………… 34
    一、市场营销组合理论的产生和发展 … 34
    二、市场营销组合策略 ………………… 35
    三、市场营销组合策略的具体运用 …… 36
  【实操与思考】 …………………………… 37

第四章　渔业企业的成本管理 …………… 39
  【学习目标】 ……………………………… 39
  【案例导入】 ……………………………… 39
  第一节　成本的概念与分类 ……………… 39
    一、成本的概念 ………………………… 39
    二、成本的分类 ………………………… 40
  第二节　量本利分析 ……………………… 41
    一、固定成本和变动成本的划分 ……… 41
    二、量本利分析方法及其运用 ………… 42
  第三节　渔业企业成本核算 ……………… 44
    一、渔业企业成本核算特点 …………… 44
    二、渔业企业成本核算应注意的问题 … 44
    三、渔业企业成本预测管理 …………… 45
    四、渔业企业成本控制的主要途径与
        方法 ………………………………… 47
  【实操与思考】 …………………………… 51

第五章　水产品质量管理 ………………… 52
  【学习目标】 ……………………………… 52
  【案例导入】 ……………………………… 52
  第一节　概述 ……………………………… 53
    一、水产品质量的概念 ………………… 53
    二、质量管理的重要性 ………………… 54
  第二节　全面质量管理 …………………… 55

一、全面质量管理的概念 …………… 55
　　二、全面质量管理的特点 …………… 55
　　三、全面质量管理的基本工作 ……… 55
　第三节　HACCP 在水产品质量管理中的
　　　　　应用 ………………………………… 56
　　一、HACCP 的概念 …………………… 56
　　二、HACCP 规制的基本原理 ………… 56
　　三、HACCP 体系对水产品加工企业的
　　　　影响 ………………………………… 57
　第四节　水产品的品牌建设与品牌经营 … 57
　　一、水产品实施品牌战略的必要性 … 57
　　二、水产品品牌创建发展态势 ……… 58
　　三、水产品品牌建设存在的问题 …… 59
　　四、创建水产品品牌战略的途径 …… 60
　【实操与思考】 ……………………………… 68

第六章　渔业企业生产管理 ……………… 69
　【学习目标】 ………………………………… 69
　【案例导入】 ………………………………… 69
　第一节　概述 ………………………………… 70
　　一、生产管理的概念 ………………… 70
　　二、生产管理的任务 ………………… 70
　　三、生产管理的要求 ………………… 71
　第二节　生产计划的编制 …………………… 71
　　一、生产计划的主要指标 …………… 71
　　二、生产计划编制的步骤 …………… 72
　第三节　渔业养殖生产过程的管理与控制 … 73
　　一、渔业养殖生产过程的空间组织 … 73
　　二、渔业养殖生产过程的组织管理 … 74
　　三、渔业综合经营 …………………… 74
　第四节　渔业捕捞生产过程的管理与控制 … 75
　　一、渔业捕捞生产的空间组织 ……… 75
　　二、渔业捕捞生产的组织管理 ……… 76
　第五节　渔业企业工业生产过程的管理与
　　　　　控制 ………………………………… 76
　　一、渔业企业工业生产的类型 ……… 76
　　二、渔业企业工业生产过程的空间组织 … 76
　　三、渔业企业工业生产过程的时间组织 … 77
　【实操与思考】 ……………………………… 80

第七章　渔业企业人力资源管理 ……… 81
　【学习目标】 ………………………………… 81
　【案例导入】 ………………………………… 81
　第一节　概述 ………………………………… 82
　　一、渔业企业人力资源管理的概念 … 82
　　二、渔业企业人力资源的特征 ……… 82
　　三、渔业企业人力资源管理的任务 … 83

　第二节　渔业企业员工的招聘、录用、培训
　　　　　与绩效考评 ………………………… 84
　　一、工作分析与方法 ………………… 84
　　二、员工招聘与录用 ………………… 84
　　三、培训开发管理 …………………… 85
　　四、人员的绩效考核 ………………… 86
　第三节　渔业企业奖酬管理 ………………… 87
　　一、奖酬的类型 ……………………… 87
　　二、奖酬管理工作的要求 …………… 87
　　三、企业工资制度 …………………… 87
　　四、企业工资形式 …………………… 88
　第四节　渔业劳动力的数量优化 …………… 89
　　一、劳动定额 ………………………… 89
　　二、劳动定员 ………………………… 90
　第五节　渔业劳动力的结构优化 …………… 91
　　一、建立合理的工人与经营管理人员、技
　　　　术人员之间的结构关系 ………… 91
　　二、建立合理的基本生产工人和辅助生产
　　　　工人的结构关系 ………………… 91
　　三、建立合理的各等级技术工人的结构
　　　　关系 ………………………………… 92
　第六节　渔业劳动力的时间管理优化 ……… 92
　【实操与思考】 ……………………………… 93

第八章　渔业企业财务管理 ……………… 94
　【学习目标】 ………………………………… 94
　【案例导入】 ………………………………… 94
　第一节　概述 ………………………………… 94
　　一、渔业企业财务管理的含义 ……… 94
　　二、渔业企业财务管理的基本环节 … 95
　　三、渔业资金的特点 ………………… 95
　第二节　渔业企业的资金筹集 ……………… 96
　　一、资金筹集的原则 ………………… 96
　　二、资金筹集的渠道 ………………… 97
　　三、资金筹集的方式 ………………… 97
　第三节　渔业企业的流动资产管理 ………… 99
　　一、流动资产的概念与组成 ………… 99
　　二、流动资产的特点 ………………… 99
　　三、流动资产管理的要求 …………… 100
　第四节　渔业企业的固定资产管理 ………… 100
　　一、固定资产的概念 ………………… 100
　　二、固定资产的特点 ………………… 100
　　三、固定资产管理的要求 …………… 101
　　四、固定资产折旧计提的方法 ……… 101
　第五节　利润管理 …………………………… 103
　　一、利润的构成 ……………………… 103
　　二、利润分配 ………………………… 104

【实操与思考】……………………… 104

第九章　渔业企业的物资与设备管理……………… 105

【学习目标】……………………… 105
【案例导入】……………………… 105
第一节　渔业企业物资消耗定额…… 106
　一、渔业企业物资的分类………… 106
　二、渔业企业物资消耗定额的作用… 106
　三、渔业企业物资消耗定额的制订… 107
第二节　渔业企业物资采购与储存管理… 108
　一、渔业企业物资采购管理……… 108
　二、渔业企业物资储存管理……… 108
第三节　渔业企业设备的管理……… 109
　一、渔业企业设备的选择………… 109
　二、渔业企业设备的经济评价…… 110
　三、渔业企业设备的使用、维护与更新…………………………… 110
【实操与思考】……………………… 112

第十章　渔业企业的信息与技术管理……………… 113

【学习目标】……………………… 113
【案例导入】……………………… 113
第一节　信息概述………………… 114
　一、信息…………………………… 114
　二、信息系统……………………… 114
　三、管理信息系统………………… 115
第二节　水产电子商务…………… 117
　一、水产电子商务的发展………… 118
　二、水产电子商务的基本功能与构架… 119
　三、发展水产电子商务应注意的几个问题…………………………… 120
第三节　渔业企业现代管理信息系统的发展趋势………………… 121
　一、功能的拓展…………………… 121
　二、各种管理技术的信息化融合… 121
　三、管理信息系统的模块化与组件化… 121
第四节　渔业企业技术管理的主要内容… 122
　一、渔业科技推广………………… 122
　二、渔业技术创新………………… 123
　三、渔业技术引进………………… 125
　四、渔业技术储备………………… 126
　五、渔业技术机密与技术专利…… 127
【实操与思考】……………………… 130

第十一章　渔业企业的国际化经营… 132

【学习目标】……………………… 132
【案例导入】……………………… 132
第一节　概述……………………… 133
　一、中国渔业企业国际化经营现状… 133
　二、企业国际化经营的原因……… 133
　三、企业国际化经营战略………… 134
第二节　渔业企业的全球化战略…… 135
　一、全球化战略概念……………… 135
　二、企业全球化战略的必要性…… 135
　三、企业全球化战略观念………… 136
第三节　渔业企业国际市场竞争的基本策略………………………… 140
　一、我国渔业企业国际化经营过程中面临的问题…………………… 140
　二、我国渔业企业在国际市场竞争中的基本策略…………………… 141
第四节　渔业企业国际战略联盟…… 145
　一、战略联盟的内涵和特征……… 146
　二、我国渔业企业战略联盟的类型… 146
　三、国际战略联盟的作用………… 147
　四、渔业企业战略联盟的开发…… 151
　五、渔业企业战略联盟中面临的问题与管理……………………… 152
【实操与思考】……………………… 155

第十二章　渔业企业的预测与决策… 156

【学习目标】……………………… 156
【案例导入】……………………… 156
第一节　渔业企业的市场调查……… 156
　一、市场调查的概念、作用与类型… 156
　二、市场调查的内容……………… 157
　三、市场调查的步骤与方法……… 158
第二节　渔业企业的经营预测……… 159
　一、预测及其基本原理…………… 159
　二、预测的种类与作用…………… 159
　三、市场预测的内容与原则……… 160
　四、市场预测的程序……………… 161
　五、预测的基本方法……………… 161
第三节　渔业企业的经营决策……… 164
　一、经营决策的概念……………… 164
　二、经营决策的作用……………… 164
　三、经营决策的内容……………… 164
　四、经营决策的类型……………… 165
　五、经营决策的特征……………… 165
　六、经营决策的一般程序………… 165
　七、经营决策常用的方法………… 166
第四节　渔业企业的投资决策……… 172

一、投资项目的可行性研究 …………… 172
　　二、投资决策的经济效益评价方法 …… 174
【实操与思考】 ………………………………… 181

第十三章　渔业企业的经济效益分析与评价 …… 182

【学习目标】 …………………………………… 182
【案例导入】 …………………………………… 182
第一节　概述 ………………………………… 183
第二节　渔业企业经济效益分析评价的原则与方法 …… 184
　　一、经济效益分析评价的原则 ………… 184
　　二、经济效益分析评价的方法 ………… 185
第三节　渔业企业经济效益分析评价的指标体系 …… 188
　　一、经济效益指标体系的构成 ………… 188
　　二、经济效益指标及其计算方法 ……… 189
第四节　渔业企业经济效益分析的内容 …… 193
　　一、生产执行情况分析 ………………… 193
　　二、劳动生产率分析 …………………… 194
　　三、利润分析 …………………………… 195
　　四、企业运营能力分析 ………………… 196
【实操与思考】 ………………………………… 196

第十四章　渔业企业的文化建设 …… 198

【学习目标】 …………………………………… 198
【案例导入】 …………………………………… 198
第一节　概述 ………………………………… 200
　　一、人本管理原理 ……………………… 200
　　二、企业文化的概念 …………………… 200
　　三、企业文化与人本管理原理的关系 …… 201
第二节　渔业企业文化的功能 ……………… 201
　　一、免疫功能 …………………………… 201
　　二、凝聚功能 …………………………… 201
　　三、促进有效管理功能 ………………… 201
　　四、激励功能 …………………………… 201
　　五、教育功能 …………………………… 201
　　六、约束功能 …………………………… 202
　　七、辐射功能 …………………………… 202
　　八、规范企业形象功能 ………………… 202
　　九、导向功能 …………………………… 202
第三节　企业文化建设 ……………………… 202
　　一、企业文化的再定位 ………………… 202
　　二、提炼企业的核心价值观 …………… 203
　　三、企业文化建设的策略化与制度化 …… 203
　　四、企业文化建设对人力资源管理提出的要求 …… 203
【实操与思考】 ………………………………… 206

第十五章　渔业政策与法规 …… 208

【学习目标】 …………………………………… 208
【案例导入】 …………………………………… 208
第一节　渔政管理 …………………………… 208
　　一、渔政管理的概念 …………………… 208
　　二、渔政管理的任务和职责 …………… 209
　　三、渔政机构的设置 …………………… 209
　　四、渔政管理的原则 …………………… 210
　　五、渔政管理的范围 …………………… 210
　　六、渔政管理的办法 …………………… 210
第二节　渔业法规 …………………………… 210
　　一、渔业法规概述 ……………………… 210
　　二、渔业法 ……………………………… 212
　　三、水产养殖质量安全管理规定 ……… 214
　　四、渔业水质标准 ……………………… 215
　　五、渔业许可证 ………………………… 216
第三节　经济合同法与劳动合同法 ………… 217
　　一、经济合同法 ………………………… 217
　　二、劳动合同法 ………………………… 218
【实操与思考】 ………………………………… 224

参考文献 …………………………………… 226

第一章 绪 论

> **学习目标**
> 1. 了解渔业企业经营管理课程的意义、作用。
> 2. 了解渔业企业经营管理的基本原理、内容与方法。
> 3. 理解渔业企业经营管理的一般特征及原则。

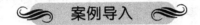

希望集团的起步与发展

伴随着我国改革开放的春风，1982年秋，四川新津县的刘永行、刘永美、刘永言、刘永好四兄弟分别变卖了家中手表、自行车等值钱的物品，凑齐了1000元钱。他们辞去了教师、技术员等现职工作，用这笔钱办起了一个小型的鸡苗场。创业艰难百战多，他们兄弟四人起早贪黑，赶场叫卖，克服了各种困难，经历了各种风险。辛苦终于有了回报，年底算账，竟也赚了十余万元，这是他们掘得的第一桶金。接着他们根据鹌鹑的生产和市场行情，转向鹌鹑生产，并根据所学的育种知识和计算机技能，培育出产蛋率更高的新品种，配制出比较科学的鹌鹑饲料，获得了更加不菲的利润。

四川是个农业大省，也是养猪大省。20世纪80年代初期，泰国正大集团的全价营养配方饲料传到了四川，引发了养猪业的震动，很多农户排队购买这种饲料。这种现象引起了刘家四兄弟的注意。根据平时的市场观察与了解，他们觉得，从配合饲料入手，将传统的、不科学的养猪方式转变为现代的、科学的养猪方式的时机已经到来，为了及时抓住这个机会，他们组织力量、聘请专家，建立了养猪场，开始了配合饲料的研制工作。1988年在育新良种场的基础上正式成立了希望饲料公司，聘请了全国各地的30多位专家、教授，多次开展学术交流并到国外考察学习，经过两年多的实验和筛选，在30多个配方中优选出"希望牌1号乳猪饲料"，使用效果良好，而价格却比国外的同类饲料便宜许多。希望牌饲料自此脱颖而出，结束了没有国产猪用配合饲料的历史。

1992年，经国家工商总局批准，希望饲料公司组建成希望集团，经过不断的发展，到1999年，希望集团已成为以饲料为主业，涉及金融、房地产、食品、生物化工等多个领域、拥有140多个工厂的全国性的民营企业集团，同时也是国内较大的民营企业之一。在希望集团的发展历程中有以下几个方面值得注意。

一是希望集团在经营规模的扩张上经历了以下几个阶段：

1982～1988年通过养禽业完成初期的原始积累，净资产从1000元发展到1000万元；

1989～1993年通过饲料企业的生产经营，净资产从1000万元积累到1亿元；

> 1993~1999年通过资产经营、品牌经营，净资产从1亿元发展到10亿元。
> 二是在经营形态上，由作坊式、家族式的生产经营（1988年以前）过渡到较现代化的、重视科技含量的、较正规的企业经营模式（1989~1999年），最后过渡到现在的跨领域、跨行业、跨国界的现代化企业经营模式。
> 三是较及时地、完美地实现了由家族企业向现代企业的演变，从而在制度上、体制上保证了希望集团的可持续发展。刘家四兄弟在1995年做出了公司成立以来最重要的决定：四兄弟共享"希望"品牌、进行了产权划分、关于业务拓展方面的地域和人事划分。根据共同的约定，老大刘永言成立"大陆希望公司"，老二刘永行成立"东方希望公司"，老三刘永美成立"华西希望公司"，老四刘永好成立"新希望集团"。后来的事实证明，这是希望集团的一次重要的、漂亮的转身。

一、渔业的概念

渔业，亦名水产业，是人们依托某些水域，利用生物的物质转换机能，通过合理开发、利用和保护，以获取人类所需要的水产品的行业。

渔业有广义和狭义之分。广义者含加工、储运、造船、织网及信息、服务等，狭义者则专指种、养、捕。另一方面，水产业是大农业的一个重要组成部分，水产品是人类生活中重要的物质产品。

我国有悠久的渔业历史和丰富的水产资源。据统计，全国有1800多万公顷的内陆水域和18000多公里长的海岸线，岸线水深10m以内的浅海面积约780万公顷，水深10~15m的面积425万公顷，潮间带滩涂面积200万公顷。目前水产养殖面积1000多万公顷。

我国是世界上水产养殖产量最高的国家，目前人均水产品占有量已达近40kg，是世界平均水平的两倍。在长期的渔业生产实践中，我们国家已经建立起从养殖到捕捞、加工、经营、渔船渔网制造、鱼药及鱼饲料制造、渔业技术服务等比较完善的渔业企业体系，形成了几十万个不同经济成分、不同经济规模、形式多样、丰富多彩的水产企业。随着我国社会主义市场经济体制的不断发展和完善，以及经济全球化的影响，各水产经济实体都越来越重视自身的企业化建设和市场化经营，对自身的经营管理更加重视。每个企业都正在以效益为中心，以市场为导向，以科技为动力，以加强质量管理为手段，调整优化产业结构和产品结构，积极发展海、淡水养殖业和远洋渔业、水产品加工业和水产品经营服务业，加强对近海渔业资源的保护和合理利用，大力开发水产品保鲜加工新领域，加快水产品市场体系建设，从而使渔业经济保持了持续、稳定的发展。

二、渔业企业经营活动的特征

① 自然再生产与经济再生产相互交织。鱼是生物资源，是可再生的产品，而且在江河湖海等大水体中是一种流动的资源，当然也是生物产品，所以在生产过程中要遵循生物学原理。

生产水产品与生产其他产品一样，都有投入、产出、利润、再投入、再产出的过程，所以，渔业也具有典型的经济再生产特征，因此在生产过程中还应遵循经济学原理。

在渔业生产中，上述两个特征是相互交织在一起的。

② 水是渔业养殖经营活动的前提条件，也是进行渔业经济活动首先要考虑的因素。具体内容有：水的质量如何？水的数量多少？水的立体利用功能怎样等方面。

③ 季节性和地域性特点。这是自然的、地理的、生物的季节性特征而引发出的渔业季节性和地域性特点。

从自然方面说，在我国大部分地区，一年有四季，四季中光照、降雨、温度各有不同，所以各种水生经济动植物在分布、生长、繁殖、洄游等方面表现出一系列不同的特点，这是由生物对环境的适应性所决定的。

在地理方面，纬度不同，各自然因子也不相同。我国有季风区、海洋区、沙漠区，按温度又分为寒带、温带、暖温带、亚热带、热带等温度区。在地形上，也是如此。例如在山区、洼地、平原表现出不同的光照、降水、温度、生物分布等各方面的不同，所以又有"一山有两季，十里不同天"的农谚。

因此，在考虑和安排渔业活动时，就要注意因地制宜、结合实际、灵活运用经济学和生物学原理。也就是说要遵循自然规律和经济规律。

④ 渔业生产的风险性。由上可知，渔业生产面临着生物学、经济学的风险，同时还面临着社会学、环境学的风险。因此，在进行渔业经济活动的决策和实施决策时应有风险意识，要主动地、有预见性、针对性地去规避风险。

⑤ 相对于种植业而言，渔业生产周期相对较长，从而导致资金占用时间较长，继而使各种不可预见的因素更加容易影响到渔业活动的经济效果。

⑥ 水产品营养丰富但保鲜要求高，不耐储运，这就要求在产品的储运和保鲜上采取特殊措施，水产业也因此而具有更加鲜明的行业特点。

三、渔业的企业特征

渔业企业是指以水产养殖或水产品加工或水产品及渔需物资流通为主业的生产经营实体。它同时具有一般企业的特征：自主经营、独立核算、自负盈亏；企业是一个法人，它依法成立，有独立的财产权并享有相应的民事权力和承担相应的民事责任。企业以盈利为目的，它的基本职能是创造财富，在满足社会需要的同时不断地发展壮大自己。它的企业特征表现在以下几方面。

1. 是从事水产类产品生产经营的经济组织

它既包括物质资料的生产活动，也包括社会需要的服务性活动。它虽然有时也兼营流通、加工及综合服务等工业性及商业性活动，但其主要的生产经营活动是水生动植物的生产（当然这些主次角色可以随经营内容的变化而变化）。

水产企业的这一特征使其能够与机关、事业单位及社会团体区别开来，也可以与其他如捕捞、加工、商业等企业区别开来。

上述特征还同时表明，水产企业的经营，必然带有水产生产的特殊性及特殊规律。

2. 是独立地、连续地从事水产类产品生产经营的经济组织

其独立性表现为：

① 有归企业所有的（或经国家授权经营的）财产；

② 有经营管理自主权，能够独立地从事生产经营管理活动；

③ 独立核算，自负盈亏。

其连续性表现为：企业的生产经营活动是持续不断进行的，是稳定、持续发展的。

3. 水产企业是包括人的要素及物的要素的经济组织

人和物是企业经营所必备的条件。

① 人，指劳动者、管理者。物，指有体物及物质上、法律上可支配的自然力。如动产、不动产、养殖生产所必需的厂房、设备、资金、原材料、水面等。

② 企业通过一定的组织形式，把人的要素及物的要素有机地结合起来，从而形成生产经营活动，为社会生产出自己的产品。

③ 企业的无形资产是企业中人与物共同作用下所产生的另一形态的资产，如商标、品

牌、专利、知识产权等，也当然地归企业所有。

4. 是独立的、非公益性的经济实体

同其他企业一样，水产养殖企业也必须通过生产经营而获利，并作相应的利益分配。因此就必须讲究投入和产出，必须对自己的经营成果负完全的责任。

5. 水产养殖企业的经济运行

与其他企业相比，水产养殖企业的运行也含有物质流、资金流及信息流三个方面的运行过程。

（1）物质流过程　即从原料投入到产品产出。是单向的、不可逆转的。渔业企业各环节、各部门的工作都要以维持和促进物质流动为中心，其具体要求是：运行速度要快，运行周期要短。

（2）资金流过程　渔业企业的生产经营活动，在价值形态上表现为资金运动。企业生产经营过程中要经过生产要素采购、产品生产、产品销售三个阶段，其资金依次表现为货币、成品（或半成品）、商品三种形态。每一生产周期都伴随着供、产、销三个环节。一个循环尚未结束，另一循环已经开始。资金流的运行过程还可以用图 1-1 来表示。

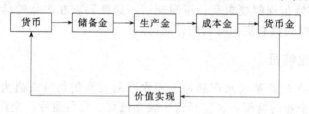

图 1-1　资金流运行过程

对企业资金流的要求是：必须保持资金在各生产阶段的计划性；必须保持资金流的持续性；必须不断地加快周转；尽可能地增加积累，扩大再生产。

（3）信息流过程

① 内源性信息　计划、统计、合同、报表、定额资料以及有关规章制度。

② 外源性信息　市场调研、外部考察、上下游生产情况、国家渔业或企业法规的变化及宏观政策的调整等。

信息流一方面伴随着物质流和资金流而产生，另一方面又规划和调节着物质流及资金流的数量、速度、方向、目标，使其按一定的方向来运行。所以说，信息流在企业经营管理中起主导作用。其运行过程如图 1-2 所示。

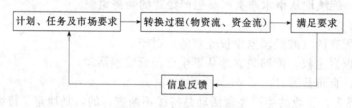

图 1-2　信息流运行过程

（4）水产养殖企业经济运行的过程结构　将企业的物质流、资金流、信息流与投入产出过程相结合，即构成企业经济运行过程，如图 1-3 所示。

图 1-3 表明，企业运行是投入产出的循环过程，也是不断收集市场信息、按市场需求组织生产、既开拓市场又服务于、服从于市场的过程；是一个优化企业内部关系、优化企业组织结构、优化生产要素组合的过程。这些过程构成了一个整体的、复杂的渔业企业运行系统。

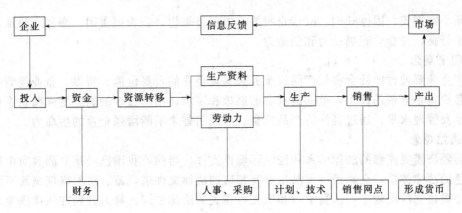

图 1-3 水产养殖企业经济运行过程

四、渔业企业的经营观念

和其他企业一样，渔业企业在经营管理上也要树立以下观念。

1. 战略观念

即立足当前，着眼长远，着眼于企业的未来发展的观念。要求企业经营管理者不被眼前的、局部的利益所左右，从长远的、全局的角度来考虑企业的发展。善于处理好眼前和长远、局部和全局的关系，从而使企业实现不断地发展。

2. 市场观念

以市场为导向是企业的安身立命之本。服从市场需求、服务和满足市场是企业的天职。在当前市场经济体制和经济全球化的大背景下，任何一个与市场规律相抗衡的企业都是注定要失败的。

3. 效益观念

追求综合效益（经济效益和社会效益、生态效益）最大化是企业经营管理的主题，也是渔业企业的性质所决定的。所以，作为一个企业经营管理者，要牢固树立效益观念，及时观察了解企业内部是否资源配置合理、运转和谐高效，外部市场有何变化和要求，以便及时地作出相应的调整，采取相应的措施和决策。

4. 竞争观念

"树欲静而风不止"。市场经济最基本的特征就是竞争。可以说，没有竞争就没有市场经济。正是因为竞争才使市场经济表现出巨大而无穷的活力和魅力，同时也推动着社会经济和技术的不断进步。渔业企业欲求得生存和发展，就必须把竞争变为自身发展的动力，以市场为导向，努力做到质量以优取胜，品种以新取胜，交货以快取胜，价格以廉取胜，服务以好取胜。渔业企业间在市场经济这个平台上互相竞争的结果，必然会促进企业自身管理水平的提高、科学技术的进步和专业化联合的发展，从而推动整个社会渔业生产力和经济效益的提高。

5. 信息观念

形成牢固的信息观念对于企业经营管理者来说是非常重要的。信息是企业管理者认识客体的中介、是企业管理者思维的材料、是企业管理者科学决策的依据、是企业管理者有效控制的前提、是企业管理系统有秩序的保证、是企业得以发展的资源。所以，渔业企业经营管理者要十分重视信息的收集、分析与信息的管理，从而使企业"耳聪目明"。

6. 开拓观念

在当前市场经济全球化的大背景下，经营任何一个企业都犹如逆水行舟，不进则退。所以要破除小富即安、因循守旧、故步自封等小农经济思想，像希望集团、海尔集团那样不断创新勇于开拓，使企业充满活力和创造力。

7. 服务观念

水产企业要通过向社会提供产品或服务来实现企业的自身价值。所以，企业经营管理者要树立客户就是上帝的理念，重视消费者的愿望和需求，用消费者的满意度来衡量企业的生产、技术及管理水平，通过良好的产品信誉、市场信誉来不断增强企业的生命力。

8. 法纪观念

市场经济需要完善的法律体系和法制环境作支撑。当前，我国已经建立起具有中国社会主义特色的法律体系，全球经济贸易也都有相应的法律文件来规范。法网恢恢疏而不漏。每个企业都要树立法纪观念，认真学习和研究各相关的法律法规，努力做到在法律框架内依法经营，任何带有侥幸心理或蔑视法律的企业行为都迟早会受到法律的惩处。

五、渔业企业经营管理的性质与职能

1. 性质

渔业企业经营与管理在性质上具有两重性，即生产力属性和生产关系属性，原因如下。

① 人与物、人与环境相结合，其结果表现出明显的生产力属性（人、劳动对象、劳动工具、科技水平，这些因素直接影响到经济活动的效果）。

② 各种经济活动都必然地要和社会化大生产、和市场、和消费者、和政策、法规等相联系，从而又使管理呈现出明显的生产关系属性。上述两种性质综合起来如图1-4所示。

图1-4　渔业企业的两重属性

认识到渔业企业经营管理的两重性，可以进一步地启示我们在渔业经营管理活动中，要遵循经济规律和自然规律，及时总结和汲取国内外的经验教训和先进的技术、方法与手段，在发展的过程中少走弯路，实现多快好省，以求得最好的社会效益、经济效益与生态效益。

2. 渔业企业经营管理的职能

（1）决策　即确定目标，在调查研究的基础上拟定出两个以上的方案，选择并执行所选定的方案。

（2）计划　在生产经营活动开始之前，制订出能够贯穿整个过程的行动计划，计划要解决做什么、谁去做、如何做、何时做等问题。

（3）组织　将企业的各种要素以最好的方式方法组合在一起，从而发挥出最佳的效能。

（4）协调　协调企业内外各种关系。对企业内部而言，要使各部门、各环节尽可能地不发生矛盾或重复，当发生矛盾时能够及时地、较容易地解决这些矛盾。从而使各部门、各环节能够配合良好，运转和谐。对企业外部而言，要致力于建立一个有利于企业运行和发展的外部环境，其中也包括良好的客户关系和产品信誉。

（5）指挥　创建一个权威的、精干高效的、一元化的生产经营指挥调度系统，它包括规范权力与职责、优化领导行为、研究领导艺术等内容。

（6）控制　为了检查和掌握企业生产经营活动的实际成果是否符合计划的要求，以及为

了消除实际执行过程中所产生的差异而进行的管理活动。所以,控制生产经营过程与生产经营计划有着密切的关系。控制是根据计划来进行的,计划是靠控制来实现的。

(7) 激励　采取相关的物质的和精神的措施激发员工的敬业奉献精神,使之产生有益于渔业企业经营活动的行为。激励措施主要有思想教育、技能或技术培养、物质奖励、人文关怀等。

(8) 创新　注重不断地学习,及时地根据市场需求和社会发展趋势更新经营管理者的观念和企业技术,不断地调整企业系统内的不合理元素,使整个企业随时都处在一个生机勃勃、有创造力、战斗力的状态。

上述8个方面相互联系,是有机的统一体,渔业企业经营管理这门课程即是对上述职能的理论、原则、方法进行研究并实施的学科。

渔业企业经营管理要解决的主要问题是:根据其内部和外部条件,确定企业的近期、长期目标和发展方向,并拟定出保证实现此目标的各种计划方案的一系列活动。例如企业要生产什么产品?生产多少?如何生产?销售给谁?如何销售?如何利用企业的人力、物力、财力来组织生产和销售?如何以最小的成本来获取最大的效益?如此等等。也说明水产企业经营管理的主要任务是研究企业的预测、对策、决策及如何执行决策等问题。

六、渔业企业经营管理的一般原理与方法

与其他企业的经营管理一样,水产企业的经营管理也要运用以下原理与方法。

1. 人本原理

以人为本,总揽全局。要以人为本作决策。具体工作也要以人为本来考虑,因人而异制订方略。因为人是生产力中最活跃的因素。一切措施靠人来制订、靠人去实施。任何一个企业都应重视对员工的观念、情感和技能的培养,同时重视产品的社会效果和社会影响。

2. 系统原理

按系统论的观点,任何事物与过程都可看作是一个系统,他们在一定的时空条件下运动和发展。例如,社会是一个系统,而经济又是社会大系统中的一个系统;企业也是一个系统,它由企业内部的各相关子系统构成。同时,企业又与它外部的经济大系统、社会大系统发生着千丝万缕的联系。所以,企业也受到内部各子系统和外部大系统的影响与制约。因此,企业经营管理必须从内外结合的角度作系统分析,只有这样才能实现管理目标。

3. 整分合原理

整,即集权,统一领导;分,即分权,分级管理。企业管理者应该做到大权独揽,小权分散。做到分级明确职责,各司其职,各用其权,各负其责。从而使整个过程管而不死,活而不乱,上下和谐,有序运转。

4. 反馈原理

任何一个系统,如果失去控制,就可能失去其功效。而维持控制机制的关键在反馈。管理能否高效、决策是否正确,与反馈是否灵敏、及时、准确密切相关,如图1-5所示。

图1-5　反馈原理

5. 系统论原理

按系统论的观点,一个系统必须是严密的,而不能是开放的。这样才能从投入到产出,周而复始,不断循环往复,并在该螺旋式循环中不断发展壮大。可以设想,假如一个企业、一个单位,作为一个系统来说它不是封闭的,那么它的人、财、物、信息、产权等资源均处于失控状态,也意味着外界可以随时插手企业事务,该企业就很难自主经营,其效益、效率

也必然很难保障。如果无人对企业的经营成果负责，该企业必然失败。

当然，导致企业失败的原因也不仅仅取决于系统外因素，同时还在于企业自身对系统外因素的应变能力，即企业的经营决策水平和管理能力，据总结归纳，有下列情况时，企业极易失败。

① 发展速度快，不考虑企业自身优势即盲目扩张，向多元化发展。
② 销售突然下降，却无力了解市场整体状况、同行企业状况及销售下降的真正原因。
③ 在销售一直不错时，心安理得地在办公室接受订单。
④ 由于事业顺利，管理者越加固执己见。
⑤ 重短期，轻长期，重眼前，轻长远。
⑥ 把复杂的联合生产或社会化大生产简单地分割后交给承包人。
⑦ 把过去的辉煌当成今后成功的筹码。
⑧ 盲目从众。
⑨ 上一级的人在做下一级的工作，放弃自己的决策与管理责任，美其名曰深入基层。
⑩ 竞争而无任何屏障能力。
⑪ 权责混乱。
⑫ 绝对的集权或分权。
⑬ 寄成功的希望于偶然。
⑭ 在企业内部玩弄权术。
⑮ 成本失控。
⑯ 账目不清。
⑰ 以为赚得越多管理就越好。
⑱ 将企业目标设定在大，而非设定在增强竞争力。
⑲ 产品卖得好时，扬扬自得。
⑳ 没有制度，各行其是。
㉑ 高层主管缺乏控制力和规划能力。
㉒ 成长过快而失稳。
㉓ 无明确的竞争策略。
㉔ 站在自己的而不是客户的立场（无换位思考意识）来考虑问题。
㉕ 宗亲式的用人政策。
㉖ 以广告代替企业形象。
㉗ 炒作出名牌。
㉘ 将学习列在末位。
㉙ 部门间各自为政，利益冲突。

6. 能级原理

系统的各环节有不同的能力要求，应有相应的人为此而发挥不同的才能。例如：决策层（经理）、职能管理层（科室）、业务执行层（车间主任、班组长）、具体操作层（工人）。一般情况下，各层之间切勿越权。否则将出现上层忙，下层闲，管理乱。同时，要注意因位选人，量才用人。

7. 弹性原理

在整个生产经营过程中有许多不确定因素，所以在制订计划和实施过程中要有一定的弹性。对于水产企业而言，外部市场因素、自然气候因素、经济景气因素、社会环境因素以及内部的人、财、物因素等都存在着某种程度的不确定性。所以，要使管理工作有一定余地，保持其适当弹性，才能适应市场经济对管理的要求。弹性的功能作用如何，也是反映企业应变能力的一项指标。

8. 动力原理

要使企业和员工始终保持激昂奋进的态势，必须注入和保持一定的动力。动力有三种：物质的、精神的、信息的（从信息流中企业及其员工可感受到你追我赶的压力，从而产生奋勇向前、永不停步的动力）。如海尔集团的"斜坡球"理论（把每一个人、每一个企业都可以看作是一个位于斜坡上的球，在没有动力的情况下很容易下滑）。

进行渔业企业经营管理的基本方法有：经济的方法；法律的方法；行政的方法；教育的方法；数学的方法。

七、水产养殖企业的地位与作用

1. 水产养殖企业的地位

所有的企业都在一定的社会关系中存在。所以，没有也不可能有脱离特定的社会关系的企业。企业的社会地位也因此而受到一定的社会经济关系的制约。在我国当前社会经济状态下，水产养殖企业的社会地位如下。

（1）水产养殖产品的供给者。水产养殖企业虽然当前并非是市场水产品的唯一供给者，但仍是市场供给的主体。这一地位决定了它在水产品市场上的不可替代性，使之在整个渔业经济中有举足轻重的地位。

（2）是一定经济关系的接受者和供给者。大家知道，企业的生产总是在一定的经济关系中发生的。所以，渔业企业的生产经营过程也就是经济关系的再生产过程。

明确水产养殖企业这一地位的意义在于表明在经济运行中生产力和生产关系两重性对企业生产经营活动的影响。也就是说，不仅有生产力因素影响企业效益，生产关系的连接也影响企业效益。一个企业的进步，既取决于生产力要素的改善，也取决于生产关系的改善。

（3）是生产要素的需求者。水产养殖企业在为社会提供水产品的同时，也需要外界提供足够的、合适的生产要素。因此企业在运行中不单是供给者，同时也是需求者。

没有需求，就没有供给。作为需求者，企业和供给者是密不可分的。由此我们可以进一步地认识到一句比较时髦的语言：有活大家干，有钱大家赚，各赚各的钱。这样就不会有红眼病。

（4）是独立的商品生产经营者。这种客观特性要求企业必须以市场为导向来组织生产与经营，并以此来参与市场与其他企业竞争。

2. 水产养殖企业的作用

作用与地位密切相关。经济体制的改革伴随着企业的成长。企业的社会地位也会随着自身和外界的变化而变化。概括地讲，水产养殖企业的作用有以下几点。

（1）是渔业增长的主体。在实物形态上表现为产量的增长。

（2）作为经济单位，水产养殖企业充分地利用了社会分工的好处，把社会分工与技术进步结合起来，既充分利用和节约了社会经济资源，又使社会财富得以增长。

（3）对渔业经济的调节作用。随着企业本身的成长及企业之间的联合，企业会对政府的宏观调控措施产生微观的调节反应。通过调节其内部的各要素组合及相应的外部经济关系，构建起企业新结构。从这个角度讲，亦即企业贯彻了政府宏观经济政策的事实，从而体现出企业对经济关系的间接的调节作用。

▶▶ 实操与思考

1. 希望集团的发展和壮大对你有哪些启示？
2. 渔业企业的特点决定了企业领导者在经营管理中要注意哪些问题？

第二章 渔业企业的组织架构

> **学习目标**
> 1. 了解我国渔业企业的一般组织架构情况。
> 2. 理解渔业企业的性质、规模、组织架构与企业经营效果之间的关系。

案例导入

海尔集团总裁张瑞敏认为，企业内部的高度分权对市场销售具有有效刺激，但又发现，这种个体户式的拼杀，会造成各事业部之间的盲目竞争，竞相重复使用内外资源，于大局不利，有可能形成单位销售额上升而集团整体回报率不高的局面，并不利于集团内重点使用力量，去支持未来有发展前途的产业。因此，海尔对分权的大小、多少有自己的战略性的考虑。对"夕阳型"的产品尽可能分权划小经营单位，让其随行就市。而对"朝阳型"的产业如数字化家电，则要集中人力和财力，做大规模，确保竞争力。1997年6月之后，为了适应多元化扩张的需要，海尔集团在事业本部的基础上，采取了"细胞分裂"方式，把新纳入的、产业跨度比较大的企业按产品分类，单独成立公司，独立运作，但在管理关系上划属各事业本部管理。如围绕彩电、VCD等组建的公司就交给空调事业本部，整体厨房设计制造交给洗衣机事业本部。这种办法是参考了索尼公司的组织模式。1961年在东京建起的索尼公司大楼，只是作为索尼企业群体管理公司的总部。以后以索尼名称成立的服务公司、化学公司、音响公司、精密机械公司等，各自都是独立公司、独立法人。索尼公司把他们归入分离事业这一档明确责任和权限，独立运作。盛田昭夫认为，这样可以防止由于组织过于庞大而带来的僵化和官僚主义现象，运转机制富有活力，启用人才方便。因为成为独立机构，可使更多人才参与管理，不仅工作效率可考核落实，人员素质也能得到锻炼提高。

张瑞敏认为，采取"细胞分裂"方式，舞台就多一些，让更多的人才脱颖而出，正好与企业多元化发展合拍。当年，盛田昭夫也认为，索尼公司的员工各自有自己的技能，不要拘泥于僵化的电子工业厂家这种工作，若有特殊技能，可以调到合适的岗位工作。以人才为中心，因人制宜，这是索尼扩张的特点，而分裂式的企业结构，为这个特点作了极好的铺垫。

海尔集团采取"联合舰队"的运行机制。集团总部作为旗舰，以计划经济的方式协调下属企业。下属企业在集团内部是事业本部，对外则是独立法人，独立进入市场经营。但在企业文化、人事调配、项目投资、财务预决算、技术开发、质量认证及管理、市场网络及服务等方面须听集团统一协调。用海尔人人都熟悉的话说，各公司可以"各自为战"，不能"各自为政"。

海尔的集团总部是决策的发源地，管辖一些职能中心，另外就是几个本部，本部的人员很精干，下边就是事业部。事业部是利润中心，是市场竞争的主体。本部在决策中心和利润中心两者间起作用，形成一个可操作的目标体系。这个目标体系把决策转化成一个事业部可以操作的目标，然后控制事业部实现目标的过程。本部并不代替事业部做具体事情，赚钱的和花钱的是分开的。在整个组织网络上形成三个层次：集团总部是投资决策中心，事业部是利润中心，工厂是成本中心，大家各负其责。

1999年8月，为了适应国际化发展，海尔对企业内部组织结构进行了重大调整，成立了物流、商流（国内商流和国外商流）、资金流的推进本部。这是创业以来海尔组织结构调整幅度最大的一次。像物流、商流都是把原来各事业部的职能部门完全剥离出来。物流管理使海尔实现在全球范围内采购零部件和原材料，为全球生产线配送物资；为全球销售中心配送成品，降低了成本，提高了产品竞争力；商流通过整合资源降低费用提高了效益；资金流则保证资金流转顺畅。物流、商流、资金流本部的建立更好地适应了海尔集团的飞速发展，使整个企业管理与国际接轨。现海尔已进入全球五百强，张瑞敏也应邀到美国、欧洲等地的高等学府介绍海尔的管理经验。

海尔集团以及希望集团的经验均表明，企业的发展、跃升和转型均需要相应的组织架构来做保证，否则，企业就很难有较顺利的成长。对渔业企业来说，道理也同样如此。

第一节　我国渔业企业组织形式简介

若按所有制成分来划分，我国的渔业企业可分为国有渔业企业、集体渔业企业、多种形式的渔业联合企业和个体渔业。国有渔业企业是由国家和地方政府经营的社会主义全民所有制企业。经营规模较大，装备较先进，在渔业捕捞上一般拥有10多艘甚至100~200艘机动渔船，从事单一捕捞生产或进行捕捞、制冰冷藏、产品加工、渔船修造、制网等综合经营，主要在外海作业，也进行远洋和近海捕捞。国营水产养殖场也拥有较好的设备和技术。国有渔业企业是全国渔业的骨干，产量约占全国总产量的20%。集体渔业企业是中国渔业的主体，属社会主义集体所有制，有的实行分级管理，捕捞上以对船为基本核算单位，养殖上以片区或生产环节为核算单位。有的实行多种形式的承包责任制。渔业联合企业由国营和集体渔业企业共同组成，业务范围涉及生产、流通领域。个体渔业则以户为单位从事生产经营，过去在内陆水域和沿海从事生产的小型连家船是传统个体渔业的主要形式。现作为家庭副业经营的个体渔业，有的利用池塘、稻田等小水面养鱼，有的从事近海和江河捕捞、有的从事渔业经营和服务。

从组织形态来看，我国的渔业企业目前有如下几种组织形式。

1. 家庭渔业经济体

也叫渔业个体户。在我国众多的渔业企业中，有大量的以家庭成员为主的渔业经济体，这些经济体分布于养殖、加工、捕捞和服务业。其主要特征是：独立经营、自负盈亏，主业为渔业的同时兼营其他能够盈利的副业；有的有自己的产品品牌，有的没有自己的品牌；企业经营所需的资金主要依靠自己一家来筹集，有的常年雇有少量工人，有的只在忙季雇佣一部分工人；有的尚未进行工商及税务登记（从这个角度说，不能算是标准的渔业企业），但这些以家庭为生产单位的渔业经济体，在我国整个渔业经济体系和社会经济体系中发挥着重要而积极的作用。其中有的通过自身的不断发展和提高而变身为股份制或其他形式的、比较正规的渔业企业。

在家庭渔业经济体里，每个成员的职责是不固定的。一般情况下，家长对经营活动承担总体责任，涉及内政、外交、财务、日常生产经营活动的安排等一般都由家长作出安排。生产经营任务、后勤保障任务等一般都由专人负责实施。

家庭渔业经济体的经营管理主要是靠情感维系，而非靠机制和制度来推进。其特点是决策快速、人员精干、工作效率高、管理费用低，但存在着奖罚不规范、记账及财务不规范、经济规模小、抗风险能力差等缺陷。这种经济形态既是我国传统的渔业企业形态，也是当前很多渔业企业的早期形态。

2. 合股企业

也叫股份制企业。主要是指由一到几个人发起（或一到几个生产经营单位发起），对生产经营所需的资金、物资、场地、水面、技术、设备设施、人员、购销网络等要素作以明确的、必要的整合，并将这些整合以合约的形式固定下来，进行必要的工商税务登记后，大家以一个统一的企业名称、一到几个主打产品面向社会、参与市场竞争。很多合股企业是在个体企业或是在较小的、实力和竞争力都较弱的渔业经营实体上组建起来的。合股企业的大量产生，是我国市场经济体制不断成熟条件下企业竞争日渐激烈的表现。在全国众多的渔业合股企业中，股份有限公司很少，绝大部分是有限责任公司（通常简称有限公司）。

合股企业的组织机构比较完善，管理也比较规范。在我国渔业企业中，实行直线制、直线职能制管理架构的居多，实行事业部制架构的较少，目前还没有实行矩阵制管理架构的渔业企业。

第二节 渔业企业的组织形式

一、直线制的组织形式

如图 2-1 所示。

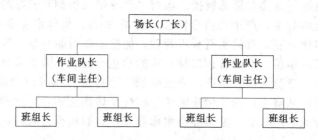

图 2-1 直线制组织形式结构示意图

这种组织形式是将各级职位按垂直系统排列，其优点是结构简单，权力集中，决策迅速。一切管理职能都集中于场长（厂长）一身。由于权责明确所以效率较高。但这种体制要求指挥者有较全面的知识和技能，而且指挥者较辛苦。这种组织形式一般适用于新创企业或小型企业。

二、直线职能制的组织形式

直线职能制的组织形式（图 2-2）是一种在直线制和职能制基础上发展起来的企业组织形式。其优点是既保持了领导者的集中决策和统一指挥，又能发挥专业人员的参谋作用。但由于增加了职能部门，同时也相应地增加了协调的工作量。

这种企业制度比较适用于传统产业中的中小型企业及初创企业，水产养殖加工企业目前一般按这种组织形式来进行管理。

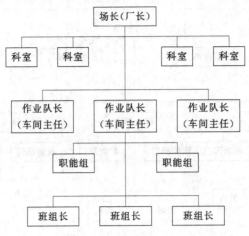

图 2-2 直线职能制组织形式结构示意图

三、矩阵制的组织形式

为了完成某项或若干项特定任务，从各职能部门抽调相关人员，按项目或按产品设置专门组织，去从事该项目或该产品的开发，这种既有纵向又有横向的结构，形同数学上的矩阵，所以叫矩阵结构制（图2-3）。这种结构打破了传统的职工只有一个部门领导的管理模式，使企业的集权和分权较好地结合起来，加强了各部门的合作因而可以提高功效，可以较快地完成某项特定任务。其不足之处是由于职工受到了双重领导，容易产生矛盾，当纵横双方产生意见分歧时，横向一方往往难以开展工作。所以协调工作显得极为必要和重要。

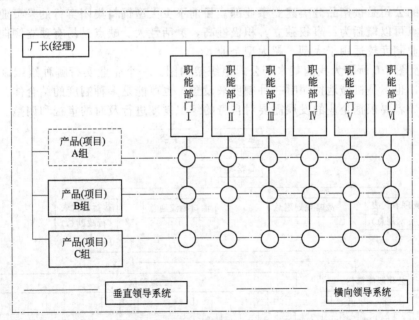

图 2-3 矩阵制组织形式结构示意图

这种企业制度比较适用于较现代化的大中型企业。

四、事业部制的组织形式

事业部制是一种扁平的结构（图2-4）。它是大型联合公司一种介于总公司和工厂之间、

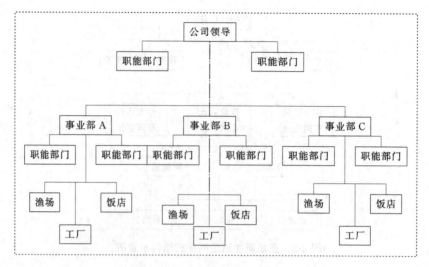

图 2-4 事业部制组织形式结构示意图

相当于分公司的一种组织形式。事业部是按产品大类或地区来设立的。它的特点是集中决策指导下的分散经营。每个事业部都是实现企业目标的基本经营单位，实行独立核算。事业部既是利润中心又是利润责任单位。因为总公司实行了分权，所以增强了事业部生产经营的灵活性和积极性，也有利于人才的成长。其不足之处是事业部易产生独立倾向，难以驾驭。所以如何加强总公司的控制能力和控制度最为关键。

近年来，我国出现了很多较大的股份有限公司，它们冲破地区封锁打破行业界限，按地区或省市组建事业部。有的还进军国际市场（例如海尔集团），并由此按国别或地区组建事业部，也有的公司是按产品分类建立事业部。目前不少大型饲料集团实行的是事业部制。事业部制的优点可以概括为：事权独立，积极性高，灵活性大。缺点是易有独立倾向，难以驾驭。这种企业制度较适用于大型、超大型企业。

图 2-5 及图 2-6 所示为我国某水产公司组织架构图。一个企业实行哪种组织制度也不是一成不变的，也不是机械地按照哪一种制度来设置，也可能是多种制度的结合体。总的原则是：企业领导者要根据企业的发展需要对自身的组织制度进行及时的审视和调整。

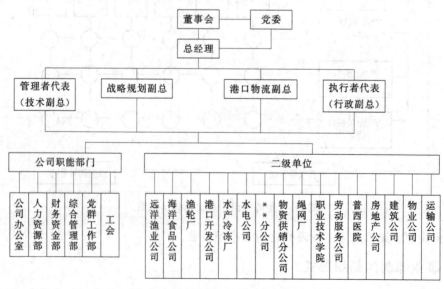

图 2-5 某水产公司组织架构图（一）

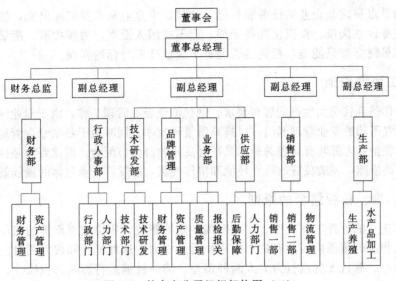

图 2-6 某水产公司组织架构图（二）

> **信息窗**
>
> ××渔业集团股份有限公司
第三届董事会第八次（临时）会议决议公告
>
> 本公司及董事会全体成员保证公告内容的真实、准确和完整，对公告的虚假记载、误导性陈述或者重大遗漏负连带责任。
>
> ××渔业集团股份有限公司第三届董事会第八次会议应到董事 7 名，实际参加表决的董事 7 名。监事及部分公司高级管理人员列席了会议。会议的召开符合《公司法》、《公司章程》的有关规定。
>
> 本次会议由董事长主持，与会董事经过讨论，以投票表决方式，审议通过了以下议案。
>
> 1. 以 7 票同意，0 票反对，0 票弃权，审议通过了《关于调整公司组织架构的议案》。
>
> 鉴于公司现有"直线职能制与事业部制混合型"的过渡型事业部模式的组织架构已较好地实现了公司转型期间阶段性功能目标，依据公司发展战略规划和当前发展状况，为进一步强化运营能力，深化"以总裁为核心、以事业部和职能中心为主体"管控模式的功能，公司决定以现有组织架构为基础，推进对公司组织架构管控模式的优化调整，实行产销一体化的事业部制，以在保证实现事业部利润中心功能与中心管控功能的前提下，强化公司市场应变能力，提升运营效率。
>
> 本次组织架构调整后，形成五大事业部、八大中心的管理架构，整个集团实行董事会领导下的总裁负责制，各事业部、中心实行总裁领导下的总经理、总监负责制。八大中心分别为：管理中心、人力资源中心、财务中心、安全中心、采购中心、物流中心、营销中心、食品研发中心；五大事业部分别为：育苗事业部、养殖事业一部、养殖事业二部、加工事业一部、加工事业二部。
>
> 2.（略）。

第三节 渔业企业结构设计的原则

一、任务目标原则

企业组织机构的设置最终是为企业的战略任务和经营目标服务的。因此，渔业企业组织机构设置的出发点只能是企业的任务和目标。这就要求企业从自身实际出发，按企业目标设立机构，按任务设立岗位，按岗位配备干部。而不能因人设事，因职找事。衡量企业组织机构是否合理的最终标准只能是：机构是否促进了企业任务目标的实现。

二、分工协调原则

分工和协作是现代化大生产的客观要求。现代渔业企业管理工作，由于专业性强、工作量大，应分别设置不同的专业管理部门，以提高质量和效率。同时由于各项专业管理之间有紧密的联系，所以在企业内部既有合理的分工又需有良好的协作与配合。因此要在坚持专业分工的基础上采取正确措施，创造良好的写作环境和协作气氛，以发挥企业整体的最佳效益。

三、职、责、权相结合的原则

为了建立正常的管理工作次序，应该明确一定的职位、职位应当承担的相应责任，同时还应规定其在相应的范围内应具有的指挥和执行的权力。这种责任和权力要对应，防止有责无权或权力太小、有权无责或权力太大两种偏差。前一种偏差将影响其积极性、主动性，使责任制形同虚设，后一种偏差将助长滥用权力和瞎指挥。

责任制的贯彻实施，还必须同相应的经济利益结合起来，以调动管理人员尽责用权的积极性，否则责任制的实行就缺乏必要的动力。

四、有效管幅与有效管层原则

管理幅度又称管理强度或管理跨度，是指一名上司能够直接而有效地管理其下属的人数限度。在企业里，由于专业性强，工作量大，往往需要多种知识、技能和经验。一个企业管理人员因受其精力、时间、知识、经验等条件的限制，能直接有效地领导下级的人数是有一定的限度的。一名上司能够有效地领导下级的人数就称为有效管理幅度。

管理幅度究竟以多大为宜，至今还是一个没有完全解决的问题。一般来说，管理幅度受管理层次、管理内容的繁简程度和技术性高低、管理人员的工作能力和组织机构健全程度、信息传递和反馈速度等因素的影响。

一般来说，上级管理工作主要负责战略决策，以 3~5 人为宜；中层领导主要负责日常业务决策，以 5~10 人为宜；下层领导主要负责执行性日常管理，以 10~15 人为宜。

管理层次是指企业内部管理组织系统分级管理的各个层次。一般来说，管理层次与有效的管理幅度间成反比关系。有效的管理幅度越大，管理层次越少；管理层次越多，管理的中间环节就越多，信息传递速度就越慢，信息失真就越大，办事效率就越低。但是，管理层次过少，也会导致指挥不利，造成管理真空。因此在设计企业组织机构时，必须妥善处理好有效管理幅度和合理的管理层次的关系，以提高管理效率。

五、集中统一与分级管理相结合的原则

企业机构设置应保证行政命令和指挥的集中统一，这也是现代化大生产的客观要求。

① 实行首脑负责制。每一机构层次都必须确定一个人负总责并实施全权指挥，以避免多头指挥及无人负责。

② 正职领导副职。正副职间不是共同负责的关系，而是上下级的领导与被领导的关系。由正职确定副职的分工范围并授予必要职权。

③ 逐级管理即"管理链"原则。各个管理层次应当实行逐级指挥和逐级负责，一般情况下不越级指挥、不越级汇报。

此外，还要按照集权和分权相结合的原则，使各级管理机构在规定的职责范围内，根据

实际情况及时而正确地作出决策。这不仅有利于高层领导摆脱日常事务，集中精力考虑处理重大经营问题，而且有利于调动下级人员的积极性和主动性。

六、动态平衡原则

渔业企业的管理组织，首先必须具有一定的稳定性，这样可使组织中的每个人工作相对稳定，而且可使相互间的关系也相对稳定，这也是企业能正常开展生产经营的必要条件。如果管理机构变动频繁，很容易造成一时的混乱和职责不清的现象，而给生产经营带来不必要的麻烦甚至损失。同时企业管理组织又必须具有一定的适应性。由于企业的外部环境和内部条件是不断变化的，如果管理组织、管理职责不注意适应这种变化，企业就缺乏生命力、缺乏经营活力。因此，渔业企业应根据行业特点、生产规模、专业技术复杂程度、专业化水平、市场需求和服务对象的变化等做出相应的调整。应该强调：贯彻这一原则时，应在保持稳定性的基础上进一步加强和提高企业管理组织的适应性。

知识链接

一、现代企业制度简介

案例：某地一渔业企业集团因外界干扰而垮掉，老板官司缠身，家破人亡。而另一渔业零售集团破产，债权债务依法处理。其老板顿觉一身轻松，他放弃了繁重的工作，一边休息一边学习，迎来了生命的第二个春天。这是两种不同的企业制度所引出的结果。前者是较传统的家族企业，家庭资产和公司资产界限模糊。后者实行的是现代企业制度，公司资产界限清楚，而且所承担的责任只以其公司财产为限。那么，什么样的企业制度才算是现代企业呢？

1. 现代企业制度的内容

主要指以有限责任制度为核心的企业组织制度，其内涵主要包括三个方面。

（1）企业法人制度　指企业在一定的财产权基础上，依法自主经营、自负盈亏的企业制度。它有两个作用：一是确保所有者权益，二是确保企业独立运转。

而建立企业法人制度，关键是赋予企业法人财产权。法人财产权由两部分组成：一为出资者所注入的资金，另一为企业负债所形成的财产。企业法人财产权即指企业对其拥有的法人财产享有独立的占有、使用和支配的权力，即以独立的财产对自己的经营活动负责。有了这个权力，企业才能成为完整的、独立的法人。

（2）有限责任制度　企业可以以其全部财产为限，对其债务承担有限责任。破产清盘时，出资者只以其投入企业的出资额为限，对债务承担有限责任。这是在激烈的市场竞争中，出资者和企业自我保护、减少风险的有效办法。

（3）科学的企业组织制度和管理制度　重点是机构设置、用工、工资、财会等方面要改革，要建立严格的责任制体系。此外，建立现代企业制度的一个重要前提，就是要使国有资产产权商品化，要把政府对企业的投资行为作为资产经营行为，以企业具备完全的负亏能力为前提，实现资产责任与经营责任的统一。同时，企业资产经营的增量部分，也要在法律上确认企业应占有其中合理的份额，这样才能使企业真正具有弥补亏损、偿清债务的民事责任能力，从而才能使企业真正具有自我配置生产要素的能力。

2. 现代企业制度的基本特征

概括地讲，现代企业制度的主要特征就是：产权清晰、权责明确、政企分开、管理科学。

① 产权关系明确。具备现代企业制度的企业拥有全部的法人财产权，是自主经营、自负盈亏的实体。

② 责、权、利相统一。现代制的企业，依法享有民事权力，独立承担民事责任，当然也对出资者承担着资产保值、增值的责任。另一方面，出资者按投入企业的资本额享有所有者权益，并相应地对企业承担有限责任。

③ 自主经营。

④ 体制规范，机制健全。现代制企业有科学的、规范的领导体制和组织管理制度，并以此来调节所有者、经营者和职工之间的关系，形成了激励和约束相结合的经营机制。

⑤ 接受国家调控与监督，依法经营，照章纳税。

3. 我国的政企分开与"两权"分离

对政府而言，要实现政府的国有资产所有者的职能与社会管理者的职能分开；国有资产的行政管理与运营职能分开。

对企业而言，要改变其过去的成为行政机关附属体的地位，要成为独立的法人。

"两权"分离，即出资者所有权与企业法人财产权（即经营权）分离。对企业而言，它对其企业财产有占有、使用和支配的权力。这是企业成为法人的必要条件。

二、有限责任公司和股份有限公司简介

1. 特征

有限责任公司：①每个股东以其认缴的出资额对公司承担有限责任，公司以其全部资产对其债务承担责任；②以出资证明书证明股东出资份额；③不能发行股票，不能公开募股；④股东的出资不能随意转让；⑤财务不必公开。

股份有限公司：①资本划分为等额股份；②通过发行股票筹集资本；③股东以其所认购的股份对公司承担责任，公司以其全部资产对公司债务承担责任；④股票可以自由转让；⑤财务公开。

2. 设立条件

有限责任公司：①股东符合法定人数为2～50人；②股东出资达到法定资本最低限额（根据行业不同而定）；③股东共同制定公司章程；④有公司名称，有限责任公司必须在公司名称中标明"有限责任公司"字样，并建立符合有限责任公司的组织机构；⑤有固定的生产经营场所和必要的生产经营条件。

股份有限公司：①设立股份有限公司，应当有5名以上的发起人，其中必须有过半数的发起人在中国境内有住所；②国有企业改建为股份有限公司的，发起人可以少于5人，但应当采取募集设立方式；③注册资本的最低限额为人民币500万元；④发起人制定公司章程；⑤有公司名称，建立符合股份有限公司的组织机构；⑥有固定的生产经营场所和必要的生产经营条件。

3. 出资额

有限责任公司：以生产经营为主的公司人民币50万元；以商品批发为主的公司人民币50万元；以商业零售为主的公司人民币30万元；科技开发、咨询、服务性公司人民币10万元。

股份有限公司：注册资本的最低限额为人民币500万元。

4. 出资方式

有限责任公司：股东应当按照其在发起人协议和公司章程中认购的出资数额足额缴

付出资。股东如不按期缴付所认缴的出资，应当向已出资的其他股东承担违约责任。

股份有限公司：发起设立时，公司章程中载明的公司全部资本，必须在公司设立时全部发行，并由发起人全部认购。以募集设立方式设立公司的，发起人认购的股份不得少于公司股份总数的35%，其余股份应向社会公开募集。

5. 股份转让

有限责任公司：股东之间可以相互转让其全部出资或部分出资。股东向股东以外的人转让出资时，必须经股东会决议通过。

股份有限公司：股份有限公司的发起人持有的本公司的股份，自公司成立之日起3年内不得转让。公司董事、监事、经理应当向公司申报所持有的本公司的股份，并在任职期间内不得转让。

信息窗

1997年，春兰实行"扁平化"管理，组建了5个产业公司，下辖42个独立法人单位。一段时间后，公司出现两大问题：一是各公司各自为政，资源难以共享；二是某些环节由"不动"变成了"盲动"，管理上出现了一定程度的失控。于是在1999年底，春兰集团提出了"创新型矩阵式管理"。

春兰的"创新型矩阵式管理"，主要内容是：横向立法、纵向运行、资源共享、合成作战。前八个字重点解决集团和下属公司集权和分权的矛盾，力求放而不乱，提高效率。纵向运行是指保留"扁平化"按产业公司运行的特点，以产业为纵向，"横向立法"是指对管理原来有所失控的问题，将集团的法律、人力、投资、财务、信息等部门划属横向部门，负责制定运行的规则，并依据规则对纵向运行部门实施监管。这样一来，横向部门"立法"并监管，纵向部门依然大权在握，能充分发挥主观能动性和积极性，不过是在法定的圈子里，要依法运行。上述十六字方针中的后八个字，重点解决原来资源不能共享的问题。办法是将横向职能部门划分为A系列和B系列。制定运行规则"立法"的是横向中的A系列，B系列则负责对春兰内部资源的共享，为产业公司提供专家支持和内部服务。

比如春兰的整个法律事务，在公司总部设立一个法律副总裁，分管法律事务工作，对春兰总裁负责。集团下设法务处，在法律副总裁的领导下，具体实施对集团各子公司的法律指导和管理；集团所属子公司根据工作需要设立法务部门，在子公司负责人领导下开展本单位的法务工作，业务上接受集团法务处的指导和管理。按照原先的制度，48个部门都需要律师，而现在只设立一个法律顾问组，为集团所有部门使用，大大节约了人力成本，而且，容易规范化。

实操与思考

一、项目实训

1. 项目目标

① 就近了解水产养殖、加工、国营、集体（或股份制）、个体等不同类型渔业企业的组织架构的实际情况及其经营管理效果，并就此提出评价意见。

② 通过对水产领域各类企业的调查了解，增加对水产企业经营管理的感性认识。

2. 项目任务

① 组织一次渔业企业调查活动。

② 写出调查报告。

3. 项目组织
① 由教师事先联系好有关的渔业企业,为接待调查小组做好必要的准备。
② 由学生按自愿组合的原则组成适当规模的调查小组,并报教师审定。
③ 由教师分派各小组的调查地点。
④ 在教师的指导下各小组制订出相应的调查计划,该计划由教师审定后开始执行。
⑤ 各小组在规定的时间内提交调查报告。

4. 测评
教师根据各小组的调查方案(计划)及其执行结果(调查报告)给各小组打分,小组得分数即为该组每位同学的得分(例如:某小组得分为85分,则可视为该组的每位学生得分数为85分)。

二、思考
1. 在现代企业里,企业的组织结构和生产经营效率是一种什么样的关系?
2. 怎样理解企业组织结构设置中的"动态平衡原则"?它对你的择业和适应企业环境有哪些启示?
3. 如果你是一个有200亩(1亩=666.67m^2)鱼池水面的场长,你将怎样设置该场的生产管理系统?

第三章 水产品市场

学习目标

1. 了解我国水产品市场的现状及特点、问题及对策。
2. 学习商品的生命周期及消费分析知识。
3. 掌握市场营销组合的基本概念。

案例导入

2004年度水产类批发市场全国排名第一的某水产品批发市场在2006年荣获"全国十佳农产品批发市场"称号，使其声名更盛。近年来，该市场依托当地的水产资源，一步步成长壮大，在整个过程，市场带动了产业链的发展，产业链的发展又反过来推动市场的发展，使对虾产业链成为了该市第一产业链，成为当地的一张城市名片。为促进该市经济发展，尤其是解决"三农"问题做出了积极的探索。

在这次评选活动中，评审专家对其水产品批发市场进行了全面的调研考察，对市场的成功经营模式给予了高度肯定，认为该市场的做法已基本探索出一条解决"三农"问题的路子，并能够通过政府的作用使得批发市场在社会主义市场经济中发挥价格杠杆和信息渠道的功能，形成良性循环，从宏观上调控了农产品的生产，希望这种模式能在全国推广，并逐步完善。

该市场的"政府培育扶持市场，市场调节产业链"的经营模式取得了成功。专家认为这种模式在全国的批发市场中是独一无二的，遂在评奖时一致给该水产品批发市场打了高分。

该水产品市场所发挥出来的作用和它自身的成功说明，市场是龙头、是桥梁。它一方面引导着企业的生产，另一方面又联系着消费。在市场经济条件下，一个不重视市场的企业是注定不能成功的，一个发育不完善、功能不健全的市场将影响和限制企业的发展并且影响到国民的生活质量。

第一节 概 述

一、水产品市场的概念、特点和作用

1. 水产品市场的概念

水产品市场有广狭两义。狭义的水产品市场是指水产品集中交易的固定场所；广义的水产品市场是指水产品供给和水产品需求及其相互作用所实现的水产品交换关系的总和。

水产品市场一般由五个要素构成：提供者、购买者、购买力、购买欲望、中间媒介。它反映了水产品生产和需要之间、水产品可供量与有支付能力的需求之间、生产者和消费者、买方和卖方之间等广泛的经济关系。

水产品市场有不同的分类方法。按地区范围分，有国内市场、国际市场等；按交易环节分，有批发市场、零售市场；按水产品流通地位分，有产地市场、集散地市场、销地市场等。

国外一些主要渔业国，把水产品市场分为产地市场、中心批发市场和零售市场。

2. 水产品市场的存在形式及特点

目前，我国水产品批发交易市场主要有四种存在形式：一是传统的商业市场，如从事批零兼营的企业体系、传统的供销公司体系等；二是专业市场，如国家及地方定点式指定的各级水产品批发市场。具体有产地市场、销地市场、中转市场及产销混合型市场；三是现代新型流通业态，如连锁经营市场、大型超市等；四是电子商务，如局域拍卖、电子交易等虚拟市场。

水产品的特殊性使水产品加工与流通有机统一，融为一体。大多数传统的水产品加工企业同时从事水产品流通业。现在整个水产品流通体系实现了量的扩充，基本适应国民经济和社会发展对水产品流通的需要，形成了总体平衡的格局。

水产品是指水生的具有经济价值的动植物及其各种加工制品的总称。水产品市场与其他行业市场相比较，具有以下特点。

（1）品种丰富　与其他农产品相比，水产品是商品种类最多的产品。产品品种之多，品种之丰富，已经超过了所有农产品种类之和，可达数千种。其种类主要有鱼、虾、贝、蟹、藻五大类及其加工产品。市场上又分为鲜活产品、冰鲜产品、冻品、干品、腌制品、精深加工品、模拟产品及其他产品，如水产保健品、水产药品等。丰富的种质资源，加之科技飞速发展，经济全球化、信息化，又给水产新产品的不断涌现带来了机会。

（2）品种之间市场价格相差悬殊　同为水产品，执行同一功能，但由于品种、规格、产地等的不同，其市场价格相差悬殊。例如，同为鱼类，2009 年，鳜鱼的市场价格在 54 元/kg，鲤鱼的市场价格是 9 元/kg，二者相差 6 倍。鲟鱼的市场价格为 40 元/kg，鲜海参 150 元/kg，白鲢 5 元/kg，大黄鱼 30 元/kg，等等，其价格之差一目了然。

（3）价格变化最快　大菱鲆养殖之初价格高达 300 元/kg，之后一路下跌直落到 50 元/kg，更有甚者，鲟鱼从 600~700 元/kg 降至 30~40 元/kg，也只是在短短的 7~8 年之内。由于水产品的季节性很强，一年四季的价格在不停的变化，但也有规律，正常年份大多数水产品市场价格以春秋为最低。例如，梭子蟹春秋两季（大连、青岛市场）的价格是 60~80 元/kg，而春节前后是 100~160 元/kg。无怪乎，市场人士把商品价格的大幅度起落，统称为"海鲜价"。

（4）门槛最低　水产品市场的门槛是最低的。换句话说，水产品市场是初级竞争性市场，是较原始的市场形态。由于门槛低，市场相当宽容，只要有钱挖池塘，你就可以养鱼养虾；只要有钱进货，你就可以卖鱼卖虾。由于门槛低，市场竞争就更加激烈，其竞争方式也更多地表现为低层次的价格竞争，另外由于门槛低，也为少数不法商家制假贩假提供了机会。

（5）季节性强　除加工的水产品外，大多数水产品都在春秋两季上市。我国为了保护渔业资源，实行夏季休渔制度，加之人工养殖的品种也多在秋季起捕出塘。上市时间的集中，给水产品的市场营销带来了一定的难度。

（6）风险性大　首先是生产风险，水产品的生产环境是一个特殊的环境，构成水产品的生产环境要素中有许多不确定因素，靠天吃饭的成分很大。如果遇到自然灾害则影响更大，诸如高温、洪水、干旱、冰雪等，都会直接影响到水产品的产量、质量。加之水产品生产的设施、设备、技术、管理等方面存在的问题，更使风险系数增加。其次是质量风险，人为活动对水环境的污染；人工养殖生产区域布局过密和养殖水体负载过大加速了对养殖水体的污染；生产过程滥用药物，药物残留严重等都使水产品的质量受到影响。第三是市场风险，水产品极易腐烂变质，所以对运输和保存都有特殊的要求。

3. 水产品市场的作用

近些年来，从已建成的水产品市场的运转情况看，其作用主要体现在以下几个方面。

① 通过市场集中交易水产品，便于加强管理和传递信息，引导生产和指导消费，调节供求，互通有无，开展公开、公平、公正的市场竞争，形成有序的水产品流通。

② 引入市场机制，通过市场自主调节的方式，形成合理的市场价格，既保护了生产者、经营者和消费者的利益，也保证了税收，维护了国家的权益。

③ 整顿了市场秩序，提高参与市场竞争主体的组织化程度和管理水平，从而进一步提高市场意识、竞争意识和效益意识。

④ 推动水产企业的深化改革，使之尽快建立现代企业制度，为水产企业参与市场竞争创造良好的环境。

二、我国水产品市场的现状、问题与对策

1. 我国水产品市场的发展现状

《出口水产品优势养殖区域发展规划（2003～2007 年）》实施 5 年来，我国优势出口水产品产业带建设进展顺利，产业规模跃居世界前列，基本实现了从"分散、个体规模扩张"为主的发展阶段向"相对集中、规模化、产业化开发为主"的整合阶段的跨越。以黄渤海、东南沿海出口水产品优势养殖带、长江中下游河蟹优势养殖区为主体的出口主导型优势水产品生产"两带一区"的格局基本形成。

（1）产业集中度不断提高　　2006 年，黄渤海、东南沿海、长江中下游等优势区域内鳗鲡、对虾、河蟹、罗非鱼、海水贝类及大黄鱼 6 大优势水产品养殖总产量达 682 万吨，占全国同类产品的 49%。优势水产品养殖聚集度明显提高，其中大黄鱼、罗非鱼和鳗鲡的集中度已超过 80%。养殖优势区域布局带动了养殖产品加工、贸易的发展，实现了优势产品向优势区域集中的发展目标。

（2）产业结构不断优化　　2006 年，优势区域内养殖水产品产量达 2781.6 万吨，养捕比例由 2002 年的 60：40 提高到 64：36。水产加工业尤其是深加工得到了快速发展，较 2002 年增长 9%。以水产品加工、渔用饲料为主的第二产业和以水产品流通、服务业为主的第三产业比重持续上升，二、三产业产值占渔业经济总产值的比重为 50%，比 2002 年增长了 10%，成为促进产业升级和渔业经济快速增长的重要因素。

（3）组织化程度不断提高　　随着出口养殖水产品优势产业带建设的不断推进和我国水产品进出口贸易快速增长，各级、各类渔业行业协会应运而生。目前，鳗鲡、罗非鱼、贝类和河蟹都已成立了国家级、省级的单品种行业协会。优势区域内的各级行业协会，采取灵活多样的手段，以市场为导向，不断扩大行业服务领域，较好地发挥了行业指导、服务、自律、协调和监督等作用，促进了产品竞争优势的发挥。

（4）出口竞争力不断增强　　养殖水产品的比较优势和规模效益逐渐显现，竞争力大幅提高。随着国际市场拓展，我国水产品出口国家和地区由 2002 年的 112 个增加到 2006 年的 143 个，中东、南美等新兴市场也正在开拓之中，水产品国际市场多元化的格局已基本形成。

2. 我国水产品市场面临的问题

虽然我国水产品行业在近些年得到长足的发展，但是，我们也该清醒地看到我国水产品批发市场所面临的一些问题。

（1）外部因素 一是高新技术的应用和电子商务的崛起，严重冲击着我国传统水产市场的交易方式，甚至威胁着传统市场的生存和发展；二是大型超市的兴起和进入流通，他们健全的配送加工体系将会严重压缩传统市场的营销空间；三是我国沿海城市各跨国公司涉足水产品流通与加工，凭借着资本、技术、管理上的优势，激烈争夺批发市场的资源和传统销售市场，挤压着我国的企业；四是连锁便利店、网上交易等新的商业运作业态的出现和逐步扩大压缩了传统流通业的空间，严重冲击着传统流通业的发展。这些新情况使传统的市场态势面临着挑战，同时也给水产品市场的发展带来了新的机遇。

（2）水产流通业的特殊因素 近年来，海洋渔业面临其自身的特殊困难，制约了水产流通业的发展：一是作业空间缩小，中日、中韩、中越等渔业协定的签订和实行，以及200海里经济专属区的划定，使得我国的渔业生产空间明显缩减，约30万个渔业劳动力面临着重新择业的危机；二是海洋渔业资源的进一步衰退，休渔期延长、捕捞生产零增长以及国家各种资源保护措施的实行，使水产品捕捞量大幅减少；三是渔需品成本特别是燃油价格的持续攀升，使得渔业生产成本大幅提高，渔民生产效益明显下降；四是国内需求不足，流通仍有一定程度阻塞；五是人们生活需求的改变，对水产品的加工方式、卫生质量要求会更高，销价难以上升。

（3）内部因素 一是市场管理体制落后，实际操作困难，运作不灵；二是管理运作方式落后，各类人才缺少，管理人员素质难以与现代企业制度接轨；三是交易方式陈旧，流通环节多，形不成中心指导价格，阻碍着市场流通主导型产业化建设；四是相关法律法规不健全，多头管理现象依然存在；五是信息不对称，难以实现信息资源共享。

3. 我国水产品市场的开发

水产品因为其营养与药用价值被人们逐步深刻地认识，使得其市场和消费群体逐步扩大，需求量逐年增加。尽管由于近几年产量增幅较大等，使得国内大宗水产品的价格稳中有降，但这也只是结构性和区域性过剩，消费总量仍呈大幅增长势头，而且高档水产品的需求量急剧攀升，价格大幅上涨，预计这种发展势头仍将保持一段相当长的时间。水产品市场经过近20年的扩张，今后的发展应从以下几个方面进行。

（1）开拓产业一体化经营新路子，推进水产市场产业化建设

一是要开拓生产加工主导型产业一体化建设。发挥水产品行业组织的作用，实现生产、加工、销售企业各类资源的有机整合，使产、加、销有机结合，结成产销利益共同体，根据各业的性质和内容，规定各自的职责、权限以及权利和义务，同时建立虚拟战略联盟，形成一个严密的网络，统一对企业的组织管理基本流程进行规划，建立现代企业制度的基本体系，保证企业的现代化运作。

二是开拓市场流通主导型的产业一体化建设。市场流通主导型产业一体化是指在多元化的市场主体结构中，以批发市场为龙头，以合同采购为主要购销方式，实现产供销一体化。其组织形式是将生产、加工、流通、销售等几个环节紧密地结合在一起，有关利益主体围绕市场利益和风险分配，通过各种契约关系结成市场共同体。具体来说是：通过建立友好市场体系，以现有的产地批发市场为龙头，一方面向生产领域延伸，将水产品生产基地、加工企业以及储存、保鲜、运输等环节连为一体，形成前向流通一体化；同时为分散经营的渔民及其他运输商，通过合同关系形成协约一体化。另一方面向消费者领域延伸，将批发、拍卖、零售、直销、配送等环节连为一体，实行后向一体化，同时与批发商、零售商以及消费者，通过合同关系形成协约一体化。通过结成市场利益共同体，科学合理地进行市场建设规划，

制订发展战略，加快市场流通主导型产业一体化建设。

(2) 逐步完善批发市场体系，使之成为水产品流通的主渠道

近几年，我国的水产品批发交易发展迅速，水产品批发市场的建设也较快。除沿海主要港口城市外，大多数大中城市也都相继建立起了适合本地特点的水产品批发市场。目前，我国的专业水产品批发市场已有333个，其中主产区、主销区和主要集散地有13个农业部定点的专业批发市场。这些批发市场集冷藏、运输、批发、零售于一体，对水产品市场的繁荣起到积极的推动作用。

(3) 活跃水产品零售业交易，使之对批发交易起到了互补作用

我国的水产品零售除国有副食商店、个体水产商店和生产企业直销外，主要是遍及各地的城乡集贸市场。1998年，城乡集贸市场已发展到9万多个，其中城市2.4万个、农村6.5万个；总交易量为1491万吨，交易额1659亿元，对水产品批发交易起到了很好的互补作用，也方便了消费者。

(4) 以现代高新技术提升水产市场，进一步促进水产品流通和加工

要抓住网络技术、电子商务飞速发展的有利时机，根据目前我国水产品流通方式和我国网络建设的实际情况，加快建设水产品交易虚拟市场，以特大型水产品批发市场群为核心，将水产品政府主管机关、相关社会团体、生产者、经营者、批发市场、生产资料、水产科研院所联成一体，形成一个信息传输快、环节少、流通费用低，能为水产品生产经营者提供生产经营决策、养殖加工技术咨询、产品销售综合服务的水产品信息、交易平台，提升传统的水产品流通业。

一是要充分发挥水产品行业协会等组织的作用，将国内的水产品流通与加工产业的生产、加工、运输、资源等有计划、有步骤地进行科学的整合，建立水产品流通业的虚拟战略联盟，加快市场流通产业一体化建设。

二是要将现有国内的水产信息平台进行有计划有步骤的整合，以现有信息平台为基础，以建设水产品虚拟市场为核心，进一步建设好信息平台、交易平台、物流配送平台、生产（养殖、捕捞）配给平台、外贸出口（国际出口市场）对接平台、国内流通与加工企业连接平台、冷藏链物流配送平台等，建成全国性的水产品虚拟市场，并与日本、美国、欧盟等网络贸易系统相对接，实现水产品交易的虚实结合。

(5) 发掘区域水产品市场巨大潜力

目前，我国重要的水产市场多集中于主产区和主销区，而辐射范围较小的区域性水产品市场则尚在发育中，这使得我国水产品流通领域中出现了"两头大，中间小"的布局，从某种程度上阻碍了水产品的流通。四川、重庆、湖北两省一市是传统的水产品主产区和主销区，尤其是淡水水产品的销量一直很大，这些地区素有吃鱼习惯，而且食法多样、独特。这些产品的80%以上都是在本地区消费，且集中消费于大中城市，只有小部分产品销往外地。若将其农村市场继续开发、周边市场继续拓展，以及人口增长因素一并考虑，生产空间会更大。

(6) 发掘中西部地区和内陆农村市场巨大潜力

中国有9亿多农民，农民既是中国居民构成的主体，又是中国消费的主体。农民的收入增长与消费水平是中国经济发展的巨大拉动力，对水产品的消费起着很大的作用。但是因区域资源、传统消费习惯和消费水平问题，我国的中西部地区和内陆农村的水产品市场很不发达，人均水产品的占有量和消费量都很有限。据统计，2005年农村人口年均消费水产品仅为城镇居民的1/3。今后，中国的农村和农业将步入一个新的快速发展轨道，农村人均收入和消费水平将有较大幅度的提高，水产品的消费也将有一个相应的增长。因此抓住当前有利时机，积极培育和建设中国农村小城镇水产品市场，不断加大开发力度，引导消费，这方面

的潜力也是很大的。农村小城镇水产品市场的开发与形成，将使中国的水产业进入一个新的发展轨道。

(7) 努力拓展水产加工品市场

中国是世界水产大国，水产品产量世界第一，但水产品加工却相对滞后，加工量仅占生产量的20%左右，远远低于世界平均水平。现有的水产加工品也大多为初级产品，精深加工品很少。随着中国经济的发展，旅游休闲业的兴起以及水产品进入超市，特别是外向型渔业的发展，对水产加工品的需求也将越来越旺，市场前景十分看好。其中六大类水产加工品开发是当前水产加工的发展方向。

六大类水产加工品分别是水产方便食品、风味水产食品、模拟水产食品、保健水产食品、美容水产食品和分割冷冻水产食品。通过引进先进加工设备，改进加工工艺，推行HACCP质量管理，创建名牌产品与新品，实施规模化生产，产业化经营，以全新的贸易观念和手段，开拓国内外水产加工品市场，这方面也是大有可为的。

(8) 扩大休闲观赏渔业市场

休闲观赏渔业，从广义讲应包括四个方面，一是垂钓渔业，二是观赏渔业，三是观光渔业，四是旅游与渔家风情渔业。这四个方面都有着较大的发展潜力，构成了当前渔业发展的新亮点，也是当前中国渔业进行战略性结构调整的重点。

中国是一个垂钓历史悠久的国家，垂钓活动历来为广大人民群众所喜爱。特别是自中国改革开放以来，随着中国人民生活水平的不断改善和休闲时间的增多，一大批中青年的加入，使中国的垂钓渔业进入了一个新的发展时期。近几年，北京、天津、上海、广州、武汉、南京等大中城市相继修建了一批各具特色的垂钓休闲渔业中心，把垂钓与旅游观光、娱乐健身、住宿餐饮结合在一起，吸引了更多人参与。中国是一个具有14亿人口的大国，随着中国人民生活由温饱向小康迈进并奔向现代化，垂钓渔业有着巨大的发展空间，垂钓渔业市场大有可为。

在观赏渔业上，中国既是观赏鱼养殖最早的国家，又是世界性观赏鱼——金鱼的故乡。近几年中国的观赏渔业出现了新的发展势头，观赏鱼正向平民百姓家挺进，成为广大群众较喜爱的宠物之一。而目前世界上观赏渔业正以每年10%的速度快速增长，英国有14%的家庭、美国有15%的家庭、日本有16%的家庭以观赏鱼为宠物在饲养。当前无论是国内还是国外，观赏渔业都是发展的热门，金鱼、锦鲤、热带鱼都有着巨大的发展空间，而观光与旅游渔业更是当前中国旅游业发展的一个重要方面，也有着相当大的市场。

(9) 开发新品名品市场

新品、名牌产品始终是推动生产与市场不断向深层次发展的巨大动力，是满足消费者追求新鲜、奇特需求的重要途径。所谓新品，名牌产品，一是指通过引进、选育的新的养殖品种，并深受消费者欢迎；二是指利用现有的产品通过研究改进养殖加工工艺、提高产品质量而创建的新品或名牌产品，并得到社会公认和检验机构认定。新品、名牌产品始终是市场的领头羊，这方面的开发潜力也是相当大的。中华绒螯蟹自开发到养成也只有20多年时间，现已成为中国淡水养殖产值超百亿元的主导产业。一个砂锅鱼头，一个酸菜鱼使中国淡水传统四大家鱼的养殖趋于稳定，养殖产量达到1300多万吨。所有这些都能说明，新品、名牌产品在市场开发中的巨大作用。在当前水产品市场激烈竞争的新形势下，更需要用新品、名牌产品来开拓市场、扩大产品销售、推进市场向深层次发展。这也是当前开拓市场的一个重要方面。

经过全方位，多角度的开发，中国水产品行业将继续保持蓬勃发展的势头，从而进一步扩大水产品市场的规模。

信息窗

东湖渔场将转向　欲打旅游休闲牌

2010年9月3日，在东湖渔场改革发展理论研讨会上，有着近60年历史的东湖渔业将面临发展转型，在兼顾主业的前提下，欲打"旅游休闲牌"。

东湖渔场是武汉市八大渔场之一，在计划经济时代至21世纪初，一直是武汉市的"菜篮子"，平均年产值过千万，上缴利税超过200万元。

近年来，东湖水质净化加快，"围网"养殖退出东湖，加之市场对传统国企的冲击，整个东湖的渔业面临进退维谷的处境。

为了加快东湖渔业的转型发展，武汉旅游发展投资集团专门邀请了渔业、企业改革及旅游规划方面的专家问计，并组织东湖渔场干部赴江夏区相关单位考察。

通过考察和学习讨论，研讨会初步明确了渔业转型发展的方向。今后将充分利用东湖24000亩水面及环湖200多亩滩涂，在不破坏风景区总体规划的前提下，分期运作，推动东湖渔场由传统渔业向休闲观光渔业转变，掀起武汉市城中湖渔业转轨的序幕。

东湖风景区是国家级风景名胜区，目前存在开发、保护与企业生存发展的矛盾，旅发投集团将大力支持东湖渔场尝试产业结构调整、转化矛盾，发展和传统渔业相结合的休闲渔业，实现人与自然、企业与社会的和谐共生。在座专家们高度肯定了渔场发展转型的意见和建议，提出要把东湖渔场转型作为全市"两型社会"中新的探索。

据了解，休闲渔业近年来发展迅速。广东珠江口、杭州的舟山、宁波、温州、仙岛湖等地休闲渔业年产值在亿元以上，北京、上海等许多大城市周边已形成休闲渔业带。

北京市郊的怀柔房山等县，在发展流水养虹鳟鱼的同时，建立了集观光、垂钓、品尝等于一体的休闲渔业景区，取得了可观的经济效益。另外，北京市现有较大规模的垂钓园143个，具有垂钓大棚212亩，经营垂钓单位439家，每年接待垂钓者300万人次，垂钓收入亿元以上。

河北廊坊市三河县年生产商品鱼1100余吨，其中1/3以上为游钓用鱼，游钓收入占全县渔业总收入的50%左右。该县尝到了开展游钓渔业的甜头，下一步目标是进一步完善经营机制，调整养殖的品种结构，建立公园式的生态渔场，使度假、游乐、垂钓、观赏并举，满足不同游客的休闲需要。

辽宁大连市长海县利用其地理优势，提出了"钓鱼搭台，经贸唱戏"。连续三年举办钓鱼节活动，形式丰富多彩，吸引了众多国内外宾客来海岛参加钓鱼比赛，进行旅游观光、经贸洽谈，品尝"海味美食一条街"的各种风味，利用该节机会共签订经贸合作项目40个，意向投资1.95亿元，合同投资1.24亿元，成为发展海岛经济的催化动力。

在西部地区，四川省渠县利用渠江两岸的山水风光发展了新型旅游业。一种以游船为主，集赏景、娱乐、避暑于一体的经营方式正在悄然兴起，即"住在水边，食有水鲜，观有胜景"。目前从事游乐的渔业船只有77艘，经营面积3000m²，年营业额580万元，经营效益达120万元。渠县的休闲渔业增加了水产品的附加值，提高了渔业比较效益。此项改革已成为该县渔业经济新的增长点。

地处东南沿海的福建漳州，依山傍水，风景秀丽，海岸线长达680km，岛屿星罗棋布。近十年来，漳州市在充分发挥旅游资源的同时，大力发展休闲渔业。现已开辟了东山湾南太武等风景区，其中东山县形成了"一线五区"的旅游经济开发区；南太武风景区设有高尔夫球场和休闲度假区。此外，正在开辟海滨寻根谒祖旅游和海鲜品尝旅游等特色观光路线。这些具有海洋特色的休闲渔业项目，设计中充分利用海滨的"阳光、沙滩、海水、空气、绿色"五大要素，使之与山水风光、人文景观相配套，建立起富有科学性、知识性、趣味性的休闲渔业开发示范区。那里的开发方向是：海边度假休养、海滨沐浴健身、海湾游弋观光、海上竞技游乐、海底奇景览胜、海贝工艺品制作、海珍品展示以及海岸古迹朝胜、海外游子寻根等。

第二节 水产品市场分析

根据渔业企业实际需要，本节将着重对市场培育、消费心理、购买行为、产品周期等水产品市场特性做必要的分析介绍。

一、市场培育

市场培育一般是指开发新产品时，或者是某地原来没有该商品时（因为是新产品，所以没有现成的市场），发现客户的潜在需求，因此要依靠开发者自己去宣传产品，做前期引导，培养用户需求，吸引消费者，进而培育出新的市场。

如何适应新形势下水产品市场的培育发展，是水产品流通领域面临的紧迫任务。

1. 统筹规划，合理布局

培育市场必须建立在统筹规划的基础上，立足自身，走差异化、特色化发展之路，这是政府在市场培育和建设中发挥作用的关键所在。无论是政府引导型市场、还是政府主导型市场，都离不开合理规划。市场建设的突出特点是与城市建设同步，把市场建设与城市功能统筹安排，系统考虑。使得整个城市就是一个大市场，大市场又要依靠完善的城市功能作保障。所以，在市场建设时，应立足城市长远发展，谋划市场的布局，努力使市场成为消费的载体，成为城市功能的重要组成部分。实践证明，只有注重、加强统筹规划、合理布局，把市场发展纳入城市建设中去，才能在强化管理中，促进市场健康有序发展。根据沿海与内陆不同水域内的水产品产量、品种、距离城市的远近、交通运输条件、市场基础设施及居民生活习惯等，在产地或销地分别建立以下不同类型的批发市场。

（1）国家级水产品批发市场　这类市场对外拥有出口权，对内有较大范围的集散能力。货源除就地产销外，国家给予一定的调控支持。一般在外贸港口布设，由国家渔业局会同各省、直辖市、自治区政府及有关部门规划，报国家计委、工商总局和海关总署批准。

（2）区域性水产品批发市场　以全省（自治区、直辖市）性的批发交易为主，同时向外省（自治区、直辖市）辐射。可按经济区域覆盖范围的大小，由省（自治区、直辖市）级水产行政主管部门会同有关部门提出规划，参与建设。这类市场可以作为国家级水产品批发市场与乡镇初级水产品集散市场联系的纽带。

（3）城镇初级水产品集散市场　指国家级和区域性市场以外的、分散在中小城市及乡镇的初级市场。这类市场以零售为主，少量水产品对外调剂，一般由县、镇人民政府和其主管部门批准。

在今后若干年内，应逐步建立起以国家级水产品批发市场为枢纽，以区域性水产品批发市场为骨干，以城乡初级水产品集散市场为基础的三级批发市场，通过组织大市场、大流通的运转，促进高效、开放、顺畅、可调控的水产品市场体系的形成。

2. 多渠道集资，采取优惠政策

水产品批发市场的建设资金，原则上以地方为主，多渠道集资。一是把水产品批发市场的建设纳入到城市或乡镇建设的总体规划中，争取当地政府投入一定数量的资金。二是水产经营企业在原有设施的基础上，尽量投入扩建资金，并作为优化资源配置、调整企业内部经济结构、增强发展后劲的重要举措。三是通过预收摊位费或其他集资方式兴建。四是依靠资源增值费和各种税费返还，筹集建场资金。五是有条件的进行股份制集资。从市场建设情况看，虽然市场培育形式不同，但当市场达到一定成熟程度时，必须走多元筹资的建设路子，只有这样市场建设才会有持久的活力。市场主体由市场管委会承担，下设开发公司由政府控股，主体市场的建设由开发公司进行招商，通过拍卖土地和转让摊位获取政府收益。例如，义乌商城集团是一家上市公司，通过股份制改造，一方面解决了企业办市场的资金困难，另一方面也促进了经营机制的转变，有效地实现了市场管理机制创新。

与此同时，坚持"谁投资，谁受益"的原则，积极争取有关部门支持，对批发市场进行统一管理，统一收费制度。研究制定有利于专业市场建设与发展的政策，包括给予批发市场开办者和经销商税收、信贷、土地优惠政策等。如采取以下优惠政策：一是争取政府给予专项基建贷款后，由政府贴息和实行税前还贷；二是在建场初期，对客户暂免征税或降低税率，不增加地方附加税目和税率；三是优先安排建场用地，价格从优；四是免征投资方向调节税，减免工商管理费等优惠政策。

3. 加强法规制度建设，实行规范管理

抓紧制定水产品批发市场的管理条例和各类批发市场的建设标准，对市场性质、开设程序、主体资格、交易方式、交易行为、管理者责任、市场监管等方面做出相应规定。对进场交易的买卖双方要规定交易程序，对其成交量、成交金额、征税标准等要制定和出台相应制度。其目的在于，一是明确专业市场的设立必须事先经过政府主管部门的审批，纳入统一规划，防止重复建设；二是建立专业市场经销商资格审核登记制度和经营准入制度，解决市场交易秩序混乱的问题；三是明确入市交易产品的信息披露和质量安全检测及溯源制度；四是规范交易结算方式，提高市场管理现代化水平；五是明确政府支持专业市场建设的责任和义务，为政府投资专业市场建设开辟渠道。

4. 搞好批发市场的配套服务，强化服务功能

强化市场管理与市场服务，完善市场功能。水产品市场主管部门，是具有政府宏观管理而又是企业化运作的部门，充分认识到办市场并不是简单的物业管理，而是在强化制度建设，要在严格市场管理上下工夫，对进入市场的业主进行诚信培训、假冒伪劣商品投诉理赔、专业人才培训、管理制度培训和贸易规则培训、安全保卫培训等，同时大胆创新服务手段和方式，一切以国内外客户的利益为前提，为客户提供最优质的服务，提高市场的声誉，增强市场的凝聚力。参照商业部有关规定应做到：一是通过产前、产中、产后系列化服务，稳定产销关系。二是开展流通全程服务，由批发市场所在地政府主导，提供用地优惠和其他优惠政策，引导批发市场开办商或物流公司建立现代物流中心；在一些重要功能方面（如物流配送功能、加工包装功能、商品检测功能、展示功能、金融结算及其他服务功能等）得到完善。其中包括水产品商品上市交易前的分级、包装、加工、运输、保鲜、交易中的代储、代运服务，以及检验、过磅、结算、交易用具出租等多项服务。三是信息服务，行业发展动态及需求预测分析的信息汇集整理和及时传递信息作为市场发挥水产品流通领域服务的整体优势。同时加强网络资讯平台的建设，要求做到以下几点。

① 加强市场宣传。不仅仅要做平面媒体的宣传，同时，要充分利用网络资源，借助网络媒体的力量为市场进行宣传。要做好市场的网站宣传工作。建立市场自己的网站，要有最基本情况的介绍，包括市场简介、经营面积、主营产品及产品结构、市场类型、市场地址、市场的年交易额、市场的优秀经营户宣传等。

② 为市场经营户提供资讯。要为市场的经营户提供市场机会和竞争者的实时资讯，包括其他市场的价格、竞争对手的情况、市场的波动趋势，及有关新产品引进、最有利的货源等。同时，要建立一个资讯平台总系统，连接本地及其他地区的水产品市场，实现信息的及时传递和共享。还要建立专业市场与配送中心的网络连接，做到物流的实时传递和高效运输。

5. 培育市场主体

对于水产品市场，要改变目前贩运、经销商进入批发市场"门槛"过低的现状，采取切实可行的措施培育市场主体，提高市场主体的组织化程度，扩大营销规模。一是大力鼓励和发展养殖户合作经济组织，使农民组织起来进入市场，实现产销直接对接；二是有步骤地吸引实力较强的大经销商、代理商入市经营，培育规模化经营的现代批发商；当市场发展逐渐成熟后，可以选择一个较大的水产品批发市场进行试点，对进入市场交易的企业、经销商和农民合作组织实行资格认定，推行会员制。同时，政府应该鼓励中小企业入驻市场，有步骤地吸引实力较强、有品牌影响力的企业进来，提高市场的知名度。

6. 滚动开发、产业关联原则

应通过大量调研和专家论证，结合实际确定建设市场的类型，但是市场建设初期不应过大，应从规模适度向大规模建设梯度推进，这样一方面能够保持市场的持续繁荣，同时又能逐步提升市场的商气和人气。同时，市场建设离不开坚实的产业支撑，在市场建设中，应以增强产业和企业竞争力为立足点，强化资源整合，优化产业布局，努力形成具有较强竞争力的产业群和产业带，并在高层次上推进产业提升。

7. 走批发市场多种交易模式的发展路子

走出传统的一手钱、一手货的简单模式，积极寻找适合不同市场发展的新型模式。这些市场每年都举办大型展览会、展销会、交易会、博览会等，一是可以加大对客户及商品品牌的宣传，引导品牌集群的发展，达到纲举目张的效果；二是搭建起商贸互动平台，从中强化和挖掘市场的品牌效应，达到品牌造势的目的，不断提高市场的影响力，使市场得以快速发展与升华。

通过上述各项培育措施的实施，水产品市场将有一个更快更好更健康的发展，为我国渔业的持续发展做出更多的贡献。

二、消费心理

消费心理是指消费者在寻找、选择、购买、使用、评估和处置与自身相关的产品和服务时所产生的心理活动，是消费者进行消费活动时所表现出的心理特征与心理活动的过程。

经过经济学家和心理学家对消费者购买心理的长期研究，把按一定规则运动的消费者购买心理归纳为十种类型。

1. 从众心理

在从众心理诱导下的购买动机具有跟随性，其表现常常是在购买行为中呈群体聚集购买状态，购买者争相购买其一商品。从众心理支配下的购买行为一般具有购买无目的性、偶发性、冲动性的特点。

2. 仰慕心理

在仰慕心理诱导下的购买动机具有趋向性和追求性。其表现常常是购买名优产品、大城市产品以及进口商品，仰慕心理支配下的购买行为一般具有选择性和目标追求性的特点。

3. 自豪心理

在自豪心理诱导下的购买动机具有地方性，其表现为常常购买家乡的名、优、特产品。自豪心理支配下的购买行为具有馈赠性的特点。

4. 炫耀心理

在炫耀心理诱导下的购买动机具有求荣性，其表现常常是购买名贵商品，紧俏商品和时髦商品。炫耀心理支配下的购买行为具有虚荣性、攀比性的特点。

5. 实惠心理

在实惠心理诱导下的购买动机具有图廉性和求实性，其表现为常常购买价格低廉、经久耐用的一般商品和降价处理商品。实惠心理支配下的购买行为具有节约性和实用性的特点。

6. 占有心理

在占有心理支配下的购买动机具有恐失性，其表现常常是购买文物古董、名人字画和珍贵工艺品。占有心理支配下的购买行为具有收藏性、保存性的特点。

7. 享受心理

在享受心理支配下的购买动机具有奢侈性，其表现常常是购买高档生活和文化用品。如名贵补品、高档家具、高级食品饮料、高级服装、装饰品、高档家用电器、高级化妆品等。享受心理支配下的购买行为具有率先性、求质性的特点，对整个社会消费方式和消费结构的改变有导向作用。

8. 保值心理

在保值心理诱导下的购买动机具有盲目性和冲动性，其表现常常是购买金银制品、生活必需品和耐用消费品。保值心理支配下的购买行为具有购买超前和随意性的特点。

9. 好恶心理

在好恶心理诱导下的购买动机具有直观性，其表现常常是在购买已认定商品时，对不同产地、不同包装、不同厂家、不同零售店铺、不同售货员的选择上，在好恶心理支配下的购买行为具有主观评价性和习惯性的特点。

10. 怀旧心理

在怀旧心理诱导下的购买动机具有重复性，表现常常是购买具有某一历史时期特征的传统商品或仿古制品，怀旧心理支配下的购买行为一般具有明确的购买目标性和专一性的特点。

三、购买行为

消费者的购买行为和购买心理、购买动机存在着不可分割的内在联系。购买心理是购买动机的驱使器，当消费者具备购买条件时，便产生了购买行为。每一次购买行为的发生，不仅仅是一种购买心理诱导的结果，通常表现为几种购买心理综合作用支配的结果。实践证明，消费者心理是实现社会商品购买力的一种强大的、客观的心理作用力。

顾客的购买行为，不是一个瞬间的拍板行动，而是早在购买行为发生之前就已经开始，且在购买行为完成后也不会终止，因而是一个完整的系列过程，顾客消费心理分析正是基于此，分析顾客的购买程序，目的是为了在顾客的购买决策过程中，于每一阶段对其施加相应的影响。

顾客的购买程序一般可分为五个阶段。

1. 引起需要

顾客的购买行为，首先是从产生需要开始的。当顾客感到自己的某种需要必须通过市场满足时，就会集中精力到市场上去寻求该种商品，这时购买行为便开始了。在这一阶段，销售者应当注意到：第一，了解与其产品种类和厂牌有关的潜在的或实际的需要；第二，这种需要在不同时间的不同满足程度；第三，这种需要会被哪些刺激所引起。这样才可以巧妙地推销自己的产品，使之与顾客的需要挂起钩来。

2. 收取信息

如果引起的需要相当强烈，可满足需要的物品又易于得到，顾客就会马上满足自己的需要。在多数情况下，被引起的需要不是马上就得到满足，或不是马上就能满足时，这种需要必先进入人的记忆中。作为未来满足需要的必要项目，需要使人产生注意力，可能促使其积极寻找或接收资料，以便完成从知觉到坚信的心理过程，作出购买决策。

商品资料或信息的来源主要有以下几个方面。第一，社会来源。包括报纸、杂志、电视、广播、书刊的宣传；家庭、亲友、邻居、同学以及其他相识者对商品价格的认同，等等。第二，市场来源。包括商品的广告、营业员、商品包装、商品展销以及有关商品说明书等所提供的商品资料。第三，经验来源。包括顾客自己操纵、试验和使用所获得的有关商品的经验。各种来源的信息,对顾客的购买行为产生的影响不同,广告宣传、报纸、杂志等,传播面广,但可信度低,顾客有所担心,亲朋好友口头传播或已购买的效果信息影响最大,但销售者较难掌握和控制。经验来源的信息,对顾客的购买行为的影响较稳定。因此,掌握顾客的信息来源,对销售者制订相关销售策略有极大帮助。

3. 比较评估

顾客利用从各条渠道得来的资料信息,进行分析、评估和选择,决定取舍。这是顾客购买行为过程的一个重要阶段,也是购买的前奏。一般地说,顾客评估主要考虑商品的性能、式样、价格、耐用性及售后服务等几个方面。而商品的性能在比较评估中显得尤为重要,常常会产生如下情况,顾客对商品的性能给予的重视程度有所不同;顾客中既定的品牌形象与产品的实际性能,可能有一定差距;顾客对产品的每一属性都有一个效用函数;多数顾客的评估过程是将实际产品同自己理想中的产品作比较。

由此,销售者可以采取相应的对策:第一,通过广告和宣传报道努力消除顾客不符合实际的偏见,改变心目中的品牌信心。第二,改变顾客对商品各种性能的重视程度,设法提示自己商品占优势的性能的重要程度,引起顾客对被忽视的产品性能的注意。第三,改变顾客心目中的理想商品标准。

4. 购买决策

这是顾客购买行为最重要的环节,顾客对商品信息进行比较分析后,即形成购买意向。顾客在购买之前,须作购买决策。购买决策是许多项目的总选择,包括购买何种商品?何种品牌?何种形式?数量多少?何处购买?何时购买?以何种价格购买?以何种方式付款?等等。在这一阶段,一方面,营业员要向顾客提供更多详细的有关商品的情报,便于顾客掌握和了解;另一方面,应通过服务造成方便顾客的条件,加深其对商品的良好印象。

但购买意向并不一定导致实际的购买行为,它会受到他人的态度和意外的环境因素的影响,比如,家人或亲友的反对,失业或涨价等意外情况,各种预见到的风险会使顾客修改、推迟或取消其购买决策。因此,销售者应当尽可能了解使顾客犹豫的因素和引起风险觉察的因素,设法排除障碍,降低风险,促使顾客作出最终的购买决策。

5. 购后感受

这是顾客对所购进商品通过使用而产生各种想法的阶段,是对整个购买行为的检验和反省。如果商品在实际的消费中达到预期效果则感到满意,购买后的感觉就会良好,也会肯定自己的购买行为,反之亦然。这种感觉会影响到周围的顾客,产生引导更多人购买或阻止别人购买该种商品的效果。因此,购买感受的好坏对于顾客自己是否继续购买及对周围顾客购买行为的宣传影响有很大作用,销售人员应及时做好顾客已购买感受的收集反馈工作。

四、产品周期

产品生命周期(product life cycle),简称PLC,是指产品的市场寿命。一种产品进入市场后,它的销售量和利润都会随时间推移而改变,呈现一个由少到多再由多到少的过程,就如同人的生命一样,由诞生、成长到成熟,最终走向衰亡,这就是产品的生命周期现象。所谓产品生命周期,是指产品从进入市场开始,直到最终退出市场为止所经历的市场生命循环过程。产品只有经过研究开发、试销,然后进入市场,它的市场生命周期才算开始。产品退出市场,则标志着生命周期的结束。

1. 产品生命周期阶段

产品生命周期分为介绍期(introduction)、增长期(growth)、成熟期(mature)、衰退期(decline)四个阶段。

(1)介绍(投入)期 新产品投入市场,便进入介绍期。此时,顾客对产品还不了解,只有少数追求新奇的顾客可能购买,销售量很低。为了扩展销路,需要大量的促销费用,对产品进行宣传。在这一阶段生产经营成本较高,销售额增长缓慢,企业不但得不到利润,反而可能亏损。产品也有待进一步完善。

(2) 成长期　这时顾客对产品已经熟悉,大量的新顾客开始购买,市场逐步扩大。产品大批量生产,生产成本相对降低,企业的销售额迅速上升,利润也迅速增长。竞争者看到有利可图,将纷纷进入市场参与竞争,使同类产品供给量增加,价格随之下降,企业利润增长速度逐步减慢。

(3) 成熟期　市场需求趋向饱和,潜在的顾客已经很少,销售额增长缓慢直至转而下降,标志着产品进入了成熟期。在这一阶段,竞争逐渐加剧,产品售价降低,促销费用增加,企业利润下降。

(4) 衰退期　随着科学技术的发展,新产品或新的代用品出现,将使顾客的消费习惯发生改变,转向其他产品,从而使原来产品的销售额和利润额迅速下降。于是,产品又进入到衰退期。

2. 产品生命周期各阶段的营销策略

典型的产品生命周期的四个阶段呈现出不同的市场特征,企业的营销策略也就以各阶段的特征为基点来制订和实施。

(1) 介绍期的营销策略　介绍期的特征是产品销量少,促销费用高,制造成本高,销售利润很低甚至为负值。根据这一阶段的特点,企业应努力做到:投入市场的产品要有针对性;进入市场的时机要合适;设法把销售力量直接投向最有可能的购买者,使市场尽快接受该产品,以缩短介绍期,更快地进入成长期。

在产品的介绍期,一般可以由产品、分销、价格、促销四个基本要素组合成各种不同的市场营销策略。例如,将价格高低与促销费用高低结合起来考虑,就有下面几种策略可供选择:快速撇脂策略(即以高价格、高促销费用推出新产品。实行高价策略可在每单位销售额中获取最大利润,尽快收回投资;高促销费用能够快速建立知名度,占领市场)、缓慢撇脂策略(以高价格、低促销费用推出新产品,目的是以尽可能低的费用开支求得更多的利润)、快速渗透策略(以低价格、高促销费用推出新产品。目的在于先发制人,以最快的速度打入市场,取得尽可能大的市场占有率)、缓慢渗透策略(以低价格、低促销费用推出新产品。低价可扩大销售,低促销费用可降低营销成本,增加利润)。

(2) 成长期市场营销策略　新产品经过市场介绍期以后,消费者对该产品已经熟悉,消费习惯也已形成,销售量迅速增长,说明这种新产品进入了成长期。进入成长期以后,老顾客重复购买,并且带来了新的顾客,在这一阶段利润达到高峰。随着销售量的增大,企业生产规模也逐步扩大,产品成本逐步降低,新的竞争者会投入竞争。随着竞争的加剧,新的产品特性开始出现,产品市场开始细分,分销渠道增加。企业为维持市场的继续成长,需要保持或稍微增加促销费用,但由于销量增加,平均促销费用有所下降。针对成长期的特点,企业为维持其市场增长率,延长获取最大利润的时间,可以采取改善产品品质、寻找新的细分市场、改变广告宣传的重点、适时降价等促销策略。

(3) 成熟期市场营销策略　进入成熟期以后,产品的销售量增长缓慢,逐步达到最高峰,然后缓慢下降;产品的销售利润也从成长期的最高点开始下降;市场竞争非常激烈,各种品牌、各种款式的同类产品不断出现。

对成熟期的产品,宜采取主动出击的策略,使成熟期延长,或使产品生命周期出现再循环。为此,可以采取市场调整、产品调整、市场营销组合调整等策略。

(4) 衰退期市场营销策略　衰退期的主要特点是:产品销售量急剧下降;企业从这种产品中获得的利润很低甚至为零;大量的竞争者退出市场;消费者的消费习惯已发生改变等。

面对处于衰退期的产品，企业需要认真地进行研究分析，决定采取什么策略，在什么时间退出市场。通常可选择：继续策略（继续使用过去的策略）、集中策略（把企业能力和资源集中在最有利的细分市场和分销渠道上，从中获取利润）、收缩策略（抛弃无希望的顾客群体，大幅度降低促销水平，尽量减少促销费用，以增加目前的利润）、放弃策略（对于衰退比较迅速的产品，应该当机立断，放弃经营）。

产品生命周期理论产生的背景：产品生命周期理论是美国哈佛大学教授费农1966年在其《产品周期中的国际投资与国际贸易》一文中首次提出的。费农认为：产品生命是指市场上的营销生命，产品和人的生命一样，要经历形成、成长、成熟、衰退这样的周期，而这个周期在不同技术水平的国家里，发生的时间和过程是不一样的，其间存在一个较大的差距和时差，正是这一时差，表现为不同国家在技术上的差距，它反映了同一产品在不同国家市场上的竞争地位的差异，从而决定了国际贸易和国际投资的变化，为了便于区分，费农把这些国家依次分成创新国（一般为最发达国家）、一般发达国家、发展中国家。费农还把产品生命周期分为三个阶段，即新产品阶段、成熟产品阶段和标准化产品阶段。费农认为，在新产品阶段，创新国利用其拥有的垄断技术优势，开发新产品，由于产品尚未完全成型，技术上未加完善，加之，竞争者少，市场竞争不激烈，替代产品少，产品附加值高，国内市场就能满足其摄取高额利润的要求等，产品极少出口到其他国家，绝大部分产品都在国内销售。而在成熟产品阶段，由于创新国技术垄断和市场独占地位被打破，竞争者增加，市场竞争激烈，替代产品增多，产品的附加值不断走低，企业越来越重视产品成本的下降，较低的成本开始处于越来越有利的地位，且创新国和一般发达国家市场开始出现饱和，为降低成本，提高经济效益，抑制国内外竞争者，企业纷纷到发展中国家投资建厂，逐步放弃国内生产。在标准化产品阶段，产品的生产技术、生产规模及产品本身已经完全成熟，这时对生产者技能的要求不高，原来新产品企业的垄断技术优势已经消失，成本、价格因素已经成为决定性的因素，这时发展中国家已经具备明显的成本因素优势，创新国和一般发达国家为进一步降低生产成本，开始大量地在发展中国家投资建厂，再将产品远销至别国和第三国市场。由介绍得知，产品生命周期理论是作为国际贸易理论分支之一的直接投资理论而存在的，它反映了国际企业从最发达国家到一般发达国家，再到发展中国家的直接投资过程。

第三节　市场营销组合

一、市场营销组合理论的产生和发展

1. 4P营销组合理论的提出

市场营销组合是企业为了进占目标市场、满足顾客需求，加以整合、协调使用的可控制因素。美国的尼尔·博登将这些因素确定为12个，在1950年前后提出了"市场营销组合"的概念。理查德·克莱维特进一步把这些因素归结为4大类型，即产品、价格、渠道和促销。1960年，杰罗姆·麦卡锡又在文字上将他们表述为：产品（product）、价格（price）、渠道（place）和促销（promotion），即著名的4P营销组合理论。

2. 6P营销组合策略

随着竞争加剧，特别是全球竞争进一步扩大，顾客的选择范围日益增大，为了不断向企业争取更多的利益，各个特定利益集团通过发达的信息传播网络传播来自企业的信息。政府通过诸如产业政策、税收与财政控制市场准入。在此背景下，菲利普·科特勒提出了2个P：政治权力（political power）和公共关系（public relation）。他将加入这两个要素的营销称之为"大营销"（megamarketing），意思是说企业不仅仅要考虑市场环境因素，还要考虑

政治因素和社会因素。这就是 6P 营销组合理论。

3. 10P 营销组合理论

在 6P 组合理论的基础上，随着对营销战略计划过程的重视，菲利普·科特勒又提出了战略营销计划过程必须优先于战术营销组合（即 4P）的制订。战略营销计划过程也可以归结为 4P：探查（probing）、分割（partitioning）、优先（prioritizing）、定位（positioning）。科特勒认为，只有在搞好战略营销计划过程的基础上，战术性营销组合的制订才能顺利进行。为了做到这一点，营销人员必须事先做好探查、分割、优先和定位 4 种营销战略；同时还要求营销人员必须具备灵活运用公共关系和政治权力两种营销技巧的能力。这就是科特勒的 10P 理论。10P 建立了一个比较完整的营销管理理论分析框架，对整个市场营销理论的发展做出了杰出的贡献，也为企业市场营销分析奠定了较为完整的理论基础。

4. 7P 营销组合理论

布姆斯和比特纳于 1981 年在原有 4P 的基础上增加了三个"服务性的 P"：参与者（participants），有的学者也称之为人（people）；物质环境（physical evidence）；过程（process）。从而形成了服务营销的 7P 框架。与此相对应，格隆鲁斯也主张服务营销不仅需要传统的 4P 外部营销，还要加上内部市场营销和交互作用的市场营销。

5. 4C 营销组合理论

20 世纪 80 年代，以 4P 为代表的交易营销理论因为较少关注顾客权力而受到越来越多的营销学者的批评，1986 年，罗伯特·劳特伯恩提出了与 4P 相对应的顾客 4C 理论：顾客需要和欲望（customer needs and want）、对顾客的成本（cost to the customer）、便利（convenience）、传播（communication）。从强调需要企业对顾客真正意义上关注的角度来说，4C 理论比传统的 4P 有很大进步。

6. 4R 营销组合理论

20 世纪 90 年代，美国学者唐.E. 舒尔兹提出旨在与以顾客利益为主的相关者建立长久关系的 4R 营销组合理论：关联（relevancy）、反应（respond）、关系（relation）、回报（return）。4R 营销组合理论立足于满足顾客的长远利益，以顾客为导向设计企业的营销组合，是一切以顾客为中心理念的体现。上述营销组合理论都是随着市场的需求、环境的变化、竞争的加剧应运而生并且不断创新的，在指导企业实施营销战略和营销组合策略时，一直发挥着非常重要的作用。

二、市场营销组合策略

影响企业营销有两类因素，一类是企业外部环境给企业带来的机会和威胁，这些是企业很难改变的；另一类则是企业本身可以通过决策加以控制的。企业本身可以控制的因素归纳起来主要有以下四方面。

1. 产品策略

产品策略包括产品发展、产品计划、产品设计、交货期等决策的内容。其影响因素包括产品的特性、质量、外观、附件、品牌、商标、包装、担保、服务等。

2. 价格策略

价格策略包括确定定价目标、制定产品价格原则与技巧等内容。其影响因素包括分销渠道、区域分布、中间商类型、运输方式、存储条件等。

3. 促销策略

促销策略主要是指研究如何促进顾客购买商品以实现扩大销售的策略。其影响因素包括广告、人员推销、宣传、营业推广、公共关系等。

4. 分销策略

分销策略主要研究使商品顺利到达消费者手中的途径和方式等方面的策略。其影响因素包括付款方式、信用条件、基本价格、折扣、批发价、零售价等。

上述四个方面的策略组合起来总称为市场营销组合策略。市场营销组合策略的基本思想在于：从制订产品策略入手，同时制定价格、促销及分销渠道策略，组合成策略总体，以便达到以合适的商品、合适的价格、合适的促销方式，把产品送到合适地点的目的。企业经营的成败，在很大程度上取决于这些组合策略的选择和它们的综合运用效果。

三、市场营销组合策略的具体运用

1. 创新

创新策略是市场营销的基本策略，水产品市场创新策略就是用创新产品去填补市场的空白之处，以满足消费者的不同需求。水产品是"进口产品"，而人的"口味"是极不相同的，客观上需要"丰富多彩"的水产品。传统的水产品种如四大家鱼等人们已经吃了数十、数百年，极想品尝新品种，而且目前上述传统品种的经营效益已经低得不能再低了。研制、开发、引进、生产、加工新的品种与产品，不仅能激活水产品市场，也能为生产经营者带来可观的效益。澳洲龙虾、挪威三文鱼等在中国水产品市场上的成功行销就是很好的例证。

2. 低价

迈克尔·波特在《竞争战略》中指出，一个营销者要么降低成本，要么提供不同的产品，要么就离开这个市场。如果没有实力创新，又不舍得退出，就只有进行低价营销。水产品属于非必需消费品，如果其价格较高，不仅在同行业的竞争中丧失优势，而且在与其他食品行业竞争中也处于下风。换句话说，如果消费者认为水产品的价格太贵，就不吃或少吃或换成猪肉、牛肉、羊肉、鸡、蛋类等，此消彼长。低价策略是基于水产品及其水产品市场的特点提出来的，利用低价来获取市场份额，扩大销量，增强竞争力。低价的基础，一是规范管理以降低成本，二是依靠科技以提高效率，从而确保经济效益。

3. 优质

随着人们生活水平的提高、健康意识的增强以及我国加入了WTO，对水产品质量的要求越来越高，从而为优质水产品营销提供了广阔的空间。市场调查资料显示，近年来优质水产品一直在水产品市场上表现强势。实行优质策略，首先是开发名特优新品种，走特色渔业之路，以满足水产品市场上不同消费者的需求。其次是保证水产品质量安全，让消费者放心，并且应对"绿色贸易壁垒"的限制，促进水产品国际营销。再次是开发绿色食品，以优质带来优效，使之畅销。最后是严格按照国际标准进行水产品的生产、加工、销售，确保水产品质量安全，使产品走向国际市场。

4. 服务

市场的发展与成熟，使消费者对服务内容的要求越来越具体，对服务质量的要求越来越高。水产品市场与其他市场不同，对服务的依赖更强，许多顾客连一些水产品的种类都不认识，甚至都没听说过，怎么去消费？服务是继质量、价格之后市场竞争的重要内容之一。搞好服务，就是提高市场的竞争力。为顾客提供周到、细微、全面的服务，让其购买方便、携带方便、食用方便。向其宣传介绍水产品的种类（鱼、虾、贝、蟹、藻等）、主要营养成分（丰富的蛋白质和多种氨基酸、低脂肪、多种维生素等）、食用的好处（降血脂、降胆固醇、健脑等）以及食用的方法，并为其提供新鲜、营养、方便、美味的水产品，以唤起他们的购买兴趣、引导消费。

5. 促销

"酒香不怕巷子深"的时代已经过去，成功的促销策略，常常会带来令人意想不到的成功,它是市场营销活动中较为丰富多彩的环节之一。目前在水产品市场上广告也已经多了起来,问题是如何避免巨额的广告费打水漂。我们要认真研究水产品的市场环境、水产品、水产品消费群体、广告受众等特点,把钱花在刀刃上。人员推销也是常用的促销手段,最具实效性。一批懂专业、训练有素的水产品推销人员,驰骋在水产品市场上,向消费者传递信息、提供服务或推销水产品,作用巨大。另外,将公共关系、营业推广等促销手段充分运用到水产品市场营销过程也是十分重要的。

6. 差异化

水产品差异化策略可以理解为针对不同的顾客提供不同的水产品,这正是水产品市场成熟的标致。首先做到品种差异化,鱼、虾、贝、蟹、藻五大类及其加工产品,另外每个大类又含数十、数百、数千甚至更多品种。开发出形形色色的水产品,用来满足人们不同口味的需要。其次做到档次差异化,根据不同水产品的种类、质量、营养、产地等划分低、中、高价格在水产品市场上销售。较低的价格吸引和诱惑大批中下层收入者;高档水产品是为较高收入的消费群体或请客送礼等而准备的。第三做到功能差异化,依据种类、营养、来源、产地、部位、加工等不同划分水产品的不同功能,以吸引更多的消费者。比如食补、药补,吃深海鱼健脑,吃鲢鳙鱼软化血管,喝甲鱼血明目,等等。

7. 品牌

在激烈的水产品市场竞争中,好的品牌可以收到多方面的效果,例如"一只鼎"黄泥螺、"阳澄湖"大闸蟹、鄂州"武昌鱼"等在水产品市场的销路都不错。然而,水产行业的落后造成了经营者总体上对品牌建设重视不够,大多数水产企业品牌意识薄弱。目前,绝大多数水产品实行的都是无品牌经营。所以,就目前渔业生产经营企业的现状而言,品牌化决策是当务之急。在建立一个水产品品牌时,不但要充分考虑到品牌定位、品牌形象、品牌策略、品牌文化等内容,而且要谨慎从事,因为一个品牌的建立绝非一朝一夕,往往还要花费巨额的费用,导致成本的增加。

8. 概念

目前,"概念"营销开始为市场所接受。可以先创造一个概念,然后让顾客接受它,这如同先画一张大饼,撩起大伙的食欲,然后再去生产它。在水产品市场营销中也可以进"概念"营销。例如,在市场上提出"吃鱼健脑"、"海参是海中人参"等,从而唤起消费者的需求。当然,水产品消费概念的确立要紧密联系消费者的需求及其变化趋势,还要兼顾前瞻性与经济性。健特生物公司创造"脑白金"这一概念的做法值得水产品营销行业学习、借鉴。

9. 包装

与市场上形形色色身着华丽外衣的商品相比,水产品的着装就显得较为寒酸了,许多水产品至今还"光着腚"。尽管并非每种水产品都要包装(由于水产品包装的技术含量比较高,搞好水产品包装不容易),但是对水产品的包装问题要重视起来。包装对保护、宣传水产品十分重要,完全可以通过科学、新颖的水产品包装吸引消费者的注意,刺激他们的购买欲望,同时向其介绍消费的好处与方法,从而实现水产品促销的目的。

>> 实操与思考

一、项目实训
1. 项目目标　通过实地调查,了解一个地区的水产品流通状况和流通方式。
2. 项目任务　在调查的基础上,找出水产品流通过程中的问题与对策。
3. 项目组织　在教师指导下对学生分组;以组为单位制订调查计划;由各组长负责本组成员展开调查并整理调查资料;以组为单位写出调查报告。

4. 项目测评　　任课教师对活动进行讲评并按组打分；小组分数即为每位学生的分数。

二、思考

如前所述（见本章案例导入），2006年，中央电视台播出由国家商务部指导、全国城市农贸中心联合会主办的全国农业大流通"双十佳"颁奖晚会后，获得"全国十佳农产品批发市场"称号，并在2004年度水产类批发市场全国排名第一的某水产品批发市场声名更盛了。

该水产品批发市场为何取得如此成就？我们进行了一番探究，感觉有这样几点是值得肯定的。

创新：经营模式独一无二。

该水产品批发市场的成功，在于它紧紧依托某海洋资源优势而建，具备了建设大市场的良好基础；在于它创出了一种新的经营模式。

10年来，该市场依托湛江的水产资源，一步步成长壮大，在整个过程中，市场带动了产业链的发展，产业链的发展又反过来推动市场的发展，使对虾产业链成为了湛江第一产业链，成为当地第一产业链，为促进当地经济发展，尤其是解决"三农"问题做出了积极的探索。

该市场的"政府培育扶持市场，市场调节产业链"经营模式取得了成功。专家认为这种模式在全国的批发市场中是独一无二的，遂在评奖时一致给该水产品批发市场打了高分。

该水产品批发市场当选"十佳"，离不开政府的大力培育扶持。

多年来，当地政府清晰地认识到：如果能真正培育出一个大型的批发市场，发挥批发市场的作用，就可以带动产销两端共同发展，使对虾加工业得到快速发展，甚至可以促进湛江的农产品国际贸易，从而形成产业链，为解决"三农"问题找到一条新路子。从此，当地政府把培育发展该水产品批发市场和对虾产业链列入了党委政府议事日程，从培育种苗到流通，从培育市场到加工出口，有政策、有措施、有步骤，一步步推进。

市政府提出要让"××海鲜"、"××对虾"的品牌扬名天下。该市市长曾数度到市场调查研究、指导工作，而后又多次为市场的建设情况、迁移问题做出指示，并亲自组织职能部门实地考察新市场的选址。向国外公司推介水产品批发市场，介绍商机。其他市领导也同样为市场的发展付出了心血。

市政府的职能部门全力支持市场发展。每次有国内外相关组织到访，经贸局总是全力宣传推介市场，仅2004年，市场接待国内外来访团体便达三十多批次，大大提高了当地水产业的知名度。工商局抽出专门人员到市场办公，严打欺行霸市和制假售假的商贩，确保市场公平公正的交易环境。市海洋与渔业局多次组织大批执法人员，到各沿海县（市、区）对对虾种苗场展开突击检查，惩办滥用药物及不规范生产者，确保进入该水产品批发市场交易的对虾质量。市质量技术监督局、市食品药品监督局将市场列入食品重点检测单位，使市场交易从未发生过一起食品安全事件。市安监局一直重视市场的建设和生产情况，派专人跟踪监管，由于他们一丝不苟的工作，该水产品批发市场创下了"十年零事故"的安全生产记录。这样的例子不胜枚举，体现着政府对水产品批发市场的关心和支持，有了对对虾产业链的培育和服务，才使水产品批发市场和对虾产业链发展得越来越大，企业越做越强，才有了今天的成绩。现在，该水产品批发市场的对虾交易量已达全国产量的2/3。全市对虾产量近7万吨，加工企业138家，加工能力达16.5万吨，对虾饲料产量全国第一，产业链直接带动就业人口达60万。对虾产业链不但已经在湛江形成，而且还影响到全国甚至世界对虾市场，这条产业链生命力旺盛，影响力大。

届时，各种优惠扶持政策接踵而至。机遇：国家级示范市场将落户当地。

问题与思考

1. 通过上述案例，具体分析你所在地区水产品市场应该如何规划建设？
2. 某渔场的产品中，分别处在介绍期（例如小包装速冻河豚片）、成长期（例如野生甲鱼）、成熟期（例如活鲫鱼）、衰退期（例如鲜鲢鱼）。将同学分为四组，分别对各期产品按照营销组合理论提出营销设计或营销方案。

第四章 渔业企业的成本管理

学习目标

掌握渔业企业成本管理的基本概念与方法。

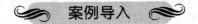

对虾养殖企业成本控制

对虾养殖的主要成本由六个方面组成：饲料、电费、种苗、塘租、人工、药品。其中，第一大成本是饲料，第二大成本是电费，第三大成本是种苗，第四大成本是塘租，第五大成本是人工，第六大成本是药品。

根据大量的实地调查了解，对不同用料层次（有的用低价杂牌饲料、有的用高价品牌饲料）和不同用药理念的养殖户，求证其喂养成本和养殖效益，具体情况见表4-1。

表4-1 不同层次用料、用药养殖情况对照

投喂低价杂牌料、低质药组（A组）			投喂品牌料、品牌药组（B组）			
类别		土塘	高位池	类别	土塘	高位池
苗成活率	淡水	约40%	43%	苗成活率 淡水	60%	65%
	海水	65%	68%	海水	85%	88%
饵料系数		1.6	1.8	饵料系数	0.9	1.15
用药成本		0.4元/kg	0.55元/kg	用药成本	1元/kg	1.2元/kg
成虾规格		126条/kg	146条/kg	成虾规格	56条/kg	60条/kg

同比可知，B组土塘比A组土塘的饵料系数要低0.7，B组高位池比A组高位池的饵料系数要低0.65，真所谓，不看、不卖、不比，沾沾自喜（认为杂牌低价，暗觉便宜划算），一看、一卖、一比，灰心丧气（综合效益一个天一个地）。用料选品牌，但更要讲科学和技巧。

第一节 成本的概念与分类

一、成本的概念

成本是商品经济的价值范畴，是商品价值的组成部分。企业在生产过程中生产所涉及的产成品、自制半成品、劳务、自制材料、自制工具、自制设备等各种耗费，统称为生产费

用。为生产一定种类和数量的产品所发生的全部生产费用，称为产品成本或制造成本；与成本生产没有直接联系的管理费用、营业费用、财务费用等统称为期间费用。

水产品成本是指水产企业在一定时期内为生产经营水产品所发生的各项支出。它是反映渔业企业生产经营活动质量优劣的综合性指标。

成本在经济活动中的重要作用有：①是补偿生产耗费的尺度；②是制定产品价格的基础；③是计算企业盈亏的依据；④是企业进行决策的依据；⑤是综合反映企业工作业绩的重要指标。

二、成本的分类

在水产养殖过程中，费用支出是否作为养殖成本来进行核算，主要看其是否直接或间接用于养殖生产方面，与养殖生产无关的费用支出均不应计入养殖成本。因此，在进行成本核算时，应正确划分和确定水产养殖成本。根据水产养殖业的实际情况，应设立苗种、饵料、材料、工资及福利费、其他费用五个项目。

1. 苗种费

主要归集核算直接用于养殖生产鱼苗、鱼种，以及虾、蟹、贝、藻苗等，孵化用的亲鱼、亲虾也属于本项目。

2. 饵料、饲料费

主要归集核算用于养殖生产的各种饵料、饲料。

3. 材料费

主要包括养殖生产的各种渔需物资和渔具、低值易耗品，还包括用于生产的机油、柴油、水电等。

4. 工资及福利费

主要归集核算直接从事水产养殖人员的工资、工资性津贴、福利费、奖金等，承包人员的工资等也在此核算。

5. 其他费用

主要核算为养殖生产服务的管理部门发生的费用，以及不能直接计入以上项目的各种费用支出。

水产养殖企业必须正确计算成本。凡不应该列入成本的项目，如基本建设支出，经上级主管部门批准的养殖生产设施遭受人力不可抗拒的风灾、水灾造成的非常损失，以及场内防汛抢险支出，不列入成本。产品成本的计算，应当从养殖生产的特点出发，力求简便和接近实际。在计算成本的过程中还应注意以下几点。

① 成鱼生产采取哪年捕捞，生产成本摊入哪年产品成本的确定。对于春季放养，冬季捕捞的成鱼，其鱼种、饲养和捕捞等费用全部列入当年产品成本。对于秋季放养，跨年捕捞，或者分塘、分湖饲养，年内尚未下网捕捞的池塘、湖泊内的成鱼，其当年的饲养和捕捞费用全部列入当年产品成本；当年投放的鱼种费用，作在产品结转下年、上年结转的鱼种费用，这些全部作为本年产品的成本。所有结转下年的产品，除鱼种本身成本外，一律不分摊饲养和管理费用。凡是尚未起水出售的成鱼，一律不计算产品产量。

② 藻类采取哪年收割，生产成本摊入哪年产品成本的确定。即：当年为下年，生产所支出的苗种、材料、工资等直接费用作在产品结转下年；当年为上年，在产品继续支付的各项费用和上年结转的产品成本，列入当年产品成本。

③ 贝类采取分场地按品种计算成本的办法。在未收获前一律作在产品结转下年，以后收获一批，结转一批产品成本。已经收获过的场地一律不得估留在产品。贝类生产采取轮养轮收。收大留小办法的，当年发生的生产费用，也全部列入当年产成品成本。

④ 苗种的生产费用，对外销售应分摊部分，转作销售成本；自用应分摊部分，转作鱼、虾、贝、藻的产品成本，但在考核外，当作成鱼成本时，可剔除实际成本与计划成本的差异因素。

⑤ 夏花一般不单独计算成本，如有少量出售，按销售收入分摊销售成本。

⑥ 工副业生产经常有产品产出的，应当在产品产出的月份计算产品的实际成本。

⑦ 幼畜和育肥畜按畜禽类别进行核算，根据年末存栏头数或重量按固定价格计算在产品。繁殖苗种用的亲鱼，根据年末存塘数量，按固定价格计算在产品。

⑧ 果树、林木的定值、培育费用一般列入当年生产成本。比重不大的越冬作物和果树生产都不计算在产品。

⑨ 各种生产的副产品，对外销售部分，按销售价格转作销售成本，内部互相利用部分，按场内规定的固定价格计算，进行内部转账。

水产养殖场应当根据生产特点和简化成本核算的要求，确定成本核算对象，淡水养殖场一般核算鱼种、成鱼两种主要产品成本，鱼苗销售数量较大的场，也可以加算鱼苗成本。海水养殖场一般核算对虾、牡蛎、蛏、蚶、海带、紫菜七种主要产品的成本。工副业产品的核算对象也要突出重点，主要产品单独核算成本，次要产品可合并计算成本。农副产品可以合并在一起计算成本，农牧比重较大的场，可以加算一两种粮食作物或畜禽成本。

主要产品和一般产品应按各水产养殖场的生产产品划分，有些在全国或全省范围内为主要产品，但在一个水产养殖场内产量很小，仍不作为主要产品，不单独计算成本。水产品计量单位，鱼苗以"万尾"、鱼种以"斤/万尾"、对虾、海带以"吨"计。

此外，如果按照费用与生产过程的关系可将成本划分为生产成本和非生产成本，如果按照费用和生产的关系可将成本划分为固定成本和变动成本。

第二节 量本利分析

量本利分析法，全称为产量成本利润分析，也叫保本分析或盈亏平衡分析，是通过分析生产成本、销售利润和产品数量这三者的关系，掌握盈亏变化的规律，指导企业选择能够以最小的成本生产最多产品并可使企业获得最大利润的经营方案。量本利分析，包括盈亏临界点分析、各因素变动分析和敏感性分析。

然而，要正确地对量本利进行分析，首先要对成本要素进行分解。因为在量、本、利分析中，只允许有固定成本和变动成本存在。

一、固定成本和变动成本的划分

固定成本是指在产品（例如池塘养殖产品）成本中，与产量（例如养殖产量）几乎无关的那部分成本。如企业管理费、承包费、折旧费等。

变动成本是指在生产中（例如池塘养鱼）成本中，随产量（例如鱼产量）的增加而增加的那部分成本。例如水产养殖中的苗种费、饲料费、肥料费、人工费等，把每增加一单位（例如 1kg）产品要增加的成本称为变动成本。在计算时，固定成本用 F 表示，变动成本用 V 表示，产量用 X 表示，总变动成本用 VX 表示。

在成本开支中，有的项目很容易看出具有固定成本或变动成本的性质，但有的开支在性质上介于二者之间，但是由于所要进行的量本利分析必须将所有开支分解为固定成本和变动成本，所以必须把那些混合成本加以分解。从渔业生产特点考虑，介绍比较常用的两种分解方法。

1. 直接分解法

把成本开支项目直接分到固定成本和变动成本中去，把那些性质不清的、随产量变动而变化较大的开支项目划到变动成本中去；把那些与产量变动有些关系，但开支变化不太大的费用则划到固定成本中去。这对渔业生产来说，虽然粗糙些，但也是一种简便实用的方法。

2. 高低点分解法

高低点法是将企业最高期产量、成本与最低期产量、成本相比较而求算变动成本的方法。

［例 4-1］ 某鱼种场 2008 年鱼种产量是 50000kg，其成本是 100000 元，2009 年鱼种产量是 60000kg，其成本是 116000 元。假定这两年市场和技术都没有什么大的变化，那么 2009 年多生产鱼种 10000kg 而成本也多出了 16000 元。由于固定成本是不随产量变化而变化的，那么多开支的这些钱是新增加的变动成本，如果用 16000 元除以 10000kg 得到的数值应该是新增加的变动成本：

$$V = (成本_{2009} - 成本_{2008}) \div (产量_{2009} - 产量_{2008})$$
$$= (116000 - 100000) \div (60000 - 50000)$$
$$= 1.6 \ (元/kg)$$

因此，可以算出该场 2009 年总的变动成本是：

$$VX = 1.6 \times 60000$$
$$= 96000 \ (元)$$

如果鱼种总成本用 TC 表示，则总成本减去变动成本，即可求算出固定成本：

$$F = TC - VX$$
$$= 116000 - 96000$$
$$= 20000 \ (元)$$

高低点法看起来简明而准确，但由于渔业生产周期较长，两批产品间几乎要相隔一年的时间，其间可能会有许多变动因素而影响分解的准确性。所以，变化大的应调整一下再计算。如果其中有一年遇到较大的非正常损失，则这两批数字不能使用。

二、量本利分析方法及其运用

成本计算公式： $TC = F + VX$

产值计算公式： $TR = PX$

盈利计算公式： $Z = TR - TC$

经推导可得： $Z = (P - V)X - F$

式中 TR——产值；

P——产品单位售价；

Z——盈利；

X——产量。

现举例说明公式的运用。

1. 求达到盈亏平衡点所需要的产量

某渔业企业如果只生产一种产品，该产品处在盈亏平衡点的产量时，企业盈利等于零，即：

$(P-V)X - F = 0$，如果将这个特定的产量定成 X_0，盈亏平衡点的计算公式可推导为：$(P-V)X_0 - F = 0$，则：

$$X_0 = F \div (P - V)$$

［例 4-2］ 某成鱼养殖场，产品固定成本每年 60000 元，生产每千克鱼的变动成本是 2.5 元，成鱼平均每千克售价 5.0 元，求该场的盈亏平衡点产量：

$$X_0 = F \div (P-V)$$
$$= 60000 \div (5.0-2.5)$$
$$= 24000 \text{ (kg)}$$

验证一下，看看盈利是否为零：
$$Z = (P-V)X - F = (5.0-2.5) \times 24000 - 60000$$
$$= 0$$

这说明该场只要鱼产量超过 24000kg，就可盈利，否则就会亏损。

2. 目标产量下的成本、盈利计算

[例 4-3] 某成鱼养殖场年固定成本为 60000 元，每千克鱼变动成本为 2.5 元，成鱼平均每千克售价 5.0 元，计划在新的一年中成鱼目标产量为 40000kg，求应投入的成本及能得到的盈利是多少？

计算成本投入：
$$TC = F + VX = 60000 + 2.5 \times 40000$$
$$= 160000 \text{ （元）}$$

计算预计盈利额：
$$Z = (P-V)X - F = (5.0-2.5) \times 40000 - 60000$$
$$= 40000 \text{ （元）}$$

3. 目标盈利下的产量计算

[例 4-4] 某成鱼养殖场年固定成本为 60000 元，每千克鱼变动成本为 2.5 元，成鱼平均每千克售价 5.0 元，计划在新的一年中盈利目标要达到 50000 元以上，求要实现目标盈利成鱼产量最低要达到多少？

由 $Z = (P-V)X - F$ 得：
$$X = (Z+F) \div (P-V) = (60000 + 50000) \div (5.0 - 2.5)$$
$$= 44000 \text{ (kg)}$$

4. 经营安全状况分析

渔业企业在产品经营决策过程中，可以运用量本利分析法作经营安全情况的分析，从而为决策提供依据。其步骤如下。

① 计算盈亏平衡点产量或销售量。
② 计算产品经营安全率，安全率的计算公式为：
产品经营安全率＝（预测该产品的销售量－盈亏平衡点的销售量）÷预测该产品的销售量。
③ 进行经营安全状况分析：产品经营安全率是反映产品经营状况的一个重要指标。安全率越接近于零，该产品的经营越不安全；安全率越接近于 1，该产品的经营越安全。一般可参考表 4-2 来判断产品的经营安全状况。

表 4-2 产品经营安全分析判断参考表

经营安全率	0.3 以上	0.25～0.3	0.15～0.25	0.1～0.15	0.1 以下
安全状况	很安全	较安全	一般	需警惕	危险

[例 4-5] 在例 4-4 中，若预测计划期成鱼可以销售 35000kg，试判断其经营安全状况：
分析：已知平衡点产量 24000kg，
$$经营安全率 = (35000 - 24000) \div 35000$$
$$= 0.31$$

对照表 4-2 判断：只要预测方面无大的误差，计划期成鱼的生产经营是安全的，可以经营。

也可以用制图的方法来进行量本利分析。

第三节 渔业企业成本核算

一、渔业企业成本核算特点

渔业企业是通过对苗种的繁殖、培育和喂养生产出各种水产品。由于水产养殖是一项比较特殊的行业,其场址选择大多靠近沿海、滩涂、湖泊、江边、河滩等,距离城镇较远。因此,水产养殖业在成本核算上具有以下特点。

1. 成本具有不确定性

作为水产养殖的主要产品——水产品,主要是靠养殖和繁育。由于受自然条件变化制约,变化无常的自然环境影响着水产品的产量和养殖成本。自然资源丰富,气候条件适宜,水产品的产量就高,生产成本就低;反之,水产品的产量低,生产成本就高。

2. 生产周期长,资金周转慢

在水产养殖过程中,不论海水养殖和淡水养殖,都有育苗、繁殖、培育、投入放养的自身生产过程,生产周期一般在1~2年或以上。由于常年性投入,使得水产品生产资金占用时间相对较长,资金周转速度缓慢。

3. 季节性生产销售,资金占用量大

在水产养殖业,水产品生产季节性强,收获期集中,储藏、运输量大。由于季节性销售,水产养殖业往往经营资金占用量大。例如对虾养殖和淡水鱼生产期都是春放秋捕,生产期长,收获期短;海水鱼类由于季节性强,捕捞期集中,鲜活水产品市场吞吐量有限,有的需要保鲜冷冻,有的需要加工成干盐制品或其他加工食品,因此,在流通、加工环节占用企业经营资金较多,时间较长。

二、渔业企业成本核算应注意的问题

1. 合理确定成本核算对象

成本核算对象的确定是水产养殖成本进行归集和核算的前提。水产养殖的任务是生产出各种水产品,因此,水产品品种是水产养殖业成本核算的对象,也就是对养殖期间所发生的各项品种费用进行分类、归集、核算。由于水产养殖分为海水养殖和淡水养殖两大类,各类中又有不同的养殖品种,因而在养殖过程中,各品种育苗、繁殖、培育、投入放养的成本也不尽相同。淡水养殖主要按养殖鱼苗、鱼种和商品鱼、淡水虾、蟹等主要品种来计算产品成本;海水养殖按海水虾、蟹、蛤、贝类以及海水鱼等来计算主要产品成本。这样可以比较科学地归集和核算不同养殖水域、养殖品种的生产成本,有利于对水产养殖成本的管理和控制。

2. 正确反映、核算成本项目

养殖成本项目的设置反映了水产养殖成本的范围和构成,项目划分的合理与否,将对养殖成本核算的科学性与准确性产生直接的影响。在水产养殖过程中,费用支出是否作为养殖成本来进行核算,主要看其是否直接或间接用于养殖生产方面,与养殖生产无关的费用支出均不应计入养殖成本。因此,在进行成本核算时,应正确划分和确定养殖成本核算项目。

3. 成本核算应遵循的原则

(1) 收入与支出配比 水产养殖业在核算养殖成本时,应将一定会计期间费用成本,与有关的收益相结合。即收入与相关的成本费用应当相互配比。如工资、水电、药品等不能明确直接进行品种归集的费用,可按一定的分配方法和标准,配比到不同的养殖品

种中。用配比性原则进行成本核算，能较准确地计算出一个时期的养殖成本和每个品种的成本。

(2) 权责发生制　目前在水产养殖业中，由于生产经营活动及其经营体制、组织管理方式的不同，有的养殖企业执行的是企业会计制度；也有一些养殖单位是事业单位的下属，实行的是事业单位的企业化管理，这些水产养殖单位会计制度实行的是收付实现制，即收入与费用的确认均以资金是否收到或支出为标准。因此，在进行养殖成本核算时，收付实现制不能正确反映当期的实际收入和成本费用，具有局限性。

(3) 划分收益性与资本性支出　收益性支出是指发生的与养殖生产有关（包括直接的和间接的费用支出等）的支出。资本性支出是指那些一次购置并长时间使用的耐用资产消耗（如在建工程，建筑物及各种设备购置等），以及无形资产的开发支出。划分收益性与资本性支出的意义在于确定哪些费用支出应当计入当期成本，哪些支出不应当计入当期成本，只有这样才能科学地计算出各品种的养殖成本。

(4) 核算周期的确定　由于水产养殖专业性较强，养殖生产要经过育苗、繁殖、培育、投入放养等过程，其生产周期一般在1~2年或以上，具有培育周期长的特点，因此，水产养殖的成本计算期从购入幼苗或育苗开始，不入库的鲜活产品，计算到销售为止；入库的成品成本，则计算到入库为止。其成本计算期一般应与生产周期相一致。

4. 实施成本管理有以下几点要求。
① 全过程的成本管理。
② 全员性的成本管理。
③ 超前性的成本管理。

对一些各环节不容易区分的过程实行超前控制及预防性控制。例如药物清塘，放鱼前不清塘在当时看是节约了成本，但水质难控，病害多发，反而会增加成本。

④ 综合性的成本管理。
做好定额管理，制定和严格执行各项制度，做好原始记录及资料积累工作。
⑤ 科学性的成本管理。

三、渔业企业成本预测管理

成本预测是确定目标成本的基础，它是在有关成本数据的基础上，运用定性和定量分析的方法来进行的。

1. 目标成本的预测

通常用高低点法来预测目标成本。公式：

$$y=a+bx$$

式中　y——目标总成本；
　　　a——固定成本总额＝最高产量期总成本－最高期产量×单位变动成本；
　　　b——单位变动成本＝（最高产量期总成本－最低产量期总成本）÷（最高期产量－最低期产量）；
　　　x——预测期产品产量。

此外还有倒扣法（首先确定目标利润，然后从预计销售利润中减去税金、销售费用和目标利润，余额即要努力实现的目标制造成本：产品目标成本＝预计销售－销售税金－目标利润）；经验估算法（与国内外同种产品相比较后得出）。

[例 4-6]　某渔业公司 2002~2009 年的成鱼产量及成本资料如表 4-3 所示。2010 年的计划产量为 1000t。试确定该公司 2010 年成鱼的目标成本。

表 4-3 某渔业公司成鱼产量及成本资料

年份	总产量/t	总成本/元
2002	630	12000
2003	660	13000
2004	720	14300
2005	750	14800
2006	800	15200
2007	860	15500
2008	900	16200
2009	950	16800

分析：

$$b=(16800-12000)\div(950-630)=15$$
$$a=16800-950\times15=2550$$
$$y=2550+15\times1000=17550\text{（元）}$$

单位目标成本 $=17550\div1000=17.55$（元）

经计算可知，该水产品加工厂在计划产量达到 1000 件时，其产品总的目标成本是 17550 元，单位目标成本是 17.55 元。

2. 推行健康养殖成本核算，获取最大养殖收益

所谓水产健康养殖，是根据养殖品种的生态和生活习性建造适宜养殖的场所；选择和投放体质健壮、生长快、抗病力强的优质苗种，采用合理的养殖模式、养殖密度，通过科学管水、科学投喂、科学用药防治疾病和科学管理，促进养殖品种健康、快速生长的一种养殖模式。

从我国的水产养殖业粗放饲养到集约精养的变化过程看，一些传统、低效的养殖模式逐渐被淘汰，其中不乏一些生态、绿色但低产的养殖方式，这在很大程度上是市场竞争的结果。几年来，经过比较使用微生物制剂与不使用微生物制剂养殖虾的成本核算发现，在健康养殖下，使用微生物制剂获取的收益远比不使用微生物制剂养虾获取的收益要大得多。原因在于，虽然使用微生物制剂直接增加了养殖成本的投入，但微生物制剂的使用也直接起到了调节水质和预防控制疾病的作用，既减少了虾的死亡数量，提高了养殖质量，同时还降低了 60% 的换水用电能耗，降低了平均每斤虾的成本（约降低 2.6 元）。在养殖过程中，再经过控制养殖密度、科学投喂优质饲料等水产专业养殖技术的运用，从而使水产养殖者获取了更好的经济效益。

3. 发展特种水产品养殖，节约成本，规避市场、效益风险

近年来，随着渔业结构的不断调整，特种水产品养殖以其良好的养殖效益和市场前景越来越受到众多养殖户的青睐。有的还将特种水产养殖作为增加产值、提高效益的重要途径。为了保证特种水产养殖能够健康发展，从财务成本预测管理的角度应把握好以下几点。

（1）预测发展趋势和可行性 实践证明，特种水产养殖成本较高，产品销售价格较贵，消费对象较"特"，产品市场弹性较小。市场起伏大、价格波动大，养殖少时赚钱多，养殖多了就可能会亏本。因此，在养殖某种特种水产品时，要认真分析市场的需求和容量，预测发展的趋势和可行性。应事先了解如下信息：一般居民的日常消费量和节日消费量；附近饭店和宾馆需求量；附近大中城市的销售量；外贸出口的销售量和可能发展的销售量。应以销定产，切忌盲目上马，一哄而上。

（2）充分考虑饲料供应的品种和数量 特种水产养殖中的饲料供应相当关键，同时这也是降低养殖成本、提高经济效益所必须重视的问题。许多特种水产品养殖需要动物性饲料，

如：鲶鱼、鳜鱼等，因此，养殖某一特种水产品必须考虑动物性饵料的来源和可供应量，当然，还必须考虑到饲料成本，饲料供应要因地制宜，饲料来源不足时，应以饲定产。

（3）考虑稳定的苗种来源　特种水产养殖苗种的选择是养殖成败的关键。一般特种水产苗种成本较高，因此，要尽可能选择能自繁的养殖品种或附近天然水域中能获得稳定苗源的养殖品种，以达到降低直接成本的目的。同时要充分利用当地的条件优势，利用当地的各种优势，养殖一些别处无法养殖的稀有品种或地方稀有品种。

（4）搞好综合经营　目前，很多特种水产养殖品种在养殖技术上尚未完全过关，销售渠道也没有完全理顺，因此，养殖单一品种一旦失败，经济上的损失就无法弥补。所以在进行特种水产养殖时必须注意加强成本核算，重视投入与产出的关系，重视经济效益。只有这样，特种水产养殖才有发展的生命力和空间。

四、渔业企业成本控制的主要途径与方法

水产养殖企业必须贯彻勤俭办场的方针，加强经营管理，厉行增产节约，提高劳动生产率，降低成本。为此，必须做好以下四个方面的工作。

1. 加强饲养管理

提高养、捕技术，自力更生，广辟饲料，充分利用设备能力，增加产量，增加收入。

① 降低成本首先要实现鱼种自给。养殖规模越大，鱼种所需费用越多，一般占成本的20%。良好的遗传性状的鱼种，具有饲料转化率高、生长速度快的优势。有条件的养殖户可自繁自育，但应做好亲鱼提纯选育工作。无条件的养殖户一定要到信誉较好的大型苗种场或原种场采购鱼苗自行精心培育，再筛选出规格大、质量优的鱼种进行成鱼养殖，弱小的鱼种则处理掉。培育鱼种可专池，也可在成鱼池中套养，或拦隔水面培育。

② 利用青饲料养鱼。可在池塘边空地或开发饲料地种植黑麦草、苏丹草等优质牧草。就地在附近捞取浮萍或用小坑塘、废弃过肥的小池塘等用畜禽粪肥培育浮萍喂鱼。也可利用蔬菜生产地、市场的下脚菜，或菜市卖剩的廉价菜等投喂。青饲料辅以适量精料喂养，可节约不少成本。

③ 灯光诱虫养鱼。以黑光灯诱虫效果较好，一般的白炽灯也可以。每年的5～10月为诱虫的最佳时期。可在鱼塘水面上适当安装20W左右的黑光灯数盏，遵循天黑开灯，午夜12点后关灯的原则。要注意设置灯具时安装上防雨灯盖，小心安全用电。并要做到月亮太光亮不开灯，大风雨夜不开灯。

④ 生物链养殖。利用生物之间食物循环链进行科学养殖。如建猪舍实行生态养殖，鲜猪粪可种草养鱼（常规鱼），种菜喂猪；也可淋EM活性菌经发酵后培育蝇蛆喂鱼（名特鱼）；把养过蛆的猪粪加入35%草料进行堆制发酵培育蚯蚓喂鱼（名特鱼），养过蚯蚓后的猪粪变成优质的蚯蚓粪投塘，部分肥水养鱼，部分被鱼直接摄食，也可给青饲料作施肥用。

⑤ 渔药方面巧节约。养殖形成一定规模后，用药支出的费用也相当可观。在此建议做好预防工作，减少发病，尽量少用或不用渔药，或大力推广使用价格较便宜的中草药来防治水产养殖动物病害。如：使用苦楝树叶代替硫酸铜防治车轮虫病；用大黄、黄芩、黄柏、穿心莲、贯众、大蒜防治出血病；用水辣蓼、松树叶、柳树枝叶、新鲜马尾松叶、蓖麻叶等防治赤皮、肠炎、烂鳃病；用五倍子防治水霉病等。

⑥ 管理方法精打细算。生产工具使用前后应妥善放置保管好，避免损坏、遗失等。控制好增氧机的开关机时间，节约水电费，减少饲料浪费等。要协调好各方面的工作，尽量减少管理费用。

2. 提高苗种成活率

淡水养殖放养的鱼种一般不能小于4cm，北方高寒地区不能小于3cm，海水养殖要做到

苗大、体壮。各类养殖场应当根据本场的实际情况，制定各类苗种的规格和产品质量要求，作为企业的奋斗目标。

3. 建立和健全材料、费用和劳动消耗的定额管理制度

要使材料、费用和劳动的实际消耗尽快达到本企业历史最好水平，已经达到的要赶超全省同行业的先进水平。主要材料定额标准，由主管部门制定。

4. 认真精减行政管理人员和服务人员，充实生产第一线

严格控制办公费、差旅费和非生产性设备购置费支出。企业行政管理人员和勤杂人员一般不得超过全场总人数10%。规模较大的场，应当低于这个比例，小场可略高于这个比例。企业管理费，不得超过成本总额的10%。

5. 变废为宝，做好废物及边角废料的利用

水产养殖企业在加强专业核算的基础上，必须依靠群众，做好群众核算工作，场部应定期作系统的、全面的经济活动分析，通过分析对比，发现问题，找差距，挖掘降低成本、增加收入的潜力，定期公布财务成本情况。企业应结合评奖，分析材料定额、工时定额、工具设备利用和产量指标的完成情况，发现问题，及时改进。

知识链接

一、对虾养殖过程中的成本管理

虾农在对虾养殖过程中的成本有显性和隐性成本两大类：显性成本是指看得见的实际支出，例如生产费用（塘租、种苗、饲料、药品、水电、设备折旧等）和工资费用等，因而它是有形的成本；隐性成本如管理层决策失误带来的成本增加，信息和指令失真或不及时，效率低等，相对显性成本来说，这些成本因为隐蔽性大，难以避免，不易量化。

1. 显性成本的分类与控制

（1）种苗费用　虾苗质量的优劣是养殖成功的基础，这决定了养殖的周期、风险与成功率，要控制好成本，必须选择优质健壮的虾苗。质量好的虾苗，则体质健壮、食欲旺盛、消化吸收力强、对饲料的能量转化率高、抗病力强、生长快、饲料系数较低。特别是进口第一代苗，价格虽比非第一代苗高一倍以上，但一分钱一分货，一般采购第一代苗养到90天左右可达每斤30~35条的规格。有些虾农为了节省虾苗费用选择便宜劣质虾苗，结果养到中期发现对虾生长慢、体质差、病害多，但此时已投入大半成本，放弃养殖损失大，坚持养成本增加，收益微小，得不偿失。

（2）饲料浪费　从养殖成本来看，饲料的投入占整个成本比例的60%。在对虾养殖过程中，饲料的浪费最为突出。饲料的浪费可以分为选择低价劣质饲料，虾吃进去没有有效利用，转化率低的内在浪费和没有进行科学投喂所造成的外在浪费。就当前对虾售价低迷、养殖效益下降的情况来看，选择高效优质的配合饲料，并采取科学合理的投喂，以降低饵料系数，是控制成本和提高养殖效益的一条重要途径。

（3）电能开支　虾塘耗电主要在增氧机、抽水泵和照明三方面，电费占投入成本的15%~20%，这是一项大的开支。

① 增氧机　增氧机是主要耗能源。增氧机的作用是搅动池水，增加水体表面和空气接触，增加藻类进行光合作用的表面积以达到增加水池的溶解氧。合理地开启增氧机能够节约50%的电能，选择在什么时候开动增氧机才能省电，又能达到增氧效果，需要养殖户随时了解虾池的溶氧变化，因此，要根据季节、天气、水质变化灵活使用增氧机，以达到降低养殖成本的目的。

②抽水耗电　抽水的耗电与水泵的安装及管道铺设和养殖水体管理技术有关。水泵安装及管道铺设得好，减少了电能的长期固定损耗。在精养池中，因放养密度较大，投料及虾排粪便多，使得水质污染变化大，需要经常排换水，所以水质管理到位可减少换水率，直接减少电能损耗。因此，要采取措施，一方面在养殖过程中经常使用微生物制剂和水质底质改良剂调节水质，保持水质稳定，减少换水量；另一方面，要经常检查虾池的渗漏，进行及时修整。换水方法采取多排少量的原则，养成前期正常的情况下应尽量少换水或不换水。

（4）用药成本　药物的使用在对虾养殖全过程中所占比例的多少，依其养殖的模式不同而异。在正常情况下，精养池中用药成本约占 7%，用药包括药品和非药品，内服与外用。要求养殖户在对虾养殖过程中必须遵循科学规律，采取科学方法。遵循用药原则，准确有效地使用药物，既要把养殖用药成本降到最低，又要把病害带来的损失降到最低。

2. 隐性成本的分类与控制

① 虾塘建造与养殖模式的确定——决策成本　一般建造面积较大的对虾养殖场，在虾塘建造选址时，就要仔细考虑降低建造成本、运营成本，保证充足的水供应、土壤条件、基础设施，同时能随经济和环境的限制而变更养虾系统。在建造虾池时，要因地制宜地考虑交通电力、水质底质环境、虾池方向、位置、排污方便彻底、水循环快慢等条件。计划多少养殖产出就要建立相应配套的养殖硬件，切不可盲目地追求高效产出而不考虑虾池的承受能力。决策者一旦忽略了这方面的工作，就会在养殖过程中埋下祸根。在养殖模式方面，养殖者应结合考虑虾池的面积、水深、增氧设施、水源水质、换水条件、是否有中央排污设施、管理技术水平、资金实力等确定放养密度和养殖模式。对虾养殖是一个比较复杂的系统工程，需要投资者科学决策、周密设计、细节管理、减少损失。

② 养虾队伍的素质及工作效率——用人成本　对虾养殖涉及多门科学知识，经营者除了有一定的理论知识外，还须有丰富的实战经验，才能面对任何突发情况，发挥其应变能力，作出最合理、最科学的决断。因此必须提高养虾队伍的技术素质，建立一支负责任的、训练有素的养虾团队。技术员也一样，一个优秀的技术人员不仅要有良好的知识技能，更重要的要有责任心，有良好的道德情操，有一定的组织协调能力和管理能力。这样才能在养殖管理中真正发挥作用，带领养虾人员解决技术问题，认真抓好养殖的全程管理。

③ 信息传达的错误——信息成本　由上至下的信息成本：较大的对虾养殖场，投资老板很少在养殖场，靠聘请职业场长管理。在日常的养殖管理中，场长不可能事必躬亲，有些繁杂的事情需要由下属去安排处理，那么在命令的传达过程中就很有可能产生错误，造成不必要的损失。由下至上的信息成本：对虾养殖因气候、环境、养殖条件造成水质变化异常，病害经常发生，加上养殖人员的理论知识、实践经验的差异很大，因此，在养殖管理过程中，场长和技术员在命令的传达过程中造成了有的不理解，有的不执行，甚至自行其是，有的养殖人员为了多领提成，在养殖中多投料，多用药、乱用药，造成成本增加，水质恶化，病害难以控制，损失惨重。

④ 制度的影响——制度成本　一个养殖企业的制度隐性成本大致可以分为三类。职权设置不清晰。养殖场内部的职能划分不清，职能重叠和空白同时存在，工作开展过程中争权夺利，扯皮不断，内部运作效率低下。约束制度不当。激励约束机制是当代企业管理的核心问题，对于中层管理者约束软化，会使其占有和支配资源的动机发生变化。他们为了自己的个人利益，可能支配更多的资源，牟取私利。激励制度不当的情况

下，会出现该多得的少得，该少得的多得，奖懒罚勤，奖亲罚疏的现象，这样会造成整个组织内部成本增大。所以，只有处理好"责、权、利"三者的关系，才能大大提高工作效率，减少或避免隐性成本的增加。

二、水产养殖中饲料成本的控制

1. 养殖成本与饲料成本的关系

饲料成本在养殖成本中所占比例平均达 40%～50%，高的竟达 65% 左右。因此，养殖户要取得较好经济效益，降低饲料成本是非常重要的。往往有些人片面地认为饲料价格低，投资就少，成本就低，尤其是经济不发达地区这种认识更为突出，然而饲料使用结果并不是这样，请看下面公式：

$$单位鱼产量饲料成本 = 饲料系数 \times 饲料价格$$

由此看出，单位鱼产量饲料成本是由饲料系数和饲料价格确定的，在选择饲料时可有以下两种选择：A饲料饲料系数较高，但饲料价格较低；B饲料饲料系数低，但价格较高。

2. 饲料质量与生长速度的关系

现以一个投饵率为 4%、内有 1000kg 鱼的池塘为例，投喂上例A、B饲料。A饲料饲料系料 1.85，则日增重为 (1000×4%)/1.85 = 21.62 (kg)；B饲料饲料系数 1.25，则日增重为 (1000×4%)/1.25 = 32 (kg)。以同样生长 100 天，A饲料长鱼 2162kg，则B饲料可长鱼 3200kg，比A饲料多长鱼 1038kg。以同样增长 2162kg，A饲料需 100 天，则B饲料只需 67.6 天 (2162kg÷32kg/日)，比A饲料少养 32.4 天。即在相同时间内 (100天)，B饲料比A饲料多长鱼 1038kg。在相同增重时B饲料比A饲料可节约 32.4% 的时间。

3. 投饵量与投喂方法

(1) 总投饵量 根据鱼种放养规格、数量、吃食鱼的计划增长倍数和饲料系数来确定：投饵量 = 放养重量×增长倍数×饲料系数

以此可计算出全年所需饲料总量，以便安排全年所需饲料计划及资金，避免造成资金、饲料缺口，及早作好准备，一般 7、8、9 三个月是生长高峰期，投饵量占整个生长过程的 65%，这段时间内抓住时机，备足饵料，才能保证鱼的正常生长。

(2) 日投饵量 根据全年计划投饵量和各月所占比例来计算，也可按鱼类递增体重 1%～5% 来计算，求得每月平均投饵量，一般中旬为平均量，上旬较少些，下旬要多些。

(3) 日投喂次数及时间 夏花鱼苗，水温较高，个体较小，日投饵次数应不少于 5～6 次，7～9 月份鱼摄食最旺，生长最快时期，日投饵次数应为 4～5 次。10 月份以后随着水温降低，投饵次数逐渐减少，直到鱼不再摄食为止。每次投饵时间不少于 20min，以保证鱼吃八成饱而不浪费为原则。

(4) 投饵原则和方法 匀、足、好是总体原则。匀是根据鱼的需要量，每天均匀投喂，这样不仅可预防疾病，保证正常生长，而且可以提高饲料利用效率；足，就是最适的投饵量，满足鱼类的需要；好，就是饲料质量优质、营养全面、适口、新鲜等。

定时、定量、定位是基本投喂方法，同时结合看天气、看水质、看鱼吃食及活动情况灵活确定投饵次数和数量。

综上所述，水产养殖要取得好的经济效益，在饲料使用方面主要取决于质量，而不是价格（当然质优价廉更好）。在资金、生长条件优越的情况下，养殖者应选用优质饲料，采取科学的投喂方法。

三、生鱼养殖成本和利润空间

生鱼在湖南、江苏等地又被称做乌鳢，广东本地主要养殖杂交生鱼，即乌鳢与斑鳢

的杂交种。湖北、江苏等地主要以冰鲜杂鱼养乌鳢，需两年左右时间才能长至商品规格。广东地区水温高，杂交生鱼生长快，耐低氧，可越冬养殖，同时可摄食配合饲料。清明节前后投放生鱼苗，9月份即可长至1.3斤左右上市，年底长成2斤左右的商品鱼。广东中山等地冬棚养殖的生鱼规格可达5~6斤。广东杂交生鱼产量较高，可达10000斤/亩。江苏、浙江等地生鱼生长速度慢，苗种及养殖成本相对较高，因此有部分当地养殖户到广东购苗，也有流通商专做南方商品生鱼倒卖至江浙及华中地区。

2009年上半年珠三角生鱼塘头价均在6元/斤以上，最高8元/斤，后期由于大量商品鱼上市，价格跌至5元/斤，近期价格回升到5.8元/斤。生鱼养殖（当年养成）成本大致在4.5元/斤左右，近期饲料、地租、人工成本均上涨，每包生鱼料价格从138元涨到了155元，养殖成本上升至5元/斤左右，但相对于目前的生鱼价格，还是有部分利润空间的。广东中山等地隔年冬棚养殖模式成本6~6.5元/斤，上市鱼价可达9~10元/斤，利润较高。生鱼养殖投入大，风险高，同时由于成本增加压缩了利润空间，因此部分养殖户处于观望状态，有人认为当前是生鱼养殖户真正比拼资本和养殖水平的时候，今后的生鱼养殖压力将加大。

目前生鱼同样出现了种质退化、生长速度减慢的现象，针对此现象，部分行业人士认为，除了杂交途径，罗非鱼的三倍体培育技术应用于杂交生鱼育种，也很有发展前景。山东生鱼近亲繁殖代数少，以活鲫鱼为食，生猛，广东地区有部分育苗场以山东生鱼为父本、南方斑鳢为母本，生产出的杂交生鱼生长速度快，体形好，但其残食厉害，鱼苗成活率较低。

实操与思考

1. 水产养殖企业成本核算具有什么特点？
2. 水产养殖业成本核算应注意什么问题？
3. 假如你是一个水产养殖企业老板，怎样做好企业的成本管理与控制？

第五章 水产品质量管理

学习目标

1. 了解水产品质量管理的概念、要求与基本方法。
2. 认识水产品品牌建设的重要意义。
3. 掌握绿色水产品生产质量的管理要点。

案例导入

水产品的质量关系到水产企业的生存和发展。

2002年的"氯霉素残留"事件,浙江的一家水产品企业被欧盟国家检测出水产品中氯霉素含量超标,再加上我国其他个别农产品中存在同样问题,致使欧盟于2002年1月25日通过了2002/69EC决议全面禁止我国动物源性食品流通,使我国水产品全面禁运。由于药物残留的存在,使得出口的水产品出现了退货的情况,这就严重地阻碍和限制了水产业的正常经营和销售,给企业的发展造成了严重的后果。2007年以来,一些国外媒体抓住中国个别出口食品的质量问题大肆炒作,甚至散布"中国商品威胁论",把贸易问题政治化,中国食品出口面临着十分严峻的形势和挑战。特别是在2007年6月28日,美国FDA以"中国输美水产品多次被检出含潜在危害性残留物质"为由,宣布了对中国养殖的鲶鱼、巴沙鱼、虾和鳗鱼采取自动扣检措施。美国FDA在进境处扣检这些产品,直到货物被检测合格,证明不含美国养殖水生动物禁止使用的药物残留,方可放行。美方表示,对来自中国的上述养殖水产品的这些附加进口限制将视需要长期实行。

之所以出现上述情况,主要是因为我们没有很好地把握住市场对水产品质量的新要求。由此可见,要想把水产品生产、贸易做好,不但要了解市场对产品的品种、数量需求,还要了解市场对产品的质量需求。因此,我们一定要注重提高和保持水产品的质量,加强水产品的质量管理。

产品质量是企业各项工作的综合反应,它关系到企业的生存和发展。中国是世界渔业大国之一,渔业已经成为国民经济中重要的产业部门。因此,渔业产品质量管理的水平不仅影响渔业经济现代化发展进程,也关系到渔业今后在国民经济现代化发展中的地位,历来受到我国政府和有关部门的重视。为此,农业部下达了《关于加强渔业质量管理工作的通知》,把加强渔业产品质量管理提升到促进产业升级的高度来对待。

要保证和提高产品质量,就必须研究和掌握产品质量产生、形成和发展规律,并据此推行全面质量管理。

第一节 概 述

一、水产品质量的概念

质量是企业的生命。广义的质量包括产品质量、工程质量和工作质量。产品质量是指产品的使用价值，适合于规定的用途，满足人们的需要具备的特性。工程质量（工序质量）是指工序稳定地生产合格产品的能力。工作质量是指企业中与产品质量直接有关的工作，对达到质量标准和提高产品质量的保证程度。狭义的质量就是指产品质量。产品质量包括内在质量特性，如产品的结构、性能、精度、纯度、物理性能、化学成分以及生物学特性等；外观质量特性，如产品的造型、款式、色泽、手感、气味、光洁度等。质量特性一般分为产品性能、寿命、可靠性、安全性、经济性五个方面。

水产品的生物学特性，及其主要作为营养食品及无污染的安全、优质"绿色食品"的特殊消费地位，使其质量特性有着独特的含义与内容，主要体现在以下几个方面。

1. 鲜活度

鱼要活，是消费的一般要求；鱼要鲜，是消费的最低要求。在鲜活鱼的消费上，消费者还要求鱼体健壮优美，无畸形。目前，较多海水鱼不易做到活鱼销售，只能保鲜销售。鱼的鲜度要求如下。

（1）鱼鳃　鲜鱼的鳃的色泽鲜红或粉红，鳃盖紧闭，黏液较少呈透明状。鱼鳃呈灰色或暗红色的为不新鲜鱼。

（2）鱼眼　新鲜鱼的眼睛澄清而透明，且稍向外凸出，周围无充血和发红现象。若眼球混沌灰暗，向内塌陷，则为不新鲜鱼。

（3）鱼鳞　鲜鱼的鱼鳞紧密完整，具有光亮，且不易脱落。不新鲜鱼的鱼鳞松弛，层次不明显且有脱落，没有光泽。

（4）鱼体表皮及肌肉状态　鲜鱼体表清洁，黏液较少；鱼皮及肌肉有弹性，用手按压后能立即复原，不留痕迹；肛门周围呈一圈坑形，硬实发白；无影响外观的机械伤。不新鲜的鱼体表黏液增多，透明度下降；鱼背较软，鱼皮及肌肉弹性较小，用手按压后复原较慢，或不能完全恢复。

（5）肉质　新鲜鱼的组织紧密而有弹性，肋骨与脊骨处的鱼肉组织结实。肉质疏松，容易脱离脊骨与肋骨的为不新鲜鱼。

2. 规格等级

水产品的规格是按重量或尺寸来进行等级划分的。以 GB 6629—86 盐渍海蜇头与盐渍海蜇皮为例，见表 5-1 和表 5-2。

表 5-1　盐渍海蜇头等级规格

等级	质量/g	外形
一级品	＞350	肢型完整，无蜇须
二级品	＞150	肢型基本完整，允许有残缺，无蜇须
三级品	不限	单瓣或两瓣以上相连接

表 5-2　盐渍海蜇皮等级规格

等级	尺寸/cm	外　形
一级品	直径＞33	自然圆润，完整，片张平整，允许 3cm 以内破洞一处或裂缝两处，允许有不影响外观的小缺角

续表

等级	尺寸/cm	外　形
二级品	长径>25	基本完整,片张平整,允许3cm以内破洞两处或裂缝三处,但裂缝总长不超过长径的1/3,允许有小缺角,不允许"头血"
三级品	长径>20,宽度>17	形状不定,允许有破洞和裂缝,允许沾染"头血"
四级品	宽度>13	形状不定,允许有破张和碎张

二、质量管理的重要性

产品质量的好坏,关系到每个人的切身利益,关系到整个社会的发展。在现代社会中,质量问题已经成为越来越重大的战略问题。优质能给人们带来方便和安乐,能给企业带来效益和发展,最终能使社会繁荣、国富民强;劣质则会给人们生活带来无数的烦恼以致灾难,造成企业的亏损以致倒闭,并由此给社会带来种种麻烦,直接阻碍社会的进步。随着全球经济一体化的发展,以质量取胜已成为企业生存发展、国家增强综合实力和国际竞争力的必然要求。当前,我国经济已进入一个新的发展阶段,面临经济结构调整的关键时刻。提高产品质量水平,既是满足市场需求、扩大出口、提高经济运行质量和效益的关键,也是增强综合国力和竞争力的必然要求。尤其随着我国加入"WTO"以后,进一步推动质量工作与国际通行做法接轨的步伐,加强质量管理,坚持以质量取胜就更显迫切。

1. 质量是企业的生命

产品质量好坏,决定着企业有无市场,决定着企业经济效益的高低,决定着企业能否在激烈的市场竞争中生存和发展。"以质量求生存,以服务求发展"已成为广大企业发展的战略目标。

2. 质量是构成社会财富的物质内容

提高产品质量,注重质量管理,可以促进企业资源优化和合理利用,从而实现全社会各类资源的有效配置和合理利用,提高整个社会的经济效益,增加社会财富。企业注重质量,逐步走上投入少、产出多、质量好、效益高的发展道路,可以推动我国经济从数量效益型向质量效益型转变,从而从根本上改变只重数量、不重质量的局面,保证社会财富的稳定增长,促进国民经济持续、稳定、协调发展,所以说质量是构成社会财富的物质内容。没有质量也就没有经济价值,甚至还会造成负面效应,所以企业的生产经营活动必须坚持质量第一,坚持产品的经济价值和使用价值的统一。

提高产品质量,有利于环境保护。企业加强质量管理,可以提高产品的综合质量,包括使用质量和用后处置,特别是现代科技发展为合理处理废物、废气、废水提供了有效的手段,这都是企业提高产品质量的内容。此外,由于提高产品质量可以促使企业合理利用资源,减少了浪费,也减少了污染物的排放,因此,也起到了保护环境的作用。

3. 提高质量是顾客满意的保证

按照ISO 9000国际标准2000年版中的定义,顾客是指接受产品的组织或个人,顾客是企业最重要的相关方,顾客是决定企业生存和发展的最重要因素,服务于顾客并满足他们的需要是企业存在的前提。为此,企业必须知道谁是自己的顾客,他们的需要的是什么。

4. 以质量为核心的管理方式是现代企业管理的基本要求

质量管理是通过使顾客满意来实现企业长期成功的管理方式。为了保证顾客满意,企业需要对整个管理系统进行多方面的调整。近十几年来质量管理出现了新的发展趋势。这些新趋势集中体现在企业及其行为方式正在发生或将要发生各种深刻变化上。具体包括以下几点。

企业的目标从单纯的利润最大化转变为确保包括顾客在内的各利益相关方的利益。其中，顾客满意是较重要的目标之一。

企业的组织趋于扁平化，部门间的界限将更加模糊甚至消失，团队成为企业中重要的组织形式。

横向的过程联系将取代纵向的部门分割而成为管理的核心。

以上这些变化都是为了更好、更快地满足顾客的需求。这是企业生存和发展的目标，也是质量管理的重要目标。质量管理已经和整个管理体系融为一体，并且上升到战略的高度。

第二节 全面质量管理

一、全面质量管理的概念

全面质量管理（total quality control，TQC），是由美国质量管理专家费根堡姆在20世纪60年代首先提出来的。国际标准ISO 8402对全面质量管理（TQC）的定义是："一个组织以质量为中心，以全员参与为基础，目的在于通过让顾客满意和本组织所有成员及社会受益而达到长期成功的管理途径"。中国质量管理协会则定义为："企业全体职工及有关部门同心协力，综合运用管理技术、专业技术和科学方法，经济地开发、研制、生产和销售用户满意的产品的管理活动"。

二、全面质量管理的特点

1. 满足用户需要是全面质量管理的基本出发点

即要用最经济的办法生产出用户满意的最佳产品，并为用户在购买、使用产品的过程中提供指导与服务。

2. 全面质量管理的质量对象是全面的，是广义的质量

不仅包括产品质量和有关的工序质量，而且还要更广泛地包括以提高产品质量为中心的各部门人员的工作质量。

3. 全面质量管理是全过程的管理

全过程是指从产品市场需求调查、产品设计、研制、工艺技术、原材料供应、生产、行政、销售直至售后服务等各个环节。它是一个总体的综合的质量管理。

4. 全面质量管理是全员参加的管理

全面质量管理要求企业上至最高领导，下至每位工人，都要投入到以产品质量为中心的管理工作中去，要广泛开展群众性的TQC小组活动，要调动全体员工参与质量管理的积极性。

5. 全面质量管理所采用的方法是多种多样的、综合的

全面质量管理要求组织管理、技术工作和统计方法的有机结合。将所有影响产品质量的因素综合、系统地控制起来，根据实际情况，采取各种有针对性的管理方法和措施，保证产品质量的稳定和提高。

三、全面质量管理的基本工作

全面质量管理主要的基本工作有：质量教育培训工作、质量责任制、标准化工作、计量管理工作和质量信息管理工作。这些质量工作密切相关、彼此联结，共同形成全面质量管理的基础管理工作体系。

1. 质量教育培训工作

质量教育培训工作的内容有两个方面：一是增强职工的质量意识和质量管理基本知识的

教育；二是加强员工的专业技术与技能的教育培训。提高人员素质，达到以良好的工作质量、工序质量来保证产品质量的全面质量管理要求。

2. 质量责任制

制定、落实企业质量责任制，就是明确规定企业各部门或每个员工在质量管理中应承担的任务或责任。形成一个自上而下人人都有明确的任务和责任的严密的质量管理工作系统。

3. 标准化工作

即为企业的各项管理职能确定共同的标准和准则。使每个部门、各级人员在保证工作质量和产品质量的工作中，分工明确，职责清楚，便于考核评价，使管理合理化、科学化。

4. 计量管理工作

在质量管理中，从设计质量的验证到使用质量的考核，每个环节都离不开计量工作。只有做好计量管理工作，定量分析才有据可循，才能准确地判断质量的优劣，做好质量管理工作。

5. 质量信息管理工作

质量信息指产品形成过程中以及质量管理中的各种数据、资料、报表、文件、消息和情报等。它是质量管理的依据和资源，对产品的质量改进、质量决策具有重要的意义。质量信息管理工作主要是对质量信息进行收集、整理、分析、反馈、储存等。

做好质量管理的基础工作，还要注意质量管理的基础工作具有前瞻性、持久性、广泛性、科学性、有效性的特点。

第三节　HACCP 在水产品质量管理中的应用

一、HACCP 的概念

HACCP 是以科学性和系统件为基础，识别特定危害，确立控制措施，确保水产品安全性的质量管理方法。它也是一种评价水产品危害和确立控制体系的工具，着重强调对危害的预防，而不是主要依赖于对最终产品的检验来判断其卫生与安全程度。通过对生产过程的危害分析来确定容易发生水产品安全问题的环节和关键控制点，建立相应的预防措施，将不合格的产品消灭在生产加工过程之中，减少产品在加工过程终端被拒绝或丢弃的数量，从而降低加工和出口销售不安全产品的风险。

二、HACCP 规制的基本原理

HACCP 在水产品产业界被广泛认可，它在确保优质化产品的生产、卫生许可以及水产品生产实践中的安全性等方面效果显著。HACCP 主要是通过辨别生产过程中最关键的监控点（CCP）来保证产品过程控制，其缺陷在于它比检测一件产品，然后将其毁坏再生产的过程更费事。这一系统能被广泛应用于水产品生产过程中，并且能够对产品生产加工过程作出充分的反馈。形成和操作 HACCP 规制应遵守以下 7 项基本原则。

(1) 危害分析与预防措施（HA）　建立工艺流程图分析潜在的危害的步骤及危害物，描述控制这些危害物的预防措施。

(2) 确定关键控制点　关键控制点是指在每个加工工序中或每一个步骤都能进行控制，并能防止或消除水产品安全危害，或将其降低到消费者可以接受的水平。

(3) 建立关键的控制限值的临界范围　关键点控制限值的临界范围定义为区分可接受与不可接受水平的指标，也就是说一个与关键控制点相匹配的预防措施所必须遵循的尺度和标准。

（4）建立关键点临界控制体系　监控是指为了评价 CCP 是否处于控制之中，对被控制参数所做的连续的观察或测量活动。主要步骤包括：原料、从初级加工到最终消费的食品链中某个点、程序或阶段、操作。

（5）建立校准措施　以便当监控表明某个特定 CCP 失控时采用。校准措施主要是指检测结果表明失控是在关键控制点上所发生的行动。HACCP 规制是一种程序设计，识别潜在的水产品危害物质并建立战略性的方法来防止不安全、不卫生的发生。

（6）建立有效记录 HACCP 的档案系统　将所有有关记录进行归档，以便证明 HACCP 规制是在控制条件下进行运作，证明有效的校正措施已用于纠正任何超出临界范围的偏差，以此证明产品在加工过程中是安全的。以进一步确认 HACCP 规制在运行中的有效性。

（7）验证程序　整个验证程序分 4 个步骤进行，分别为确认正式组织建立的 HACCP 管理体系是否符合相关的要求；CCP 的验证；HACCP 整个系统的验证；执行机构的验证。

三、HACCP 体系对水产品加工企业的影响

水产品是我们经常要接触的商品，正因为与我们的生活息息相关，水产品的安全性对我们来说就显得非常重要。作为水产品生产大国，在参与国际农产品贸易竞争中，我国的水产品出口面对了种种"绿色壁垒"。除了经济上的原因，还因为在国外，食品的安全性是最重要的标准，但由于我国的水产品生产多为粗放型生产，品质难以统一，加上环境污染、滥施农药等问题，水产品品质往往达不到国外制定的安全标准，严重地影响了我国水产品的出口。同时，在用这些水产品作为原材料进行深加工时，往往容易引起某些指标的不合格，比如农药残留量、重金属含量等。对于水产品质量来说，水域污染、滥用水产饲料、药物也成为影响水产品质量的主要问题。氯霉素残留量超标、用孔雀石绿染色，这些事件都给我国水产品的质量带来了严重的负面影响。在采用 HACCP 认证体系和其他相关的管理、规范标准之后，我国的水产品生产及相关的加工品品质有了一定的提高，但现在仍然存在很多问题需要完善和解决。

第四节　水产品的品牌建设与品牌经营

提起品牌，相信很多人的脑海中马上会浮现出一大串知名品牌，例如"茅台"酒、"中华"烟、"海尔"冰箱、"海信"彩电、"东风"车等，可仔细一看，这些品牌甚至名牌，几乎全是工业品。如果要说到水产品品牌，例如"獐子岛"、"阳澄湖"、"胶东"等，除了个别名声格外响亮之外，相信大部分人都说不上几种，因为水产品注册的品牌少，知名的品牌更少。然而，如今随着水产品市场的进一步发展，水产品商品率越来越高，水产品树品牌创名牌已成为渔业增效、渔民增收的一种必然选择。

品牌是企业宝贵的无形资产，良好的品牌有助于提升企业的业绩。名称是品牌的象征符号，对于水产企业来说，其产品的名称一定要反映企业和产品的绿色形象，实现其环保业绩资本化，并结合绿色标志，创建水产品绿色品牌。

一、水产品实施品牌战略的必要性

1. 品牌战略是水产品营销的必然趋势

随着居民收入水平的提高和生活方式的进步，消费者对水产品的消费逐步由以数量、价格为关注点向以品质、特色为关注点转变，水产品市场中的商品逐步向"名、特、优、新"的方向转变，从而有品质有特色的水产品需求量日益增加。在大、中城市，水产品的销售方式正在由传统的集市销售向超市及专卖店销售等现代方式过渡，品牌顺理成章地成为水产

进军超市的通行证,这种变化趋势将在今后一段时期内长期存在。这种新的销售方式形成了对非品牌水产品的排斥,致使其市场份额不断萎缩,最终将被品牌水产品取而代之。在安全消费、绿色消费、特色消费等消费新观念深入人心的今天,消费者对水产品的选择性购买的空间越来越大,意味着消费者由此而需要处理的信息量也在不断增加,这与消费者便捷购买的心理发生了矛盾。于是,品牌作为生产经营者给消费者的一个承诺应运而生,成为消费者识别水产品的重要标志,消费者视品牌为实现便捷购买的途径。因此,水产品生产经营者要想在市场格局调整、消费观念更新的过程中抢得先机,实施品牌战略是必然的选择。

2. 品牌战略是提升渔业企业市场竞争力的重要途径

当提到某种产品有竞争力时,通常都是指某种"品牌"的产品有竞争力。这种竞争力不是产品的某一单项指标,而是一个品牌所代表的产品的质量、性能和信誉的综合表现。所以,品牌是产品质量的发展和升华,是市场竞争力的体现。企业的价格战略、质量战略、市场营销战略都要围绕品牌战略来制订和实施。品牌战略的成功与否,从根本上决定着产品的竞争力。在琳琅满目、花样繁多的同类竞争性商品中,能够吸引顾客使其印象深刻,产生购买欲望的只能是少数名牌,而不是商品包装上的质量标准文号或绿色食品标志。因为后者只能反映产品的基本质量、卫生性和无毒害性,不能反映市场中千差万别的水产品质量差异。品牌具有一种特殊效应,可以向外辐射,使顾客在选择商品时,心理上的天平自然而然地偏向品牌产品,俗话说,好质量不如好口碑就是这个道理。水产企业实施品牌战略,便可以使自己的产品从众多竞争对手中脱颖而出,引起顾客的注意从而指名购买,迅速扩展市场的范围,在竞争中抢得先机,占领市场份额。

中国作为一个水产品生产和消费大国,加入WTO后在对国际水产品贸易产生较大影响的同时,必然也会对本国的水产品贸易产生一定的影响。中国水产品具有比较大的优势是,大量水产品出口,目前出口量居世界水产品出口第一位。国内水产品出口的强劲增长使得国外优质水产品大量涌入国内市场,给国内水产品生产加工企业带来了巨大挑战。同时,我们也遭到发达国家贸易保护主义用技术贸易壁垒阻碍进口中国水产品的困难。因此,中国渔业要大力提高水产品质量,通过发展优质品牌水产品增强总体竞争力,突破水产品技术贸易壁垒。

二、水产品品牌创建发展态势

改革开放以来,中国渔业发展突飞猛进,产量连年攀升,连续二十年位居世界第一。生产的发展,水产品价格的放开,活跃了水产品市场,也丰富了城乡居民的饮食生活。与此同时,水产品广告投放量也呈上升趋势,新闻媒体对水产品的广告宣传报道也越来越频繁地出现在我们面前。积极利用各种途径主动创立和发展水产品品牌已逐渐成为越来越多的水产企业、水产品生产经营大户的自觉行为。大连"獐子岛"、辽宁"远洋"、上海"通威鱼"、巢湖"三珍"、阳澄湖"大闸蟹"、山东"胶东"等,都是同行业中的翘楚代表。随着水产品品牌逐渐被重视起来,各地更是积极发展本地的知名水产品品牌。例如近年来,湖北省以全国闻名的"武昌鱼"品牌为突破口,走精品名牌发展之路,先后打响了武昌鱼、清江鱼、梁子湖蟹、天峡鲟鱼、洪湖水产品等品牌。凭借"无公害"和"有机食品"的优势,迅速占领全国市场,地方水产品价格比原来翻了两番以上。近来,湖北省更是开始着手打造"架鱼肚"、"桐梓湖黄鳝"、"茅山大闸蟹"等地方名品。

舟山市大力实施水产品"名牌工程",将筹建浙江海水产品商标品牌基地列为全市重要事项、重点工程之一。梭子蟹披着"朱家尖"霞衣畅销海外,"兴业"海水产品有了"驰名商标"金字招牌,身价陡增。一个又一个驰名商标、省市著名商标破茧而出,"兴业"、"明珠"、"正龙"、"海上人家"等,像一颗颗璀璨明珠,使"中国鱼都"更加闪亮。

长期以来,山东省一直占据全国水产加工业的领先地位。辽宁省在各级政府和众多企业的双重努力下也一直保持着水产加工产值全国第五位的骄人成绩。大连市水产加工业虽然起步相对较晚,但却在自身不断努力下已经发展成为辽宁水产加工业的翘楚,同时也成为全国水产行业中不可或缺的一分子。大连市除了拥有"辽渔集团"、"獐子岛"这样的全国驰名渔业品牌之外,近几年像"海宴堂"、"棒棰岛"、"财神岛"、"晓芹"等也开始崭露头角,在渔业品牌市场上占据了一席之地。

许多省市在创建水产品品牌方面取得了可喜的成绩。但是,因中国水产品品牌发展历史相对比较短,仍存在着许多不足之处。例如,中国渔业发展至今仍是以量的增长为主,粗放经营,低价、同质化竞争严重。中高档产品少而"大路货"多,鲜有知名品牌,就连在群众中叫得响的大腕级"名牌货"也属凤毛麟角。在我国,水产品已由卖方市场过渡到买方市场,水产品的市场竞争愈演愈烈,价格已不再是最主要的竞争手段。随着渔业产业化进程的进一步加快,质量、品牌、市场之间的相互关系将更加紧密,靠质量创名牌,靠名牌拓市场,靠市场争效益的趋势将日益明显。

三、水产品品牌建设存在的问题

1. 品牌意识薄弱

大部分水产品经营者和一些地方政府部门对水产品的认识仍停留在生产、收获的初级阶段,对品牌化经营的认识非常薄弱。有的仍在信奉"好酒不怕巷子深"的经营思想,对水产品很少做广告,甚至于根本就不去做广告,致使许多好的产品并未产生相应的效益,埋没在一种普通产品之中。另外,一些经营者也存在这样的侥幸思想,会认为像鱼、虾、蟹这类水产品能够用肉眼分辨好坏,没有深加工的初级产品,只要够新鲜,有没有品牌都无所谓,并不会影响到消费者的选择。因而只会注意水产品的新鲜度、残留药物等情况,基本没有较高的品牌需求,这也直接导致生产经营者品牌意识的淡薄,使得大多数水产品没有标识,厂家在促销和宣传过程中一味地打价格战,从而忽视了对品牌的经营和广告的投入。许多水产品公司即使做了广告,也未重视其品牌的宣传,仅仅列出鱼、虾、蟹等水产品名称,附带简单的食用方法描述等,简单地一笔而过,从来不会考虑用创新的广告思维来吸引顾客,缺乏品牌的培育意识。

2. 品牌宣传力度不够

名牌的造就必须投入一定量的资金和作必要的广告宣传。这就需要借助各种传媒工具来提高产品的知名度以及塑造企业的良好形象。最终通过打造产品和企业的好口碑,给消费者留下深刻的印象。然而,在已有的水产品品牌中,真正肯花钱做广告宣传的实在屈指可数。这也许是企业还没有意识到知名度的重要性,仍旧坚持着好产品不愁销售的原始经营理念,也可能是企业并没有充足的资金来为产品打品牌、做宣传,甚至还有不愿意把资金放在品牌宣传上。但不管怎样,品牌知名度低—产品销售不畅—企业效益不佳—企业没有资金做广告,如此反复,最终将会形成一种恶性循环。长此下去,企业很难甚至不可能得到上佳的收益。

3. 品牌产品真假混淆

渔业品牌需要一个良好的外部环境以及有序的竞争环境才能得以产生和发展。与工业品市场一样,中国水产品市场也存在着令人头痛不已的假冒伪劣问题,情况甚至更为严重。各种冒牌货冲击水产品市场,极大地影响了渔业创品牌的积极性。因为具备绿色、有机、保健、无公害等特点的高质量水产品,以及某些知名原产地的品牌水产品,其外观特征却并不明显,而作为一般的消费者,他们只能凭直觉推断产品的质量。一旦类似商品打入市场后,其他水产品也盲目模仿,鱼目混珠,以次充好。出现例如某水产品种假冒"中国名牌"称号等令人不得不予以正视的现象。最终严重搅乱了正常的市场秩序,不利于消费者的产品选购，阻碍了水产品品牌化建设。另外，品牌水产品合法权益的保护比创建名牌水产品还困难，不仅缺乏专业执法队伍，也缺乏执法意识。品牌水产品假冒行为由于其技术壁垒较低，假冒速度之快，假冒队伍之大难以想象，也给执法带来相当的难度。

4. 品牌支撑力度不足

由于没有足够的品牌支撑力度，比如技术的创新、人才的培养、第一手的信息资料、充足的资金等，品牌水产品的创建困难重重。多数地区的水产品雷同性大，缺乏比较优势。包装档次比较低，缺乏新意，科技含量不高，并常常含有各种添加剂等有害物质，品质不优，在激烈的国内外市场上缺乏竞争力。根据产品的市场生命周期理论，任何一种产品进入市场都将经历如下几个周期：产品导入期、市场成长期、市场成熟期和市场衰退期。并且随着科学技术的发展，产品生命周期有缩短的趋势。企业要打造一流品牌商品，保持持续发展，必须及时了解自身产品在市场中所处的生命周期阶段。不断调整产品结构，不断进行产品的创新活动，保持旺盛的销售趋势，企业才有可能赢得市场，赢得新老客户，进而获得利益。因此，中国水产企业想要打造一流水产品品牌还需要不断创新，在科技人才、水产业资金、水产信息与技术服务等方面加大力度。

四、创建水产品品牌战略的途径

1. 强化品牌意识

水产品经营者应当树立品牌观念，增强创品牌意识，这是水产业创品牌战略得以顺利实施的先决条件。如果不更新观念、不提高认识，水产业创品牌就无从谈起。创品牌意识的树立既要靠自觉的学习领悟，同时外界的灌输也是不可缺少的。我们应当意识到国外知名品牌的产品在分割国内市场时，几乎都习惯以市场营销策略为先导和突破口，来势汹汹，对国内知名品牌造成极大的威胁。要想抗衡，力求在未来的国际化、市场化和全球化竞争中占有一席之地，除了注重抓好产品质量和技术创新外，还必须加大市场营销策略的力度。市场营销策略就是创立品牌、保护品牌和壮大品牌的重要环节，它决定着开创品牌活动的成败。因此，各级政府及相关部门应把推进渔业产业化、实施渔业品牌效应作为发展渔业经济工作的重点，加强对渔企、渔民的引导，帮助广大渔企、渔民改变陈旧的观念，创新市场营销策略，使渔业创品牌的新观念逐步深入人心。

2. 加大品牌宣传力度

就中国水产企业而言，随着加入WTO，市场更加开放，行业间的竞争越来越激烈。水产企业面临着来自国内外的双重压力和挑战，想要在竞争中立于不败之地，就必须加快发展。在提高产品质量的同时，更应该通过各种有效途径建设品牌，综合开发和利用品牌，进行差异化竞争。广告作为一种营销手段，是建立品牌的最直接有效的方法。虽说广告并不一定能使一个普通品牌成为世界名牌，但若没有广告，品牌肯定不会成为世界名牌。广告宣传策略是强化渔业品牌战略的锐利武器。提高渔业品牌及其商标的知名度，塑造渔业名牌企业形象，必须从广告宣传上下工夫。要增强广告宣传意识，加大广告宣传力度和投入，最好能做到电视有影、广播有声、报刊有形的地步，借广告将渔业品牌推向大众，扩大品牌的知名度、美誉度和市场占有率。成功的广告可使默默无闻的企业和产品名声大振，家喻户晓，广为传播。广告具有信息传递快、覆盖范围广的特点。通过广告，对品牌进行重复宣传，就会因品牌形象不断撞击消费者及社会公众的感官，使品牌知名度得到迅速提升。水产企业应当通过各种渠道，多元筹资，加大广告投入力度并灵活利用品牌策略，选择好各种媒体，对产品进行广泛宣传，使之深入人心，从而取得事半功倍的效果。

3. 注重品牌产品质量安全

品牌是名牌的核心，是创名牌的根本。工业企业如此，水产企业也毫不例外。因此，水产品的生产和经营也应该像工业企业那样，进行全员和全过程的全面质量管理，通过科学、规范、严谨的质量管理来提高产品质量。这就要求不断加大科技投入，建立一整套科学的质量标准和质量保证体系。对水产品而言，衡量其质量的主要依据是看其是否达到规定的质量以及卫生标准和生产过程是否达到标准化。名牌水产品的评价和认证体系可参照现行绿色食品的评价和认证模式来建立，严格按照水产品质量标准和生产模式化标准对各类水产品的质量状况进行评价、认证，对达到标准要求的水产品许可使用专门标志，以确立其优质名牌水产品的身份。同时，应当注意的是，水产品的标准化评价、认证应在企业自愿的基础上进行，不可以搞强制。为配合水产品质量评价认证体系的建立，最好能尽量减少各种形式的水产品质量评比工作，以便杜绝以盈利为目的的虚假的质量评比活动。另外，要结合中国实际，制定出具体相应的实施办法和细则，鼓励和扶持一批条件成熟的企业积极申报 HACCP 体系认证，并逐步使中国水产品的质量认证工作由自由态过渡到强制性，从根本上保证上市水产品的质量与安全，增强国际竞争力。

4. 推进品牌技术创新

品牌经营成败的关键还在于能否持续不断地创新。一方面要不断地提高产量，做大规模；另一方面要不断开发新产品新技术，提高产品的附加值。同时，针对名牌水产品假冒现象，要开发防伪标识进行保护。必要时加大资金投入，培养水产科技人才，努力造就一批高素质的水产业科技队伍。一个好的渔业品牌要靠产品来支撑，一种好的产品要靠技术来支撑，不断开发新产品新技术是品牌长盛不衰的基本保证。在生活水平不断提高和科技发展日新月异的今天，一个产品的生命周期越来越短，面临的挑战越来越艰巨，品牌发展只有因时制宜，随市场的变化不断改进技术，开发新产品，提高产品的科技含量，才能逃脱被市场边缘化、最终淘汰的命运。

信息窗

济宁入京　推介地方渔业品牌

2010 年 9 月 20 日，山东省海洋与渔业厅和济宁市在北京举办微山湖系列十大渔业品牌推介会上，微山湖乌鳢、大闸蟹、四鼻鲤鱼等微山湖系列渔业品种受到国际饭店、北京贵宾楼等各大高档宾馆的青睐。

济宁市是山东省最大的淡水渔市，也是我国北方最大的淡水鱼仓，全市渔业养殖面积达 67.8 万亩，水产品年产量达 32.2 万吨。济宁依托资源优势、环境优势，打造渔业绿色品牌、特色品牌，每年用于渔业品牌建设资金超过 1000 万元。建立了渔业标准化检测中心，成为鲁西南地区最大的水产品质量监测、渔业病害监测、渔业环境监测、渔业投入品监测中心。制订企业连基地连农户奖励政策，扶持龙头企业发展，建立渔业专业合作社 67 家。

为推进渔业生产标准化、规模化生产，济宁积极推行渔业标准 30 余项，建立了产品标准及质量可追溯制度，推行湖泊网围生态养蟹技术、科学混养技术等，推广面积 30 余万亩。目前已建成千亩以上规模连片生产基地 61 处，其中以河蟹、乌鳢优势品种为主导的养殖基地分别达到 18 万亩和 5 万亩，成为我国北方最大的河蟹生产基地和全国最大的乌鳢生产集散地。

济宁还培育水产品加工流通企业 100 余家，引导企业拓展精深加工市场，延长产业链条，开发各种水产品加工产品 50 余种，微山湖龙虾、青虾等产品畅销欧盟、日本、韩国等国家和地区，年出口创汇 4000 多万美元。

渔业是济宁的特色产业。近年来，市委、市政府作出了建设淡水渔业强市的战略部署，大力推进现代渔业，不断加大投入，培育了"济宁的绿色名片——微山湖系列十大渔业品牌"，形成了微山湖乌鳢、微山湖大闸蟹、微山湖青虾、微山湖泥鳅、微山湖龙虾、微山湖四鼻鲤鱼和泉林牌哲罗鲑、泉林牌鲟鱼、秋野牌甲鱼、邹渔牌有机鳙鱼十大优质品牌产品，微山湖乌鳢作为全省十大渔业品牌产品，已形成产业化经营的格局，济宁成为全国最大的乌鳢生产经营集散地。

2009年济宁渔业全面发展，全市渔业养殖总面积67.8万亩，水产品总产量32.2万吨，渔业总产值54.8亿元，渔民人均纯收入8105元。生态渔业科学发展：网围养殖15.1万亩，网箱养殖10.2万亩，实现南四湖放流水产苗种1000余万尾。休闲渔业蓬勃发展：全市建成占地3000m²以上的休闲渔业场所900余处，微山湖水上渔家一条街等省级休闲渔业示范基地已初具规模。工厂化养殖稳步发展：养殖品种有泥鳅、甲鱼、虹鳟等十余个品种，养殖面积发展到5000亩。质检和质量认证工作成绩显著：质检工作取得突破，计划投资1500万元、已投资1200万元的渔业检测中心已基本建成；截至2009年共认证无公害水产品产地69处，无公害水产品243个，有机水产品8个，绿色水产品1个。全市发展以乌鳢、大闸蟹、青虾、泥鳅、鳜鱼、甲鱼、克氏原螯虾、黄鳝、黄颡、水蛭等为主导品种的优质水产品千亩规模养殖基地61处，形成全国乌鳢生产经营的重要集散地和我国北方主要的大闸蟹生产基地，微山县被农业部特色之乡推荐委员会命名为"中国乌鳢之乡"。

知识链接

一、品牌建设与经营

1. 品牌的概念

品牌是一个卖方（或一群卖方）为了与竞争者的同类产品或服务相区别，而给自己的产品或服务使用的一个名称、术语、符号、设计或以上四种的组合。品牌包括品牌名称和品牌标志两部分，品牌名称是品牌中能够发出声音的部分，其功能是把不同产品区别开来，防止发生混淆；品牌标志是品牌中无法口语化的部分，包括记号、颜色、图案等，其功能是识别、辨认，方便消费者选购。好的品牌应具备如下要求：

① 能显示有关产品的优点，包括用途、特性与品质。

② 简短，易于拼读、发音、辨认与记忆。读时无不和谐音调，令人有欣悦之感，并且只有一种发音方法。出口商品品牌名称更应力求选择可用多种语言发音的字。

③ 须有特色，与其他品牌有显著的差异性。

④ 应有充分的伸缩性，可适用于其他新产品。

⑤ 易于申请注册登记，以便得到法律保护。

2. 品牌形象定位

品牌形象是一个整体概念，是制造商、商标、产品和服务质量、标志、色彩、包装等要素的综合。它是产品整体形象的高度集中的反映，也是企业形象的突出反映。要塑造良好的品牌形象，首先就要对品牌形象进行正确定位。

3. 品牌形象定位决策要素

按其表现与形成，品牌形象定位决策要素可分为内在形象要素和外在形象要素，内在形象要素主要包括产品形象及文化形象；外在形象要素则包括品牌标识系统形象与品牌在市场、消费者中表现出来的信誉。

（1）产品形象　产品形象是品牌形象的基础，是和品牌的功能性特征相联系的形象。潜在消费者对品牌的认知首先是通过对其产品功能的认知来体现的。一个品牌不是虚无的，而是因其能满足消费者的物质的或心理的需求，这种满足和产品息息相关。

（2）品牌文化形象　品牌文化形象是指社会公众、用户对品牌所体现的品牌文化或企业整体文化的认知和评价。品牌背后是文化，每个成功品牌的背后都有其深厚的文化土壤，都有一个传达"真、善、美"的故事。例如"肯德基"三个字所包含的不仅仅是香脆的薯条、美味的炸鸡腿和清新爽口的冰淇淋，也不仅仅是其舒适的环境、细致的服务，更在于它所代表的美国快餐文化，它所体现的现代生活方式。

(3) 品牌标识系统形象　品牌标识系统是指消费者及社会公众对品牌标识系统的认知与评价。品牌标识系统包括品牌名、商标图案、标志符号、商标颜色以及包装装潢等外观。一个品牌只有先抓住消费者的视线，才可能进一步抓住他们的购买欲望。

(4) 品牌信誉　品牌信誉是指消费者及社会公众对一个品牌信任度的认知和评价，究其实质来源于产品的信誉。曾经有一部"宝马"车的消费者在购车一个月就撞坏了车上的一个零件，宝马公司重新为其更换了零件并分文不收，他们说：易撞坏的零件不是宝马车的零件。是什么让这些名牌企业"小题大做"？答案是品牌信誉。品牌信誉是维护顾客品牌忠诚度的法宝，是维持其品牌魅力的重要武器。

4. 品牌形象的内涵

在对企业品牌形象的定位中，一定要牢牢抓住品牌的内涵所在。

品牌形象的建立和塑造也要经历一定的过程，不是一蹴而就的，需要积累，需要厚积薄发的底蕴。这是品牌内涵赖以依托的基础。然后建立品牌的核心价值，规划品牌的形象识别系统，包括名称、标志和色彩。

在品牌内涵的建立过程中，要有不断提升品牌资产的理念；通过广告塑造品牌形象，建立品牌知名度，深化品牌内涵，这样有利于品牌形象联想和由熟悉引发好感并暗示某种承诺从而使该品牌成为被选择的对象。品牌形象建立后成为产品在竞争中的沟通工具，缩短选择的时间、费用，树立竞争壁垒；赋予产品附加价值，并利于发展和受众的关系，引发受众对产品的持续性需求，也使企业文化和意念更清晰，并被受众所识，让品牌的内涵更加凸显个性。

在建立品牌内涵的过程中，还要注意用品牌形象激活品牌资产。品牌效应本身就给企业带来了辐射效益，自然也能对整个经济发展起导向、提高、重组的作用。通过品牌形象去调动品牌资产，才能使得品牌的形象更加饱满，为品牌本身注入更丰富的内涵。

另一方面，品牌形象也要注意检视品牌定位，如果消费者对品牌形象与管理者期待建立的品牌价值相同，那么这个定位才是成功的，才能够把品牌内涵通过品牌形象表达出来。如果表达有误，或者没有表达清楚，那就证明这其中的方式方法必然存在问题，应该及时地进行修正。

总之，品牌内涵的建立是集科学与艺术于一身，在科学理念中把形式艺术化，从而产生美感，引发情感共鸣，从需求满足和情感层次强化品牌内涵，彰显企业文化，促进企业发展——这才是塑造品牌内涵的真谛。

5. 品牌形象的定位

企业品牌的形象定位是指企业品牌在消费者心目中区别于其他同类产品或服务的个性风格，是企业独特性和不可替代性的基本标志。

一种品牌，不论其产品的种类有多少，都应该给消费者一个鲜明的品牌个性。品牌形象不仅应该反映出顾客对企业外表形象的期望，还应该反映出消费者对产品形象及其个性特征的向往，从而引起消费者对该品牌的兴趣与喜爱。如国外名烟中，健牌、三五、沙龙、万宝路等都有自己明确的品牌形象定位。这些名牌香烟的成功经验证明，鲜明的企业品牌形象定位，会带给消费者强烈的印象，当消费者一旦有这方面的需求时，第一个浮上脑海的将是印象最深的品牌。

企业品牌的形象定位不明确，既是市场竞争不足，市场发育不完善的表现；也是企业没有重视形象定位，忽略了顾客各种层次需求的表现。因此，企业在为其品牌进行定位时应以市场为目标，以需求为导向，以消费心理为依据，正确设计自己的品牌形象。要正确进行企业品牌形象的定位应重点做好以下四方面的工作。

（1）做好市场调查。企业要想成功地定位自己的品牌形象，就必须了解消费者的需求、消费心理以及其他品牌的特点，做到知己知彼，有备而来，这就要求企业必须做好市场调查，确定好自己品牌的价格档次、消费范围等，了解该类消费者的文化品位、消费习惯，而且要做好消费心理定位，满足消费者的购买需求。除此之外，还要注意突出自己的与众不同之处，创立自己独特的风格。如新飞冰箱就是以其高价格、高品位、高质量使新飞形象在众多冰箱品牌中独树一帜，脱颖而出的。

（2）品牌形象设计要有特色　进行企业品牌形象设计应综合以下两种主要参考因素，合理设计确定。

①产品特征　品牌形象的设计应根据产品本身及消费者群体的层次特征确定其形象定位，重点突出本身特色，以达到让消费者过目不忘的效果。例如服装业名牌"金利来"原名"金狮"，其勇猛有余，而高雅不足，与绅士身份的概念相去甚远。改成"金利来"以后，"男人的世界"之地位已不可动摇，以至于广告业人士在为服饰广告做创意时，再也不敢用"男人"两个字，否则即令人想起"金利来"而帮人家做了宣传。这即是"金利来"结合自己品牌高档名贵的特征，合理确定品牌形象的成功证明。

②品牌名称　有些产品所使用的名称，本身就能给人一种固有的印象。一个好的品牌名称不仅有利于市场竞争，而且还能给人以美的享受，给人以过目不忘的效果。如"百事可乐"（PEPSI COLA）的中文品牌名称就属其中的扛鼎之作，甚至比其英文原名更好，令人拍案叫绝。因此企业在突出自己产品特征的基础上应精心策划品牌名称，树立自己品牌的独特风格。

（3）做好品牌延伸　品牌延伸是对企业无形资产的利用和拓展。它以现有品牌形象的独特定位为中心依据，以明确的消费对象为诉求重点，进行逐步延伸，开拓新的领域，占领新的市场，为企业的发展谋求新的方向。例如，"娃哈哈"是颇有个性的儿童营养品品牌，其"儿童营养液"以"喝了娃哈哈，吃饭就是香"的鲜明定位优势，走俏全国市场；然后再进入果奶等儿童饮料市场，其"果奶"以"妈妈我要喝"的心理诉求，使其广告与品牌广为流行，成为中国儿童品牌中的王牌。

（4）开展有效的品牌宣传　品牌宣传要准确。如果什么都想突出，那么结果肯定是什么也没有突出。品牌形象定位的实质就在于找到一块足够小的市场空间，集中优势兵力，于狭小范围内突出最大的品牌特征，从而使产品占有最大的市场份额。

6. 品牌形象的塑造

在对品牌形象有一定的了解后，我们就可以依据对品牌的认识，来塑造品牌的形象。要塑造好品牌形象，需要注意以下几方面。

（1）品牌形象塑造的基础在于产品　产品的质量在很大程度上关系到品牌的形象。试想，如果一个企业的产品质量本身就不过关，还怎么谈得上去对自己的品牌形象进行塑造。只有对于产品的好坏、耐用程度、质量指标都进行严格把关，把企业的品牌质量形象放在品牌形象塑造的首位，这样才能塑造良好的品牌形象。

（2）品牌形象塑造的关键在于服务　消费者的需求已经不仅仅停留在产品的实体质量上，而是更加渴望得到周到完美的服务。海尔和IMB公司的成功说明了这一点，在客户服务上痛下苦功，不断地改进服务手段和服务方式、提高服务质量，把服务和品牌形象结合起来，才能在激烈的竞争中"杀出一条血路"。

（3）品牌形象塑造依托于文化形象　品牌的知名度、美誉度和忠诚度都需要深厚的文化底蕴。品牌文化形象，是指社会公众、消费者对品牌所体现的文化或企业文化的认同与评价。因此，塑造品牌形象也应高度重视品牌的文化形象，即要系统地构筑品牌的文化形象。

(4) 品牌形象塑造要与时俱进 对于很多经典品牌来说，保持自己的持久形象非常重要，但是，由于时代的进步，消费者的心理在不断地改变，所以品牌形象也要与时俱进，做出一些适当地改变。

7. 品牌识别

品牌识别是一个较新的概念。它并非是由营销和传播理论家凭空想出的新潮词语，而是对品牌定位有真正重要性的新概念。

当论及识别时，就引出了持久性和持续性的问题。品牌的图案标志当然会发展和变化，广告亦然。但随着时间的推移，品牌应有能力保持独特性和持久性。品牌识别的本质在于：

品牌的价值是什么？
品牌的个性是什么？
品牌的长期目标和最终目标是什么？
品牌的一贯性如何？
品牌的基本情况如何？
品牌的辨识符号是什么？

这六个指向品牌定义的问题构成了品牌的内涵。从另一方面来看，品牌识别可以形成进行品牌传播和在特定时期中进行深入管理的基础。

品牌识别为品牌提供了方向、意图和价值。包括：品牌的核心与灵魂是什么？核心价值是什么？代表的是什么？希望被如何理解？希望表现怎样的个性特点？这些问题对品牌战略构想很重要。品牌识别是品牌战略家渴望创造或保护的一套独特的品牌构想，这些构想表现了品牌是什么以及对顾客有什么样的暗示。

要更好地完善品牌识别，必须通过产生一个有价值的主张，包括功能上、情感上或价值自我再现上的利益，来帮助建立品牌和顾客之间的关系。企业应当规划以核心价值为中心的品牌识别系统，并以品牌识别统领企业的营销传播活动。

二、质量认证

1. 原产地认证制度

所谓原产地认证就相当于产品的身份证，它直接决定了产品能否享受贸易优惠。按照国际惯例，判别一种产品的原产地可以根据完全获得标准和非完全获得标准两种，前者是指矿产、农副产品等完全是在一个国家或地区土生土长的，后者是从加工制造程序、税号标志改变、增值标准等来判别。

2. 无公害农产品

(1) 无公害农产品 无公害农产品是指产地环境、生产过程、产品质量符合国家有关标准和规范的要求，经认证合格获得认证证书并允许使用无公害农产品标志的未经加工或初加工的食用农产品。

(2) 无公害农产品标志 无公害农产品标志图案主要由麦穗、对钩和无公害农产品字样组成，麦穗代表农产品，对钩表示合格，金色寓意成熟和丰收，绿色象征环保和安全。

说明：无公害农产品是指产地环境、生产过程和产品质量都符合无公害农产品标准的农产品，不是指不使用农药，而是合理使用化肥和农药，在保证产量的同时，确保产地环境安全，产品安全。所以不使用任何农药生产出的农产品也不一定是无公害农产品。

3. ISO 系列标准简介

(1) ISO 9000 系列标准产生的背景 20 世纪下半叶，随着电子计算机技术及其应用的飞速发展，全球范围内，科学技术的进步日新月异，社会生产率极大提高，国际间的商务活动空前发展，商业竞争不断加剧，这就是 ISO 9000 系列标准产生的历史背景。

诞生于 1987 年的 ISO 9000 系列标准是现代科学技术和生产力发展的必然结果，是国际贸易发展到一定时期的必然要求，也是质量管理发展到一定阶段的产物。

（2）国际标准化组织（ISO）　ISO 9000 系列标准是由国际标准化组织（ISO）组织制定并颁布的国际标准。国际标准化组织是目前世界上最大的、最具权威性的国际标准化专门机构，是由 131 个国家标准化机构参加的世界性组织。国际标准化组织的宗旨是："在全世界范围内促进标准化工作的发展，以便于产品和服务的国际交往，并扩大在知识、科学、技术和经济方面的合作"。其主要活动是制定国际标准，协调世界范围内标准化工作，组织各成员国和各技术委员会进行情报交流，以及与其他国际机构进行合作，共同研究标准化问题。ISO 技术工作成果是正式出版的国际标难，即 ISO 标准。ISO 工作是通过约 2800 个技术机构来进行的，每年约有 3 万名专家参加 ISO 标准的制定工作。到 1999 年 10 月，ISO 标准总数已达 12235 个，每年制定约 1000 份标准化文件。

（3）ISO 系列标准的制定与发展　质量保证技术委员会在总结各国质量管理和质量保证的基础上，经过各国质量专家近 10 年的努力工作，几易其稿，并通过广泛的协商，于 1986 年 6 月正式发布 ISO 8402《质量管理和质量保证——术语》。1987 年 3 月正式公布 ISO 9000-9004《质量管理和质量保证》标准。该标准的制定和公布，对于加强和发展质量管理科学，促进科学技术进步和社会生产力的发展，推动国际贸易和世界经济的发展有着重要的意义。

由于 1987 版《质量管理和质量保证》系列标准是国际标准化组织依据发达国家的军工标准编制而成的，带有明显的硬件加工行业的特点，不利于硬件以外行业的应用和标准的普及。为了让更多的国家、行业和不同类型的组织能应用好《质量管理和质量保证》系列标准，国际标准化组织于 1994 年对该标准进行了第一次有限修订，并形成了 ISO 9000 系列标准。随着 ISO 9000 系列标准在国际上广泛应用，逐步暴露出一些问题，国际标准化组织在调查了解用户意见的基础上，对标准进行了根本性修订，并于 2000 年 12 月 15 日正式颁布了 ISO 9000 系列新版标准。

2000 版 ISO 9000 系列标准的颁布，标志着质量认证已从单纯的质量保证转为以顾客为关注焦点的质量管理范畴。修订后的 ISO 9000 系列标准适合各类组织使用，更加通用化，更加灵活，也更趋完善。

① ISO 9000：1987"质量管理和质量保证"系列标准　"质量管理和质量保证"系列标准由以下 6 个标准组成。

　　a. ISO 8402：1986 质量——术语；
　　b. ISO 9000：1987 质量管理和质量保证标准——选择和技术指南。
　　c. ISO 9001：1987 质量体系——设计/开发、生产、安装和服务质量保证模式。
　　d. ISO 9002：1987 质量体系——生产和安装质量保证模式。
　　e. ISO 9003：1987 质量体系——最终检验和试验的质量保证模式。
　　f. ISO 9004：1987 质量管理和质量体系要素——指南。

ISO 9000 是该标准选择和使用的原则指导，ISO 9001、ISO 9002、ISO 9003 是一组三项质量保证模式，ISO 9004 是指导企业内部建立质量体系的指南。

② ISO 9000：1994 系列标准的制定和发布

ISO 9000 系列标准和 ISO 8402 标准发布后，很快在国际范围内达成了广泛一致。ISO 9000 被许多国家、地区的各种组织所采用，提高了 ISO 9000 在经济活动中的影响。在 ISO 9000"质量管理和质量保证"系列标准发布之后，TC 176 又继续开展了大量工作，在产品分类、术语制定、保证要求的实施、体系支持的技术的完善等方面都做了大量工作，到 1994 年 7 月 1 日颁布 ISO 9000 系列标准第一次修订版，在这期间共制定和修订了 16 个标准，如下。

  a. ISO 8402：1994 质量管理和质量保证术语。
  b. ISO 9000-1：1994 质量管理和质量保证标准第 1 部分：选择使用指南；
  c. ISO 9000-2：1993 质量管理和质量保证标准第 2 部分：ISO 9001、ISO 9002 和 ISO 9003 实施通用指南。
  d. ISO 9000-3：1993 质量管理和质量保证标准第 3 部分：ISO 9001 在软件开发、供应和维护中的使用指南。
  e. ISO 9000-4：1993 质量管理和质量保证标准第 4 部分：可信性管理大纲指南。
  f. ISO 9001：1994 质量体系设计、开发、生产、安装和服务的质量保证模式。
  g. ISO 9002：1994 质量体系生产、安装和服务的质量保证模式。
  h. ISO 9003：1994 质量体系最终检验和试验的质量保证模式。
  i. ISO 9004-1：1994 质量管理和质量体系要素第 1 部分：指南。
  j. ISO 9004-2：1991 质量理和质量体系要素第 2 部分：服务指南。
  k. ISO 9004-3：1993 质量管理和质量体系要素第 3 部分：流程性材料指南。
  l. ISO 9004-4：1993 质量管理和质量体系要素第 4 部分：质量改进指南。
  m. ISO 10011-1：1990 质量体系审核指南。
  n. ISO 10011-2：1991 质量体系审核指南质量体系审核员资格准则。
  o. ISO 10011-3：1991 质量体系审核指南审核工作管理。
  p. ISO 10012-1：1992 测量设备的质量保证要求第一部分：测量设备的计算。

此后国际标准化组织又颁布了 ISO 10005 质量管理质量计划指南、ISO 10006 质量管理项目管理指南、ISO 10007 质量管理技术状态管理指南、ISO 10012-2：测量设备的质量保证要求第 2 部分：测量过程控制指南、ISO 10013 质量手册编制指南、ISO 10014 质量经济性管理指南、ISO 10015 质量管理培训指南、ISO/TR 10017 和 ISO 9001 的统计技术指南、N 376 质量管理原则及其应用指南、小型企业 ISO 9000 的应用等 27 个标准文件。

③ ISO9000：2000 系列标准　1999 年 9 月中旬 ISO/TC 第 17 届年会在美国旧金山召开，来自 40 多个国家的 300 多名代表出席了会议，代表中包括中国派出的 13 名代表。会议题名为：构筑一座通向 2000 年的桥梁。本届大会讨论了有关 ISO 9000：1994 系列标准的修改问题，决定对 ISO 9000 系列标准的总体结构进行较大调整，将 1994 版 ISO 9000 系列的 27 项标准全盘作重新安排。通过对原有的标准采取并入新的标准，以技术报告（TR）或技术规范（TS）的形式发布，以小册子的形式出版发行，转入其他技术委员会（TC）等方式处置。修改后，ISO 9000：2000 系列标准仅有 5 项标准。

  a. 标准的编号和名称
  (a) ISO 9000 质量管理体系基础和术语。
  (b) ISO 9001 质量管理体系要求。
  (c) ISO 9004 质量管理体系业绩改进指南。
  (d) ISO 19011 质量和环境审核指南。
  (e) ISO 10012 测量控制系统。

以上 5 项标准中，ISO 9000/9001/9004 和 ISO 19011 四项标准是 ISO 9000 系列标准的核心标准。

b. 技术报告和小册子　技术报告和小册子都是 ISO 9000 系列标准的组成部分，属于对质量管理体系建立和运行的指导性标准，也是 ISO 9001 和 ISO 9004 质量管理体系标准的支持性标准。1994 版 ISO 9000 系列中的 10000 系列标准（管理技术标准）修订后成为技术报告。

c. 2000 版的 ISO 9000 系列标准的结构　2000 版的 ISO 9000 系列标准文件结构原 ISO 9000-1 中有所列。原 ISO 9000-1 中有关选择和使用指南的内容编为小册子。《ISO 9000-3 ISO 9001 在软件开发、供应和维护中的使用指南》、《ISO 9000-4 可行性大纲管理指南》转至其他的技术委员会，以国际标准要求编制的各行各业的质量管理体系要求，以技术规范发布。

实操与思考

1. 质量的基本概念是什么？
2. 全面质量管理的基本特征与内容有哪些？
3. 什么是绿色食品？渔业绿色产品生产有怎样的管理要求？
4. 假如你是一位企业老板，经营着一个水产养殖场，你将如何在市场上打拼，去创建你的企业水产品品牌？
5. 以 3～5 人为一小组，利用业余时间到附近的水产企业考察了解其质量管理情况并写出考察报告。

第六章　渔业企业生产管理

> **学习目标**
> 1. 理解渔业企业生产管理的概念，明确渔业企业生产管理的任务。
> 2. 掌握渔业企业生产计划的编制。
> 3. 熟悉渔业养殖生产过程的管理与控制。
> 4. 熟悉渔业捕捞生产过程的管理与控制。
> 5. 熟悉渔业企业工业生产过程的管理与控制。

案例导入

依靠标准化生产管理赢得水产品市场的主导权

近日，国内某知名水产企业经过中国饲料工业协会、全国饲料工业标准化技术委员会等部门严格的考评，被授予全国饲料工业标准化工作先进集体称号，由此成为我国饲料行业首批先进标准化集体企业。该水产企业之所以取得卓越业绩，凭借的是多年致力于中国水产饲料生产及水产养殖标准化工作。

近年来，该企业作为国家饲料标准化专门委员会成员单位，在以雄厚科研实力不断强化自身产品品质的同时，还先后参与了我国《饲料工业技术标准体系表》、《饲料中盐酸克仑特罗的测定》、《饲料用菜籽粕》、《饲料级磷酸二氢钙》以及《饲料用肉骨粉》、《鱼粉》、《鱼油》、《无公害食品 渔用配合饲料安全限量》等50多项饲料国家标准的审定工作，为我国饲料工业的标准化工作作出了突出贡献。

据了解，从成立之初，该企业就非常重视标准化工作。公司成立了标准化委员会，负责参与国家饲料标准化工作和全公司产品标准、原料标准的制定。此外，企业也非常重视自身产品品质的建设和每个细节，先后制定出台了《生产过程控制规范》等高标准、严要求的技术性标准，这些标准不但对原材料的品质进行了严格的规定，更对生产环节、工艺要求进行了详尽、科学的规范。企业率先在全国实现了一条鱼从鱼种繁殖、饲料生产、水质监控、基地选择、实验测定到分拣配送等诸多环节，全部是由同一家企业进行全程一条龙式质量安全管理，从而确保生产和上市的产品符合国家相应的多项安全标准。

发展至今，该企业已经凭借完善的标准和过硬的产品品质占据了我国家禽饲料25%的市场份额。水产饲料产销量从1995年至今，已连续多年位居全国第一。此外，该企业也是我国饲料行业第一家取得ISO 9001质量管理体系认证证书、第一家通过饲料产品HACCP安全管理体系及饲料产品认证体系的企业。

以上案例表明，坚持质量标准，不断强化对生产过程的管理与控制，对企业稳步健康发展有十分重要的作用。

第一节 概 述

一、生产管理的概念

渔业企业的生产活动是按照预定的经营目标和经营计划，有效利用企业各种资源，从产品品种、数量、质量、成本、交货期等要求出发，生产出社会需要和用户满意的水产品的过程。所谓生产管理就是为了实现企业经营目标，提高企业经济效益，对生产活动进行计划、组织、指挥、协调、控制等一系列管理工作的总称。

生产管理有狭义和广义之分。狭义的生产管理，是指以产品的生产过程为对象的管理，即对企业的生产技术准备、原材料投入、工艺加工直至产品完工的具体活动过程的管理。主要包括生产过程组织、生产技术准备工作、生产作业计划的编制和生产控制等。广义的生产管理，是指对全部生产系统的管理，它以整体系统为对象，实质上是对生产系统所有要素的投入、转换、产出和反馈等所有环节的全方位的综合管理。本章主要介绍狭义生产管理。

二、生产管理的任务

生产管理的根本任务就是根据市场和用户的需求，充分利用企业的各种资源和合理组织生产活动，最经济有效地按期、按质、按量、按品种组织企业产品生产活动，以提高企业的经济效益。具体地讲，生产管理的任务包括以下几方面。

1. 敏捷

反映企业生产系统对内、外部变化的灵活应变能力。敏捷可以有以下理解：和产品的生命周期相联系表示快速；和大批用户化生产运作联系表示适应性；和虚拟组织相联系表示畅通的供应链和各种方式的联系；和用户的需求相联系表示企业能快速适应市场需求的不断变化；和组织重建相联系表示企业的自我学习、自我调整的良好运行机制及生产过程的不断改进；和精细生产相联系表示更高的资源利用率。所以生产管理的任务首先是建立一个能快速适应变化的生产系统。

2. 高效

指有效利用各种生产资源，以尽可能少的生产资源来满足用户同样数量和质量的产品和劳务需求。高效是低成本的前提，为此必须精心编制生产计划、合理组织生产过程、加强生产控制，提高生产能力利用率，精减人员，缩短生产周期，减少库存。

3. 优质

指以用户的满足度为标准，努力生产和提供高质量的产品。生产与作业过程的稳定性决定产品质量的稳定性，生产管理就是尽可能利用最新质量管理技术，如无缺陷的全面质量管理技术，保证产品质量。

4. 缩短交货期

缩短交货期即缩短生产期限。生产期限是从下达生产指令起到生产合格产品并发运出去为止的期限。为确保交货期的准时性，就必须使生产期限不超过顾客平均要求的交货期。

现代国际竞争中，产品质量正从一种竞争的"获胜标准"演变为竞争的"资格标准"，就是说，如果一个企业的质量达不到竞争对手的水平，就不具备竞争的资格。换句话说，当一个企业的质量达到竞争对手的水平时，生产管理的任务主要是敏捷、高效、缩短交货期，否则其管理重点是提高质量。

三、生产管理的要求

组织生产过程就是从空间上和时间上，对生产过程各个组成部分进行一定的安排。合理组织生产过程就是要对各工艺阶段和各工序的工作进行合理安排，使产品在生产过程中相互衔接、行程最短、时间最省、耗费最小、效益最高。因此，组织生产过程必须满足以下要求。

1. 专业化

是指将生产过程细分为各个工艺、工序、工步、操作、动作，在不同的生产空间和时间，实现专门的生产任务。

2. 连续性

是指生产过程的各阶段、各工序之间，在时间上紧密衔接。连续进行、不发生或很少发生中断现象。即产品在生产过程中始终处于运动状态，不是加工、装配、检验，就是处于运输或自然过程中。

3. 平行性

是指生产过程的各个阶段、各个工序要实行平行作业。生产过程的平行进行可以缩短产品生产周期，进而提高经济效益。

4. 比例性

比例性也叫协调性，指生产过程的各工艺阶段、各工序之间，在生产能力上和劳动量上要保持必要的比例关系。

5. 节奏性

节奏性又叫均衡性，指企业各生产环节在产品的投入、加工和生产工艺等方面，均能保证按计划、有节奏、均衡地进行。

6. 适应性

指加工制造的灵活性、可变性及可调节性。要求加工设计能力、制造工艺、生产作业计划、厂内运输、库存管理以及生产管理的各个方面都具有柔性或适应性。

7. 电子化

指在生产各环节全面实施计算机控制系统和管理系统，如制造资源计划、计算机集成制造系统等，以适应知识经济的发展要求。

第二节 生产计划的编制

企业生产计划又称产品计划，是企业生产经营计划的重要组成部分。它是根据产品销售计划和生产能力来编制的，同时又是编制其他各项专业计划的基础。它是企业在计划期内全体职工实现生产经营目标的行动纲领，在生产计划中，规定着企业在计划期内各项生产指标，以及产品的生产进度等要求。

一、生产计划的主要指标

生产计划的主要指标有：产品品种、产品质量、产品产量与产值等，它们各有不同的经济内容，从不同的侧面反映了企业计划期内生产活动的要求。

1. 产品品种指标

产品品种指标是指企业在计划期内应该生产的品种、规格的名称和数目。品种指标表明企业在品种方面满足社会需要的程度，反映企业的专业化协作水平、技术水平和管理水平。努力发展新品种和产品的更新换代，对于满足国家建设和人民生活的需要，具有重要意义。

2. 产品质量指标

产品质量指标是指企业在计划期内各种产品应该达到的质量标准。它反映着产品的内在质量（如机械性能、工作精度、使用寿命，使用经济性等）及外观质量（如产品的外形、颜色、装潢等）。产品质量是衡量产品使用价值的重要标志。保证和提高产品质量，是企业实现生产任务、满足社会需要的一个十分重要的方面。企业的产品质量，也综合地反映了企业的技术水平和管理水平。

3. 产品产量指标

它是企业在计划期内应当生产的可供销售的工业产品的实物数量和工业性劳务的数量。产品产量指标通常采用实物单位或假定实物单位来计量。产品产量指标是表示企业生产成果的一个重要指标。它是国家进行物资平衡工作的依据，也是企业进行供、产、销平衡和编制生产作业计划，组织日常生产的重要依据。

4. 产值指标

为了计算不同品种的产品总量，需要运用综合反映企业生产成果的价值指标，即产值指标。企业产值指标有商品产值、总产值与净产值三种形式。

（1）商品产值　是指企业在计划期内应当出产的可供销售的产品和工业性劳务的价值。它一般按现行价格计算。在计算商品产值时，工业性劳务对象的价值和订货者自备材料的价值不应该包括在内。商品产值是反映企业生产成果的重要指标，它表明了企业在计划期内向社会提供的商品总量。

（2）总产值　它是用货币表现的企业在计划期内应该完成的工作总量。它一般按不变价格计算。总产值指标反映了一定时期内企业生产总的规模和水平；是计算企业生产发展速度及劳动生产率指标的重要依据。总产值中除包括商品产值外，还包括在制品、半成品、自制工具、模型的期末、期初结存量差额的价值，以及订货者来料的价值。

（3）净产值　净产值指标表明企业在计划期内新创造的价值。一般按现行价格计算工业净产值，可采用生产法与分配法。

按生产法计算净产值，是以总产值为基础的。其计算公式为：

净产值＝总产值－物质消耗价值（物质消耗价值是指原材料、燃料、辅助材料、外购动力、固定资产折旧价值以及其他物质消耗费用）。

按分配法计算净产值，是从国民收入的初次分配出发，将构成净产值的各项要素，如工资、利润、税金等直接加和。其计算方法为：

净产值＝工资＋税金＋利润＋其他属于国民收入初次分配性质的支出（主要包括差旅费、市内交通费、员工培养费、利息支出、税金、工资福利等）

二、生产计划编制的步骤

1. 调查研究，收集资料

（1）编制生产计划的主要依据

① 企业长远发展规划、长期经济协议。

② 国内外市场的经济技术情报及市场预测资料。

③ 计划期产品销售量、上期合同执行情况及成品库存量。

④ 上期生产计划的完成情况。

⑤ 技术措施计划与执行情况。

⑥ 计划生产能力与产品工时定额。

⑦ 产品试制、物资供应、设备检修、劳动力调配等方面的资料等。

（2）其他　在收集资料的同时，还要认真总结上期计划执行的经验和教训，研究在生产计划中贯彻企业经营方针的具体措施。

2. 统筹安排，初步提出生产计划指标

应着眼于更好地满足社会需要和提高生产的经济效益，对全年的生产任务作出统筹安排。其中包括：产量指标的选优和确定；产品出产进度的合理安排。

各个产品品种的合理搭配生产；将企业的生产指标分解为各个分厂、车间的生产指标等工作。这些工作，相互联系，实际上是同时进行的。

3. 综合平衡，确定生产计划指标

把需要同可能结合起来，将初步提出的生产计划指标同各方面的条件进行平衡，使生产任务得到落实。综合平衡内容主要包括以下几方面。

① 生产任务与生产能力之间的平衡，测算企业设备、生产面积对生产任务的保证程度。

② 生产任务与劳动力之间的平衡，测算劳动力的工种、数量以检查劳动生产率水平与生产任务的保证程度。

③ 生产任务与劳动力之间的平衡，测算劳动力的工种、数量以检查劳动生产率水平与生产任务是否适应。

④ 生产任务与物资供应之间的平衡，验算主要原材料、动力、工具、外协件对生产任务的保证程度及生产任务同材料消耗水平的适应程度。

⑤ 生产任务与生产技术准备的平衡，测算产品试制、工艺准备、设备维修、技术措施等与生产任务的适应和衔接程度。

⑥ 生产任务与资金占用的平衡，测算流动资金对生产任务的保证程度和合理性等。

第三节　渔业养殖生产过程的管理与控制

一、渔业养殖生产过程的空间组织

1. 生产布局

（1）场地布局　水产养殖场应本着"以渔为主、合理利用"的原则来规划和布局，养殖场的规划建设既要考虑近期需要，又要考虑到今后发展。

（2）基本原则　水产养殖场的规划建设应遵循以下原则。

① 合理布局　根据养殖场规划要求合理安排各功能区，做到布局协调、结构合理，既满足生产管理需要，又适合长期发展需要。

② 利用地形结构　充分利用地形结构规划建设养殖设施。

③ 就地取材，因地制宜　在养殖场设计建设中，要优先考虑选用当地建材，做到取材方便、经济可靠。

④ 搞好土地和水面规划　养殖场规划建设要充分考虑养殖场土地的综合利用问题，利用好沟渠、塘埂等土地资源，实现养殖生产的循环发展。

（3）布局形式　养殖场的布局结构，一般分为池塘养殖区、办公生活区、水处理区等。养殖场的池塘布局一般由场地地形所决定，狭长形场地内的池塘排列一般为"非"字形。地势平坦场区的池塘排列一般采用"围"字形布局。

2. 生产组织形式

（1）阶段性生产组织形式　将养殖生产全过程分成繁殖、苗种培育、成鱼养殖三大阶段，相应地将养殖劳动力组织为繁殖组、苗种培育、成鱼养殖组。

（2）全过程式生产组织形式　将养殖生产从亲鱼培育、繁殖、苗种培育到成鱼养殖的生产全过程统一组织起来，统一进行生产与销售。

二、渔业养殖生产过程的组织管理

1. 渔业养殖生产前的准备

这一阶段主要包括：养殖水域的清塘、清淤、消毒、检漏、修补堤坡、检查注、排水道。自繁苗种应该准备苗种繁殖的各项设备，外购苗种应早签合同，安排运输。还要准备饲料采购与种植，畜禽饲养等相关工作。

2. 苗种繁殖与培育

水产苗种是渔业生产的重要基础。水产苗种有两大来源：企业自己进行苗种繁育和天然采苗；向良种场购进苗种。

3. 成品饲养与收获

成品饲养是水产养殖生产过程时间的主体，但此过程的时间进度较为平缓。养成期主要是加强日常管理，要认真检查放养鱼种的数量、质量、成活率、生长情况、养殖水质、饲料投喂、病害防治等一系列活动的管理，以保证能收获质优量多的水产品。

商品鱼收获与起捕一般是1年1次，现在实行轮捕轮放，就水产品种不同批次、不同规格而安排常年上市需要。

为了保证整个生产流程符合上述各项要求，也为了满足政府的质量检测机构进行检查的需要，养殖场必须做好客观、真实、详尽、科学的生产记录。如天气、水温、池塘清整、鱼种投放、调节水质、日常管理、投饵、鱼病防治、捕捞等。生产人员应具有较高的技术水平和高度的责任感。

三、渔业综合经营

渔业综合经营指渔业企业根据市场经济要求，遵循生态系统理论，以渔业生产为基础，积极拓宽市场服务面，因地制宜开展种养殖加工流通服务等经营活动，充开发利用企业资源，建立经济高效的渔业生态工程技术系统，促进企业可持续发展。

综合养鱼的基本原理，是以生态经济学为基础，充分利用各种水域和陆地自然资源促进物质流、能量流的良性循环，提高水产养殖的生态效益、经济效益和社会效益。常见的综合养鱼生产方式：有水域综合利用型（类似于精养池塘的养殖模式）、渔农综合型（如鱼与陆生作物、鱼与水生作物、鱼草轮作）、渔牧综合型（如鱼与猪、鸡、鸭、牛等）、渔农牧工等类型。

综合养鱼是以水体为中心，根据生态学原理，以渔为主，利用传统技术精华和现代技术成就，把农牧工等紧密结合起来的生产体系，适合我国耕地少、人口多、底子薄的国情，具有十分显著的经济、社会和生态效益。下面将我国常见的综合养鱼模式简单地介绍给大家。

1. 鱼农综合型

主要形式是养鱼与种植青绿饲料的结合，即利用饲料地、池埂及其斜坡零星土地种植陆生饲料作为饲料喂鱼。据笔者试验，一般每年10月到翌年5月每亩鱼池配备黑麦草地$130 \sim 170 m^2$，水肥管理适当，可收割上述饲草8000kg左右，可净产草食性鱼300多千克，带养滤食性鱼类约100kg，加上商品饲料投喂所得鱼产量，每亩产量可达$500 \sim 600kg$。投放鱼种注意以主养草食性鱼类带养滤食、杂食性鱼类，草食性鱼类占60%～65%。

2. 鱼畜综合型

主要形式是养猪与养鱼相结合。猪粪粗蛋白含量占干重的13.14%～13.18%，1kg鲜猪粪含能量2381.07kJ，还含有大量的新陈代谢产物，如黏液、脱落上皮细胞、酸和维生素等，也包含消化管壁排出的无机质，此外还带有大量微生物。上述物质一部分直接被鱼类利用，一部分通过自养食物链和异养食物链间接地被鱼类利用。每亩水面产鱼500kg左右，放养鱼种时滤食性鱼类占50%左右，除草、青鱼靠投饲外，每亩鱼池配养肉猪4头，基本上可满足池鱼的肥料要求。猪多数养在池埂上的简易猪舍内，平均每头占圈地面积 $1\sim1.2m^2$ 育肥效果最佳。

3. 鱼禽综合型

主要形式是养鱼与养鸭结合，一般每亩鱼池产量500kg左右，滤食性鱼类放养量占50%~60%，可配养鸭60~70只。有三种形式。

（1）集群放牧 利用大水面放牧进行鱼类增养殖。

（2）塘外集中圈养 鱼池附近建大型鸭棚，并设置活动场和洗羽池，鸭粪和泼撒饲料集中后投入鱼池，或投入洗羽池，洗羽池肥水每天引入鱼池。

（3）鱼、鸭混养 此法较好，在成鱼池、外范围养区或网箱附近的堤埂上建简易鸭棚，围部分塘面和池坡作活动场，棚场饲养密度 $4\sim5$ 只$/m^2$。用网片或篾棚围鱼池一角作洗羽池，密度 $3\sim4$ 只$/m^2$。

4. 鱼特综合型

主要有鱼-蚌、鱼-鳖等形式。鱼-蚌综合形式，一般每亩吊养珍珠蚌800~1500只，可产珍珠3~5kg，放养鱼种应注意少放滤食性鱼类，不放青、鲤鱼，每亩池放养规格0.2~0.25kg的鳖种1000只左右，可产鳖300~400kg，如果饲养得法，鳖产量可更高。此外还有在成鱼池套养凶猛鱼类的综合养殖形式，根据笔者试验，在每亩成鱼池中放养尾重0.1kg的鳜鱼种6~8尾，可产鳜鱼4~5kg，与没有套养鳜鱼的对照池相比，成鱼产量提高2.7%，每亩增加鳜鱼收入近200元。

第四节 渔业捕捞生产过程的管理与控制

一、渔业捕捞生产的空间组织

1. 水上作业组织

（1）作业单位 捕捞生产过程的空间组织是以渔船为基本生产单位，根据捕捞方式、渔船类型、马力大小等条件来确定。一般来说，江河、水库、湖泊捕捞多以单艘渔船为一个捕捞作业单位。海洋捕捞有单拖作业单位、双拖作业单位、围网作业单位。

（2）中队（捕捞队）、渔轮大队 渔轮大队是为了适应海上各种情况的变化，及时掌握中心渔场，进行海上抢险救援等。海洋渔业企业对出海渔轮进行编队。

（3）辅助船与探捕船 包括运输船、加工船、探捕船、油船、维修船等。

2. 后方基地组织

海洋渔业企业生产除了海上作业组织外，还需配备后方基地组织，才能使捕捞生产顺利进行。主要包括以下几方面。

（1）渔捞调度室 是对渔捞生产、渔船修理、渔具编造、制冰、加工、冷藏进行统一调度指挥，配备专门通信工具，一般在分管生产的副经理领导下从事调度工作。

（2）渔港 包括渔船码头、渔船锚泊区及陆区三部分。

（3）渔轮修造厂、绳网厂 专门为海上捕捞生产提供渔轮渔机修理、渔具生产等。

（4）制冰冷藏、水产品加工厂 略。

此外，还要在基地设立专门负责渔需物资和生活保障的单位，包括物资仓库、生活仓库及各种专用设备、运输工具等。

二、渔业捕捞生产的组织管理

① 合理安排渔捞航次，增加渔捞作业时间和投网次数，提高网次产量。

② 在非捕捞时间和生产淡季，计划安排渔船、渔机修理以保证渔业捕捞生产需要。

③ 控制好渔船停港时间，做好移泊、装卸工作，尽量采用平行作业，尽可能缩短渔船停港时间，增加出海时间。

④ 及时准确掌握渔情预报。

⑤ 及时对捕捞时间进行分析，总结经验，不断改进渔捞利用时间，提高经济效益。

第五节 渔业企业工业生产过程的管理与控制

一、渔业企业工业生产的类型

渔业企业工业的生产类型，按照生产组织特点划分，可分为大量生产、成批生产和单件生产。大量生产是不断重复生产品种相同的产品，特点是生产的产品品种稳定，品种较少但产量多。成批生产是按预先规定的批别、数量进行的生产，特点是产品品种较多，各种产品的生产往往成批地重复进行，根据批量的大小，成批生产又可分为大批生产和小批生产。单件生产是根据订货单的要求制造某种特定性能、规格的产品，特点是产品种类较多，但极少重复。

二、渔业企业工业生产过程的空间组织

渔业企业工业内部生产单位通常有工艺专业化和对象专业化两种基本形式。

1. 工艺专业化

工艺专业化是指按照工艺特征建立生产单位，将完成相同工艺的设备和工人放到一个厂房或一个区域内，按照工艺专业化形式组成的生产单元，由于同类的工艺设备和相同的工艺加工方法集中在一起，带来了以下一些优点。

① 产品的制造顺序有一定的弹性，比较灵活，能较好地适应产品品种变化的要求。

② 便于充分利用生产设备和生产面积，个别设备一时出现故障或进行维修，对整个生产和进程影响较小。由于提高了设备的利用率，所以相应地减少了设备的投资费用。

③ 便于充分进行专业化的技术管理和技术指导工作，有利于培养技术力量，开展同工种人之间的学习和竞赛，提高工人的技术水平。

工艺专业化的生产单位，由于不能独立地完成产品（零件）的全部加工任务，一件产品必须通过许多单位后才能完成，这就造成以下缺点。

① 产品在生产过程中的运输路线较长，消耗于运送原材料、半成品的劳动量较大，增加了运输费用。

② 产品在生产过程中停放、等待时间增多，延长了生产周期，增加了在制品，多占用了流动资金。

③ 各生产单元之间的协作、往来频繁，使计划管理、在制品管理、质量管理，以及产品的成套性等工作比较复杂。

2. 对象专业化

对象专业化是指按不同的加工对象分别建立不同的生产单位，在这种生产单位，配备了为加工某种产品所需的全套设备、工艺装备和各相关工种的工人，使该产品的全部工艺过程能在该生产单位内封闭完成。

按对象专业化原则建立生产单位的优点是：可减少运输次数，缩短运输路线；协作关系

简单，简化了生产管理；可使用专用高效设备和工艺设备；在制品少，生产周期短。

按对象专业化原则建立生产单位的缺点是：对品种变化适应性差；生产系统的可靠性较差；工艺及设备管理较复杂。

三、渔业企业工业生产过程的时间组织

生产过程的时间组织，不仅要求在空间上合理地设置每一个生产单位，而且要求在时间上各生产单位之间，各工序之间能相互配合，紧密协作。生产过程的时间组织，简单来说，就是确定劳动对象在生产过程中各车间、各工序之间的移动方式，确定生产要素在时间上的衔接关系。它要求生产对象的移动上衔接，以实现有节奏、连续的生产。加强生产过程的时间组织，可以提高设备、工人和工作地的利用效率，减小在制品占用对于缩短生产周期，减少资金占用对于加强企业管理有着重要意义。

生产周期是指产品从原材料投入生产开始，到产成品验收入库所需要的全部时间，产品的生产周期是良好生产管理的重要指标，产品在各工序之间的移动方式对产品生产周期具有重要的影响。因而，本节的重点是讨论产品或零部件等加工对象在各工序的移动方式，主要有顺序移动方式、平等移动方式和平行顺序方式三种。

1. 顺序移动方式

顺序移动方式，是指一批零部件或产品的上道工序的加工全部完成以后，才能从上道工序转入下道工序加工。顺序移动方式的最大特点是零件或产品在其加工的各道工序之间是整批整批地移动的，每批零部件完全加工完毕，才开始转到下道工序。

在顺序移动方式下，由于零件或产品是整批转送的，因而组织与计划工作比较简单。产品和零件的集中加工、集中运送有利于提高工效，提高设备的利用率，但一批产品或零部件中大多数存在等待运输和等待加工的时间，因而生产周期长。比较适用于工艺专业的企业或整批零部件较小的情况。

设一批零件总共有 n 个，要经过 i 道工序的加工，每道工序的加工时间分别为 t_i，则在顺序移动方式下，产品生产周期的一般公式为：

$$T_s = n\sum t_i$$

式中　T_s——顺序移动方式生产周期；

　　　n——批量；

　　　t_i——第 i 道工序单件加工时间

2. 平行移动方式

平行移动方式，是指每个零件在上一道工序的加工结束以后，立即转入下一道工序进行加工。有时候，零件在各道工序之间的运送不是单个进行，而是按一个运输批量进行，但运输批量只占加工批量很小的比例。因此，也可以说，平行移动方式的最大特点是零件在各道工序之间是逐个或逐批运送的。

在平行移动方式下，由于零部件是逐个或逐小批移动的，零部件在各工序之间的加工平行展开。因而，一个显著的优点是这种时间组织方式能够把产品加工的在制品减到最少，生产周期压缩到最短。但是，由于零部件在各道工序之间按件或按小批运送，大大增加了运输工作量，同时，由于零部件在各道工序的加工时间不一致，会出现设备等待或零件等待的情况。当前道工序的加工时间比后道工序的加工时间长时，后道工序的设备会出现间歇性闲置，但由于闲置是零星的，因而难以利用；当前道工序的加工时间比后道工序的加工时间短时，后道工序又会出现零件等待加工的情况，存在少量在制品。平行移动方式适用于大量、大批生产和专业化的企业。

设有一批零件，零件数量、工序数量和加工时间如上所例，则在平行移动方式下，产品

生产周期的一般公式为：
$$T_p = \sum t_i + (n-1)t_{\max}$$
式中　T_p——平行移动方式生产周期；
　　　$t_{\max}$——各工序中单件作业时间最长的加工时间。

3. 平行顺序移动方式

平行顺序移动方式，是指一批零件在一道工序上尚未全部加工完毕，就将已加工好的一部分零件转入下道工序加工，以恰好能使下道工序连续地全部加工完该批零件为条件。平行顺序移动方式是平行移动方式和顺序移动方式的结合。它最大的特点是加工零件的每道工序，其设备在开机之后，连续地加工完全部零件但又使生产周期最短。

在平行顺序移动方式下，零件在各道工序之间的转送是连续加工，以尽可能地缩短生产周期，减少零件运送量为标准。因而，采用这种移动方式，克服了平行移动方式下，某些工序开工后又停止等待的缺点，也改善了顺序移动方式下生产周期过长的问题，运送量也比平行移动方式下有所减少。因而，当零件在各道工序的加工时间不协调时，平行顺序移动方式是一种较为理想的时间组织形式。当然，平行顺序移动方式要求有较多的运输次数，生产组织也比较复杂。

设有一批产品，其零件数量、工序数量和工序加工时间如上所述，则在平行顺序移动方式下，产品的加工周期为：
$$T_{ps} = \sum t_i + (n-1)(\sum t_1 - \sum t_s)$$
式中　T_{ps}——平行顺序移动方式生产周期；
　　　$\sum t_1$——所有较大工序单件时间之和（相邻两者比较）；
　　　$\sum t_s$——所有较小工序时间之和（相邻两者比较）。

下面，举例说明三种不同的移动方式下，产品加工的运送及生产周期情况。

例如龙虾片制作工艺要经过打浆搓条、蒸煮、冷却切片、干燥四道工序加工，每道工序的加工时间分别是：15min、10min、25min、20min。则：

① 在顺序移动方式下，产品的生产周期是：
$$4(15+10+25+20) = 280(\min)$$
在顺序移动方式下，由于零件或产品是整批转送的，组织与计划工作比较简单。

② 在平行移动方式下，产品的生产周期是：
$$(15+10+25+20) + (4-1) \times 25 = 145(\min)$$
平行移动方式的最大特点是零件在各道工序之间是逐个或逐批运送的。这种时间组织方式能够把产品加工的在制品减到最少，生产周期压缩到最短。

③ 在平行顺序移动方式下，产品的生产周期是：
$$(15+10+25+20) + (4-1) \times (15+25-10) = 160(\min)$$
平行顺序移动方式最大的特点是加工零件的每道工序，其设备在开机之后，连续地加工完全部零件但又使生产周期最短。

可以看出，三种不同的生产时间组织形式中，就生产周期的长短来说，顺序移动方式最长，平行顺序移动方式次之，平行移动方式最短；就生产中产品的运输工作量来说，平行移动方式最大，平行顺序移动方式次之，顺序移动方式最小；就生产的连续性来说，顺序移动方式和平行顺序移动方式都能保证生产的连续进行，而在平行移动方式下会出现生产工作的间断。

一般来说，平行顺序移动方式是一种较好的生产组织形式，但也不能一概而论，在选择生产过程的时间组织形式时，除了要考虑生产周期、零件或产品的搬运量和生产的连续性以外，还要考虑其他一些因素。

（1）生产单位的专业化形式　生产单位布置的专业化形式和生产过程的时间组织存在密切关系。一般来说，如果生产单位是按工艺专业布置的，且车间之间距离较大的话，由于零件不便于单件运送，宜采取顺序移动方式；反之，如果生产单位是按对象专业化布置的，设备间距离较小，则采用平行移动方式或平行顺序移动方式较为方便。

（2）生产类型　单件小批的生产多采用顺序移动方式；大量大批生产时，则采用平行移动方式或平行顺序移动方式，能减少在制品占用，加速生产进程。

（3）零件的重量和工序劳动量的大小情况　如果零件较轻，工序劳动量较小，则采用顺序移动方式有利于节约运输费；相反，如果零件较重，工序工作量较大，需按件运送，则宜采用平行移动或平行顺序移动方式。

（4）设备调整所需时间的长短　若改变加工对象的设备调整时间长，应采用顺序移动方式；反之，应采用平行移动方式或平行顺序移动方式。

（5）接受订货的紧急程度　如接受订货任务紧迫，交货期临近，则宜采用平行移动方式，缩短工期，保证交货。

水产品加工管理规范

本标准规定了水产品加工企业的基本条件、水产品加工卫生控制要点以及以危害分析与关键控制点（HACCP）原则为基础建立质量保证体系的程序与要求。适用于水产品加工企业。具体内容可参考相关标准：

下列标准所包含的条文，通过在本标准中引用而构成为本标准的条文。本标准出版时，所示版本均为有效。所有标准都会被修订，使用本标准的各方应探讨使用下列标准最新版本的可能性。

GB 2760—1996　食品添加剂使用卫生标准
GB 3097—1997　海水水质标准
GB 5749—85　生活饮用水卫生标准
GB/T 6583—1994　质量管理和质量保证术语
GB 7718—1994　食品标签通用标准
SC/T 9001—1984　人造冰（原 GB 4600—84）

本标准采用下列定义。

（1）水产品　海水或淡水的鱼类、甲壳类、藻类、软体动物以及除水鸟及哺乳动物以外的其他种类的水生动物。

（2）水产品加工品　水产品经过物理、化学或生物的方法加工如加热、盐渍、脱水等，制成以水产品为主要特征配料的产品。包括水产罐头、预包装加工的方便水产食品、冷冻水产品、鱼糜制品和鱼粉或用作动物饲料的副产品等。

（3）水产食品　以水产品为主要原料加工制成的食品。

（4）良好的加工规范（GMP）　生产（加工）符合安全卫生要求的食品应遵循的作业规范。GMP的核心包括：良好的生产设备和卫生设备、合理的生产工艺、完善的质量管理和控制体系。

（5）危害分析与关键控制点（HACCP）　生产（加工）安全食品的一种控制手段，对原料、关键生产工序及影响产品安全卫生的主、客观因素进行分析；确定加工过程中的关键环节，建立、完善监控程序和监控标准，采取规范的纠正措施。

（6）危害　导致水产食品不安全消费的任何物理的、化学的或生物的因素。

(7) 控制点（CP） 产品加工过程中某工序、过程或场所，在这些点存在着需要通过控制措施予以消除的、能影响产品质量的物理、化学或生物的因素。

(8) 关键控制点（CCP） 产品加工过程中可控的、并且一旦失控后产品将危及消费者的安全和健康的那些控制点。

(9) 临界值（CL） 关键控制点上保证有效地控制危害的一种或多种因素的规定允许量。偏离该允许量，则视为失控。

(10) 验证 通过检查和提供客观证据，确定HACCP体系运行有效性的活动。

(11) 危害分析与关键控制点计划（简称HACCP计划） 一种质量保证计划。针对给定的水产食品根据HACCP的基本原则、有关法规以及企业的具体情况制订，并正式确认的应予遵循的书面文件。

(12) 普通水产品 以保存为目的的初级加工的水产品。

(13) 预制水产食品 不需清洗可直接烹调的水产食品。

(14) 即食水产食品 可以直接食用的水产食品。

实操与思考

《水产养殖质量安全管理规定》，已于2003年7月14日经农业部第18次常务会议审议通过，自2003年9月1日起实施。其中规定：

第十六条 使用水产养殖用药应当符合《兽药管理条例》和农业部《无公害食品渔药使用准则》（NY5071—2002）。使用药物的养殖水产品在休药期内不得用于人类食品消费。禁止使用假、劣兽药及农业部规定禁止使用的药品、其他化合物和生物制剂。原料药不得直接用于水产养殖。

第十七条 水产养殖单位和个人应当按照水产养殖用药使用说明书的要求或在水生生物病害防治员的指导下科学用药。水生生物病害防治员应当按照有关就业准入的要求，经过职业技能培训并获得职业资格证书后，方能上岗。

第十八条 水产养殖单位和个人应当填写《水产养殖用药记录》，记载病害发生情况，主要症状，用药名称、时间、用量等内容。《水产养殖用药记录》应当保存至该批水产品全部销售后2年以上。

一、项目实训：渔业企业生产现场调查

1. 项目目标 在基本掌握渔业企业生产管理知识的基础上，通过对渔业企业生产现场的调查，以印证和加深理解所学过的生产管理知识；能够发现企业生产管理中存在的问题，并且能够初步提出解决问题的办法或措施。

2. 项目任务 调查生产现场，写出调查报告。调查内容应包括生产计划、作业计划、生产布局、综合经营、生产控制、质量管理、环境保护、生产要素投入及成本控制等。

3. 项目组织 在教师指导下对学生分组；制订调查方案，由教师事先与企业联系以确定调查对象；每组由一位教师或高年级学生带队亲临生产现场开展调查；调查形式一般包括企业管理人员所做的情况介绍、座谈、个别咨询、现场实地考察等。调查结束前组织学生进行总结性座谈。

4. 项目成绩测评 学生每人写出一份关于某某企业的生产现场管理调查报告；教师从"实习表现"和"渔业企业生产管理现场调查报告的撰写"两个方面给每位学生打分。

二、问题

如果你是一位水产企业负责人，你的企业应怎样进行水产养殖生产过程中用药规范管理？

第七章　渔业企业人力资源管理

学习目标

1. 理解和掌握渔业企业人力资源管理的概念、特征和任务。
2. 掌握招聘的目的、流程和途径，能运用正确的选拔方法选拔人才。
3. 了解奖酬和企业工资制度的类型。
4. 掌握劳动定额和劳动定员的概念与作用。
5. 理解渔业劳动力结构优化的内涵。

案例导入

海尔集团创立于1984年，创业20多年来，海尔坚持培养一流人才，创造一流产品的理念，已经从一个濒临倒闭的小厂发展成为全球拥有7万多名员工、2010年营业额1357亿元的全球化集团公司。

海尔的成功经验可以归纳为很多方面，其中最核心的部分是人本主义理念的成功。最能说明这一问题的是海尔集团首席执行官张瑞敏为《海尔是海》，这本书所写的序言。他在这篇序言中说：海尔应像海一样纳百川，并应敞开海一样的胸怀，不仅要广揽五湖四海有用之才，而且应具备海那样的自净能力，凭着"无私奉献、追求卓越"的企业精神，同心干，不分你我；比贡献，不唯文凭，像大海一样为社会、为人类做出应有的贡献。

张瑞敏的上述理念，在实践中生发出很多独具特色的管理措施和方法，例如：

在人力资源发展战略上坚持以人为本，致力于创造公平、公正、公开的氛围，建立一套充分发挥个人潜能的机制，在实现企业目标的同时，为每个人提供可以充分发挥自我价值的空间。

在用人策略上提出"斜坡球"理论，将每个人视作在斜坡上上行的球，需要有不断的动力才能一直保持向上的状态。

在绩效薪酬管理上将下一道工序视为市场，建立向市场要工资的机制。同时还根据各种不同的实际情况建立了多种形式的薪酬制度和激励制度。

在员工选拔中推行"三工并存，动态转换"、讲赛马不讲相马的制度和理念。

在人文关怀上提倡"三心换一心"：对员工解决疾苦要热心，批评错误要诚心，做思想工作要知心。

在员工培训上，将提高员工素质看成是企业的重中之重。建立海尔大学，采取多种方式，实施对员工全程性、全员性的培训。

……

海尔的人力资源管理理念及方法、措施，结合海尔企业文化建设的引领，使海尔集团在跨越式发展的历程中始终有相应的人才作保证。海尔的员工均以身为海尔人而自豪，并且很注重维护海尔的形象。一位海尔冷凝器厂的工人有一次穿着海尔工作服去商场买东西，顾客以为他是冰箱厂的员工，围上来向他询问了很多关于海尔冰箱的技术和使用问题，虽然他不是做冰箱相关业务的，但由于他平时就很关注自己企业的主打产品，所以对冰箱的有关问题也回答得头头是道。顾客们赞扬说：海尔的人就是不一样。就连在青岛开"海尔大嫂子面馆"的海尔大嫂子们，也都想方设法争取给别人留下好印象，不但饭菜可口，价格便宜，还尽力助人为乐，做了很多与生意不相干的好人好事。这样的例子不胜枚举。

有了这样的向心力和凝聚力，海尔集团一定会有更大的发展。

日本松下公司参事薄信兴考察海尔后对张瑞敏关于"先造人才，再造名牌"的机制高度赞赏。他说，这和松下创业时信奉的"造物先造人"有异曲同工之妙。

海尔的人力资源管理经验表明：人才，是企业发展壮大的最最重要的资源。在一个健康发展的企业里，每个人都有其长处，每个愿意进步的人都可能成为人才，关键看企业怎样去发现他、关心他、培养他、使用他。在"渔业企业的人力资源管理"这一章中将对上述相关内容进行介绍。

第一节　概　　述

一、渔业企业人力资源管理的概念

人力资源管理，就是指运用现代化的科学方法，对与一定物力相结合的人力进行合理的培训、组织和调配，使人力、物力经常保持最佳比例和最佳工作状态，同时对人的思想、心理和行为进行恰当的诱导、控制和协调、充分发挥人的主观能动性，形成人尽其才，事得其人，人事相宜的局面，以实现组织目标。

另一方面，人力资源也是指在一定范围内，能够推动社会和经济发展，具有智力和体力劳动能力的人的总和。人力资源不仅包括了数量的规定性，而且包括了质量的规定性，即不仅要求健康具有劳动能力，同时要求具有较高的知识水平，能进行创造性的劳动，能推动社会发展的人。渔业企业人力资源管理是指对渔业企业人力资源的取得、开发和利用等方面所进行的计划、组织、指挥和控制的活动。

二、渔业企业人力资源的特征

1. 社会经济活动中的重要性

任何经济活动都是以人力资源的活动作为起点，从而引发其他资源的活动。没有人力资源的作用，任何自然资源都无法发挥其作用。

2. 使用过程中的时效性

人的寿命周期是有限的，能从事劳动的自然时间只是生命周期中的某一有效阶段。

3. 闲置过程的消耗性

渔业企业生产活动有明显的忙季和闲季。在闲季，处于闲置状态的人力资源仍然会产生损耗，这也是对企业资源的损耗。

4. 开发过程的持续性

人的能力是通过后天教育和训练形成的，所以财富和时间等方面的教育投入是必要的。持续地进行以学校教育及在职培训等形式的人力资源开发活动，是在同种劳动力数量条件下，保持人力资源创造力不断增长的必要条件与客观要求。

三、渔业企业人力资源管理的任务

① 根据企业的发展战略和经营计划，评估企业的人力资源现状及发展趋势，收集和分析人力资源供给与需求方面的信息和资料，预测人力资源供给和需求的发展趋势，制订人力资源招聘、调配、培训、开发及发展计划等政策和措施。

② 工作分析和岗位设计。对企业中的各项工作和岗位进行分析，确定每一个工作和岗位对员工的具体要求，包括技术及种类、范围和熟悉程度；学习、工作与生活经验；身体健康状况；工作的责任、权利与义务等方面的情况。这种具体要求必须形成书面材料，这就是工作岗位职责说明书。这种说明书不仅是招聘工作的依据，也是对员工的工作表现进行评价的标准，是进行员工培训、调配、晋升等工作的根据。

③ 提高招聘与录用工作质量，吸引及网罗企业所需人才，为企业配备符合职务（岗位）要求，能够认真履行职务（岗位）职责的合格人才。

④ 雇佣管理与劳资关系。员工一旦被企业聘用，就与企业形成了一种雇佣与被雇佣的、相互依存的劳资关系，为了保护双方的合法权益，有必要就员工的工资、福利、工作条件和环境等事宜达成一定协议，签订劳动合同。

⑤ 入场（厂）教育、培训和发展。任何应聘进入企业的新员工，都必须接受入场（厂）教育，这是帮助新员工了解和适应企业、接受企业文化的有效手段。入场（厂）教育的主要内容包括企业的历史发展状况和未来发展规划、职业道德和组织纪律、劳动安全卫生、社会保障和质量管理知识与要求、岗位职责、员工权益及工资福利状况等。

为了提高广大员工的工作能力和技能，有必要开展富有针对性的岗位技能培训。对于管理人员，尤其是对即将晋升者有必要开展提高性的培训和教育，目的是促使他们尽快具有在更高一级职位上工作的全面知识、熟练技能、管理技巧和应变能力。

⑥ 完善奖惩管理体系。保证奖励与惩罚的公平、公正，以各种有效的激励手段调动与保持员工的积极性和创造性。

⑦ 强化劳动定额与劳动定员管理，健全人员绩效的考评体系，规范岗位工作标准、劳动纪律和员工的工作行为，激励员工不断提高工作绩效水平。

⑧ 工作绩效考核。工作绩效考核，就是对照工作岗位职责说明书和工作任务，对员工的业务能力、工作表现及工作态度等进行评价，并给予量化处理的过程。这种评价可以是自我总结式，也可以是他评式的，或者是综合评价。考核结果是员工晋升、接受奖惩、发放工资、接受培训等的有效依据，它有利于调动员工的积极性和创造性，检查和改进人力资源管理工作。

⑨ 帮助员工做好其个人的职业生涯发展规划。人力资源管理部门和管理人员有责任鼓励和关心员工的个人发展，帮助其制订个人发展计划，并及时进行监督和考察。这样做有利于促进组织的发展，使员工有归属感，进而激发其工作积极性和创造性，提高组织效益。人力资源管理部门在帮助员工制订其个人发展计划时，有必要考虑它与组织发展计划的协调性或一致性。也只有这样，人力资源管理部门才能对员工实施有效的帮助和指导，促使个人发展计划的顺利实施并取得成效。

⑩ 员工工资报酬与福利保障设计。合理、科学的工资报酬福利体系关系到组织中员工队伍的稳定与否。人力资源管理部门要从员工的资历、职级、岗位及实际表现和工作成绩等方面，来为员工制定相应的、具有吸引力的工资报酬福利标准和制度。工资报酬应随着员工的工作职务升降、工作岗位的变换、工作表现的好坏与工作成绩的变化进行相应的调整，不能只升不降。

员工福利是社会和组织保障的一部分，是工资报酬的补充或延续。它主要包括政府规定的退休金或养老保险、医疗保险、失业保险、工伤保险、节假日，并且为了保障员工的工作安全卫生，提供必要的安全培训教育、良好的劳动工作条件等。

⑪ 员工的安全与健康。企业为保障员工的安全与健康，必须在减少事故、职业性毒害和预防职业病等方面采取有力措施。

⑫ 为业务部门提供有关人员管理的专业服务，为员工提供咨询和帮助，沟通部门之间、上下级之间和员工之间的各种联系，改善人际关系，创造和谐的劳动环境。

⑬ 保管员工档案。人力资源管理部门有责任保管员工入场（厂）时的简历以及入场（厂）后关于工作主动性、工作表现、工作成绩、工资报酬、职务升降、奖惩、接受培训和教育等方面的书面记录材料。

第二节 渔业企业员工的招聘、录用、培训与绩效考评

渔业企业员工的招聘、录用、培训与绩效考评是人力资源管理的重要内容，但是，上述这些内容都应以工作分析为基础。

一、工作分析与方法

工作分析是对工作内容、工作责任等因素进行系统研究的过程。它要描述和研究工作岗位（where）、工作内容（what）、责任人（who）、工作时间（When）、怎样操作（how）、为何要做（why）这六个 W。然后制定出工作说明书和工作规范。工作说明书要规定工作的名称、内容、责任以及环境等；工作规范要说明需要具备何种知识、经验和条件的人方能胜任此项工作。工作分析是人力资源管理的基础性工作。

工作分析常用的方法有以下几种。

1. 直接观察法

它是指工作分析人员直接到现场观察所需要分析的工作的全过程，以标准格式记录各个环节的内容、原因和方法。其优点是工作分析人员能较全面深入地了解工作的内容与要求。适用于那些主要由身体活动来完成的工作的研究。

2. 工作实践法

它是指工作分析人员亲自从事所需要研究的工作，由此掌握第一手资料的方法。其优点是能够较准确地了解工作的性质与内容、要求。适用于对智力与技能要求较高的工作的研究。

3. 面谈法

它是以个别谈话或小组座谈的方式收集承担某项工作的员工对这项工作内容与任职资格要求等信息的方法。优点是能简单而迅速地收集工作分析资料，适应面广。

二、员工招聘与录用

在对企业中的每个岗位都进行了必要的工作分析之后，就可以基本确定本企业所需要的各岗位的员工数，以此为基础，即可以进行企业员工的内部调整和对外招聘活动。

选择"合适的"员工，是招聘的关键。"合适的"员工包括以下 4 个要素：①对招聘岗位的工作内容感兴趣；②知识技能与招聘岗位工作说明书相符；③性格特质与岗位需要相符；④个人发展规划与企业提供的成长平台相符。

员工招聘的基本程序包括：确定用人要求、发布招聘信息、确定招聘形式、组织招聘测试及签订录用合同。

1. 确定用人要求

通过工作分析，在企业人力资源需求计划的指导下，确定需要人员的数量、类别、工作条件、制定工作说明书、工作规范。

2. 发布招聘信息

信息发布的渠道有多种，主要有报纸、电视、杂志、电台或互联网、网络等媒体广告和组织新闻发布会等。招聘信息对应聘者吸引力的大小取决于多方面的因素，如企业的形象与名声、发展前景、福利待遇、工作地点和条件、空缺职位类别等。为吸引更多的优秀人才加盟，在发布的招聘信息中，应对上述状况作简要介绍。

3. 确定招聘形式

员工的招聘形式可以有多种，主要分为：内部选拔；通过互联网、网络发布招聘信息；公开招聘。

4. 组织招聘测试

员工的招聘不能完全依据应聘者过去的经历来预见其工作能力。对应聘者进行综合测试是必不可少的环节。测试的内容一般包括面试、就业测验、体格检查等。

5. 签订录用合同

经筛选确定了录用者后，应以书面形式将有关事宜正式通知录用者。经录用者认可，接受聘用，企业和被录用者方可签订录用合同，明确企业与被录用者双方在工作方面的权利和义务。

三、培训开发管理

高素质的员工队伍是企业与竞争对手竞争的重要法宝。而提高员工素质的主要途径就是对其进行培训开发，并且持之以恒地随着技术的发展而发展，这样才能在激烈的竞争中位居前列。

优秀的企业为员工的成长进行结构性的培训，甚至成立企业大学，从素质、专业技能、管理技能等各方面，对员工进行递进式的培训，帮助员工逐步掌握胜任其岗位所需应具有的认知、素质与技能。在培训的过程中，还要不断激励员工发挥出潜质，真正实现人力资源的良性开发。

一个有竞争力的企业，常常具备强大的培训能力，能快速地培育出企业各岗位、各阶段所需要的优秀人才。

培训开发的内容：员工的素质参差不齐，如学历、经历、能力、知识、性格等方面各有特点，需要培训开发的内容也不尽相同，企业应根据员工的不同特点与工作要求，有针对性地进行培训开发。培训开发的内容包括以下三个方面。

1. 知识方面

通过知识方面的培训，应使员工掌握完成本职工作必需的基本知识。为适应发展，还应逐步提高员工掌握科学知识的能力和层次，扩大知识面，提高其智力水平。

2. 技能方面

技能包括：操作技能、谈判技能、策划技能、处理人际关系的技能等。对不同岗位的员工，通过技能方面的培训使其掌握完成本职工作所必需的技能，强化动手能力和实践运用能力。

3. 态度方面

员工的态度是由员工的行为、动机所引起的。而员工的动机取决于知识、能力和态度。其中，态度影响动机的作用特别强烈。因此，企业应加强态度方面的培训，培养员工对企业的依托、爱戴、忠诚的态度；增强员工真正主人翁的意识；营造企业与员工之间相互信任的良好氛围。这样才能激发员工正确又强烈的动机，进而产生积极又持久的行为。最终引发出组织期望的绩效。态度取决于价值观，企业在员工态度的引导上应着力于价值观的影响。通常企业依据自身的使命与愿景，将企业的价值观浓缩并外显，这是员工入职培训中最重要的部分；认同企业价值观的员工，其思维模式与行为更趋近企业倡导的方向，而员工也因此会具有真正的主人翁意识，并对企业产生归属感。除了价值观的影响，员工态度还需要得到适当的激励。马斯洛的需求原理告诉我们，人的需求包括：生存需求、安全需求、社会需求、尊重需求和自我实现五个层次；结合员工个体的情况采取不同的激励措施，如物质激励、荣誉表彰、授权、更广的职责范围、更高的职权等。适当的激励措施能有效提升员工的积极性。

企业开展培训的方法有多种，如案例研究、角色扮演、操作训练、影视观摩、研讨等，可根据不同的对象，采用不同的方法。通常，针对知识方面的培训，以灌输的方式为主；而针对技能方面的培训，则以操作训练为主。

四、人员的绩效考核

对企业而言，绩效是员工在工作的质量、数量及效率方面完成任务的情况；对员工个人而言，绩效则是领导与同事对自己工作的评价。绩效考核是对员工的工作现状和结果进行考查、测定和评估。绩效考核是人力资源管理的重要职能。其目的在于发现与选拔人才，为员工实施奖罚、升降、调配培训等工作提供基本依据。通过对员工工作绩效的客观评价，有利于发掘和有效地利用员工潜在的工作能力；有利于激励员工努力工作、积极进取；有利于发现工作中的问题，使员工明确改进工作的方向。

1. 绩效考核的内容与类型

绩效考评就是对一个人在"德、能、勤、绩、体"五个方面进行综合考核和评价，是对一个人的全面考查。

"德"是指一个人的政治素质、思想品德、工作作风、职业道德等。

"能"是指一个人完成各项工作的能力，如分析问题和解决问题的能力、独立工作的能力、组织协调的能力、进行开创性工作的能力等。

"勤"是指一个人的勤奋精神和工作态度，也是敬业精神的体现。

"绩"是指一个人的工作成绩和效果。包含"工作成果"、"工作品质"、"时效"、"成本"和"安全"五要素。

"体"是指一个人的身体状况，也包括他的心理素质。

根据绩效考核时所选择的考评内容的不同，可将绩效考核分为三种类型。

（1）品质基础型考核　主要用于评价员工的工作态度、工作能力与个性特征等。所选内容主要是个人基本品质，如职业道德、工作作风、工作责任心、理解力、判断力、决策能力、创造力、反应力、亲和力等。

（2）行为基础型考核　主要评价员工的工作行为表现。

（3）效果基础型考核　主要考核员工在其工作岗位职责范围内的任务完成的数量、质量、效率、贡献。

2. 绩效考核的方法

传统的绩效考核方法有以下几种。

（1）名次排队法　即按被考核人员每人绩效的相对优劣程度通过比较确定出名次。这是一种简单笼统但又直观易行的方法。

（2）成果比较法　即将各岗位规定的工作任务与实际完成情况进行比较，并按一定标准等级打分，根据分值确定绩效。由于此法客观性强，因此应用较广泛。

（3）品质量表法　它是将被考核人员工作业绩与品质、能力相结合，分列出若干项目，逐项分等评分、汇总，根据总分给出评价结论。它是一种广泛应用的评价方法。

现代管理的绩效考核，通常推行目标管理，根据企业目标，制订各单位与岗位目标，并应用"平衡计分卡"，从"财务"、"客户"、"内部流程"及"学习与发展"四个方面制订"KPI"（关键绩效指标）。通过目标管理进行绩效考核，其目的是让企业各部门各层级员工都围绕着企业经营方针和目标重点努力，以提升经营的成功性。

第三节　渔业企业奖酬管理

奖酬是指企业对其员工为企业所做的各方面贡献，所付给的相应的回报或答谢。

一、奖酬的类型

1. 工资

工资是以货币形式根据员工创造的劳动成果的数量，按规定的标准支付的劳动报酬。一般由工资和工资性补贴构成，是奖酬的最基本的内容。

2. 奖励

奖励是指企业根据员工对企业所做各方面贡献的程度给予的回报。分为精神奖励和物质奖励。其中物质奖励是工资的重要补充形式。

3. 福利

福利是企业对员工所做贡献以物质或货币的形式给予的补充性的回报。通常表现为物质文化方面待遇的提供，工作和生活条件的改善以及各种补贴、津贴、补助和保险等。福利有实物、服务或货币等回报形式。

二、奖酬管理工作的要求

1. 贯彻公平合理的原则

公平合理的原则是奖酬管理的首要原则，奖酬分配一定要体现出员工之间在素质、知识、技能、经验以及在不同岗位所做贡献的差异。

2. 标准原则

奖酬制定要有客观评价依据，有公平合理的分配标准。

3. 要发挥奖酬的激励效能

奖酬制度应有利于激励员工努力提高自身素质水平、为企业提供更好的服务、产生争取相应回报的欲望和行动。

4. 员工利益与企业利益的协调

奖酬水平应该建立在企业整体效益的基础上，保证奖酬水平的增长同企业生产发展、劳动生产率的提高保持必要的比例上的协调。

5. 奖酬制度要有弹性

能够影响企业奖酬水平的因素很多，为保障员工的生活需要和调动员工的工作积极性，奖酬应该有一定的灵活性。

三、企业工资制度

我国企业的工资制度，随着改革的发展，已经呈现多样化的趋势，一般可供选择的工资制度主要有以下几种。

1. 技术等级工资制

等级工资制是根据劳动的复杂程度、繁重程度、精确程度和工作责任大小等因素划分为若干个技术等级，按技术等级规定相应的工资标准的制度。

2. 岗位技能工资制

岗位技能工资制是按照职工在生产工作中的不同工种、不同岗位，分别规定不同的工资标准，凡能达到该岗位技能要求，并能独立操作完成的职工，可领取该岗位工资。

3. 结构工资制

结构工资是将几种具有不同功能的工资部分组合成工资总额的工资制度。一般包括以下基本内容。

（1）基础工资　基础工资是指保证员工基本生活需要，维持劳动力简单再生产所必需的工资。

（2）岗位技能（职务）工资　岗位技能（职务）工资是根据岗位（职务）的技术业务要求、责任大小和劳动条件等因素确定的工资。岗位技能（职务）工资一般划分为若干等级，可以调整变动。

（3）工龄工资　工龄工资是根据员工参加工作的年限，按照一定标准付给的工资。

（4）效益工资　效益工资是根据企业的经济效益和员工的劳动成果支付的工资。

4. 浮动工资制

浮动工资制是将员工的劳动报酬与企业的经营成果和员工的个人贡献紧密联系在一起而上下浮动的工资制度。即在不同的时间里，根据员工个人劳动的贡献和企业经营效果优劣的不同给予不同的工资数额，企业经营效果好时多发，反之少发。

实行浮动工资的方法主要有两种基本方式。

（1）全额浮动　是指把员工的全部标准工资同奖金以及部分工资性津贴捆在一起，按企业的经营成果和个人贡献的情况浮动发放。

（2）部分浮动　即把员工标准工资的一部分拿出来和奖金捆在一起，根据企业经营成果和个人贡献浮动发放。

四、企业工资形式

企业工资形式是指在各类工资制度的基础上，结合每个人的劳动消耗或劳动成果，计算并交付工资的方法。企业的工资形式，通常包括计时工资、计件工资、奖金、津贴等形式。

1. 计时工资

是按照一定的工资标准结合劳动时间的长短计算报酬的一种工资形式。计时工资是企业各类工资制度中最常用的工资形式。计算形式有小时、日、月等。

2. 计件工资

是按照劳动者实际生产出的合格产品的数量，结合规定的计件单价计算报酬的工资形式。计件工资把劳动者的工资同他们所生产的产品数量直接挂钩，对提高劳动生产率有着更为明显的作用。

3. 奖金

奖金是工资的辅助形式，是超额劳动的报酬。奖金的发放要体现按劳分配，要与经营好坏、完成任务好坏相结合。奖金形式有单项奖、综合奖、节约奖、超产奖、合理化建议奖、特殊贡献奖等。

4. 津贴

津贴也是工资的辅助形式，是补偿员工额外和特殊的劳动消耗，弥补实际工资贬值或偏低而实行的。津贴的种类很多，如野外作业津贴、高空作业津贴、水下作业津贴、特殊岗位津贴等。

第四节 渔业劳动力的数量优化

企业组织生产经营活动要以一定数量的劳动者为前提，劳动者数量少了，有效生产经营活动组织不起来；多了则不能人尽其才，效率不高，效益不好。所谓劳动者数量优化管理，就是要根据企业生产经营特点、产品条件、设备条件、工艺条件、定额条件及外部条件，通过改善管理，提高劳动者素质与操作技能，改善劳动条件，完备规章制度等，并在此基础上核定出既先进又实事求是的企业劳动者需用量。

劳动力数量优化，最重要的是做好劳动定额与劳动定员工作。

一、劳动定额

劳动定额是劳动者在一定的生产或技术条件下，以及合理组织劳动的基础上，为生产合格产品所预先规定的劳动时间标准，或者规定在单位时间内生产产品的数量标准。

企业劳动定额有两种基本形式，即工时定额和产量定额。前者是指生产单位产品需要多少时间，后者是指劳动者在单位时间内必须完成的工作量。工时定额和产量定额互成倒数关系，它们都以劳动时间作为衡量劳动量的尺度。此外，还可以采用看管定额的形式。看管定额是指一个或一组工人同时所能看管的鱼池、水面或机器设备的数量。

劳动定额是企业管理的一项重要基础工作。是企业编制计划，科学地组织生产的重要依据；是完善经济责任制，衡量贡献大小，贯彻按劳分配原则的重要依据；是进行经济核算，控制生产进度，控制产品成本的重要依据；是总结推广先进经验，促进劳动生产率提高的重要手段。

1. 消耗的分类与时间定额的构成

工时定额是劳动定额的基础，要正确制订工时定额，须掌握工时消耗分类与工时定额的构成。

工人在生产中的全部工时消耗分为定额时间和非定额时间。定额时间一般包括作业时间、布置工作的时间、休息与生理需要时间及准备与结束时间四类。非定额时间一般包括非生产工作时间和停工时间。非定额时间不得计入劳动定额时间内。

因生产类型的不同，使工时定额时间构成有一定差异。

① 在大批量生产条件下，由于同种产品产量大，分摊到单位产品中的准备与结束时间很少，因而可以略而不计，则：

$$单件工时定额 = \frac{作业时间 + 布置工作的时间 + 休息与生理需要时间}{同一定额时间内的产量}$$

② 在小批生产条件下：

$$单件工时定额 = \frac{作业时间 + 布置工作的时间 + 休息与生理需要时间 + 准备与结束时间}{同一定额时间内的产量}$$

③ 在单件生产条件下：

$$单件工时定额 = 作业时间 + 布置工作的时间 + 休息与生理需要时间 + 准备与结束时间$$

2. 定额制订的方法

（1）技术测定法　它是根据产品设计和生产技术组织条件，在进行工艺计算和技术分析的基础上确定劳动定额的方法。它一般按照工时定额的各个组成部分，通过测时与工作日写实，分别确定它们的定额时间。技术测定法比较科学、较为准确、易于平衡，但工作量大。

（2）统计分析法　它是根据劳动定额统计资料，经过加工整理和分析研究，并考虑到计划期生产技术组织条件的变化等因素来制订劳动定额的方法。一般步骤是：首先根据产品或工作量实耗工时统计资料计算出平均实作工时；然后计算平均先进定额值：

$$平均先进定额值 = \frac{平均实作工时 + 先进的实作工时}{资料次数}$$

最后，以平均先进定额值为基础，结合影响定额的各种因素加以修正，确定出定额。

例如，实耗工时数如下：7min、8min、8min、6min、6.5min、7.5min、7min、7min、9min，则：

$$平均实作工时 = \frac{7+8+8+6+6.5+7.5+7+7+9}{9} = 7.3(\min)$$

$$平均先进定额值 = \frac{7+6+6.5+7+7}{5} = 6.7(\min)$$

统计分析法简便易行，工作量小，制订劳动定额准确性较高，但在使用上要求有齐全可靠的统计资料。

（3）经验估工法　它是根据有关人员的经验，参考相应的技术文件和产品实物，并考虑到计划期有关影响因素和变化情况来估计制订劳动定额的方法。经验估计法简便易行，但准确性差。为了提高经验估工质量，缩小估工偏差，可将概率估算法与之相结合估算定额。

二、劳动定员

劳动定员是企业根据已定的生产方向、生产规模、产品方案等因素，按照劳动定额和定员标准，以及企业管理层次与幅度等编制的企业在一定时期内应该配备各类劳动力资源的数量标准。先进合理的定员与劳动定额是做好劳动管理工作的前提；是劳动力调配的主要依据；是发掘劳动力资源潜力的重要措施；是明确岗位责任制，实行企业内部经济责任制的前提。

企业定员的范围是企业的工人、学徒（见习生）、工程技术人员、管理人员、服务人员。连续6个月以上的病、事、产、伤假和脱产学习人员、出国人员等属于其他人员，不应计入企业人事定员范围内，故又称为编外人员。企业定员以常年性工作岗位为对象，与用工制度无关。凡在企业工作的固定员工、合同制员工、临时员工都应列入定员范围。

企业各类人员的工作性质不同，影响其定员数量的因素也不同，要根据各类人员的特点，采取不同的方法计算定员人数。计算劳动定员的主要方法有以下几种。

1. 效率定员法

效率定员法是根据工作量、劳动定额和平均出勤率来计算定员人数。计算公式为：

$$定员人数 = \frac{每一轮班应完成的工作 \times 轮班次数}{工人的劳动效率 \times 工人出勤率}$$

凡有劳动定额的工种，特别是以手工操作为主的工种均可采用这一方法。

2. 设备定员法

设备定员法是根据机器设备的数量、工人看管定额和设备的开启班次来计算定员人数。这种方法适用于以机械操作为主的工种，特别适用于多设备看管的工种。计算公式为：

$$定员人数 = \frac{为完成生产任务所需要设备台数 \times 每台开动班次}{工人看管定额 \times 出勤率}$$

3. 岗位定员法

岗位定员法是根据工作岗位的多少、各岗位工作量、工人的劳动效率、工作班次和出勤率等因素，来确定定员人数的一种方法。这种方法适用于需要多人看管的生产设施（如网箱和鱼池）或大型设备的定员。计算公式为：

$$定员人数 = \frac{每个岗位工作量 \times 操作岗位数 \times 工作班次}{员工工作效率 \times 出勤率}$$

4. 比例定员法

比例定员法是根据职工总数或某种人员总数的比例，来计算某种人员的定员总数。它适用于对服务人员的定员，也可用于对工人的定员。计算公式为：

$$定员人数 = \frac{服务对象人数}{定员标准比例}$$

5. 按业务分工定员法

这种方法是根据业务性质、职责范围和工作量来确定定员人数。主要用于确定技术人员和管理人员的数量。

第五节 渔业劳动力的结构优化

渔业劳动力的结构优化是指各专职、各种不同技能、各种不同工种的劳动者在总量中的合理比例关系，以求得在生产活动中产生高效率、高效益。单个劳动者的素质较高固然重要，但若组合得不好，人员比例配置失调，个体的优势不仅不能有效发挥，而且还可能产生零效应、负效应；相反，若组合得当，则个体优势不仅能够充分发挥，人尽其才，还能够取长补短，产生 1+1 大于 2 的增值效应。劳动者的组合结构关系主要包括：工人和管理干部、工人与技术人员、从事基本生产的职工与从事辅助生产的职工、直接生产工人与间接生产工人和各个等级技术人员之间的组合结构关系。

一、建立合理的工人与经营管理人员、技术人员之间的结构关系

从静态角度来看，这个比例关系由于企业的不同生产经营特点而不同。生产集约化程度高的行业、企业，经营管理人员、技术人员比例大一些，工人比例小一些；生产集约化程度低的行业、企业，则呈相反比例状态。从动态角度来看，随着科学技术的进步、生产的发展，企业内部经营管理人员、技术人员的比例会相对增加，工人的比例会相对减少，这反映了技术和管理在生产中的作用在逐渐加强。

工人与经营管理人员、技术人员的比例关系要合理。如果工人比例大于合理值，管理人员、技术人员比例过小，则企业的经营管理工作、技术工作必然被削弱，造成经营管理不力、技术工作跟不上生产发展的需要、产品开发上不去、质量上不去、成本下不来等情况，影响企业的发展。但如果工人比例小于合理值，管理人员、技术人员过多，同样会影响企业的生产和效益，因为企业的生产活动毕竟是靠生产工人来进行的。同时，这也是经营管理人员、技术人员资源的浪费，甚至还会产生相互扯皮、官僚主义等消极现象。因此，应建立工人与经营管理人员的合理结构关系。

在实际工作中，随着生产技术的发展，扩大经营管理人员、技术人员的比例应该顺应生产发展、技术进步的需要，而不能盲目地扩大其比例。

二、建立合理的基本生产工人和辅助生产工人的结构关系

基本生产工人在企业生产活动中直接对产品进行加工，产品使用价值主要是通过他们形成的。辅助生产工人协助基本生产工人作业，间接地为完成产品生产任务做出贡献。生产中基本生产工人的地位很重要，但是假如没有辅助生产工人为基本生产工人提供服务，生产活动就会中断，基本生产工人纵有再高的技术也无济于事。这说明：企业中既不能没有基本生

产工人，也不能没有辅助生产工人，其间也有一个合理的比例关系问题。当然，这个比例关系也是相对的，随着企业生产技术的发展，会相应地提高辅助工人的比例。例如企业生产自动化程度提高了，生产过程组织改进了，会对辅助生产提出更高的要求，要求辅助生产工人数量相对增大、素质相对提高，基本生产工人与辅助生产工人的合理比例关系也会随之发生变化；同时，基本生产各工种工人之间的比例，也会随之发生变化。

与基本生产工人、辅助生产工人的结构关系类似，企业中还有一线、二线职工之分。一线职工直接从事产品生产；二线职工一般是指从事后勤保障的服务人员。目前，我们不少国有企业由于工厂办社会，工资分配关系没有处理好等历史原因，二线职工偏多，而一线职工相对不足且不稳定，这是必须认真纠正的。要通过解决工厂办社会问题，通过提高一线工人的工资报酬等办法，来压缩二线职工数量，调动职工去一线的积极性，以使二者有一个恰当的结构关系。

三、建立合理的各等级技术工人的结构关系

企业的生产活动有繁有简，生产作业有难有易，不同产品的加工技术有高有低，所有这些都要求工人掌握的技术与之相适应，各等级的技术工人都要省，并且使他们成龙配套，融成一体。如果人员比例不符合客观要求，则会出现浪费人才的现象，不利于提高企业劳动生产率和经济效益；或力不胜任，产品质量得不到保证，消耗增加，甚至出安全事故等问题。所以，各技术等级工人一定要按恰当的比例配置。目前，我国大部分企业主要问题是技术工人少，高低等级工人不成比例，这是一个亟待解决的问题。与技术工人相同，各等级技术人员之间也需要建立一个合理的比例关系。

第六节 渔业劳动力的时间管理优化

时间也是一种生产要素。时间是客观的，在某种意义上说，又是主观的。时间处在自在状态是客观的，处在管辖状态是主观的。劳动力时间管理优化就是让自在状态的时间赋予更多的、充实的、有效的劳动内容。劳动时间优化并不是说，劳动者所占有的时间必须统统用来劳动，连吃饭、休息的时间也没有。劳动者干活是需要的，休息也是需要的，有张有弛，才能劳动得更好。

提高劳动者的工作效率，必须提高劳动者工作时间内用于基本生产的利用率。工人劳动时间包括以下几个部分：用于基本生产活动的时间，用于辅助生产活动的时间，组织生产中因工艺需要的间歇时间，安排生产所需的停工时间，还有因设备故障、原材料或劳动力供应上的问题所造成的停工时间，以及工人自己造成的停工时间。生产组织部门应尽量减少因设备、原材料、动力保证的问题所造成的停工时间；努力压缩用于辅助生产活动时间的比例，扩大基本生产活动时间的比例；工人自身也要做出努力，尽量减少因个人原因造成停工的损失。

工人在劳动日内的劳动时间、休息次数也要合理安排，这里也有一个比例关系问题。要把休息次数、每次休息时间安排好。安排休息时间的原则是：既要通过休息使工人的体力与精力得以恢复，又要尽量减少因休息停工、中断劳动熟练性所造成的效率损失。根据人们在最初几分钟的休息中身体恢复的效果最好的特点，休息次数宜多，每次休息时间宜短。但是，中断劳动次数多对提高劳动效率不利，应根据企业生产活动的特点，不论是重体力劳动还是轻体力劳动、是连续性强的还是弱的作业等，合理选择休息次数、何时休息、每次休息时间，尽量做到休息时间长短与休息次数多少合理组合。现实生活中情况复杂，生产情况经常变化，应根据具体情况而定。

>> 实操与思考

一、项目实训
1. 项目目标
① 感受招聘与应聘。
② 培养进行招聘与应聘的基本能力。
2. 项目任务
① 模拟企业人事部的人员,组织一场招聘活动。
② 模拟作为一个应聘者,参加一场渔业企业的员工招聘活动。
3. 项目组织
① 由教师对学生分组,并对每组学生进行招聘官、应试者的角色分工。
② 每组学生代表某一类或某一个渔业企业,然后由教师给出相应的应试岗位。
③ 招聘官进行招聘的各项准备工作(包括企业简介、岗位介绍和问题的设计)。
④ 应试者做好应试准备(包括个人简介、答疑、咨询等)。
⑤ 由教师邀请企业界人士或其他教师组成评点小组并制定出评分标准。
4. 实训活动测评
① 由评点小组按学生实际表现和评分标准进行打分和点评。
② 任课教师将分数及评语计入学生成绩档案。
二、思考
1. 渔业企业人力资源管理的任务是什么?
2. 什么是劳动定额?劳动定员?它们有什么作用?有哪些制订方法?
3. 如何对劳动力进行优化?

第八章 渔业企业财务管理

学习目标

1. 掌握渔业资金的概念和特点。
2. 了解渔业资金筹集的原则、渠道和方式。
3. 了解流动资产的概念、特点与组成。
4. 了解固定资产的概念和特点。

案例导入

资金紧缺是当前渔业发展的"瓶颈"。如何去拓宽筹集发展资金的渠道,是摆在渔业企业面前的一个重要课题。

海南省某市曾经利用地处热带南中国海沿岸的优势,以及发展热带"南繁"基地多年的经验,解放思想,大胆实践,采用跨行业、跨省界、国有、外商、社会、个体一齐上的方法,制定出相关的优惠政策,吸引了大量的社会资金投入到鲍鱼养殖产业,使鲍鱼育苗及养成基地得到了快速的发展。他们的成功经验给了我们一个启示:要发展海洋渔业就必须改革投资及融资体制。只有改革投资融资体制才能产生新的多元化的经济成分,才能引来资金,繁荣渔业经济。

第一节 概 述

一、渔业企业财务管理的含义

渔业企业财务管理就是渔业企业为实现既定的经营目标,在国家法律法规允许的范围内,以资金的运动过程为主线,从事筹资管理、投资管理、营运资本管理、收益分配管理等活动,正确处理各种财务关系的一项经济管理工作。其中财务关系主要是指企业与所有者之间的财务关系、企业与债权人之间的财务关系、企业与债务人之间的财务关系、企业与被投资单位之间的财务关系、企业与职工之间的财务关系、企业内部各单位之间的财务关系、企业与国家之间的财务关系等。这就要求企业在组织财务活动的过程中,必须正确处理与各方面的经济关系,遵守国家的法律法规,履行有关合同,保护各方面的利益,协调各方面的关系,以提高企业生产经营活动的效率。

资金,又称为财力资源。所以,企业财力资源的管理又称为资金管理。因为资金是渔业企业再生产过程中具有价值的物质财产的货币形态,是经营活动不可缺少的条件。是根据企业生产经营过程中资金运动的规律、利用价值、货币形式,对企业资金的筹集、使用、收入和分配的计划、组织、控制、核算和分析等的总称。加强企业财力资源管理,有利于保证再生产合理的资金需要；有利于加速资金周转，提高资金的使用效果；有利于实行财务监督，维护财经纪律；有利于降低产品成本，提高企业经济效益。

二、渔业企业财务管理的基本环节

财务管理的基本环节是指财务管理工作的各个阶段，具体如下。

1. 财务预测

是根据财务活动的历史资料，考虑现实的要求和条件，对渔业企业未来的财务活动和财务成果作出科学的预计和测算。它既是两个管理循环的联结点，又是财务计划环节的必要前提。

2. 财务计划

是运用科学的技术手段和数学方法，对目标进行综合平衡，制定主要计划指标，拟定增产节约措施，协调各项计划指标。它是落实渔业企业奋斗目标和保证措施的必要环节。

3. 财务控制

是在生产经营活动的过程中，以计划任务和各项定额为依据，对资金的收入、支出、占用、耗费进行日常的计算和审核，以实现计划指标，提高经济效益。它是落实计划任务、保证计划实现的有效手段。

4. 财务分析

是以核算资料为主要依据，对渔业企业财务活动的过程和结果进行调查研究，评价计划完成情况，分析影响计划执行的因素，挖掘企业潜力，提出改进措施。

5. 财务检查

是以核算资料为主要依据，对渔业企业经济活动和财务收支的合理性、合法性和有效性所进行的检查。它是实现财务监督的主要手段。

以上这些管理环节，互相配合，紧密联系，形成周而复始的财务管理循环过程，构成完整的财务管理工作体系。

三、渔业资金的特点

渔业资金是指渔业企业为进行生产经营和对外投资所垫支的货币。对渔业资金的理解，应分别从资金占用和资金来源两个方面入手。从渔业资金占用方面看，渔业资金表现为渔业的流动资产、固定资产、无形资产、递延资产、长期投资及其他资产。从资金来源方面看，渔业资金表现为渔业企业资本金，企业负债及渔业企业内部自筹资金。它具有货币形态和实物形态两种表现形式。货币形态的渔业资金如库存现金、银行存款、结算中的资金等。实物形态的资金如渔机、渔具、房屋、建筑、鱼池、鱼苗、鱼种、化肥、在制品、产成品等。研究渔业资金管理，对于提高渔业资金的使用效益十分重要。

由于渔业受到多种自然因素制约，所以与其他部门相比，渔业资金有以下特点。

1. 渔业资金占用量大

渔业生产门类较多，而许多渔机、渔具专用性强，通用性受到限制，这就决定了各种渔业机械设备的配备量大，利用率低，加之受自然因素多变性的影响，需要有一定防灾救灾物质准备，使生产资金的占用量较大。

2. 渔业资金周转较慢

渔业资金是为了购买渔业企业内部各种生产要素和进行外部投资所支付的货币，随着经营和投资目标的实现，原来垫支的货币就会收回，再用于下一个生产经营和投资循环过程的垫支，渔业资金这种周而复始的资金循环就叫做资金周转。渔业生产的对象是生物有机体，渔业生产要受生物有机体自身生长发育规律的制约，生长周期一般较长。而渔业生产投资要在生产过程终结，产品价值实现后才能回收，这就决定了渔业资金周转速度慢、周转期长。

3. 渔业资金的使用具有较强的季节性

由于渔业生产的季节性，其资金的使用在时间上很不平衡，具有明显的季节性。

4. 渔业资金利用率低

渔业生产大多在露天进行，饲料、农药、肥料等物质资料的损耗较多，渔机具的自然老化大于室内作业机械，渔机渔具闲置时间长，致使渔业资金的利用率相对较低。

5. 渔业投资风险较大

渔业生产受自然环境因素影响很大，年度间的生产水平波动较大，对渔业生产的经济效益难以做出准确的预测，使得渔业投资具有较大的风险性。

第二节 渔业企业的资金筹集

筹资是任何企业进行生产经营活动的基础，企业筹资的目的是在满足自身资金需要的前提下谋求资金成本的最低化。企业的筹资方式分为债务筹资和权益筹资两种，不同的筹资方式产生不同税收后果，对企业税负的影响也不一样，从而在很大程度上决定着筹资方式的资金成本。因此企业在筹资过程中应从税务的不同处理方式上进行筹划，寻求低税点，降低企业的整体税负以提高筹资的经济效益。渔业企业资金筹集是指渔业企业向外部有关单位和个人，以及从企业内部筹措和集中生产经营所需资金的一种财务活动。

一、资金筹集的原则

1. 合理确定筹资规模、提高用资效果

渔业企业筹集资金，首先要根据企业资金的需要量和筹资的可能性确定筹集多少资金。但筹集资金本身并不是目的，重要的是提高资金的利用效果。因此企业需预先测定资金需求量，使筹资量与需求量相平衡。筹资量不足无法满足需要，达不到筹资目的；反之，筹资量过剩，会造成资金闲置，降低资金利用效率。

2. 确定有利的投资方向，提高投资效果

筹集资金是为了投资。把筹资和投资统一起来分析，可以提高投资效果。为此，在筹集资金之前，要对有关投资方案进行可行性分析预测。要综合考虑投资项目在技术上的先进性、经济上的合理性以及有无发展前途、竞争力如何等方面的因素，做出相应的定量分析，以确定筹资的必要性。把资金筹集和投资效果紧密地结合起来。

3. 及时组织资金供应，保障投放需要

渔业企业在不同时间点上资金的需要量各不相同，在筹资过程中，不仅要求数量上平衡，还要充分考虑时间因素，以免形成资金阶段性闲置或短缺，造成资金浪费。因此必须按投资需要，尽可能地把握好筹资时机，组织资金供应，保证资金及时到位。

4. 认真选择筹资方式，降低资金成本

渔业企业无论采取何种筹资渠道和方式，都要付出一定的代价，包括资金占用费和资金筹集费，即资金成本。由于不同的筹资方式，其资金成本、风险报酬以及难易程度各不相同，因此要综合考察各种资金渠道和筹资方式，研究各种资金结构，求得企业筹资方式的最佳组合，以最大限度降低资金成本。

5. 科学安排资本结构，防范财务风险

企业的资本结构是由两类不同性质的资金构成的，即权益资本和负债。由于负债筹资的特点，在一定条件下，负债经营可产生一系列的积极作用，如提高自有资金利润率，降低综合资金成本等。但也会导致严重后果，轻则使企业面临较大的财务风险，重则由于丧失偿债能力而面临破产。为此应安排适合本企业的目标资本结构，使之既可以降低财务风险，又可以提高权益资本的收益率。

6. 严格遵守筹资法规，维护经济秩序

市场经济是法制经济。企业筹资活动属于经济行为，必须受到经济法律的约束。用来规范筹资行为的条款通常包含在一些基本的经济法律之中，如公司法、税法等。为此，企业在筹资过程中，必须自觉遵守有关法律规范，履行约定责任，依法筹资，维护市场经济秩序。

二、资金筹集的渠道

渔业资金的筹集需要通过一定的渠道，目前，主要有以下七项。

1. 国家财政资金

这历来是国有渔业企业包括国有独资公司中长期资金的主要来源，包括投入的固定基金、流动基金和专项拨款等。这些资金大部分形成了被现行财务制度所称为的国家资本金。

2. 银行信贷资金

银行是渔业企业的重要资金来源。银行一般分为商业性银行和政策性银行。渔业企业通过商业银行取得基本建设贷款、流动资金贷款、贴现和各种专项贷款。政策性银行为特定渔业企业提供政策性贷款。

3. 银行金融机构资金

这是指信托投资公司、保险公司、租赁公司、信用合作社、证券公司、企业集团的财务公司等，它们可以为一些渔业企业直接提供部分资金或为渔业企业筹资提供服务。

4. 金融系统之外的社会资金

主要有以下几类。

（1）**渔业自留资金** 渔业企业内部形成的资金。主要指渔业企业的留用利润，包括盈余公积金、公益金和留存收益等。

（2）**其他法人单位资金** 企业在生产经营过程中往往形成部分暂时闲置的资金，企业以其依法可支配的资金相互投资或参股，所形成的法人资本金。

（3）**社会个人资金** 企业职工和城乡居民的闲散资金，可转化为渔业企业的资金来源，形成个人资本金。

（4）**外商资金** 外商资金是外国投资者以及我国香港、澳门和台湾地区投资者投入的资金。

三、资金筹集的方式

目前渔业企业在国内筹资的方式，除国家财政拨款、银行贷款、企业内部积累外，还有股票、企业债券、租赁、联营、商业信用等方式。

1. 股票

股票是渔业股份公司为筹集资金而发行的有价证券，是公司证明持股人入股并能定期给持股人带来利益的凭证。股票有三个基本特征。

① 代表所有。代表了股东对渔业企业的所有权。股东有权参与企业经营决策，有权取

得股息和红利。

② 不可返还性。即不可以退股，渔业企业通过发行股票筹集的资金，可永久性占用，属企业自有资金。

③ 可交易性。即股票可以通过买卖转让给他人。

2. 企业债券

它是渔业企业为取得资金，依照法定程序发行，约定在一定期限内还本付息的有价证券。发行企业债券有利于将社会闲散资金集中并转化为生产建设资金。它有以下三个方面的企业特征。

① 代表债权债务关系。持券者有按期获取利息和本金的权利。

② 可返还性。渔业企业必须按承诺到期支付本金和利息。

③ 可交易性。持券人可以通过买卖转让债券。

3. 租赁

租赁是出租人将资产租让给承租人使用，按契约合同规定的时间和数额收取租金的业务活动。作为承租方的渔业企业可以利用这种方式筹集一定的资金。租赁按性质可分为经营性租赁和融资性租赁。经营性租赁是出租人向承租方提供资产使用权，如仓库、场地、设备等，并收取一定租金的服务性业务。融资租赁是由租赁公司按承租单位要求出资购买设备，在较长的契约或合同期内提供给承租单位使用的信用业务。它一般具有以下三个特点。

① 出租企业租出的设备是应承租方要求出资购买的。

② 租赁时间较长，且租赁期满一般将租赁物作价转卖给承租企业。

③ 承租企业的目的是以此方式筹资购买固定资产。

4. 联营

联营是指原有渔业企业吸收其他企业投入资金或者若干企业共同出资而建立的新的联合体。其主要表现形式为合资经营企业。各个出资单位的资产应按规定标准评估，确定投资额，并可折成股份。合资企业的盈利按先分利后纳税的原则，根据出资各方的投资额或股份的比例分配。如果亏损，投资各方所承担的损失以各自的投资额为限。

5. 商业信用

商业信用是指渔业企业在商品交换中采用延期付款或预收货款进行购销活动而形成的借贷关系，是一种短期的筹资方式。其表现形式主要有以下四种。

（1）应付账款　应付账款指因购买材料、商品或接受劳务供应等而发生的债务。它是一种典型的商业信用形式，它采用"欠账"方式借款购物或享受劳务，买方不提供正式借据，全靠企业之间的借用，通常是在卖方对买方的信用地位作了充分调查后才提供的。

（2）商业汇票　是一种期票，指企业之间在购销活动中延期付款所开出的反映债权债务关系的票据。商业汇票有两种：一种是商业承兑汇票，是指由收款人或付款人签发，付款人承兑，承诺在未来一定时日付款的汇票；另一种是银行承兑汇票，是指由收款人或付款人开出，付款方请求其开户银行承兑，承诺在未来一定时日无条件付款的汇票。付款期限由双方商定，一般在1～6个月，最长不超过9个月。

（3）票据贴现　指渔业企业急需资金时，可以将所持有的未到期商业票据转让给银行，贴付一定的利息，以取得银行资金的一种借贷行为。

（4）预付货款　是指销货单位按照协议规定，在提交商品之前向购货单位预先收取部分或全部贷款的信用行为。等于先收款后交货。通常对于紧缺商品或者购买生产周期长、售价高的商品，生产者要向订货者分期预收贷款，以缓和资金占用过多的矛盾。

企业的资本金制度

企业资本金是指企业在工商行政管理部门登记的注册资金,是各种投资者以实现盈利和社会效益为目的,用以进行企业生产经营、承担有限民事责任而投入的资金。

按照现行财务制度的规定,企业应及时筹集资本金。一次性筹集的,从营业执照签发之日起6个月内筹足。分期筹集的,最后一期出资应在营业执照签发之日起3年内缴清。其中,第一次投资者出资不得低于15%,并且在营业执照签发之日起3个月内缴清。投资者未按约定履行出资义务的,企业或者其他投资者可以依法追究其违约责任。企业在筹集资本金过程中,吸收的投资者的无形资产(不包括土地使用权)的出资不得超过企业注册资本的20%;因情况特殊,需要超过20%的,应当经有关部门审查批准,但最高不得超过30%。企业不得吸收投资者的已设立有担保物权及租赁资产的出资。企业筹集的资本金,必须聘请中国注册会计师验资并出具验资报告,由企业据以发给投资者出资证明。投资者按照出资比例分享企业利润和分担风险及亏损。企业筹集的资本金,在生产经营期间内,投资者除依法转让外,不得以任何方式抽走,企业资产盈、亏和损失,直接列入当年损益,不得增减资本金。

第三节 渔业企业的流动资产管理

一、流动资产的概念与组成

流动资产是指可以在一年内或超过一年的一个营业周期内变现或者运用的资产,是渔业企业资产的重要组成部分。其主要由以下几项组成。

1. 货币资金

是指渔业企业在生产经营活动中以货币形态存在的那一部分资产,包括现金和各种银行存款。

2. 应收及预付款项

它由应收款项和预付账款两部分组成。应收款项是指渔业企业销售产品、提供劳务或者其他活动应该收取而尚未收到的款项。包括应收账款、应收票据和其他应收款。预付账款则是指渔业企业为了固定材料采购单位、保证材料的及时供应,按照合同规定给供应单位预付的货款。

3. 存货

是指渔业企业在生产经营过程中为销售或者耗用而储存的各种资产,包括各种法定所有权属于企业的原材料、燃料、包装物、低值易耗品、在产品、半成品、产成品等。存货是渔业企业最大的一项流动资产,经常处于消耗与补充之中。

4. 短期投资

是指渔业企业购入的能随时变现,或准备随时变现的各种股票、债券等。

二、流动资产的特点

1. 流动资产流动性强

流动资产在生产经营过程中不断改变着实物形态,依次从原材料、在产品、半成品到产成品。流动资产的货币形态称为流动资金,随着实物形态的改变,货币资金经储备资金、在产品资金、成品资金，再转化为货币资金。

2. 流动资产价值一次消耗、转移或实现

每完成一个生产经营周期，流动资产也就一次性地被消耗，其价值也一次性地被转移。

3. 流动资产灵敏度高

流动资产占用量的变化、分布状况和内部结构比例关系能够迅速敏感地反映渔业企业的生产经营管理水平以及理财状况。

三、流动资产管理的要求

为了满足渔业企业生产经营活动的需要，必须积极筹集资金，满足流动资产的需要量，同时注意用好流动资产，提高流动资产的利用效果，努力做好下面几点。

1. 保证流动资产的需要量

流动资产是渔业企业生产经营活动的物质基础。渔业企业要正确地预测流动资产的需要量，合理筹集并及时供应企业在生产经营活动中各方面合理需要的流动资产量，这样才能保证生产经营活动的正常进行。

2. 加速流动资金的周转

流动资金周转速度快，意味着用少量的流动资金，带来更多的经济效益。同时加速流动资金的周转，是为了保障资产的流动性，提高流动比例，以偿付企业的短期负债。为此渔业企业必须通过加强和改善生产经营全过程的管理，增进各个环节的协调配合和工作效率，并定期考核（评价考核指标见第12章），以提高流动资金使用效果。

3. 控制流动资产的占用数量

流动资产占用过多，就会造成流动资产的积压和浪费，既增加资金成本，又影响经济效益。特别是存货占流动资产的比重很大，在生产经营中应严格实行定额管理。应收款项应及时回笼。总之，应建立有效的归口分级管理和控制系统，严格责任制度，严格控制流动资产的占用数量。

第四节　渔业企业的固定资产管理

一、固定资产的概念

固定资产是指使用期限超过1年，单位价值在规定标准以上，并且在使用过程中保持原有物质形态的资产，包括房屋及建筑物、机器设备、运输工具、器具等，不属于生产经营主要设备的物品，单位价值在2000元以上，并且使用期限超过两年的也应作为固定资产，其余劳动资料，一般都列入低值易耗品。

二、固定资产的特点

在渔业企业中，固定资产的主要作用是用来影响和改变劳动对象，或为生产正常进行提供必要的条件。与流动资产相比，它具有以下特点。

① 使用期限长，且寿命是有限的（土地除外），能连续参加若干个生产周期，并在长期的使用过程中其实物形态保持不变。

② 其价值随使用的磨损程度，逐步地、部分地以折旧方式转移到成本费用中去，随产品销售的实现，逐步转化为货币资金，得到价值的补值。

③ 用于生产经营活动而不是为了出售。

三、固定资产管理的要求

1. 正确核定固定资产需用量

渔业企业应根据自身生产经营规模和业务的需要，正确预测固定资产需要量，科学地制订固定资产需要量计划，合理地配置各类固定资产，形成生产能力，提高固定资产的利用效果。

2. 加强固定资产的实物管理

保证固定资产完整无缺，提高固定资产的完好程度和利用效果。固定资产的完整无缺是保证生产经营正常进行的客观要求。为此，企业应严密组织固定资产的增减、保管等工作，定期进行清查盘点，做到账与卡、账与物相符，保证固定资产的安全完整。同时，还应加强对固定资产的维护、维修工作，使之保持良好的技术状态和合理利用，提高固定资产的完好率和利用率。

3. 正确计算固定资产折旧额

有计划地计提固定资产折旧。渔业企业要根据实际情况，选择合适的固定资产折旧方法，正确计算固定资产折旧额，编制固定资产折旧计划，按规定计划计提固定资产折旧，保证更新固定资产所需要的资金。

4. 进行固定资产投资的预测

在进行固定资产再生产时，要研究投资项目的必要性、可行性、经济上的效益性，为投资决策提供依据。

四、固定资产折旧计提的方法

1. 固定资产折旧的概念

固定资产折旧是指固定资产在使用过程中由于损耗而转移到产品成本中去的那部分价值。固定资产在使用期限内会不断发生损耗，其价值也逐渐转移到所生产的产品中去，以折旧费的形式，构成产品成本的一部分，从产品销售收入中得到补偿。因此，正确地计算和提取折旧，不仅是正确计算成本费用的前提条件，也是保证更新固定资产资金来源的重要措施。

2. 固定资产折旧的计算方法

计算固定资产折旧的方法很多，一般可分为两大类。第一类为直线法，包括平均年限法、工作量法；第二类为加速折旧法，包括双倍余额递减法、年数总和法。

（1）平均使用年限法　也叫直线法，是根据固定资产折旧额、清理费用、残余价值，按照使用年限平均计算折旧额的折旧方法。其计算公式如下：

$$固定资产年折旧额 = \frac{原始价值 + 清理费用 - 残余价值}{使用年限}$$

$$固定资产年折旧率 = \frac{固定资产年折旧额}{原始价值} \times 100\%$$

$$固定资产月 = \frac{年折旧率}{12}$$

实际工作中渔业企业一般采用分类折旧率计算折旧。

[例 8-1]　某设备原值 20000 元，规定折旧年限为 10 年，残余价值预计为原值的 10%，清理费很少可以不计。试求该设备的年折旧额与年折旧率。

解：
$$设备年折旧额 = \frac{20000 - (20000 \times 0.1)}{10} = 1800(元)$$

$$设备年折旧率 = \frac{1800}{20000} \times 100\% = 9\%$$

(2) **工作量法** 是根据固定资产实际完成的工作量（如行驶里程、工作小时）计算折旧的一种方法。这种方法一般适用于运输设备、大型设备和大型施工机械等。其计算公式如下：

$$单位工作量折旧额 = \frac{固定资产原值 - 预计净残值}{规定的工作总量}$$

$$本期折旧额 = 单位工作量折旧额 \times 本期实际工作量$$

(3) **双倍余额递减法** 是指在固定资产残值为零的情况下，用双倍直线折旧率乘以固定资产折余价值（账面净值），求出年折旧额，再从逐年设备净值中扣除的一种加速折旧方法。加速折旧的年份视设备最佳使用年限（一般为设备的经济寿命年限）而定。为了使折旧总额分摊完，折旧到一定年份以后要从双倍余额递减法改用直线折旧法。若设备最佳使用年限为奇数，则从双倍余额递减法改为直线折旧法的年份为：

$$\frac{设备最佳使用年限}{2} + 1.5$$

若设备最佳使用年限为偶数，则从双倍余额递减法改为直线折旧法的年份为：

$$\frac{设备最佳使用年限}{2} + 2$$

或者当某一年双倍余额递减计算的折旧额小于平均年限法计算的折旧额时，就可以改为用平均年限法折旧。

[例 8-2] 设备的原值为 10000 元，最佳使用年限为 10 年，残值为零，折旧率为直线折旧法的两倍。求各年的折旧额。

解：①先求双倍折旧率：

$$直线折旧率 = \frac{10000}{10} = 1000 （元）$$

$$直线折旧率 = \frac{1000}{10000} \times 100\% = 10\%$$

$$双倍折旧率 = 2 \times 10\% = 20\%$$

② 改为直线折旧法的年份，设备最佳使用年限为 10 年，偶数，则：
由双倍余额折旧改为直线折旧的年份 = 10/2 + 2 = 7 （年）

③ 各年折旧额计算如表 8-1 所列。

表 8-1 各年折旧额

年 度	设备净值/元	年折旧额/元
1	10000 - 2000 = 8000	10000 × 20% = 2000
2	8000 - 1600 = 6400	8000 × 20% = 1600
3	6400 - 1280 = 5120	6400 × 20% = 1280
4	5120 - 1024 = 4096	5120 × 20% = 1024
5	4096 - 819 = 3177	4096 × 20% = 819
6	3177 - 635 = 2542	3177 × 20% = 635
7	2542 - 635.5 = 1906.5	2542 × 1/4 = 635.5
8	1906.5 - 635.5 = 1271	2542 × 1/4 = 635.5
9	1271 - 635.5 = 635.5	2542 × 1/4 = 635.5
10	635.5 - 635.5 = 0	2542 × 1/4 = 635.5

在运用双倍余额折旧法时，为了简便，现行制度规定，在其折旧年限到期前两年，将固定资产账面净值扣除预计净残值后的净额平均摊销。

(4) 年数总和法 是指将固定资产的原值减去净残值后的净额乘以一个逐年递减的折旧率，以求得固定资产折旧额的一种方法。其计算公式为：

年折旧额＝（固定资产原值－预计净残值）×年折旧率

$$年折旧率 = \frac{折旧年限 - 已使用年数}{折旧年限 \times (折旧年限 + 1)/2} \times 100\%$$

1. 无形资产及其管理

无形资产是企业长期使用但是没有实物形态的资产，包括专利权、商标权、著作权、土地使用权、非专利技术、商誉等。

无形资产虽无实体，但是却有价值，且较难准确测定。企业在拥有这种资产时，能持续创造超过其本身价值的有时是巨大的经济效益。

无形资产一般按照取得的实际成本计价。从开始使用之日起，在有效使用期限内平均摊入管理费用。

2. 递延资产及其管理

递延资产指发生时不能全部计入当年损益，应在以后年度内分期摊销的各项费用。包括：开办费、土地开发费、以经营租赁方式租入的固定资产改良支出以及摊销期限在1年以上的其他待摊费用。

第五节 利润管理

一、利润的构成

1. 利润的含义

渔业企业利润是渔业企业从事生产经营活动以及其他业务而取得的净收益。它是企业经营成果的货币表现与集中体现，是评价企业生产经营管理绩效的重要指标。

2. 利润总额

渔业企业的利润总额主要由营业利润、投资净收益（投资收益－投资损失）以及营业外收支净额组成。其计算公式为：

利润总额＝营业利润＋投资净收益＋营业外收入－营业外支出＋以前年度损益调整＋补贴收入

（1）营业利润 是渔业企业从事经营活动所得的净收益，包括主营业务利润（产品销售利润）和其他业务利润。营业利润的计算公式为：

营业利润＝主营业务利润＋其他业务利润－管理费用－财务费用

其中，主营业务利润＝产品销售净收入－产品销售成本－产品销售费用－产品销售税金及附加

其他业务利润＝其他销售收入＋其他销售成本－产品销售税金及附加

式中，产品销售净收入＝产品销售收入－销售退回－销售折让－销售折旧

（2）投资净收益 是指渔业企业投资收益扣除投资损失后的数额。

（3）营业外收支净额 是指与渔业企业生产经营无直接关系的收入与支出的差额。营业外收入包括固定资产盘盈与出售的净收益、罚款收入、教育费附加返还款等。营业外支出包

括固定资产盈亏、报废、毁损出售的净损失，非季节性和非大修理期间的停工损失、非常损失、公益性捐赠、赔偿金、违约金等。

3. 净利润

净利润又称税后利润，是渔业企业缴纳所得税后形成的利润，是企业进行利润分配的依据。计算公式为

$$净利润（或净亏损）＝利润总额（或亏损总额）－应交所得税额$$

二、利润分配

渔业企业税后净利润，一般按以下顺序分配。

① 支付各项税收滞纳金和罚款。

② 弥补以前的年度亏损。

③ 提取法定盈余公积金。按照税后利润的 10% 提取，用于弥补亏损或转增资本金。

④ 提取公益金。按照税后利润的 5% 提取，主要用于集体福利设施支出。

⑤ 向投资者分配利润。

在经过上述分配后，渔业企业尚有剩余的利润，便是未分配利润，可结转下年继续使用。

> **实操与思考**
>
> 1. 什么是渔业资金？渔业资金有哪些筹资渠道？
> 2. 什么是流动资产、固定资产、利润？如何加强对它们的管理？

第九章 渔业企业的物资与设备管理

> **学习目标**
> 1. 了解渔业企业物资管理的原则与方法。
> 2. 学习渔业企业设备采购与管理的方法与要求。

案例导入

在豫南山区某地，有一个利用水库湾汊建立起来的水产养殖场。为了招商引资加快本场的发展，该场将其闲置山地以较优惠的条件承租给了一个客商建起了一个养鸭场。该客商投资60多万元建起了鸭舍，购买了3万只优质鸭苗和种鸭并自任场长。3月份投产，到5月份长势良好，全场一片喜气洋洋。不曾料到，进入6月，一直阴雨连绵。"天无三日晴"，是当地某些年份雨季的真实写照（当然也不是每年都这样）。这种天气里，鸭舍通风和防疫难度加大自不必说，更紧要的是要保证鸭苗和种鸭的正常投饲。但恰恰就是饲料出现了断档。

原来，该鸭场距离国道交通线有5km的山路，这条山路雨后三日晴天就可通汽车，但一旦下雨形成地表径流就不能行车了，甚至连自行车都不能通过，何况是载重汽车呢！

这一年的6月2日开始下雨，断断续续，天气就没有晴好过。到了6月5日，饲料库存还可坚持两天，鸭场场长开始沉不住气了，但以当时的形势，也只好将希望寄托在明日起天气转晴（还要连晴3天！）。但是企业经营是不能靠侥幸取胜的。果然，6月6日仍是连绵细雨。6月7日阴天、无雨。6月8日阵雨，这一天鸭场场长带着自己的职工到附近老乡家里去借粮喂鸭，养鱼场也倾其所能给予支持，但由于山区人烟较少，粮源有限。杯水车薪，于事无补（正常日粮已达万斤左右，保命日粮也应在3000斤以上）。6月9日阴天。6月10日大雨转中雨，也就是从这一天开始，鸭舍中出现尾部带血者，这是一种可怕的现象！有经验的养鸭者都明白，这是食物严重匮乏的情况下，鸭群中出现的一种弱肉强食（追尾啄尾）现象。6月11日阴天转多云，鸭群仍然断粮，啄尾范围在扩大，弱小者开始死亡。6月12日多云转阴天，啄尾和死亡范围继续扩大。这一天场长亲自组织下山运料，但由于路面泥泞，卡车陷在泥窝里不能动弹，运料宣告失败。6月13日小雨，鸭群死亡已达一半。至6月15日全部死亡。鸭场周围臭气熏天，环境被严重污染。客商遭此惨重的损失，痛不欲生。

事后采访该客商，他说，只准备7天的饲料，是考虑到尽量减少企业资金占压和降低仓储费用（一是仓库容量有限，二是租借民房会增加成本）。既没想到会是这样的雨季特点，也没想到下雨后是这样恶劣的交通条件。

上例中，饲料即养殖企业的生产物资。养鸭场由于在饲料管理中首先考虑的是物资管理的费用和资金占压问题，而将其余更重要的因素（例如高温季节、生长季节、下雨季节以及不同季节其天气特点的不同）放在次要位置，忽视了自然规律，从而导致了经营的失败，这是一个惨痛的教训。这个案例同时也告诉我们，学习渔业企业物资管理和设备管理的基本知识，掌握物资和设备管理的一般方法和技巧，是保障企业正常经营、提高企业经营管理水平的基本要求。

第一节 渔业企业物资消耗定额

一、渔业企业物资的分类

1. 按渔需物资在生产中的作用分类

（1）主要原材料 指经过加工后构成产品主要实体的原材料。如水产养殖企业的主要原材料是以"苗种"命名；海洋捕捞企业其劳动对象是海洋自然生长的水产品，因此无此类物资。

（2）辅助材料 指用于渔业生产过程，有助于水产品的形成与获得，一般不构成产品主要实体的材料。具体分为以下几类。

① 用于渔业生产的工艺过程所需的物资。如捕捞生产工艺中的各种渔用材料：钢丝绳、聚乙烯网衣、夹棕绳、白棕绳、鱼盐、机冰等。

② 用于生产设备所必需的物资。如水产品加工及渔轮厂各种机器设备上的传动皮带、润滑油等。

③ 用于生产场所必需的物资。如渔轮、加工厂、养殖场等生产部门所用的照明工具、清洁工具、运输工具等。

（3）燃料 指为渔业企业生产提供热能的物资。如柴油、汽油和煤炭等。

（4）动力 指为渔业企业生产提供动能的物资。

（5）工具 指在渔业企业生产中使用的各种小工具，如渔轮甲板工具、机舱工具、补网工具等。

2. 按物资管理体制分类

（1）国家分配物资 这类物资由国家计委、部委、地方管理，在物资中比较少见。

（2）市场采购物资 渔业企业绝大部分物资都通过此渠道获得。

3. 按物资的自然属性分类

可分为：黑色金属、有色金属、建筑材料、机电器材、化工产品、医药品、纺织制品、农产品、畜牧产品、水产品等。

4. 按物资在渔业企业中的用途不同分类

可分为：渔业生产用、经营维修用、技术改造用、科学实验用、自制专用工具、基本建设用等。

二、渔业企业物资消耗定额的作用

第一，它是正确确定渔业企业的物资消耗量，编制渔需物资供应计划的依据。

第二，它是科学组织渔需物资供应，严密管理物资的基础。

第三，它是促进渔业企业提高生产技术、科学管理和船员、场员、工人操作水平的重要手段。

三、渔业企业物资消耗定额的制订

1. 主要原材料消耗定额的制订

（1）苗种消耗定额的制订

$$出苗率（孵化率）=\frac{鱼苗数量}{总产卵量}\times 100\%$$

$$鱼苗成活率=\frac{鱼种数量}{鱼苗数量}\times 100\%$$

$$鱼种自给率=\frac{该塘鱼种产量}{该塘放养鱼种量}\times 100\%$$

$$增肉倍数=\frac{某种鱼苗产量}{该塘放养鱼种量}$$

（2）渔机渔轮与水产品加工耗用各种金属或非金属材料定额制订

$$材料消耗定额=材料消耗工艺定额+非加工性损耗中的合理损耗数量$$

$$材料消耗工艺定额=零件净重+各种工艺性消耗总重$$

（3）生产水产品罐头耗用水产原料定额制订

$$水产品罐头（千听）耗用水产原料消耗定额=\frac{每听罐头固体物装罐量}{水产原料净料率}$$

$$水产原料净料率=\frac{水产原料净料量}{水产原料种量}\times 100\%$$

（4）饲料消耗定额的制订

$$饲料消耗定额=\frac{饲料消耗总量}{鱼体净增重量}$$

饲料因鱼的品种而异，如，青鱼、鲤鱼需贝类饲料；草鱼、鳊鱼需草料饲料等，同时均需添加精饲料。饲料消耗定额可根据渔业企业历年统计数据及现有的情况变化确定。

2. 辅助材料消耗定额的制订

① 消耗量与产品产量成正比例的，可按单位产品来制订。如罐头用的标签、鱼片的包装袋等。比较特殊的如海洋捕捞企业所有机冰的消耗量，可综合考虑气温、渔汛淡旺季等因素，按全年平均每吨鱼耗冰量来确定。

② 消耗量与主要原材料消耗成正比例的，可按主要原材料消耗比例确定。如水产腌干品种中百公斤原料鱼的用盐量；罐头产品中百公斤原料鱼所用调味品、配料量。

③ 消耗量与设备作业时间成正比例的，可按设备作业天数确定。如渔业企业的各种渔业机器设备用的润滑油；海洋捕捞中用的钢丝绳、聚乙烯网衣、夹棕绳、白棕绳、网衣、网线等可按渔轮出海作业天数、投网次数来确定。

④ 消耗量与使用期限有关的可按使用期限来制订。如各种劳保用品等。

⑤ 零星且价值小的辅助材料综合起来按月或季制订费用定额。

3. 燃料、动力消耗定额的制订

如渔轮柴油消耗定额是根据不同船型、不同机型、不同马力、不同作业方式，以"kg/h"为定额标准单位。

水产品加工厂煤消耗定额应分步制订。首先，要制订生产 1t 蒸汽的煤耗；其次，计算各种水产加工品按工艺方法要求的设备耗用蒸汽的理论数据；第三，对锅炉进行热平衡，使产汽量、耗汽量与蒸汽损失间能够平衡；第四，将各种水产加工品的耗气量换算成耗煤量，并按各种产品的计划产量，求取单位产品用煤的消耗定额。养殖企业鱼种越冬进温室所用燃料的消耗定额,一般按各地区越冬时期长短与耗煤的经验数据制订。

关于电力消耗定额能直接计入产品者,则按该产品所用电动机总马力数和开机总时数来计算电耗数。

水产品加工企业耗水定额是按产品工艺要求直接计算。如利用干海带制碘和藻胶时,根据工艺要求,制碘时要将干海带用水浸泡,其用水量为干海带量的 10～12 倍。而制藻胶时要对被消化的干海带进行"冲稀",其用水量可达到干海带量的 80～100 倍之多。在其他水产品加工品生产时,要对水产原料进行清洗,且在整个加工过程中,要对生产环境进行不断的清洁,可见利用定额对用水量管理的意义是很重大的。

第二节 渔业企业物资采购与储存管理

一、渔业企业物资采购管理

1. 物资需用量的确定

物资需用量是渔业企业计划期内保证生产正常进行所必须消耗的物资数量。

某种物资需用量＝计划量×某种物资消耗定额

2. 物资采购量的确定

物资采购量＝物资需用量＋计划期末物资储备量－计划期初物资结存量

3. 物资采购计划的编制

(1) 编制依据资料　主要包括:计划年度生产任务和订货合同汇总表;原材料和各种物资消耗定额;核定的物资储备定额;预计年末库存;内部资源利用潜力(综合利用、节约代用等)。

(2) 编制过程　各有关部门对所需用料分别核算,由物资采购部门汇总编制,审核通过后执行。

二、渔业企业物资储存管理

1. 影响渔业企业物资储存决策的因素

(1) 物资的供应条件　包括:供应商的信用情况;物资流通渠道的网络设置情况;物资供应的季节性等。

(2) 经济效益分析　当采购费用大于储存费用时,应考虑一定量的库存;当保管费大于采购费用时,储存量就应控制。

2. 储存管理的基本方法

(1) ABC 分类法　就是将渔业企业的物资按占有资金的比例进行分类管理。其中 A 类物资是指消耗量占全部物资的 20％,金额占 80％,此类物资要及时盘点,按时进货,防止积压和缺货。B 类物资是指消耗量占全部物资的 15％,金额也占 15％,此类物资进行一般控制,盘点时间可长些,重点要防止缺货。C 类物资是指消耗量占全部物资的 65％,金额占 5％,品种多且工作量多,此类物资可放宽控制,可一次订最大储备量,在使用中缺货另补。

(2) 物资储备定额法　是指在一定条件下,为保证生产的正常进行所必需的、最经济合理的物资储存的数量标准。

① 经常储备定额的制订　经常储备是指前后两批物资入库的供应间隔期内,用以保证生产正常进行所需要的储备数量。

某种物资的最大经常储备量＝(物资前后两次入库间隔天数＋物资使用前的准备天数)×

$$物资平均经常储备量=\left(\frac{供应间隔天数}{2}+物资使用前的准备天数\right)\times 平均每天物质需要量$$

$$平均每天物资需要量=\frac{物资消耗定额\times 全年计划任务}{全年日历天数}$$

② 保险储备定额的制订　保险储备是指为了预防缺货，或遇到需增加物资消耗的情况时，为保证生产正常进行所需要的物资储备。

$$保险储备量=保险储备天数\times 平均每日物资需要量$$

③ 季节储备定额的制订　季节储备是指由于某些物资受自然条件的影响，如海水鱼因渔汛季节的影响，加工厂多采购一些水产原料而增加的一些储备。

$$季节储备量=季节储备天数\times 平均每日物资需要量$$

（3）经济储备定额的制订　经济储备定额是指通过合理地确定订货批量（即经济订货批量），从而使渔业企业物资的存储费用最低的物资储备定额。

物资存储总费用与订货采购费用、采购价格和存储费有关。其中订货采购费用是指在采购过程中发生的差旅费、行政管理费等，与订货次数成正比；采购价格包括物资单价及运杂费；储存费用包括库存物资占用资金的利息、仓库中的折旧、修理、动力、照明、工资、管理及损耗等费用，与物资保管时间和数量有关。

经济订货批量的计算公式：

$$Q=\sqrt{\frac{2KD}{PI}}$$

式中　Q——经济批量；
　　　K——每次采购费用；
　　　D——每年需要量；
　　　P——物资单价；
　　　I——年储存费用。

[例 9-1]　某渔业企业 A 类物资每年耗用量为 8000kg，已知每次采购费用为 5 元，每年存储费用为物资储备的平均库存价值的 25％，物资单价为 2 元，求最优订购量。

经济订货批量　　$Q=\sqrt{\dfrac{2KD}{PI}}=\sqrt{\dfrac{2\times 5\times 8000}{2\times 0.25}}=400$（kg）

第三节　渔业企业设备的管理

一、渔业企业设备的选择

一般来说，技术上先进，经济上合理，安全节能，满足生产需要是渔业企业在添置、引进设备时遵守的原则。在具体运用这一原则时，应综合考虑以下因素。

1. 设备的功效性

即设备的生产效率，是指单位时间内能生产的产品数量，是衡量机器设备的重要指标之一。如封罐机的功效性用每小时封罐量表示；渔轮的功效性用续航率、抗风率、速率等表示。

2. 设备的可靠性

可靠性是指渔业设备的精度、准确度的保持性，零件的耐用性，故障停机率，安全可靠性等。

3. 设备的节能性

节能性是指机器设备节省能源消耗。具体指标为小时耗电量、耗油量、耗汽量等。如汽车是以升每百公里油耗表示,渔轮是以千克每小时耗油量计算,要选择耗油量低的设备。

4. 设备的维修性

维修性能好的设备,是指设备结构简单,零部件组装合理,维修时零部件容易拆卸,便于检查,零部件的通用性、互换性好等。

5. 设备的环保性

设备的环保性,是指设备的噪声和设备排放的废水、废渣、废气等有害物质对环境的污染程度。

6. 设备的安全性

设备的安全性是指设备在使用过程中要确保安全。在选择设备时,必须注意设备操作、使用的安全性能,以免发生人身或设备事故。

7. 设备的耐用性

设备的耐用性是指设备在使用过程中由于物质磨损所造成的自然寿命的长短。

二、渔业企业设备的经济评价

设备采购是一种投资行为,设备采购投资决策是为了扩大生产能力和生产经营条件、提高经济效益,对设备采购的多个投资方案进行分析、评价、判断,最后选择一个最优投资方案的过程。要做好投资决策,就必须对设备采购进行经济评价。

1. 投资回收期法

$$投资回收期(年) = (设备投资额 - 残值)/(年净收益 + 年折旧额)$$

在其他条件相同的情况下,选择投资回收期最短的方案。

[例 9-2] 某渔轮评价造价 180 万元,每年回收等额利润 10 万元,等额折旧费 5 万元,其回收期为

$$投资回收期 = 180/(10+5) = 12(年)$$

2. 年费法

$$平均每年购置费 = 设备购置费 \times i(1+i)^n / [(1+i)^n - 1]$$

$$年总费用 = 每年购置费 + 年使用费$$

将购置设备时一次支付的购置费换算成相当于投产后每年的支出。然后加上每年的使用费(在设备整个寿命期内为保证设备正常运转而定期支付的费用),即每年的总费用,在其他条件相同的情况下,选择年总费用最低的方案。

3. 现值法

$$各年使用费换算的现值 = 每年的使用费 \times [(1+i)^n - 1]/i(1+i)^n$$

将设备使用过程中每年的使用费换算成现值,再加上设备的购置费,然后比较总费用,在其他条件相同的情况下,选择总费用最少的方案。

三、渔业企业设备的使用、维护与更新

1. 设备的合理使用

(1) 设备合理使用的方法

① 要根据各渔业企业自身的工艺流程,合理配备各种类型设备,调整好各种设备的比例关系,保证生产任务的顺利完成。

② 根据设备的性能和技术经济特点,恰当地安排加工任务和设备的工作负荷,充分、合理地使用设备。

③ 对工人进行设备使用与维护保养的技术培训，实行技术考核制度，要使操作者能管好、用好、修好设备，会使用、会保养、会检查、会排除故障，操作技术过硬、自保自修质量过硬、复杂情况面前过硬。

④ 要严格执行操作规程，加强岗位责任制，做到勤看、勤听、勤操，无油污、无杂声、无黑烟、无松动，不漏油、不漏水、不漏气、不漏电，做到设备"整齐、清洁、润滑、安全"。

⑤ 为设备使用创造良好环境，有必要的配备防护、防水、防潮、防腐以及保暖与降温装置；配备必要的测量、控制和保险用仪器、仪表装置；对精密仪器设备，要求有单独工作室。

⑥ 要经常对工人进行合理使用设备的宣传教育。

（2）机器设备的利用指标

设备使用过程应从技术和经济两个方面体现合理性，求得设备的技术状态最佳，设备的维修费用最经济。其利用指标有以下几方面。

① 设备完好率　它是反映渔业企业机器设备技术状态的主要指标，表示设备技术状态的完好程度。它是检查企业设备管理和维修工作水平的重要指标。其计算公式为：

$$设备完好率＝完好的设备台数/设备总台数×100\%$$

式中，设备总台数是指本企业已安装的全部生产设备，包括在用、停用、封存、停机待修和正在检查的所有设备，不包括尚未安装和由基本建设部门管理、物资部门代管的设备。完好设备台数是指设备总台数中完全符合设备完好标准的台数。

如渔船设备的完好标准是：a. 船舶的适航性能良好，进退自如，转向灵活，航速和速航率达到标准，通信及安全设备能随时使用；b. 船体和机器零件的腐蚀、磨损程度不超过规定的技术标准；c. 物料、燃料、油料不超过定额消耗，无"四漏"现象；d. 渔船及其设备整齐、清洁。

② 设备故障率　它是指因设备发生故障而停机的时间占设备运转时间的百分比，计算公式为：

$$故障率＝设备故障停机时间/设备运转时间×100\%$$

③ 维修费用效率　它是指单位维修费用所能生产的产品产量，计算公式为：

$$维修费用效率＝产品产量(件或 t)/维修费用$$

④ 单位产品（或万元产值）维修费用　计算公式为：

$$单位产品(或万元产值)的维修费用＝维修费用/产品产量(或总产值)$$

⑤ 平均单台设备年维修费用　计算公式为：

$$平均单台设备年维修费用＝年维修总费用/年投入使用设备总台数$$

2. 设备的维护保养

（1）日常维护保养　主要是进行清洁、润滑、紧固松动的螺钉，检查零部件的完整情况，一般由操作工人承担。如海洋渔业企业中，船员在航次期间对甲板、机舱的机械设备部分解体检查，更换或修复磨损部位，局部恢复精度，润滑系统的清洗、换油、电气修理等。

（2）一级保养　包括对部分零件的拆卸、清洗；对某些配合间隙进行适当调整；清洗设备表面，检查润滑油路。由专职检修工指导，操作工人承担修理。

（3）二级保养　包括对设备进行部分解体检查和清洗；对各传动箱、滚压箱等清洗、换油；修复或更换易损件；检修电气装置及线路；检查调整，修复精度，校正水平。由专职检修工承担，操作工协助。

3. 设备的改造

设备改造一般周期短、费用省、见效快，可提高渔业企业的技术水平。其内容包括：提高设备自动化程度；提高设备的功率、速度，改善工艺性能；提高设备零部件的"三化"水平（即通用化、系统化、标准化）；建立设备的监控装置；改进润滑、冷却系统；改进安全保护装置及环境污染系统；降低设备原材料及能源消耗等。

4. 设备的更新

（1）设备的寿命

物质寿命：是指设备从开始使用到报废为止所经过的时间。

技术寿命：是指设备从开始投入使用到因科学技术的发展，出现了技术性能更优越的设备时，而在设备的物质寿命尚未结束之前就被淘汰所经历的时间。一般来说，科学技术发展越快，设备的技术寿命就越短。

经济寿命：指由设备的使用费用决定的设备寿命。

折旧寿命：是指按国家规定或企业自行规定的折旧率，把设备原值排除后的余额，折旧到接近于零所经历的时间，它的长短取决于国家或企业所采取的技术政策和方针。

（2）设备的更新

① 设备更新　是指用技术性能更完善、经济效益更显著的新型设备，来替换原有技术上可能继续使用或经济上不宜继续使用的设备。主要有原型更新和新型更新两种类型。

② 设备更新对象　由于企业用于设备更新的资金有限，企业在选择设备更新对象时，应着重考虑以下因素：a. 役龄长的设备；b. 性能、制造质量不良的设备；c. 经过多次大修已无修复价值的设备；d. 技术落后的设备；e. 可能满足新产品开发要求的设备；f. 浪费能源的设备。

③ 设备更新决策　一般来说，在制订设备更新的决策时，应从技术和经济两个方面进行分析。在技术性分析时应考虑的因素有：新设备的规格和参数应满足生产的要求；新设备的技术性能是否有所改进；新设备在结构和装置上是否符合技术进步的要求；新设备是否有利于劳动条件和环境保护的改善。在经济性评价时，应着重分析新设备的投资回收情况，新旧设备的经济性指标对比，确定设备更新的最佳时机等内容。

>>> **实操与思考**

1. 降低渔业企业物资采购成本的有效方法有哪些？
2. 现有 A、B 两设备，其使用年限均为 10 年，A 设备一次投资为 15000 元，年度经营费 4000 元。B 设备一次投资为 18000 元，年度经营费用为 4000 元，利率 10%，问哪一台设备为优？（采用年费法和现值法决策）

第十章　渔业企业的信息与技术管理

> **学习目标**
> 1. 了解信息系统和信息管理的概念及其对渔业发展的意义。
> 2. 学习渔业企业技术管理的基本要求及方法。

案例导入

獐子岛渔业携手用友软件推动水产业信息化

2009年12月1日，国内水产行业与管理软件领域的两家领军企业——大连獐子岛渔业集团与用友软件股份有限公司在大连签署了"ERP项目启动暨信息化战略合作协议"，旨在全力打造一份高效集成全面的信息化管理解决方案，并为国内其他水产行业企业提供成功范例。

大连獐子岛渔业集团系国家重点龙头企业，拥有国内唯一的国家级虾夷扇贝原良种场，是国内最大的海珍品增养殖基地；用友集团则是中国最大的管理软件提供商。此次双方签署战略合作协议，是双方在此前长达10年合作的基础上，再度在信息化领域的深入合作。獐子岛渔业将全面采用用友NC产品，围绕集团财务、预算、生产、人力资源、客户关系管理等管理模块，开展商业模式创新和业务流程优化，以进一步提升獐子岛渔业的管理水平和核心竞争力。

用友软件负责人表示，用友的发展策略是行业化，其中农业产业化又是重点的行业发展方向，獐子岛集团将被打造成为这一行业内的最佳业务实践，并作为用友在农业产业化及食品行业解决方案方面的研发基地，为今后在其他水产企业推广集团型信息化应用平台提供成功经验。据悉，ERP系统可以实现业务流程的可视化，以及产品的可追溯，同时便于企业建立灵活的价格政策有效应对市场，最终实现集团内控和企业高层决策分析的功能。

根据双方签署的信息化战略合作协议，用友公司将通过ERP-NC管理软件为獐子岛渔业集团提供全方位服务，满足獐子岛渔业集团行业化、专业化和个性化要求，使其以ERP的最新技术和发展为核心，用最短的时间建立全面信息化经营管理体系，进一步提升企业的管理水平和竞争力，以此推动水产行业的信息化发展，扩大ERP在中国的普及。

总的来说，信息系统由于其丰富的信息、强大的功能，灵活的延伸性和可扩展性，在渔业企业的信息管理和技术管理方面同样也具有强大的生命力。同时也会为渔业行业行政管理部门的合理规划和决策提供服务，从而提高包括渔业养殖、捕捞、加工流通等海洋与渔业综合管理的科学性和时效性，合理利用资源，提高经济效益。

第一节 信息概述

一、信息

1. 信息的含义

信息是关于客观事实的、可通信的知识，通常以文字、声音、图像的形式来表现，是数据按有意义的关联排列的结果。信息由意义和符号组成，是对数据的深层理解，只有经过解释的被加工的数据才称之为信息。信息以物质介质为载体，传递和反映了客观事物的存在方式和运动状态。

2. 信息的特征

（1）真伪性　事实是信息的核心价值，不符合事实的信息不仅没有价值，且可能具有负面作用。客观反映现实世界事物的程度是信息的准确性。

（2）可识别性　信息是可以识别的，识别又可分为直接识别和间接识别，直接识别是指通过感官的识别，间接识别是指通过各种测试手段的识别。不同的信息源有不同的识别方法。

（3）传递性　借助特定的载体和渠道，信息可以在时间上、空间上从一点传递到另一点。

（4）可加工性　人们对信息进行加工、整理、概括、归纳使之精炼。

（5）可存储性　信息可以通过各种方法存储。

（6）共享性　同一信源可以供给多个信宿，因此信息是可以共享的。企业的信息可以集中存放，共同使用。

（7）可转换性　信息可以由一种形态转换成另一种形态。比如声音、图像、文字等，最终被压缩成数据。

（8）时效性　信息是对客观事物的反映，需要进行加工处理和传播，因此信息总是滞后于事物的发生时间。

二、信息系统

1. 信息系统的含义

信息系统是指以计算机、网络及其他信息技术为核心，为实现某些系统目标，对信息资源进行处理的系统，由人员、硬件、软件和信息资源组成，其基本构造是由采集、输入、处理、输出和反馈五个部分组成的。

2. 信息系统的功能

（1）数据采集和输入　数据采集是信息系统的首要功能，也是信息其他功能的基础。信息的采集过程就是把分布各部门、各处有关的数据收集起来，转化成信息系统所需的形式。

（2）数据处理　是指对数值型数据进行的各种算术运算和对非数值型数据进行的排序、分类、归并、转换、查询、统计、预测、提取等数据加工行为。

（3）数据存储　信息化时代，信息无处不在、无时不有。经系统处理的信息，都是对组织有用的信息。因此依据系统目标或系统要求，信息系统在存储信息时有一定的选择性，如需要存储什么信息？信息要存储多长时间？采取集中式存储信息还是分散式存储信息？

（4）数据传输　指采用一定的方法和设备，实现信息从发出方到接收方的流动。信息系统的介入可使信息的传输达到及时性、快捷性、安全性、可靠性。

（5）信息管理 可确保信息准确性、数据唯一性、信息及时性、信息安全性和信息保密性，以防使信息系统转变为信息垃圾桶。其管理的主要内容有：规定采集信息的种类、名称、内容等；规定数据储存方式、存储时间；规定数据传输方式等。

三、管理信息系统

1. 管理信息系统概念

管理信息系统（management information systems，MIS）是一个以人为主导，以计算机硬件、软件、网络通信设备以及其他办公设备等信息技术为基础，对信息进行收集、传输、加工、储存、更新和维护，以企业战略竞优、提高效益和效率为目的，支持企业高层决策、中层控制、基层运作的集成化的人机系统。管理信息系统强调人的主导作用、工具现代化、目标明确、支持不同管理层、集成化人机系统。

2. 管理信息系统的发展历程

管理信息系统的发展历史渊源可以追溯到20世纪50年代，以西蒙提出的"管理依赖于信息和决策的观点"为标志，这一观点孕育了早期的管理信息系统的理念。1954年10月，美国通用电器开始使用计算机对工资进行核算，计算机正式进入管理领域，薪级管理系统应运而生，并出现数据处理词汇。

（1）电子数据处理（简称EDP阶段） 20世纪50年代开始出现管理信息系统的萌芽。由于计算机技术已经进入实用阶段，同时企业规模逐渐扩大，为提高文书、统计、报表等事务处理的工作效率，计算机简单处理已逐渐开始代替手工操作。在此阶段，计算机主要模仿手工管理方式，用于处理工资计算、统计、制表、文字处理、统计报表等，但原始数据的采集仍然依靠手工。代表系统有电子数据处理系统、业务处理系统等。

（2）管理信息系统（简称MIS阶段） 20世纪60年代后，操作系统、数据库系统在实践中日渐成熟，计算机在企业管理中应用更加普及。为提高管理信息处理的综合性、系统性、及时性和准确性，计算机不仅参与业务数据处理，而且还参与复杂的数据操作，如生成计划、综合统计、管理报告等。1960～1970年诞生了早期的管理信息系统，因此称这一阶段为"管理信息系统阶段"。我国大约在20世纪70年代末至80年代初才出现了"管理信息系统"一词。代表性系统有管理信息系统（狭义）、管理报告系统、信息管理系统等。

（3）办公自动化系统（简称OAS阶段） 20世纪70年代末，由于个人电脑的普及和局域网的迅速发展，企业借助计算机完成繁重、琐碎的文档管理、公文流转、记事、调度、通知、公告等工作，并把办公室内的全体工作人员置于协同的工作环境中，以实现网络资源的共享，这极大地提高了企业内部的工作效率，且兼顾了信息传递的及时、准确。

（4）决策支持系统（简称DSS阶段） 20世纪80年代管理信息系统逐渐发展成为一门学科。20世纪80年代初，出现了决策支持系统的概念。为支持管理者的决策活动并提高决策的有效性，企业管理者希望自己直接参与到计算机系统中去分析、优化、预测，实现人机对话、模型管理等，以便及时应对较为复杂的决策问题。代表性系统有决策支持系统、高层管理支持系统、战略信息系统等。

（5）基于Internet的集成信息系统 又称综合服务阶段。20世纪90年代，伴随着计算机网络技术的进步和Internet的出现，网络化时代宣告到来，计算机在企业管理中的地位日益加重。为实现信息的集成管理并提高管理者的素质和管理决策水平，管理信息系统不断升级，逐渐引进 Internet、多媒体和人工智能等专业技术，为管理者决策分析、研究和学习提供支撑。有代表性的管理信息的新系统有企业资源计划、供应链管理、客户关系管理、电子商务等。

3. 管理信息系统的现代应用

（1）管理信息系统有利于提高企业效率　管理信息系统是企业现代化的重要标志，是企业发展的一条必由之路。管理信息系统可促使企业向信息化方向发展，使企业处于一个信息灵敏、管理科学、决策准确的良性循环中，将企业管理与现代化接轨，促进企业管理的现代化，进而降低成本、减少库存，为企业带来更高的经济效益。

管理信息系统在企业各项事务管理中普遍应用，促进了企业管理工作的全面提升。管理信息系统是为企业管理服务的，它的开发和建立使企业摆脱了落后的管理方式，将管理工作统一化、规范化、现代化，把大量复杂的信息处理交给计算机，使人和计算机充分发挥特长，节省了大量的时间、人力和财力，极大地提高了企业的运作效率。

（2）管理信息系统有利于实现企业职能　企业职能是指企业经营管理者为了实现利润目标，对企业实行有效的经营管理所必须具有的职能和功能。通常，企业主要有销售、制造、筹集资金、引进人才四大职能。现代管理信息系统进入现代企业管理，并随着企业管理实践的发展而不断升级、完善，逐渐延伸出销售子系统、生产子系统、财务子系统、人事子系统等下位系统。管理系统的细分化、专业化和职能化便于企业各职能的实现，例如，借助销售子系统可了解企业历年的销售状况、销售策略、销售收入，制订相应的销售计划或科学预测企业销售，实现企业的销售管理职能；借助生产子系统可以及时掌握企业生产环节的各项信息，适度进行来料控制、产品质量控制、生产进度控制、质量和成本控制，实现企业的生产管理的职能；借助人事管理子系统可以了解企业的人事动态、进行员工培训、考核员工业绩、控制人员素质、引进人才和管理人事档案等，促进企业人事管理职能的实现。总之，管理信息系统能保障企业各项职能准确、及时、高效地完成。

（3）管理信息系统有利于实现企业信息化　企业信息化是指企业以现代信息技术为手段，以信息资源为对象，以改造企业的生产、经营、管理和决策等业务流程为主要内容，以提升企业的经济效益和竞争力为目标的动态发展过程。随着信息时代的到来，企业管理的信息化是未来企业在激烈市场竞争中立于不败之地的必要条件。产品设计和开发、生产工艺流程、物料管理、品质检验等生产过程的自动化和信息化，可以合理配置企业资源，缩短新产品的设计开发周期，节约开发成本，提高产品质量和生产效率，从而使企业能适应瞬息万变的市场经济竞争环境，求得最大的经济效益。

企业内部管理的信息化是企业信息化中应用最为广泛的一个领域，涉及企业管理的方方面面。例如，企业的事务处理系统（TPS）、管理信息系统（MIS）、决策支持系统（DSS）、人力资源、生产计划、财务管理系统、销售信息系统、库存管理系统、办公自动化系统、企业资源计划（ERP）、产品数据管理（PDM）、电子商务（EC）、安全防范系统（PPS）以及企业网站等应用系统，企业通过各种类型的信息应用系统可有效地组织、利用信息资源，实现管理的高效率；借助于内部网、外部网和公共网络，企业采购和销售过程中的信息化将企业内部的生产管理和外部的供应、销售整合在一起，不断整合供应商和企业的交易和信息流程，提高企业的采购效率，同时利用信息技术收集、处理和分析客户的信息，更好地满足客户的需求。因此，管理信息系统大大推动了企业管理信息化进程，提高了企业的生产和管理效率，实现了企业现有和潜在的价值。

信息窗

高度信息化——螃蟹生意好做又赚钱

自从天气入秋进入吃蟹卖蟹的高峰季节，昆山某售蟹老板××每至傍晚就足不出户，因为此时正是一张张订单从空中飞来的时候，而他只通过手机就能完成订单的流程，顺利成交。他销出的蟹已"爬"至全国 26 个省、市、自治区，及国外某些地区。

某日，一客户打来电话要预定 500 只规格蟹。放下电话，××首先给他的"特约供货商"打了个电话，盼咐他们尽快捞蟹送货，然后，再给快递公司发了个短信，请他们明日一早上门取货，等做好这些事，××的手机就收到了银行短信通知，客户买蟹的钱已打至卡上。这个过程前后仅约 5min，利用的就是信息化的手段。

随着互联网的发展，××在网上注册了自己的公司，生意做得更大了。除了全国的客户，还有世界各地客户的订单，生意不断扩展。利用网络平台，××每天可以及时地汇总自己接到的订单，然后第一时间给"特约供货商"下单，保证自己的货源最鲜活地到达客户手中，端上消费者的餐桌。为加强公司内部的管理，××购买了某公司的 ERP 管理软件，使用了一套完整的中小企业供应链管理方案。销售管理、采购管理、库存管理、应收款管理、财务会计等，一切都在系统里，一目了然。过去，由于信息不通，管理混乱，××常感到手忙脚乱，力不从心，有时为保证信誉，不耽搁客户时间，还不得不放弃不少上门生意。但如今不同了，随着信息化程度越来越高，系统软件大显身手，当地交通基础设施又不断"上"新台阶，从家到高速公路仅需 15min，新型服务门类层出不穷，如快递公司、航空速递等，××只要坐在家里上上网，查查系统，按按手机，打打电话，有多少单就能接多少单。

××说，现代科学技术越来越先进，法律法规日益健全，信息化经营还一定要注重诚信经营，注重规避法律法规风险，只有这样，才能使生意越做越旺。

第二节 水产电子商务

随着网络的普及和信息制度的完善，电子商务可以部分地替代传统的营销业务，并在节约成本、接近客户以及提高服务质量方面显示出独特优势。

电子商务（electronic commerce，e-commerce）是指在技术、经济高度发达的现代社会里，以 Internet、Intranet、Extranet 为平台，买卖双方不谋面地进行各种贸易活动，实现消费者的网上购物、商户之间的网上交易和在线电子支付以及各种商务活动、交易活动、金额活动和相关的综合服务活动的一种高效率的、低成本的、新兴的商业运营模式。电子商务技术的发展为企业整合内部的信息系统和外部的供应、销售提供了新的手段，从而成为企业信息化建设的一个重要内容。

信息窗

水产电子商务海产先行——海产品网店走俏

近年来随着电子商务的日益普及，越来越多的水产企业及经销商也开始尝试使用网络来推广及销售自己的产品，从中国水产养殖网电子商务研究中心了解到，目前国内海产品的网上销售呈现跨越式的发展，许多海产品的经销商开始使用一些国内的 C2C 平台销售自己的海产品，目前销售的产品主要集中在以即食海产品为主，其次就是海产干货等，品种涉及籽乌、虾米、海米、鱿鱼丝、鱿鱼条、烤仔蟹、海参、鲍鱼、墨鱼干、紫菜、海蜇丝等，这些产品易储藏、便于运输等便利条件使得电子商务成为可能。另外，国内的一些海产冻品企业也开始使用电子商务来进行一些网上的交易，冻品交易一般集中在企业及经销商之间，属于 B2B 的范畴。近年来水产活鲜产品的网上交易也逐渐在网上兴起，比较具有代表性的就是淡水产品大闸蟹的网上销售，但是由于活鲜产品受到运输过程以及容易造成死亡、变质等一些不可控因素的影响，同网下一样，也会遇到货到蟹死的情况，易产生纠纷，目前在国内还处于发展阶段。

中国水产品交易网预测，水产品电子商务是一个必然的趋势，在现阶段由于海产品的深加工及冻品相对淡水产品较为成熟而且体量较大，便于储藏和运输等条件使得海产食品成为水产电子商务的先行者。

一、水产电子商务的发展

相对于其他产业在电子商务领域中的拓展，我国水产电子商务的进展显得有些滞后，大多数水产行业网站以广告、信息服务为主，统一的、规模化的水产品交易平台还没有出现，加快水产电子交易平台——网上渔市的建设，加速水产电子商务的进程是今后水产品交易市场提高竞争力的一个趋势。

利用现代信息技术，开设网上水产品交易市场，使渔业企业可以高效收集信息，直接与客户接触，缩短交易中间环节，降低交易成本；并以信息流代替物流、资金流，通过信息流动更有效地配置资源，提高交易速度，实现跨越时间和空间的交易，使渔业企业更容易参与市场竞争和国际竞争，并从中受益。因此，网上渔市具有良好的发展前景。

网上渔市的制约因素主要表现在以下几方面。

① 水产品网上交易的难度相当一部分来自于水产品难以有一个统一的品质评价标准，尤其是鲜活水产品更是如此。鲜度、活力等品质指标很难有统一的量化指标。传统的水产交易中，对鲜活水产品品质的评估与把握，很大程度上依赖于交易师"手摸，眼看，鼻闻"判断。但在网络上，由于不能直接面对货物，就需要用某种量化指标，用文字、数字或图像描述出来，并使交易双方都能明了认同。这就需要有一套业内公认的理化指标和评估标准，作为交易的依据。

在国外，水产品的分级评估一般都是由提供第三方服务的市场提供的。如全欧水产拍卖公司（即 PEFA.COM），汇集了欧洲 18 个港口的拍卖市场和来自丹麦、爱尔兰、苏格兰、荷兰、德国、比利时、法国、西班牙、意大利等国的 500 多家欧洲买家，买家作为会员通过该电子商务平台采购，其中 200 多家为远程购买。为了使不见货物的远程交易成为可能，PEFA 着重做了以下几方面的工作。

a. 按照透明的欧洲标准，对新到岸的水产品进行准确的分级，包括大小、质量等级等。

b. 按固定的重量打包；在每次拍卖之前，对所说的大小和质量等级与买家进行详细的介绍和沟通。

c. 与每一个远程买家保持联系。在丹麦，有一套 Hull 水产品拍卖系统（Hull fish auction System），水产品不仅被分为不同等级销售，而且能通过系统远程监控水产品的分级、称重、贴条形码、装箱直至被拍卖的全过程。通过第三方服务的透明操作，使买卖双方可以放心交易。

在我国，这种标准的建立需要由一个权威的部门，通过专家的努力，并经过一段时间的实践操作完善后才有可能产生。

② 和其他行业电子商务一样，确保交易信息的真实、可靠、有效，交易会员的诚实、守信是网上渔市面临的关键问题之一。作为第三方一站式服务的网上渔市，应该开展会员交易信用保障服务，对在网上渔市中发生的交易行为提供第三方担保，以消除会员之

间交易的疑虑。网上渔市在会员注册的时候，应要求会员提供信用资讯材料，或交纳信用保证金等，并通过企业社会信用体系确定其信用等级。只有做好信用认证，才能化解交易风险。

③ 我国的水产企业正经历着由传统行业向现代企业的转变，生产经营相对分散，从业人员对信息技术的理解和信息工具的使用相对滞后，都会影响网上渔市的顺利运营。

二、水产电子商务的基本功能与构架

网上渔市构建的目的是要为水产企业的买家卖家提供水产交易平台和第三方一站式服务。作为水产交易平台，既要满足卖方——水产供应商销售水产品的需要，也要满足买方——水产品采购商采购水产品的需要。交易平台要能够同时实现多种交易模式，如现货采购、网上竞拍、反向拍卖等。

现货采购是卖家以网上商店的形式提供产品目录和详细资讯，方便买家网上搜寻、洽谈和订货交易，是一种常用的交易方式。网上竞价是一种以卖方为主导而设计的拍卖交易方式，由卖方提供可供拍卖的详细的产品资料和拍卖底价，最终由买家之间在约定的拍卖时间段竞争并根据"价格优先，数量优先，时间优先"的原则，决定交易。反向拍卖是一种以买家为主导而设计的拍卖方式，尤其适合大宗采购水产品的消费者。买家提供希望采购的水产品信息、需要服务的要求和可以承受的价格定位，由卖家之间以竞争方式决定最终产品和服务供应商，从而使买家可以以最优的性能价格比实现购买。

现货采购、网上竞价和反向拍卖等交易模式突破了时间、空间限制，快捷简便易用，可以吸引众多商家参与，充分体现了电子商务的优点。

1. 网上渔市的基本功能

无论是传统市场还是网上渔市，对于水产拍卖，一般都由以下几部分组成：
① 描述（产品的描述）；
② 价格（通过拍卖钟等来体现）；
③ 信用和结算（市场的财务功能，信用担保和结算）；
④ 物流（如搬运、分级、标签、装箱、解冻、冷库、运输等）；
⑤ 信息发布（提供预期到货信息，拍卖水产品目录、价格和过往价格历史等）。

因此，网上渔市的设计要充分体现拍卖交易中的各个组成部分，实现网上开店、在线洽谈、在线咨询、在线交易、网上竞拍、反向拍买、在线支付等功能；实现买卖方相互竞争、大规模多买家与大规模多卖家集体竞争的新交易模式。

2. 网上渔市的基本构架

网上渔市的总体框架由水产品交易区、交易讨论区和渔市服务区三个功能区组成。水产品交易区是网上渔市的核心所在，由水产商店、交易洽谈室、水产拍卖大厅和交易结算中心等部分组成，主要实现水产品的价格和商家信息查询，买卖双方在线商务洽谈，现货采购、网上竞拍、反向拍卖等多种模式的网上交易，以及交易结算、货款在线支付等功能。

交易讨论区是一个 Web 交互平台，分为行家坐堂和渔市论坛两个区域，行家坐堂主要是请一些行家、专家，或者是买家、卖家，针对交易中遇到的种种问题进行公开的在线即时解答。渔市论坛是一个非实时的在线讨论系统，主要是供各方人士针对交易、市场、产品等自由发表意见和观点。

渔市服务区主要是网上渔市的运营商或合作伙伴，作为第三方服务商向会员提供配套增值服务的平台，主要服务应定期或不定期地提供水产市场分析报告、渔业发展趋势报告；接受委托对会员企业进行信用认证，提供交易信用保障。

三、发展水产电子商务应注意的几个问题

① 不能把网上渔市只是理解成构造一个计算机或网络系统,作为第三方一站式服务平台,还包括会员的管理、交易的规则、信用的评估、企业的服务等丰富的内涵。

② 网上渔市有别于其他行业电子商务平台,关键是将网络等信息技术应用于水产交易中,其"鱼腥味"体现在系统平台上流转的交易品种、交易对象、交易规则、信息发布等都和水产有关上。

③ 网上渔市最理想的方式是联合全国性水产品批发市场,以股份制的形式共同创建。这样,既可以用现代信息技术改造、提升、拓展现有的有形水产品批发市场,又可以依托有形水产品批发市场的客户资源和专业队伍,开展网上交易,实现有形市场和无形市场的联动。

信息窗

中国(舟山)国际水产城:加速打造"中国第一鱼市"

一提起浙江舟山的沈家门,人们自然就会联想起万船云集、樯橹如林、海鲜琳琅满目的壮观场面。在这个以渔港而名、以海产得誉的著名渔都,正在崛起一个集活、鲜、干、冻水产品交易于一市,融购物、旅游、尝鲜于一体,产供销一条龙,全方位经营,多功能服务,规范化管理,面向全国,接轨国际的大型专业水产品批发市场——中国(舟山)国际水产城。

作为国家农业产业化重点龙头企业、国家农业部重点定点市场,中国(舟山)国际水产城20年来始终保持着阔步前进的步伐。它坚定不移地实施交易和物流设施的技术改造,全方位提升水产品集散地功能。场内有固定水产批发商660家,各类配套服务经营单位、客商300余家,来自全国各地的交易商逾4000家,市外常驻水产城的客商代表有300余人,还有来自日本、韩国等国外客商代表50多家。交易水产品辐射国内20多个省(市、区),其中30%左右出口到东南亚和欧美等国家和地区,年交易额近50亿元。

为提升市场档次和品位,舟山国际水产城着力构建渔工贸一体化、产加销有机结合的市场流通主导型产业化经营体系,努力把渔区和市场连接起来,把资源优势融入市场,把养殖产品纳入市场交易,把地方经济发展的增长点落实到市场。

而这一切的先决条件是一场交易方式的革命。

交易方式是衡量一个市场综合实力的一项重要指标。20多年来,舟山国际水产城与时俱进,不断创新交易方式,已先后经历了海上对客交易和陆上议价交易两个阶段,目前正全面向网上电子交易迈进。事实证明,每一次交易方式的产生和变革,都是市场形态和品位的一次大提升、大跃进。

舟山国际水产城早在20世纪90年代末就开始了新一轮交易方式革命。随着当今世界步入信息时代,网络技术的快速发展拓展了网上无形市场的开发。1999年在上海同济信息技术研究所和普陀科委的支持下,舟山国际水产城创办了"中国舟山国际水产网"(后改名为"中国渔市")。网站的开通和发展受到了国家及省信息部门的重视,并对网上无形市场的开发进行了规划设计。同年12月25日,水产城开发设计的水产品网上交易市场www.cfm.com.cn(中国渔市)正式启用,实现了水产品资源网上交易采购、销售、批发及网络安全配送和支付等功能。到目前为止,该网站拥有注册专业会员16000多人,年专业人员点击率逾千万次,已成为省内外知名的专业渔业网站。为做好水产品电子商务的开发和网上市场的基础工作,水产城积极调整和完善内部网络系统,把计算机系统成功运用到办公、财务、收费、结算、交易、门禁、监控等各个管理层面,使技术更加成熟。网上交易平台的开发建设,促进了无形市场和有形市场的快速有机结合。通过计算机网络有机联系水产品供应链上的各个环节,降低交易费用,拓展销售渠道,传递渔业信息,以传统批发市场

> 不可比拟的优势来满足水产品经营商的需求，有效地发挥以批发市场为中心的市场主导型龙头企业的作用，增强有形市场的竞争能力。同时，IT产业与传统产业的对接，用信息技术联动了第一、二、三产业，紧密联系起水产品生产商、加工企业、水产品最终消费者之间的利益关系，指导水产品生产、加工、冷储和流通，带动水产品供应链中的各个环节的协调发展，提高了产业化程度，进一步加快了渔业产业化进程，凸现了较好的社会效益。
>
> 　　近年来，舟山国际水产城在水产品物流、信息体系建设方面进行了有益的整合，将水产品物流运输、储运、装卸、搬运、包装、保管、库存管理、流通加工、配送、信息情报处理等基本功能和服务有机结合，这不仅实现了产品价值的最大化，而且有效地激活和拉动了相关产业的发展壮大，为发展海洋经济作出了特殊的贡献。届时，水产城将成为国内一流的水产品物流商贸基地、全国水产品集散中心、信息中心和价格中心，成为真正的"中国第一鱼市"。

第三节　渔业企业现代管理信息系统的发展趋势

　　随着管理环境的变化与技术的发展，渔业企业管理信息系统又在功能上、管理技术上、模块化和组件化上不断扩展和更新，主要表现在以下几个方面。

一、功能的拓展

　　① 注重整个供应链上的信息，加强对合作伙伴与客户信息的管理。在已有的市场管理、销售管理、售后服务管理的基础上，发展成影响力更大的客户关系管理（customer relationship management，CRM）系统。

　　② 注重人力资源开发和知识管理，加强信息与知识的收集、创新、传递与利用已成为许多企业增强竞争能力、提高其市场价值的战略措施。

　　③ 加强决策支持功能，采用数据仓库、数据挖掘技术、工作流管理技术等。

　　④ 加强系统的集成性与开放性，应用Internet和移动通信等技术，促进与电子商务的集成。

二、各种管理技术的信息化融合

　　管理信息系统的实质就是各种管理技术的信息化实现，因此，有不同的管理技术必定有与之对应的管理信息系统，这势必创建五花八门的管理信息系统。管理信息系统蕴涵的管理思想可以归纳为三种：面向企业功能、面向企业过程、面向产品生命周期。

　　随着电子商务的成熟，管理信息系统逐步发展成为一种融合各种管理思想的面向产品生命周期的集成系统。它在ERP（企业资源计划）的基础上，充分利用互联网技术，将供应链管理（SCM）、客户关系管理（CRM）、商业智能（business intelligence，BI）、电子商务（electronic commerce，e-commerce）、决策支持系统（decision support system，DSS）等功能全面集成，以实现资源共享、数据共享、适应网络经济的充分柔性的企业管理信息系统。

三、管理信息系统的模块化与组件化

　　现代管理信息系统软件的规模越来越大，且管理思想越来越复杂。随着各类模型库的丰富和面对特定对象（企业功能、过程、产品生命周期）的构件的完善以及管理思想的日益成熟，就可以构建平台式的管理信息系统，它能够针对具体的企业，在参考模型的基础上，根据企业实际情况稍作修改，在大量的构建库中快速组装出具有个性化的企

业管理信息系统。

第四节 渔业企业技术管理的主要内容

科学技术是第一生产力,是衡量一个国家经济实力的重要标志,是推动社会经济发展的主要动力。在知识经济时代,科学技术能够大大增加产品和服务的价值,越来越成为企业的极其重要的资源。相应地,对科技资源的管理也上升为企业管理的重要组成部分。企业是否具有创造、传播和使用先进科学技术的能力,已经成为企业能否可持续发展的决定性因素。认真贯彻科技进步方针,全面实施"科技兴渔"战略,充分发挥渔业科技进步的作用,不断提高其在渔业经济增长中的贡献率,是建设现代化渔业的紧迫任务,也是全面提高渔业企业经济效益的重要途径。渔业企业技术管理主要包括渔业科技推广、渔业技术创新、渔业技术开发、渔业技术引进、渔业技术储备、渔业技术机密以及渔业技术专利。

一、渔业科技推广

渔业科技推广,是指将渔业科技成果与实用技术通过采用一定的方式与途径传播到渔业企业和渔民手中,应用到渔业生产上,使之转化为水产企业生产力,从而推动水产企业经济的发展。

《中共中央关于制定国民经济和社会发展第十个五年计划的建设》指出:"大力推进以科技服务和信息服务为重点的农业社会服务体系建设,支持农业科技创新与推广,使先进适用技术进入更多农户"。这是加强渔业技术推广的指导方针和行动纲领。

为了搞好渔业科技推广,应做好以下工作。

① 建立健全渔业技术推广体系,为渔民提供科技服务与信息服务。

我国渔业企业技术推广体系承担着开发与引进新品种、新技术;进行试验和示范;承担水产企业科技培训;指导鱼病防治;组织渔业技术信息交流与宣传等以经济效益与社会效益为目的的职能。

在开展水产企业科技服务与信息服务的过程中,水产企业要建立健全灵活的渔业科技推广服务机制,使渔业技术推广由单一技术推广模式转变为研究、推广、生产、营销一条龙的推广服务模式。要在经营机制上扶持并推行"企业+渔民"等企业型或合作型的渔业技术推广组织,大力扶持农村专业协会,使水产企业成为地方渔业科技推广、服务、咨询的主力军,带动当地大批渔农,在推动水产业发展中互惠互利,共同致富。

② 加强企业员工和渔民职业技术教育,努力提高企业员工和渔民科技文化素质。

企业员工是渔业技术的主要使用者与传播者,他们对渔业科学技术知识的理解力、创造力以及应用能力如何,决定着企业+渔民这种互惠互利的企业型或合作型组织的存在与发展;决定着企业在渔业科技推广中的地位与作用。渔民是渔业技术的主要使用者,渔民接受和使用新技术的能力是提高渔业科技含量和竞争力的基础,决定着渔业的发展前景。然而,目前我国水产企业员工与渔民的文化技术素质远不能适应渔业发展的时代要求。有资料显示,在我国西部地区农村劳动力中,接受过短期技术培训的只占20%,接受过初级职业技术教育或培训的只占3.4%,接受过中等职业教育的仅占0.13%,而没有接受过任何培训的竟高达76.4%。因此,必须采取行之有效的措施来提高水产企业员工和渔民的文化科技素质。

二、渔业技术创新

信息窗

宁德靠技术创新促水产企业发展

飞鸾镇地处宁德蕉城区东南沿海，毗邻三都澳，全镇依山面海，海岸线长达 18km，山海资源丰富，辖区内拥有 8 家省市级水产龙头企业。近年来，水产养殖、加工业已逐步成为飞鸾镇的支柱产业，市场前景广阔。为了充分、合理、有效地开发利用水产资源，达到"强镇、兴村、活企、富民"的目标，飞鸾镇党委、政府立足实际，开拓创新，围绕"二区二线"（即梅田工业集中区、幸福塘工业小区、104 国道线、飞礁线）带动"两山区"（白马山区、凤凰山区）这一发展格局，以科技为先导，不断拓宽发展空间，积极引导水产企业实现全面、协调、可持续发展，凸显科技兴渔主导作用。

加大渔业投入，引导企业转型。"科技是第一生产力"。为了有效地避免盲目无序的市场竞争压力，近几年，飞鸾镇党委、政府在不断加大渔业基础设施建设，改善水产养殖条件，增强水产发展活力的基础上，紧密围绕市场机制，调整产业结构，突出重点，着力引导镇区水产企业转换机制，创新科技，实现养殖品种由单一型向多元化、养殖方式由粗放型向集约型、生产措施由传统型向现代型的根本转变。抓好"六一"建设，成立示范基地。飞鸾镇山海资源丰富，滩涂广阔，深度适宜，为太平洋牡蛎的养殖提供了得天独厚的优势条件。因此，飞鸾镇党委、政府立足镇情，实施项目带动战略，推进农业产业化经营，突出发展海洋经济，以建设牡蛎海珍品大镇为目标，以开发浅海、潮间带养殖为重点，围绕"六个一"工程建设，抓好"一串牡蛎"示范推广，逐步建立起以二都上、下村、南门坞为骨干的育苗生产基地，全面实施贝、藻混养生态养殖模式，成为福建省独特的无公害海产品。

巩固传统品种，拓展高优水产。飞鸾镇坚持实施"内转外，浅转深"的战略，在继续巩固传统水产品种养殖的基础上，引导企业率先从浙江海洋学院引进 4kg 曼氏无针乌贼卵，当年成功培育 3000 多尾幼体，次年全面推广鱼排网箱试养殖，长势良好，现已成为福建省育苗量最大的曼氏无针乌贼亲鱼养殖场。

实施科企对接，加快成果转化。科企对接是科学技术转化为生产力的有效途径，飞鸾镇党委、政府在大力倡导水产企业自主研发的同时，主张企业"积极找科技"的发展方式，先后促成多项"农产品精深加工关键技术"的项目对接。其中，岳海水产品有限公司与福建农林大学食品科学学院重大科研成果"年产 5000t 海藻系列产品深加工"项目的成功对接，有效地带动了飞鸾镇及其周边 5720 户农户，每户年均增收 3827 元。该项目采用"公司＋基地＋渔户＋市场"的运行管理模式，在提升了渔民养殖海藻的积极性的同时，提高了海藻养殖的标准化水平，对进一步壮大海藻食品加工产业，带动项目区农业、供水、供电、运输、包装等行业发展起到了先行作用。

扶持龙头企业，发展深精加工。在当前原料价格不断上涨的情况下，大力发展水产品精深加工，提高产品附加值成为提高企业生产效益的必由之路。为适应国内市场需要，飞鸾镇党委、政府在镇区水产企业发展的政策引导过程中，努力推进"农产品精深加工关键技术研究与示范"项目发展，扶持海产品培育、加工龙头企业，为其实现一体化经营提供有力帮助。如今，水产企业内的传统加工已逐渐被水产品精深加工所取代，即采用现代化水产加工新技术，使加工品种朝着方便化、营养化、多样化、成品化、健康化的方向发展，产品远销国内外，广受赞誉。企业效益的提高也带动了养殖业的发展，近年来，在大力发展精深加工产业技术的带动下，飞鸾镇已逐步形成养殖业与加工业相互促进、互惠共赢的良好格局。

科技创新，为飞鸾水产企业带来了广阔的市场前景，同时也提高了农副产品的附加值和产品的市场竞争力，为转移农村富余劳动力，为增加农民收入拓宽渠道，从而有效地实现乡镇经济协调、健康可持续发展，科技创新还为飞鸾镇全力打造"辐射经营，连带发展"的闽东南大门特色乡镇经济格局提供了良好的契机。

1. 渔业技术创新的含义

技术这个词在不同的研究领域中含义不尽相同。在社会学中，技术是指人们用以解决社会发展中所面临的问题的科学知识。在经济学中，技术则被定义为生产要素的有效组合。在科技工程领域中，技术是指科学知识在生产活动中的具体应用。在商业文献中，技术则被视为把科学知识转化为产品的手段。国际工业产权组织则对技术作了一个更为具体的定义：技术是制造一种产品或提供一项服务的系统的知识。这种知识可能是一项产品或工艺的发明，一项外形设计，一种实用形式，一种动植物新品种，也可能是一种设计、安排、维修和管理的专门技能。

创新一般理解为将已知的科学知识加以新的应用。

技术创新在不同的领域中，含义也不尽相同。在科研管理中，它是指基础研究、应用研究以后的发展研究阶段。在企业中，一般是指把研究中的发现或一般科学知识应用于产品和工艺上的技术活动，是把科学技术潜在的生产力转化为直接的生产力的活动。

2. 渔业技术创新的意义

技术创新的基本功能就是创造新产品、新工艺、新材料、新技术，是把科学技术潜在的生产力转化为现实的生产力的活动，是科技进步的极其重要的环节。其重要意义，从微观上来看，技术创新是提高企业经济效益的重要途径；从宏观上来看，是关系到国家兴衰的大问题。

3. 渔业技术创新的内容

渔业技术创新的内容很广泛，一般包括以下内容。

（1）产品的创新　产品的创新包括改造老产品和发展新产品两个方面，它是企业技术创新的"龙头"。渔业中产品的创新，主要是用现代生物工程技术选育、培养市场需要且价值高的名、特、优、新品种。对于运用转基因技术研制出的新品种，尽管人们对其有这样那样的质疑，但美国等发达国家至今仍未检测到转基因品种对人的危害性。所以我们既要注意转基因食品的安全问题，更应该加强对转基因生物工程的研究和观察，使我们不至于失去发展机遇，不至于由于在这个领域的落后而造成遗憾。同时要注重营养丰富合理、卫生和食用方便的健康水产新食品的创新。还要注意鱼、虾、贝、藻的保鲜、加工及综合利用的创新。

（2）设备与工具的创新　鱼池等养殖设施、渔船机器设备、网具工具是渔业生产的物质基础，对它们进行创新、改造与更新，是提高生产现代化水平和经济效益的有效途径。如创新适合集约化养殖、工厂化养殖的设备、设施、新的网具等。

（3）生产技术的创新　先进适用的渔业生产技术是渔业生产现代化的标志，也是企业提高劳动生产率、降低成本、提高产品质量和经济效益的一条重要途径。渔业生产技术的创新，包括先进的捕鱼技术的创新，集约化、工厂化养殖技术的创新，网、栏、筏式养殖技术的创新，稻鱼生态养殖技术的创新，宜渔资源的综合开发，养殖水域环境检测新技术的创新，水产品保鲜、加工、综合利用技术的创新等。

（4）原材料与能源的技术创新　原材料与能源的技术创新，一方面表现为对原材料、能源的利用程度不断提高与加深，另一方面表现为对原材料、能源的品质质量的不断提高。这些技术创新，可以有效提高水产品质量，降低生产成本，提高经济效益。渔业原材料、能源的创新，主要是研究既能提高饲料营养成分，节约饲料消耗，又能生产出有益于大众健康的"绿色水产品"的配合饲料和饲料添加剂，安全无毒的鱼药，能显著改善水质的生物药品、节能技术等。

（5）职工素质与技能的创新　职工的素质与技能，对企业技术创新甚至生产活动的影响最为直接，他们的思想素质与业务技能，对现代技术的占有状况决定了企业的技术水平与技术现代化。因此，企业必须及时地对职工进行素质教育与技术知识更新。

(6) 生产环境、生活环境的技术创新　企业的生产环境、生活环境对保障职工的健康，调动职工积极性，实行安全生产、文明生产有重要作用。生产环境的技术创新包括防治污染、改善劳动条件、防止职业病和美化环境，为职工提供良好的工作环境、生活休闲环境等。

(7) 管理技术的创新　它是指积极引进大胆创新的、现代化的技术方法和手段。如运用电子计算机处理数据、交流信息、进行管理等。

4. 渔业技术创新的途径

渔业企业进行技术创新的途径可以归纳为以下几条。

(1) 独创型技术创新　它是以科学为研究的先导，在独立地进行科学研究的基础上，产生新的技术创新活动。它以基础科学研究为后盾，通过应用研究取得技术上的重大突破，再通过开发研究，直到产生新技术。它能使企业建立自己的技术体系和技术特长，在竞争中保持领先地位。但需要有雄厚的科研实力与资金，所需要的科研时间也较长。

(2) 综合型技术创新　它是指企业从外部引进新技术，在消化吸收的基础上加以组合搭配、改进或创新。它包括两种形式：一是以某种技术为主体，引进另一项技术使之协调结合，形成新的更具科学性与合理性的新技术；二是多种技术的结合，即按一定的功能目标的要求，引进多项技术所形成的新技术。它具有节省资金与时间、见效快的特点。

(3) 科技协作创新途径　就是通过各种协作形式，使科研机构、大专院校、水产企业合作进行技术开发。它具有优势互补、创新能力强的特点。

三、渔业技术引进

1. 技术引进的作用与原则

(1) 技术引进的作用　技术引进是指在国际间的技术转移活动中，买进技术的一方，通过各种途径从国外获得先进设备和技术，其中也包括先进的管理方法和手段。

促进科技进步，自行开发固然重要，但是，当代技术种类繁多，技术既向边缘发展，还相互交叉，发展一项技术所需投资也越来越多。因此，要根据自身条件，侧重发展若干项技术并保持领先地位，其他技术靠引进、合作，这样资源利用更合理，效率更高。

技术引进的作用主要是可以大大节省技术开发时间和科研试制费用，可以迅速掌握先进技术。一项重大的技术或科研成果，从酝酿、研究、试制到生产，一般需要10年左右的时间，而引进技术只需2～3年甚至更短时间就可投入生产。日本1955～1970年之间，几乎掌握了世界半个世纪中发明的全部技术。他们用60亿美元引进了这些先进技术，既赢得了35年时间，又省了大量科研费用，而国外这些先进技术，从研制到投入生产总共花了2000亿美元。可见，引进技术确实是发展经济、推动科技进步的一条捷径。

(2) 技术引进的原则　技术引进涉及政治、经济、技术、生产、贸易、外交、法律等多个方面，因此，技术引进必须坚持以下原则。

① 适合我国国情，适合经济建设急需。我国还处于社会主义初级阶段，人口多，资金不足，技术力量有限，经济发展对技术的引进只能有所侧重。因此，要按照先进性、适用性、经济性的要求择优引进技术，侧重引进生产经营急需的技术与设备，引进投资省、见效快、盈利多、有利于偿还的技术。

② 平等、互利。平等、互利是指引进技术必须不损害国家主权，不妨碍经济独立，合作双方经济上都能得到合理的利益。

③ 确保消化，力求创新。学习与创新相结合，是我国赶超世界先进水平的必由之路。对国外的先进技术，应该遵循"一学、二用、三改、四创"的方针，把引进、消化、推广与创新结合起来。不注重消化能力，不力求创新，将永远是一个技术引进国。因此技术引进必

须要确保消化,力求创新。

2. 渔业技术引进的方式

渔业技术引进的方式大体上分为以下几类。

(1) 引进先进设备 它包括整个项目包建、进口成套设备、进口单机等。这种方式常被形象地称为引进"硬件"。严格来说,这类引进主要是引进设备,还不是真正引进技术,只能通过引进设备来转移技术。它的优点是时间短,形成能力快,能迅速填补技术空白和薄弱环节。缺点是需要花费大量外汇,不能充分地学到关键技术,长期下去,必然会增加对外国技术的依赖性。

(2) 引进先进技术 即引进先进的生产工艺技术、设备制造技术和经营管理技术。这一类引进被称为引进"软件"。其具体形式很多,包括购买产品设计、工艺流程、配方、测试技术、设备制造图纸;聘请专家;培训人员;技术咨询;技术服务等。这些往往表现为资料、图纸等信息形式,它必须通过技术贸易合同,才能够获得使用权。

在国际上,把引进技术称为"许可证贸易",就是技术供应方就某项技术转移达成协议,签订正式的合同或许可证,允许技术引进方使用技术供应方的技术,技术引进方为此支付一定的费用。

技术许可证包括:专利许可证、商标许可证、版权许可证(包括计算机软件、音响、影视产品)、商业秘密许可证、技术服务和咨询合同。技术的转让是使用权的转让,这种使用权的权限、时间和期限、地域范围和处理纠纷的仲裁程序都应在许可证合同中加以确认。

(3) 合作生产 合作生产是指技术引进方与技术供应方就某种产品的生产合作。由技术供应方提供并转让生产技术,提供一部分关键机器设备或零部件,由技术引进方提供厂房、基础设施等。双方的关系仅仅是合作不是合资,各自独立核算。相互之间的技术转让、设备引进、提供零部件、销售产品都是有偿的。

(4) 合资经营 合资经营是指两个或两个以上的合作者共同兴办企业、共同投资、共同经营、共享利润、共担风险。一般做法是:技术供应方以专利或专有技术、机器设备、现金作为资本投资。技术引进方以厂房、土地、劳务、基础设备等作为资本投资。

(5) 补偿贸易 补偿贸易是用产品支付引进技术和设备贷款的一种贸易方式。技术引进以借贷方式引进技术供应方的技术和设备,利用先进的技术和设备生产产品,在双方商定的期限内用产品分期偿还贷款的本金和利息,这种方式称为产品返销。如果是用双方商定的其他商品偿还贷款,则称为抵偿贸易。

(6) 技术咨询服务 是指技术提供方利用自己的技术、能力与经验,协助对方达到某种技术经济目的而进行的合作。如提供专家指导、人员培训、管理咨询等。

四、渔业技术储备

技术储备是指新研制的器材、设备或某一产品、某一关键工序或工艺等暂不投入生产,仅储备设计图纸、资料、技术文件、标准等软件,保管好工艺装备,需要时即能迅速生产。目的是为了保证产品的不断创新和企业在生产技术发展中的领先地位。广义的技术储备包括科技人才、科技知识和科研装备的收集与准备,以便在老产品进入衰退期时,新产品能及时投入市场,使新老产品交替、相互衔接。

随着科学技术的迅速发展及其对经济发展影响的日益增大,无论整个国民经济的发展还是一个企业的发展,都必须依靠科学技术。国际间、企业间的经济竞争,归根结底也是技术上的竞争,而争夺技术的优势又常常是经济竞争的核心。为此,要促进经济的快速发展,并在竞争中取胜,就必须具备众多的技术人才、丰富的科学知识和先进的技术装备,也就是要有充足的技术储备。

技术储备是一种探索性、试验性的工作，具有一定的风险性。为了提高技术储备的成功率，应注意做好：①对新产品开发进行科学的技术预测与经济预测，搞好新产品的开发规划；②加强技术人才的培养，使他们具有丰富的技术知识、技术经验和优良的素质（包括思想品质、工作态度、解决问题的能力、创造力等），充分发挥他们的作用；③依靠先进的试验手段和现代化的工业生产装备；④正确处理基础研究、应用研究和技术开发三者之间的关系。

五、渔业技术机密与技术专利

1. 技术机密

（1）概念　技术机密的基本含义是，为了维护国家或集团（个人）的技术权益，在一定时空条件下，按照国家规范程序，对科技活动及其成果有针对性地采取各类保护措施的工作。这是广义的技术机密，即包括国家技术秘密和商业秘密。通常所说的技术机密是特指保守国家科学技术秘密。如今国家技术秘密相对减少，商业秘密不断增加，而且技术侵权案件常有发生，甚至影响社会发展和技术进步的良好秩序，商业秘密的保密与司法保护问题越来越突出。因此，技术机密应包括商业秘密中技术信息的保密。

（2）侵犯技术秘密行为　《中华人民共和国反不正当竞争法》和国家工商局《关于禁止侵犯技术秘密行为的若干规定》指出，侵犯技术秘密行为主要有以下五种表现形式。

① 以盗窃、利诱、胁迫或者其他不正当手段获取权利人的技术秘密。

② 披露、使用或者允许他人使用以前项手段获取权利人的技术秘密。

③ 与权利人有业务关系的单位和个人违反合同约定或者违反权利人保守技术秘密的要求，披露、使用或者允许他人使用其所掌握的权利人的技术秘密。

④ 权利人的职工违反合同约定或者违反权利人保守技术秘密的要求，披露、使用或者允许他人使用其所掌握的权利人的技术秘密。

⑤ 第三人明知或者应知前几种侵犯技术秘密是违法行为，仍从那里获取、使用或者披露权利人的技术秘密。

另外，《北京市反不正当竞争条例》第十六条第一款第四项规定，"以高薪或者其他优厚条件聘用掌握或者了解权利人技术秘密的人员，以获取、使用、披露权利人的技术秘密。"亦属侵犯商业技术秘密行为。

（3）侵犯商业秘密的主要行为

① 盗窃商业秘密。

② 擅自跳槽，带走商业秘密。

③ 高薪、利诱、收买，获取商业秘密。

④ 利用窃听手段，截获商业秘密。

⑤ 利用胁迫手段，获取商业秘密。

⑥ 搞联营骗局，套取商业秘密。

⑦ 招聘离退休人员，获取商业秘密。

⑧ 违反保密协议，擅自使用商业秘密。

⑨ 从计算机软件中窃取商业秘密。

⑩ 明知违法所得，还要使用商业秘密。

⑪ 从废纸中收集商业秘密的信息。

（4）企业技术秘密的保护　企业保护技术秘密包括事前的积极防范措施和事后的司法救助两种形式。

① 采取积极防范措施。

a. 企业应当把具备商业秘密基本特征的经营信息、技术信息、技术秘密的事项，确定为本企业的商业秘密,并做出标志,再通过一定的形式使有关人员明确这是本企业的商业秘密。

b. 要结合实际情况,制定保密措施,明确保密职责。

c. 要向本企业的干部、员工进行保密教育,提高保密观念,增强保密意识,知悉保密制度和公司规定,为自觉地保守本公司的商业秘密尽义务,自觉地保护本公司的商业秘密。

d. 企业可以技术转让,但必须约定对方承担保密义务。

e. 企业可以权衡利弊,把商业秘密中的技术秘密申请专利,用《中华人民共和国专利法》予以保护起来。

② 商业秘密的司法保护

a. 通过《刑法》保护。

b. 通过《民法通则》保护。

c. 通过《劳动法》保护。

d. 通过《反不正当竞争法》保护。

e. 通过《经济合同法》和《技术合同法》保护。

f. 通过《计算机软件保护条例》保护。

信息窗

内部人员拷盘,公司科技秘密外泄

某日,北京一家高科技产业公司的职工们刚上班,两名工作人员突然发现办公室的玻璃墙上的帘子改变了角度,继而又在桌子上发现了一张不知是谁遗落的 U 盘。他们猛然想到,可能有人在夜间曾利用计算机进行拷贝。当他们打开计算机时,人们一下子惊呆了,计算机屏幕上清楚地显示出,深夜一点有人在计算机内建立了子目录,拷贝了公司大量的科技秘密资料。

情况十分紧急。这是一家北京某高校创办的高科技企业,产品畅销全国并已经打入国际市场,盈利颇丰。如果这些科技资料流失,将会使公司甚至国家遭受严重损失。

该情况立即被汇报给了公司领导,公司马上向校保卫部门报案。经过紧张细致的调查工作,此案很快就被侦破了。那位梁上君子盗去了拷入公司大量科技秘密的 U 盘,还未来得及转移,就被保卫部门人赃并获。

作案人是近年进入该公司的大学毕业生。他嫌公司待遇低,平时工作不积极,总是梦想发大财,竟然打起了公司科技秘密的主意。

整个作案过程平淡无奇。作案人通过与人借自行车钥匙及趁办公室无人,钥匙放在桌上等机会,事先配齐了七把办公室及办公室内库房的钥匙。头一天下班前,他先躲进厕所,后又躲进放杂品的黑暗角落。等公司人员都下班走了,楼下值班室的人将大门锁上睡觉后,夜深人静时,他才出来作案。第二天早上,他乘工作人员上班的机会,从厕所走出来,混进人群,将 U 盘带回宿舍。

案件发生后,该公司领导受到了巨大震动,他们说:"教训是深刻的。"公司随后在存放机要文件和科技秘密的场所安装了防盗报警器,并进一步完善了有关规章制度。

---

2. 专利技术

专利技术,顾名思义,是指被处于有效期内的专利所保护的技术。根据我国专利法对专利的分类,主要是包括发明专利和实用新型专利所保护的技术。外观设计专利因为保护的是新设计,而非技术,所以,严格意义上说,应称为专利设计,而不是专利技术。但是,大家通常所说的,有宽泛外延的专利技术一词是把发明专利、实用新型专利和外观设计专利都包括在内的。

需要注意的是,专利技术仅仅是指被授权专利所保护的技术,也就是仅仅指被专利的权利要求所保护的技术，而不能认为专利说明书中所记载的技术都是专利技术，更不能认为未被授权的专利申请所记载的技术也是专利技术。

另外需要注意的是，专利技术会随着专利有效期的结束而变成非专利技术，或称过期专利技术，就可以无偿使用了。

我国的专利类型有以下三种。

（1）发明专利　我国《专利法实施细则》第二条第一款对发明的定义是："发明是指对产品、方法或者其改进所提出的新的技术方案。"

所谓产品是指工业上能够制造的各种新制品，包括有一定形状和结构的固体、液体、气体之类的物品。所谓方法是指对原料进行加工，制成各种产品的方法。发明专利并不要求它是经过实践证明可以直接应用于工业生产的技术成果，它可以是一项解决技术问题的方案或是一种构思，具有在工业上应用的可能性，但这也不能将这种技术方案或构思与单纯地提出课题、设想相混同，因单纯的课题、设想不具备工业上应用的可能性。

（2）实用新型专利　我国《专利法实施细则》第二条第二款对实用新型专利的定义是："实用新型是指对产品的形状、构造或者其结合所提出的适于实用的新的技术方案。"同发明一样，实用新型专利保护的也是一个技术方案。但实用新型专利保护的范围较窄，它只保护有一定形状或结构的新产品，不保护方法以及没有固定形状的物质。实用新型的技术方案更注重实用性，其技术水平较发明而言，要低一些，多数国家实用新型专利保护的都是比较简单的、改进型的技术发明，可以称为"小发明"。

（3）外观设计专利　我国《专利法实施细则》第二条第三款对外观设计的定义是："外观设计是指对产品的形状、图案或者其结合以及色彩与形状、图案所作出的富有美感并适于工业上应用的新设计。"

外观设计与发明、实用新型有着明显的区别，外观设计注重的是设计人对一项产品的外观所作出的富于艺术性、具有美感的创造，但这种具有艺术性的创造，不是单纯的工艺品，它必须具有能够为产业上所应用的实用性。外观设计专利实质上是保护美术思想的，而发明专利和实用新型专利保护的是技术思想；虽然外观设计和实用新型与产品的形状有关，但两者的目的却不相同，前者的目的在于使产品形状产生美感，而后者的目的在于使具有形态的产品能够解决某一技术问题。例如一把雨伞，若它的形状、图案、色彩相当美观，那么应申请外观设计专利，如果雨伞的伞柄、伞骨、伞头结构设计精简合理，可以节省材料又有耐用的功能，那么应申请实用新型专利。

信息窗

技术创新使南湾渔业焕发青春

1988年，有70000亩养鱼水面、30多年渔业史的南湾水库水产站只捕到35000斤鱼。经营业绩陷入历史最低潮，全站100多位职工靠借债度日。为了摆脱困境，南湾水产站全体职工员重奋起，锐意创新，成立了南湾水库渔业开发有限责任公司，大胆改革经营管理模式，强力推进技术创新，至2002年南湾鱼产量突破百万斤大关，2008年起渔业收入连年保持在近千万元。使南湾湖这颗豫南明珠又焕发了青春。总结经验教训：是观念的更新引发了技术创新，产品创新引发了经营管理上的创新，从而开创出南湾水产业全新的面貌。

——改变放养模式。由粗放式增养殖改变为半精养式增养殖。通过开展渔业资源调查，科学评估南湾湖水体负载力、鱼产力。根据水质状况确定合适的鲢鳙鱼放养比例，调整放养密度，提高放养规格。实现了该大型水库亩产30多斤的历史性突破。

——改革传统渔具渔法。引进罾网捕鱼技术，并革新工艺将其和灯光诱捕结合起来，组合成大型可移动式罾网；同时将传统的无囊张网改为有囊张网，降低了捕捞强度，做到了因需取鱼，保证了鱼获物的鲜活，同时大大提高了单网次捕捞产量，2008年实现了单网次捕鱼35万公斤的历史最高纪录。

——改网箱养鱼为网箱囤鱼，实现南湾鱼的均衡上市。以不投饵网箱养鱼理论为基础，通过科学囤放，合理布局，扩大网箱受水面积，保持自然生境，保证南湾鱼的鲜活。

——创新鱼类繁育技术，发明出新型鱼类孵化器并获国家实用新型技术专利。该孵化器缸体采用有机玻璃材料，外接PVC进出水管道，具有操作方便、体积小、重量轻、容量小，拆装自如，孵化过程一目了然，既可用于名优鱼小批量生产，又可连片组合成规模化生产车间。

——注重地方名优产品的保护和开发。先后实现了南湾鲌鱼、黄颡鱼、鳜鱼、花䱻的人工繁殖和驯养。2009年南湾水库翘嘴红鲌种质资源保护区建设得到了农业部的批准和支持。

——依托技术支撑，狠抓品牌建设。鉴于南湾鱼独有的味道和口感，将南湾鱼（南湾鲢鱼、南湾鲌鱼）品牌建设作为振兴南湾渔业的一项重大战略举措。为此与河南省水产科学研究院、信阳农业高等专科学校水产系等院校联合攻关，先后对南湾的生态环境进行调研，对南湾鲢鱼、鲌鱼的氨基酸组成等营养成分进行分析测定，对南湾鱼的生产工艺流程进行了规范，在此基础上发布了南湾鱼的地方标准并严格执行之。经过几年的努力，"豫南湾"牌南湾鱼赢得了消费者的认可，先后通过了ISO9001国际质量管理体系、无公害水产品生产基地、无公害农产品标记、原产地标记、有机食品以及河南省名牌农产品等认证，南湾鱼无公害养殖标准化示范基地的建设先后通过了省和国家质检局的验收。

公司通过商标注册、专营专卖（2000年组建"销售公司"）等措施很好地保持了品牌的质量，维护了消费者的利益。同时南湾鱼自身的价值也得到了市场的认可，例如：同一规格的鲢鱼，带有特殊品牌标记的"豫南湾牌"南湾鱼要比其他鲢鱼贵出近一倍的价钱。

品牌建设的良好效应进一步激发了渔业公司员工技术创新的积极性。10多年来，他们先后发表论文30余篇，获得技术专利两项，出版著作两本，在水产行业产生了积极而深远的影响。

实操与思考

一、项目实训

项目一：网上冲浪——企业管理信息系统

1. 项目目标

① 使学生加深对企业管理信息系统的感性认识与理解。

② 初步认知与自觉养成现代管理者使用管理信息系统的能力。

2. 项目任务

任务1：由学生利用课余时间，在网上搜集使用管理信息系统的大型企业的案例，了解大型企业管理信息系统的具体情况。

任务2：学生制作成课件，在班上展示。

3. 成果与检测

① 每人制作一份5min左右的课件。

② 根据每人展示的内容与表现进行评估打分。

项目二：企业技术管理的调查与访问

1. 项目目标　使学生加深对企业技术管理的感性认识和理解。

2. 项目任务

任务1：由学生自愿组成小组，每组6~8人。利用课余时间，选择1~2个中小企业进行调查与访问。

任务2：在调查访问之前，每组根据课程所学知识经过讨论制订调查访问的提纲，包括调研的主要问题与具体安排。

3. 成果与检测

① 每人写出一份简要的调查访问报告。

② 调查访问结束后，组织一次课堂交流与讨论。

二、思考

1. 信息、系统、信息系统的含义是什么？
2. 什么是电子商务？水产电子商务的发展现状如何？
3. 现代管理信息系统的发展趋势是什么？
4. 水产企业技术管理主要包括哪几个方面？
5. 什么是渔业技术创新、技术储备？它们在水产企业中有何意义？
6. 技术机密和技术专利各是什么？

第十一章 渔业企业的国际化经营

> **学习目标**
> 1. 了解渔业企业国际化经营的趋势与原则。
> 2. 初步掌握渔业企业联合经营的概念与策略。

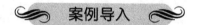

一条小泥鳅　成就大气候
——连云港泥鳅养殖与国际贸易简介

泥鳅具有较高的药用价值，素有"水中人参"之称。日本、韩国均有经常食用泥鳅的习惯。日本自20世纪50年代起，韩国自20世纪70年代起就开始了对泥鳅的人工育苗和养殖。但自20世纪末开始，由于养殖场地价和人力成本的上涨，韩日两国的泥鳅生产量下降，其国内泥鳅市场出现了货源短缺的现象。自20世纪80年代起，乘着改革开放的东风，我国即有零星的野生泥鳅出口到韩国和日本。那时，国人对泥鳅并不太喜爱，一般将其列入饲料鱼（作鸭饲料）或低值鱼之列。但随着国外市场对泥鳅的需求量越来越大，单靠收购野生泥鳅已不能满足出口的需要，同时也引起了国内泥鳅价格的大涨。这种明显的市场效应刺激了国内泥鳅养殖业的发展。自2000年起，江苏省连云港市开始了泥鳅的人工养殖并取得了初步的效果，2002年，一些具有泥鳅养殖及经营经验的韩国人也利用我国较低的人工费及较低的鱼池和场地占用费的特点，来到连云港从事泥鳅养殖和经营。韩国的泥鳅养殖技术、管理和资本，对我国当时的泥鳅养殖和经营起到了较好的推动作用。连云港市有些地方的农民自发地成立了泥鳅养殖协会，在政府有关部门的支持和指导下，根据进口国的检验检疫卫生要求，实行标准化的、规范化的健康养殖技术和中转、囤养、运输技术，从而使当地的泥鳅养殖呈现出明显的"养殖水平高、出口外向度高、经济效益高、产品质量优"的特点。2008年，连云港市泥鳅出口量达到了7700t，运输成活率95%以上，出口货值2430多万美元。迄今，连云港市泥鳅养殖水面已达到2万多亩，泥鳅养殖已成为当地农业增效、农民增收的重要产业，连云港市已成为名扬四海的"中国泥鳅之乡"。

上述关于泥鳅养殖与出口的案例，是水产业走向国际化经营的一个缩影。现在让我们首先了解国际化经营的概念。

在与本国不同的各种环境条件下，本国企业为实现经营目标和经营资源的基本流动而进行的有计划、有组织、有控制的活动，我们称之为国际化经营。它涉及两个或更多个国家的经营活动，或者说其经营活动被国界以某种方式所分割。一般来说，如果一个企业的资源转化活动超越了一国国界，即进行商品、劳务、资本、技术等形式的经济资源的跨国传递和转化，那么这个企业就是在开展国际化经营。

第一节 概 述

中国企业国际化经营进程中有成功也有失败，只有认清现状，找出阻碍企业发展的根源，不断发现新问题，解决新问题，学习并借鉴先进的国际经营经验，着眼于全球战略，发挥和培育自身优势，整合全球资源，增强技术创新能力，打造国际化的品牌，才能加速中国水产企业的国际化进程。

一、中国渔业企业国际化经营现状

改革开放以来，我国水产品对外贸易发展迅速，2008年出口额达106亿美元，首次突破百亿美元大关，已连续7年位居世界水产品出口首位，连续9年位居我国大宗农产品出口首位。据海关统计，2009年12月我国水产品出口大幅增长，出口量31.9万吨，出口额12.4亿美元，同比分别增长20.9%和23.7%，创月度出口额的历史新高。全年水产品出口总额达107亿美元，同比增长1%，继去年首次突破百亿美元大关后，再创历史新高。

自从20世纪50年代以来，世界经济发展的一个显著特点是各国企业经营活动的国际化。在很长的一段时间内，全球经济、区域经济、国家经济和跨国经济同时存在并持续发展。国际化经营已成为当今企业经营的主导趋势之一。

二、企业国际化经营的原因

企业的跨国经营是一个渐进的过程，企业为了满足获得关键要素的需求，追逐更大的市场份额，在全球范围内优化资源配置，从而降低获取生产要素的成本。企业国际化经营的原因主要有以下几点。

1. 充分利用技术领先的优势

同一产品在不同市场上的生命周期是不一样的。在一个国家的市场上已经进入成熟期或衰退期的产品，在另一个国家的市场上可能刚刚进入成长期，而在其他欠发达国家的市场上则可能处于投入期。因此，将产品向不同的市场扩散，就可保持产品在新市场上技术领先的地位。当一个企业开发出一种新产品，起初它会具有明显的竞争优势。随着这种产品的逐渐传播和成长，在国内市场上越来越失去其独特性和所具有的竞争优势，这时企业通常会将这种产品向国外市场拓展。

2. 极大地发挥商标品牌的优势

① 由于人们普遍存在"崇洋"心理，或者是其优异的产品质量，洋品牌通常被认为比国内产品好。当一种产品的品牌在国内具有良好的声誉时，它通常诱使企业在全球范围内设立生产子系统。这种情况在服装、汽车、家用电器中尤为明显。

② 进行国际化的竞争，活跃于几个主要的大的国际市场上，也更进一步巩固和加强了企业的声望和信誉。

3. 有效地利用规模经济优势

国际范围内的纵向一体化是实现规模经济的关键，因为国际纵向一体化的有效规模较之国内市场规模要大得多。当存在超越本国市场容量的规模经济时，企业为了降低产品成本，取得规模经济所带来的效益，就不得不向新的市场渗透，将企业的储运、采购、生产和市场营销等活动转向国际化。

4. 极大地占有低成本资源

把生产活动转移到资源或劳动力价格相对较低的地区，在世界范围内规划生产系统，并向全世界销售产品，从而降低产品成本，增加产品的竞争能力，保证企业经营的最佳整体效益。

5. 促进核心竞争力转移

核心竞争力是由企业的创新、效率、质量以及顾客的忠诚度所组成的，并构成企业竞争优势的基础。企业将其在国内拥有的核心竞争力及创新产品转移到海外市场，可以获得更大的利润。

6. 获取区域经济效益

在交易成本与贸易壁垒允许的情况下，跨国公司在全球范围内搜寻创造价值的活动的最适合地点的过程，实质上就是企业资源在全球范围内优化配置的过程。一是降低创造价值的成本，有利于企业达到成本领先；二是使企业形成差别化，获得超过行业平均水平的利润。

三、企业国际化经营战略

1. 企业国际化经营战略的特征

企业国际化经营战略是指从事国际化经营的企业通过系统地评估自身的经济资源以及经营使命，确定较长时期内企业的主要任务和目标，并根据变动的国际环境拟定必要的行动方针，为求得企业在国际环境中长期的生存和发展所制订的长远的总体规划。

① 企业国际化经营战略是企业日常经营活动的指导原则，具有区别于一般企业战略的特点。

  a. 以国际化经营为目标规划其全球性经营活动。

  b. 在国际化经营前提下合理配置企业资源。

  c. 运用全球化视点规范各职能部门的行为。

② 企业国际化经营战略目的是为了实现企业的全球化经营。

  a. 其全球战略目标的活动已不是单一化的对市场变化的直接反映，而是对企业所处竞争环境和企业自身资源进行评估后的有计划、有组织的行动。

  b. 它包括全球战略目标和全球战略部署，各种可能的抉择，明确的区域、产品发展规划和程序，以及扩张步骤等。

2. 企业国际化经营战略的意义

当前，经济全球化是世界经济发展的趋势，国际竞争国内化、国内竞争国际化愈演愈烈。整合国际资源、增强企业竞争实力、努力抢占国际市场是企业发展的战略选择。

制订企业国际化经营战略要求企业着眼于世界市场和世界资源分布，要以全球化的视野和眼光来优化企业的经营活动，而不是将全球运作分解为多个相互独立的经营活动的简单组合。因此，企业国际经营战略主要有以下几个方面的意义。

① 协调和整合企业分散在各地的业务。

② 预计和应付全球环境与东道国环境的变化。

③ 获得全球资源共享。

④ 规避企业的经营风险。

信息窗

食无鱼——塔吉克斯坦渔业渴望外资

塔吉克斯坦有着传统的渔业历史，中亚所特有的气候及水质条件适合多种鱼类的生长，目前有 60 多种鱼类，主要为池塘和湖泊养鱼。

前苏联时期塔吉克斯坦有超过 4000t/年的产量。苏联的解体，尤其是接踵而至的内战给塔吉克斯坦渔业带来致命的冲击。由于经济不景气，塔吉克斯坦无力对渔业及其配套设施进行必要的投入，加之大量专业人员的弃行，致使水产品产量出现暴跌。

塔吉克斯坦水产品市场供不应求。据专家统计，塔吉克斯坦居民每年需求两万吨水产品，此外，随着外来人口的增多，特别是塔吉克斯坦目前正进行大规模基础设施建设，一系列水电站和公路等项目的实施及陆续上马，外国承包商及劳务人员急剧增多，塔吉克斯坦每年对鱼类产品的需求量将超过 2 万吨。由此看出，塔吉克斯坦鱼类产品的供应缺口超大，目前，市场上尤其缺乏适合中下阶层消费水平的中低档水产品，如鲤鱼、虹鳟鱼、鲶鱼等品种。

塔吉克斯坦渔业目前不仅存在机制落后、设备老化、资金严重匮乏等问题，而且不具备在现代工艺条件下先进的养殖技术，严重制约着该行业的发展。

塔吉克斯坦渔业属于垄断经营行业，由塔吉克斯坦农业部下属的塔吉克斯坦渔业总公司对全国渔业进行统一管理，制定统一政策。该公司可根据市场行情对鱼及其产品自行定价销售，属于经济核算企业。在塔吉克斯坦渔业总公司旗下有各种形式的鱼类养殖实体，它们分布在全国各地，其中最大的有六家养殖场，占地共 $1626hm^2$。

塔吉克斯坦渔业总公司将进行系统内机构改革，不论所有制为何种形式，在自愿基础上都可以加盟塔吉克斯坦渔业总公司，同时积极吸引外资，鼓励旗下成员与外国公司建立合资公司。除享受塔吉克斯坦政府给予外资企业一般的优惠政策外，塔吉克斯坦渔业总公司对其外国投资伙伴还给予双方商定的优惠。

随着塔吉克斯坦经济的复苏、人口的增加，势必带动更大的需求。因此，塔吉克斯坦渔业有其发展的基础、动因和足够大的需求市场。本行业属于垄断经营，易于管理，并有一定的行政力量支持。

目前，塔吉克斯坦为恢复渔业四处奔走吸引外资。塔吉克斯坦为中国友好邻邦，因此鼓励中国业内企业与其开展经济合作。

第二节 渔业企业的全球化战略

一、全球化战略概念

"战略"一词原是一个军事用语，后来引申到社会经济技术领域。企业的全球化战略是指某些跨国企业企图垄断世界经济市场的战略计划。

企业的全球化战略是企业根据世界环境的变化，以及本身的资源和实力选择适合的经营领域和产品，形成自己的核心竞争力，并通过差异化在竞争中取胜，随着世界经济全球化和一体化进程的加快和随之而来的国际竞争的加剧，对企业的战略要求愈来愈高。

企业全球化战略是着眼于全球经济背景，设立远景目标并对实现目标的轨迹进行的总体性、指导性谋划，属宏观管理范畴，具有指导性、全局性、长远性、竞争性、系统性和风险性六大主要特征。

企业战略是对企业各种战略的统称，其中既包括竞争战略，也包括营销战略、发展战略、品牌战略、融资战略、技术开发战略、人才开发战略和资源开发战略等。

企业国际化经营分六个阶段：起步；直接出口；国际经营；多国经营；跨国经营和全球战略。现阶段，我国水产企业还处在国际化经营的初级阶段，即保证和扩大国内销售、直接出口以及对外直接投资。因此，在国际化经营过程中还有很长的路要走。

二、企业全球化战略的必要性

进入 20 世纪 90 年代，随着经济全球化步伐的加快和我国改革开放的深入，一个更加广阔的全球市场正在形成。面对经济全球化的挑战和加入 WTO 的现实，我国企业要想在新的形势下求得生存和发展，必须转变经营思想，破除过去旧的、封闭的经营理念，树立全球观念,这是企业实现跨国经营的首要条件。在经济全球化的今天,没有全球化的视野和思维,企业就无法在国际竞争中取胜。从市场的角度讲,中国企业正面临国内市场国际化,国际市场全球化的挑战,企业的一举一动,特别是战略和策略层次上的行为,都将接受全球标准与规则的检验。

为此,企业要有全球化的思维方式与布局,无论是在创业阶段还是成长阶段。

① 经济全球化和生产国际化的客观要求。随着我国水产行业多年积累发展,生产力水平提高较快,而供加工的资源减少,就有必要向外发展,寻找空间。这也是我国水产企业进一步成长发展的机遇。

② 全球经济中心从发达国家向发展中国家迅速转移;互联网的发展,使通信成本大幅降低,世界变得扁平,成了天涯若比邻的地球村,跨国协作更加通畅,富有效率;跨国贸易、投资及科技转移步伐的加快,使越来越多的本土企业有机会打入国际市场,同时,本土市场也成为全球市场的一个重要组成部分。

③ 规避贸易壁垒,开拓国际市场。近年来,我国水产品行业的对外贸易屡屡受到来自国外的各类名目繁多的贸易壁垒的阻碍,出口难度越来越大。而在海外开展渔业与水产品加工贸易合作,进行本地化生产和销售,则能有效地绕开一些国家和地区设置的贸易壁垒,可以使企业创新经营贸易方式,建立和完善海外贸易营销网络,增强市场拓展能力,获得更广阔的市场发展空间,全方位多元化地开拓国际市场。

④ 同质化的生活方式在全球蔓延,人们对不同文化和价值观从未有过的包容和欣赏,对特定产地产品的忠诚度日益淡薄;企业、产品品牌及知识等智慧资产,成为企业最为宝贵的重要资产,对知识和人本身的尊重,达到了前所未有的高度。

⑤ 利用国外丰富的渔业资源,缓解国内日益严峻的渔业资源衰退困境,保护并修复海洋生态系统和现有渔业资源。20世纪70年代以来,由于沿海捕捞船的无序增加,捕捞强度盲目增大,使得东海渔场传统的大、小黄鱼、乌贼、带鱼四大经济鱼类资源出现了衰退,海洋生物资源原有结构已基本解体,也阻碍和损害了资源的再生能力和过程。随着各国专属经济区制度的建立,我们原有的远洋渔业亦受到了较大的影响。实施全球化战略,积极开展对外水产经营合作,以各种可行的形式到一些渔业落后国家海域进行捕捞作业并进行加工贸易,这是在渔业资源衰退和近海可用渔业资源日益减少的情况下,修复近海生态,保护渔业资源,维持我市渔业经济的稳定增长的一个行之有效的战略举措。

⑥ 网络科技的发展颠覆了许多传统的思维和经营模式,新产品开发的时间和产品的生命周期大大缩短,同时,创造了许多新的商业机会。

⑦ 充分利用国际金融市场,利用东道国优惠政策,获得大量融资的要求。在国内想要获得外资,利用外资,存在着渠道少、限制多等问题。而在境外设企业开展水产项目的经营与合作,就可以利用合作方和自己的信誉及当地金融市场,利用外资在国外办企业,再在国外赚钱,取得相对较好的融资利益。

⑧ 充分利用东道国的比较优势,实现国内外两种资源优化配置的要求。利用东道国具有比较优势的资源,而将我国比较优势低、附加值低的生产环节转移,既能降低成本,又能取代部门直接出口,保持较大国际市场份额,还能促进我国水产行业产业结构的调整和升级,取得国际分工利益。此外,还能利用东道国的基础设施和各种服务,取得广泛的资源利益。

三、企业全球化战略观念

中国低成本的优势正在失去,全球化,正成为中国企业最重要的发展趋势。一方面,外国企业大举进入中国市场，在中国本土市场与中国公司展开激烈竞争；另一方面，在全球竞争的环境下，中国企业为了在自己的领域里增强竞争力，不得不去海外寻找新的市场与利润来源，在国内进行低成本恶性竞争的利润已经非常微薄，只有大力开拓海外市场才有发展余地。但是中国企业完全没有全球化的经营和管理理念，多数企业非但没有迈开全球化的步伐，反而不约而同地打起了价格战，到头来，使生产完全无利可图。

当今时代，战略竞争已经成为不同企业之间最主要的竞争模式。企业国际化经营活动是一项长期行为，蕴藏着许多未知困难，风险大，这就要求企业必须具有超前的意识和全局的观念，通盘考虑、长远打算、精心谋划、站在全球经济的高度，制订正确战略，使企业能够在正确的战略指导下步步为营，克服盲目性和随意性，减少经营风险。我国水产企业的国际化经营起步晚、规模小、实力弱、水平低，还处在国际化的初级阶段，国际化程度还很低，可以说，仍处于低级的价格竞争阶段。

近些年来，我国一些水产企业勇于参与国际竞争，如獐子岛渔业公司、浙江兴业集团公司、国联水产、通威集团等，在国际化经营中迈出了可喜的一步。但面对外国跨国公司如正大集团这样强大的竞争对手，企业必须找准国际化经营的切入点，集中优势资源，进行战略创新，这是获得成功的重要战略要素。为此，我们要在经营的战略观念上不断调整、更新，以适应新的国际竞争要求，提高国际化竞争水平。

1. 培育世界市场意识，掌握市场规则，主动融入经济全球化

我国水产企业要真正融入世界经济中，必须树立"世界意识"、"规则意识"。开发国际市场，面对不同的文化、不同的思维、不同的营销，应抛弃在本土形成的狭隘思想，立足国际、适应国际、从事跨国发展。在思想上重新认识，以新的思维去考虑企业面临的新问题。要敢于吸收先进的国际管理经验和管理思想，并结合自身特点进行转化，把握心态，逐步学会调整，以稳步提高自身能力。水产企业员工，尤其是水产企业经营者必须全面了解、掌握和运用市场竞争中的国际规则，树立市场意识、法制意识、效率意识、精品意识，调整自己的经营战略，推进企业国际化。以国际市场的需求为导向，面向世界生产，建立具有世界竞争力的生产基地，推动生产国际化；开放市场，利用外资，建立国际化的融资体系；引进先进技术，充分利用国际资源，建立国际化的技术服务体系等，为水产企业走向国际市场创造基础条件。

2. 强化核心专长

我国加入WTO后，外资进入的多是大的专业公司，而我们多是经营分散的小企业。国外近些年来愈演愈烈的是专业化兼并，以此成为专业巨头，而我国企业热衷于战线拉长的多元化经营，缺乏专长，缺乏规模经济。专业化和规模化是社会化大生产的客观要求，世界500强企业大多数是首先进行专业化和规模化，成功之后才发展多元化。在经济全球化和我国加入WTO的背景下，国内企业将面临更强大的竞争对手，必须集中力量在水产行业内实现专业化，做强、做精，再通过全球扩张，走向规模化和全球化。即便是采取多元化的企业，也必须是建立在核心能力基础上的多元化。很多企业的成功案例表明，企业核心能力是赢得国际竞争优势的关键。事实证明，从专业化走向规模化和国际化是当代企业国际化经营的快捷方式。从经济的角度看，企业大，也不一定就代表实力强。所谓强大，应该是先强后大，先实现专业化、规模化，在该领域做深做透，才能竞争力强，才有做大的基础，通威、獐子岛等企业，都是先强后大，而不是先大后强。盲目扩张、盲目多元化，往往是企业失败的原因。

3. 品牌战略

在人们消费观念不断提升的今天，高质、绿色、环保的水产品正受到消费者越来越多的关注，水产品的优势已经从数量型向质量型转变。尤其是经济日益市场化、全球化的新形势下，一种产品特别是有同质性的大宗产品能否被国内外消费者认可并购买，不仅取决于产品的质量、特色、包装、产地，更多地取决于产品的品牌。品牌的竞争已成为市场竞争的主要方式之一。实施水产品品牌战略已经是市场经济条件下现代渔业发展的必然选择，是提高市场竞争力和满足消费需求的必然趋势，品牌是实现渔业增效、渔民增收的有效举措。其中自主品牌和知识产权是企业核心竞争力的象征，是提高市场综合竞争力的核心。

为此，首先，国家和地方各级政府应把鼓励自主创新政策摆在突出位置，高度重视发展企业自主知识产权和知名品牌。其次，开展以企业为主的产学研联合，创建自主品牌。水产业的持续发展离不开科技进步。而当前我国渔业科技支撑能力难以适应发展的需要，整体素质不高，产业层次比较低，基层服务能力不强。科技成果转化和推广的力度不足，企业科技后劲不足。水产企业应该吸取国外经验，积极开展与科研机构或高校的合作，共建科技研发中心，共同研究开发课题，共建高科技实体，把基础研究、应用研究与企业实际发展要求紧密结合起来，进一步研发出科技含量和附加值高的产品。对新培育出的具有重大市场开发价值的水产新品种，可直接采用品牌命名并加以注册。企业在水产品创新的过程中，对新品种直接采用品牌命名并加以注册，然后以授权、许可的方式在特定范围内进行新产品的推广，实行产加销一条龙经营。再次，重视开发绿色无公害水产品。绿色浪潮给全球的消费带来了巨大革命，水产品必须天然无污染，才能较好地迎合当前的消费趋势。因此，水产企业应紧紧抓住这一关键点，重视开发绿色无公害水产品。最后，增强品牌意识，加大宣传力度。政府应制定水产品品牌宣传政策，通过制定有关标准，评价和宣传知名品牌。同时，要建立水产品品牌推广制度，可通过各种渔业展销会、博览会、比赛及国际交流、文化节等形式帮助企业推广品牌。水产品作为生活消费品，还可借助各种媒体的广告宣传，针对消费者采取各种不同的营销手段，进行系统的统一宣传和推广。企业自身也应积极主动地宣传推介自己的品牌，不断扩大品牌的影响力和消费者的认知度，形成政府重视、企业主动、消费者认知、多方合力推进自主品牌建设的良好氛围，从而提高企业的核心竞争力。

4. 实施人才战略

人才战略是当今乃至今后企业发展的核心战略。"企业战略实施的成败，在很大程度上依赖于企业内部是否具有良好的组织与精干的人才。"很多知名企业都非常重视人才战略。联想强调：人才是企业的第一资本；福特公司的核心思想：人是力量的源泉；小天鹅的领导层认为："企业的'企'告诉人们，企业无人则止，有了人才，才有一切。"

企业的人才战略归纳起来，可细分为四方面。

（1）人才开发战略　企业要发展，就需要开发人才。可供选择的人才开发战略方案有以下几种。

① 引进人才战略　引进人才的主要方式有定向引进和公开招聘。同时，鼓励科研机构及科技人员投身水产业发展的主战场，走科研、生产、开发一体化之路，加快渔业科技成果转化。

② 培养人才战略　实施人才战略，必须注重人才的培养。在培养的目标上，要在抓好当前急需人才培养的同时，着眼于应对信息社会化、经济全球化以及中国加入WTO后国际、国内的新形势，我国水产品出口企业要尽快培养大批熟悉WTO/TBT协议规则、精通外语、能够参与争端解决的专门人才。企业外贸出口基层人员的素质的提升直接影响到外贸实战中的流程操作，水产出口企业应该高度重视。

（2）人才结构优化战略　企业是人才结合的有机整体。在任何一个企业内部，为使企业正常运转，实现企业的经营目标，必须根据社会需求、企业的定位和发展方向不断充实人才，不断进行人才结构的调整；使企业能够将所需的各种人才，按照企业运营和发展的要求有机地联合成一个整体，保障企业经营目标的实现。

(3) 人才使用战略

① 任人唯贤战略 "德才兼备"的用人标准是任人唯贤的具体体现，绝不能任人唯亲或者只用比自己能力低的人。大胆使用人才还必须强化大局观念，强化以公司发展为生命的观念。

② 岗位轮换战略 岗位轮换有助于打破部门横向间的隔阂和界限，给协作配合打好基础。首先，对管理干部来说，有助于使他们保持体察下情的谦虚态度。其次，多岗锻炼，培养人才。三是消除不满，激励员工。四是避免僵化，利于创新。

③ 适才适用战略 人才各有特点，各有所长，各有所短。在工作中，要给人才创造一个用武之地，宽松环境，使人才能锋其锐利，真正起到一夫把关万夫莫开的作用。要给人才锻炼的机会，显露本领的时间。

5. 以制度创新构筑发展平台

现代企业的竞争也是企业制度间的竞争。企业制度先进与否，企业制度效率的高低，直接决定了企业能否在激烈的国际竞争中处于不败之地。实践证明：一些先锋跨国经营企业无一例外地对原有企业制度进行了较为彻底的改革，实现了向现代企业制度的转变。即对原有企业进行了产权改造，实现了产权清晰，责权明确，对企业产权关系实行了全面的重组和建设，这是其跨国经营成功的重要原因和制度保证。通过现代企业制度的建立，这些企业进行了脱胎换骨的改造，从而加快了跨国经营的步伐，为企业更快地走出国门、走向世界，奠定了一个坚实的制度平台。

信息窗

中国企业在 2009 秘鲁国际渔业展览会上崭露头角

2009 秘鲁国际渔业展览会在秘鲁首都利马举行。作为在南美洲乃至全世界有较大影响力的渔业水产品专业展览会，秘鲁国际渔业展览会每两年举办一届，今年为第四届。本届展会参观人数达 15000 人，来自 20 多个国家的 270 家厂商参加了此次展会，这些国家包括智利、阿根廷、哥伦比亚、巴西、厄瓜多尔、中国、日本等。

在展览会宽阔的展厅内，可以看到各类渔业设备，如海上捕鱼设备、鱼类处理装置、制造冷冻鱼设备以及水产加工设备。各参展企业纷纷展出了自己的拳头产品。其中，中国企业的表现颇为抢眼。相关负责人介绍说："中国企业是我们极力要争取的客户。中国这些年发展迅速，这几届展会都有不少中国企业参加。尽管我们离中国很遥远，但是我们希望有越来越多的中国参展商出现在秘鲁国际渔业展上。"

烟台某股份有限公司是国内一家以生产工业制冷设备为主的大型企业，2003 年进军南美市场时还名不见经传。6 年后的今天，该公司已经在秘鲁和秘鲁周边国家落地生根，并且还在当地渔业企业间闯出了很高的知名度。回想 6 年来的打拼史，该公司秘鲁地区经理张先生感慨地说，"刚来的时候人生地不熟，困难很多。我们了解到这边的人在他们脑海里，中国的产品质量低下。所以我们一开始的首要任务就是改变他们的想法。我们就跟他们（客户）说，中国的产品分很多等级。我们是把最好的产品拿过来了。"

经过艰难的市场开拓，中国渔业产品在这里慢慢站稳了脚跟，并逐渐加入了秘鲁渔业企业的采购名单中。南美地区渔业设备市场在 10 年前基本被欧美企业占据，如今像"烟台冰轮"这样的中国渔业设备企业也已经跻身于同美国和日本的传统渔业设备大企业一争高下的行列。那么，中国渔业设备企业制胜的法宝何在呢？对此，张先生解释说："6 年来，我们的设备在这里的认知程度已经很高了。秘鲁当地（企业）没有生产（渔业设备），主要是靠进口，从美国、日本（各一家企业）还有就是我们（公司）这三家。现在秘鲁的企业做制冷工程、建厂的时候，基本都是从我们三家中询价。日本或者美国的产品价位很高。现在全世界经济都在下滑,(企业)要用有限的钱投资一个项目,那么他们就要选择性价比好的产品。同时,我们在这里售后服务又能跟上。他们一比较,从价格上,从承受能力上,肯定会选择我们。"

在保持价格优势的同时,提高质量是中国公司积极提高自身竞争力的另一法宝。赫尔·桑是秘鲁一家制冷公司的负责人,6年来,他的公司一直在使用"烟台冰轮"的产品。对于"中国制造"的质量,桑如此评价,"我们觉得中国产品的质量一年比一年好。以前中国设备的质量还不能称得上具有国际水准。但是现在,你看在展会上展出的这些设备已经通过了欧洲和美国的质量认证,与其他国家的产品质量已经站在一个水平线上了。"

通过不断参与国际竞争,中国渔业设备企业无论是产品质量或是自身竞争力都有显著提高。他们的成功刷新了当地人对中国产品的认识,也提升了中国的形象。中国在海外形象的提升,又鼓舞着中国渔业设备企业开拓海外市场时的自信心。对此,中水集团远洋股份有限公司的徐先生深有感触地说,"现在中国无论是经济地位或是政治地位都提高了,中资企业在海外发展就觉得有了个依靠。对当地企业来讲,他们就觉得来自中国的公司实力很雄厚,因为毕竟现在中国的经济实力比较强了,他们就把中国公司提到一个欧洲或者美国公司的地位来看待了。"

第三节 渔业企业国际市场竞争的基本策略

国际化经营已成为当今企业经营的主导趋势之一。国际化可以帮助企业了解国际市场信息,寻求到更大的市场空间和更好的资源供给,缓解国内企业过度竞争的矛盾。与此同时,国内巨大的市场空间和发展潜力也吸引了许多国际资本,许多企业把进入中国市场作为其战略目标,并在中国积极进行收购探索。经济全球化的主要理论基础是马克思的国际分工理论和李嘉图的比较成本学说。他们的学说主要应用于商品跨国界交换,即国际贸易。随着人类科学技术的进步,特别是当今交通、信息技术的发展,使得各国企业跨越国界组织生产,在全球范围内有效地配置资源成为现实可能,促使世界经济逐步呈现出全球化的趋势。经济全球化的实质是各国追求国际生产的一体化,在全球范围内有效配置资源,追求国际分工和比较利益的最佳效果,实现企业利润最大化目标。

一、我国渔业企业国际化经营过程中面临的问题

国际化使竞争由国内市场拓展到国际市场,要求企业适应这一新的环境。在此过程中,我国企业表现出一些不适应,这主要表现在以下几个方面。

1. 出口结构不合理

加工品比例较低,出口品种结构不能完全适应国际市场的需要,主要出口产品品种单一、加工企业规模小、生产设备老化,保鲜、加工技术落后等,半成品、粗加工品多,精细加工品种及高档品种少,技术含量和附加值低,在国际市场中竞争能力不强。据FAO(联合国粮食及农业组织)统计,自20世纪70年代以来,世界水产品产量的75%左右是经过加工后销售的,鲜销的比例只占总产量的1/4。而我国目前的加工比例仅占总产量的30%左右,其中淡水水产品的加工比例更低,产量占我国总产量50%以上的淡水水产品,加工比例不足5%,鲜销的比例超过95%,严重制约了生产的发展。

2. 深加工层次不高

高附加值产品少。水产品深加工工业具有高附加值、高科技含量、高市场占有率、高出口创汇率的"四高"特点,发展前景十分广阔。如何促进这项前途无量的"朝阳"产业上档升级,使其成为带动能力强、辐射作用大的龙头支柱产业正日益成为业界关注的焦点。但在

我国尚有很大差距,以 2000 年为例,深加工出口量为 26.4 万吨,占出口总量的 17%,简单加工如冻鱼、鱼片、鱼肉及软体类、甲壳类达到 110 万吨,占出口总量的 72%,大部分加工品由于技术含量低而附加值不高。在水产品加工过程中往往会产生许多废弃物,例如鱼品加工时会有鱼头、内脏、鱼鳞和鱼骨等废弃物,蟹、虾类加工往往会有大量的虾头和蟹、虾壳产生。这些废弃物我国主要用来生产饲料鱼粉,对其中很有价值的成分尚未充分利用。目前,除部分大中型加工企业外,大部分中小企业加工设备简单,仍以手工操作为主。我国至今仍没有一个专业加工机械制造厂,尚不具备鱼类加工所需的去头、去内脏、去鳞、切鱼片、成型等专业机械的生产能力。

3. 水产品质量保证体系采用速度慢

我国水产加工品的质量在近 20 年中有了明显的提高,有一些产品已达到世界水平,但是在采用水产品质量保证体系上速度慢,目前全国仅有 250 多家出口企业实行 HACCP 计划,其中只有 120 多家企业获得出口欧盟的资格。而法律要求,所有出口到美国、欧盟和加拿大的水产品加工企业必须实行 HACCP 计划,相当多的企业被挡在出口企业之外。

4. 国际贸易企业信息咨询体系落后

信息是现代企业赖以生存的前提,尤其是对国际贸易企业更为重要。获得信息的主要渠道一是与本行业相关的网站,二是国际组织及政府提供的服务网站。这都需要从 Internet 来获得。但大部分水产出口企业由于受规模、人才的限制,没有及时获得有关信息。FAO 作为联合国的渔业主管部门,于 1976 年就开始建立全球的渔业贸易信息服务体系,并于 1997 年协助我国建立了中国的渔业贸易信息咨询中心(INFOYU),但由于企业对此重视不够,致使其功能远未达到其他国家和地区的水平。WTO/TBT 咨询点是在 WTO/TBT 协议框架内按照规定程序执行有关条款,履行通报和追踪查询义务,为政府充分享受成员国的权利提供帮助,为保护出口商的利益提供帮助,为解决国际贸易争端提供技术服务的一个重要信息服务机构。要突破国外壁垒,必须依据 WTO/TBT 规则,我们的企业对此同样不够重视。

5. 采用国际组织及国家扶持政策不到位

FAO 等国际组织在水产品养殖业、加工业管理人员、技术人员和研究人员的培训方面有援助项目;我国有关部门对鼓励水产出口加工业发展有许多直接的优惠政策,如对出口水产品的公司给予金融优惠,包括贷款利率优惠;加快对水产品出口的退税工作;减少对水产养殖及加工出口的各种费用,同时还有许多着眼于长期的优惠政策,如鼓励企业参加电子商务网络,拓宽国内和国际的销售渠道,利用中小企业吸引资金,组织水产品出口企业到国外考察,学习国外水产养殖和加工的先进技术和经验,开拓国际市场等。但我们的大部分企业对此不够了解,不会利用,许多政策没有被企业利用。

6. 出口组织化程度低

我国水产品出口品种较多,并且越来越多的跨行业、跨部门出口企业从事水产品进出口业务,但由于没有对出口企业的行业管理,使我们的资源优势变成了劣势,越是优势产品,由于一哄而上,造成竞相压价,越会导致企业利润降低或无利润,更有甚者导致反倾销,使水产品出口无序。更重要的是由于落后的行业管理使我国水产企业在面临国外贸易壁垒以及紧急限制进口措施的情况下,难以打赢国际贸易战。

二、我国渔业企业在国际市场竞争中的基本策略

据农业部统计,2009 年,我国水产品进出口总量 667.9 万吨,总额 159.6 亿美元,同比分别下降 2.4%和 0.13%。其中出口量 294.2 万吨,同比下降 0.6%,出口额 107 亿美元,同比增长 1%;进口量 373.7 万吨,进口额 52.6 亿美元,同比分别下降 3.8%和 2.6%;贸易顺差 54.4 亿美元,比上年同期增加 2.3 亿美元。水产品出口额继续位居大宗农产品出口

首位，占农产品出口总额（395.9亿美元）的27%，较上年提高0.8个百分点。出口贸易方式以一般贸易为主，主要出口产品为冻鱼（片）、头足类、烤鳗、养殖虾类以及制作的鱼和罐头，主要出口国为日本、美国、欧盟和韩国。

可以看出，我国的水产品出口已迈上一个新台阶，但是成绩不能掩盖存在的差距，若企业解决好技术壁垒，增强国际竞争力，我国水产品出口将会在国际上占有更大的份额。为此，渔业企业应进一步提高经济全球化的思想意识，学习和熟悉国际贸易规则，根据国际市场要求制订出参与国际市场竞争的基本策略，来实现企业的自身目标。

1. 尽快适应国际市场规则

采用国际上通用标准来组织生产和开展国际贸易，同时运用规则来保护和发展自己。企业首先要尽快做好水产品质量认证工作，要内外一致，严格按照国家标准和国际规范进行生产，从水产养殖、育种、饲料到冻鱼、冰鲜、鱼糜制品及水产食品的全方位的产品认证和体系认证，要做好HACCP、ISO9001和欧盟注册工作，为水产品出口打好坚实基础。其次要掌握出口国家的进口要求和标准评定体系。以美国为例，其合格评定系统结构分散，其主体是专门从事测试认证的独立实验室。"美国独立实验委员会"有400多个会员，在合格评定领域，美国近年来对安全、健康和环保方面越来越重视。这意味着，相关企业在认证上有时会面临额外要求。对此，我们的水产出口企业必须有充分的认识。同时，我们企业要积极参与各种国际标准化组织活动，加强与发达国家和我国主要贸易伙伴国家的双边或多边标准化项目合作。通过参与、参加与合作，不仅要把国际标准和国外先进标准吸收过来，更重要的是力争把我国的标准化意图和标准反映进去。再次企业要利用WTO/TBT协议和《卫生与植物卫生检疫协议》（WTO/SPS协议）的有利条款，为出口创造条件。要充分利用世界贸易组织各成员方在WTO/TBT协议和WTO/SPS协议下提供有关技术标准、法规的国家通报咨询点，从中及时获取有关技术性贸易措施信息，同时也要充分利用我国驻外经商、科技参赞处等机构，收集国外技术性贸易措施信息，及时应付突发事件，减少企业损失。对于国外的歧视性技术性贸易措施，要坚决予以反击，敢于打国际官司，配合政府采取的双边磋商或诉诸WTO争端解决机制，保护企业自身利益。

2. 低成本策略

与外国跨国公司相比，中国的企业不论在技术装备、科技水平、劳动生产率、产品质量还是运行机制、管理水平等方面，均有较大差距，在竞争中处于弱势地位。如何在弱势情况下参与国际竞争，这是困扰中国企业的一大难题。而我国水产企业相比欧美日韩所具有的低成本优势是其国际化经营的基础。

相对发达国家的跨国集团公司，我国水产企业具有规模小、项目小、劳动密集型技术容易上马和转产的相对优势，更适合发展中国家投资环境的需要。我国水产企业可以在利用廉价劳动力和丰富自然资源的基础上，通过设备和技术输出，建立小规模劳动密集型企业，使生产成本相对低廉，产品能以较低价格进入东道国市场，进而扩展到第三国市场和国际市场。这一优势可以很好地与一些小规模市场有机地结合起来。小规模市场一般不能满足大型跨国公司维持规模经济的需要，因而也往往不被这类跨国公司所看中。小规模生产的优势主要来自以下两个方面。

（1）小规模技术　小规模技术的主要优势在于以下几方面。

① 吸引到更多的劳动力，使企业的劳动/资本比率大大低于跨国公司，这更适合发展中国家的就业政策，易受到发展中国家的欢迎。

② 从事多品种、小批量的生产。当一些大型跨国公司制造少数几个品种的产品，并力求通过产品标准化来降低成本的时候，小规模技术则可提供种类繁多的产品，满足各个小规模市场的需要。

③ 易转产。由于小规模技术所针对的市场小，提供这种技术的设备自动化程度低，通用性好，改过后就可开辟新的用途。

(2) 易于管理　低廉的管理费用是许多发展中国家跨国公司能在海外进行小批量、低成本生产的重要条件之一。这主要是因为一方面，这类跨国公司规模较小，管理人员较少，所以管理费用较低；另一方面，这类公司转移的技术多是适用技术，不需派出专家和专门的技术管理人员进行控制，以防技术扩散或者外漏。而发达国家跨国公司为防止技术扩散或外漏，一般会派出专门的技术主管人员，这无形中增加了成本。

3. 实施错位竞争，准确定位赢得优势

市场的差异性是普遍存在的。产品技术有差异，产品的质量、价格、档次、品种等也有差异。同时国际国内市场地域广阔，各地区的经济发展水平很不平衡，国际国内市场需求的差异性就会十分明显。这些都为我国企业提供了发展的空间。

为此，在经济全球化背景下，面对我国企业实力有限的现状，可以考虑实施错位竞争战略，以开拓市场空间，培育和增强在国际国内市场上的竞争力。这是在经济全球化背景下提高我国企业国际竞争力的战略基础。错位竞争策略主要有以下几种。

(1) 产品差异化策略　这里的产品差异包括价格的差异、性能的差异、渠道的差异、品牌的差异等。通过"产品差异"策略，可以为自己创造市场。可以说，不论是在国内市场、还是在国际市场的竞争中，产品差异化策略都是"弱者"制胜的利器。

(2) 市场定位策略　选择某一顾客群、某产品系列的一个细分市场或某一地区市场作为主攻方向，或在产品价值链中的某一环节上成为跨国公司全球生产环节中的重要一环，搭跨国公司全球经营的便车，进入国内市场竞争乃至跨国经营的快车道。如：浙江万向集团的支柱产品是与卡车和大客车相配套的十字轴万向节，1996年国内对此产品的需求量为2000万套，国内容量不超过6亿元人民币，但万向集团在该行业的国内市场占有率超过50%，加上国际市场的相关和不相关产业，当年做成了12亿元人民币的销售额。

(3) 市场置换策略　在外资企业大举进入国内市场，而内资企业实力有限，不足以抗衡的情况下，可以考虑适度放弃一部分发达地区和大中城市的市场，转而经营和占领广阔的内地市场和农村市场，以此寻求生存和发展的空间。

(4) 并购重组，提高水产企业集中度，增强国际市场应变和竞争的能力　重组就是通过改组、兼并、联合等形式形成核心竞争能力，这是企业应对国际化竞争的必然选择。我国现阶段水产行业都存在着企业数量多、规模小、零星分散、实力弱、产品品种少、覆盖地域窄的劣势。这种生产经营体系因缺乏核心竞争能力，已不适应激烈的市场竞争，更无法应对加入WTO后的挑战。当务之急是在企业间进行资金、技术、人才、设备等生产要素的合理流动，以最少的投资，最大限度地盘活存量资产，使企业能集中人力、财力投入优势项目，突出主要业务，培育并形成自己的核心竞争能力，而且这种能力不易被竞争对手模仿，能在较长时间内发挥独特优势，从而实现产业升级。从分析国内外企业重组成功与失败的经验来看，企业重组应注意以下几方面的问题。一是按国际惯例运作，企业重组的基础是WTO规则。重组的企业集团要从产品开发、生产营销到财务、人事的各个方面和每一个环节，都要符合市场经济规律和WTO规则，这样才能使企业参与全球经济活动，产品才有可能打入国际市场。二是根据发展需要。企业重组的主导因素是增强核心能力占领市场或降低经营成本、提高竞争能力。切不可单纯追求规模而盲目重组扩张。三是加强重组后的管理整合。严格地说，管理整合从重组谈判时就开始，通过工作职责、合并程度、运行机制等管理整合使重组后的企业集团成为真正融为一体的"化合物"，而不是"混合物"。例如江苏盐城宝龙水产食品有限公司就是一个成功的范例。1993年与香港合资，通过客商的商贸关系直接打入欧美市场，取得显著效益。同时又在远洋捕捞、养殖加工、海洋医药化工等方面与韩国、美国等客商合资,组建集团,成为生产贸易型骨干企业,近年创汇达550万美元,年创利税1200余万元。

(5) 重视品质,开发品牌,开拓国际市场 水产品品牌是市场竞争的产物,它反映了市场对水产品需求多样化、优质化、营养化、无公害的内在要求。实践证明,同样优质的产品,打出自己品牌的产品往往更具市场竞争力。所以要抓紧实施水产品品牌战略,围绕有特色的优质水产品,从商标注册、广告宣传、产品包装到营销策略,全方位树立产品品牌形象,不断提高产品的市场竞争力和附加值。在苦练内功的基础上,走品牌战略,塑企业良好形象,进而抢占市场,实现以质量求生存,以效益促发展的企业良性循环。实施品牌战略,提高知名度和市场占有率。

> **信息窗**
>
> 2010年,獐子岛渔业美国公司将开发终端客户作为一切工作的重点,经过一年时间的艰苦打拼,现已注册了"獐子岛"等多个自有品牌。在美国零售市场和餐饮服务市场两大市场板块中,依靠品牌的拉动和品质的卓越,獐子岛自主品牌终于打进了美国终端市场。在零售市场上,獐子岛虾夷贝、海湾贝及各种鱼类、虾类13个大类产品,直接进入了各大超市货架,接受美国广大消费者的检阅;在餐饮服务市场上,獐子岛15个大类海珍品共同发力,以其来自世界东方的海洋奇鲜,博得了美国广大消费者的好评。据悉,目前加拿大各大餐馆,也开始要求提供獐子岛品牌海珍品。

(6) 以市场为导向,提高信息捕捉敏锐度 市场信息是企业正确决策和计划的基础,是提高产品市场竞争力的条件。要使产品适销对路,必须密切关注市场变化,立足国内市场,开拓国际市场,积极参加产品博览会、商品交易会等,及时了解市场需求信息,提高产品知名度。同时要加大对国际市场的调研,根据不同市场不同消费者的习惯,开发适销对路的水产品。用好政府资助的中国出口商品数据库、世界进口商品数据库,借助电子商务,使水产交易个性化、透明化、动态化,并以国际电子商务改造传统水产业的运作模式,通过信息化建设和开展电子商务应用,提高企业适应市场变化和参与市场竞争的能力,从而促进企业的迅速发展。

(7) 依托科技,创新产品,提高市场竞争力 广泛采用先进技术,从育种、养殖、收获、加工到包装出口都要努力引进世界先进技术,提高产品附加值和产品的国际竞争力。我国长期以来只重视水产品加工的应用性研究,忽视基础性研究,是导致水产品深加工理论基础缺乏,影响我国水产品加工业发展进程的主要原因。因此,目前首先要加强基础性研究工作。企业要加强产学研的结合,将先进成果及时运用到实践,要加强水产品种的选育培养,发展适销对路、精细高档的产品;发展产品深加工和产后保鲜等新技术,引进国外先进的加工、包装、保鲜技术和设备,提高产品附加值和质量档次,提高产品国际市场竞争力。要进一步加强科技在水产品深加工中的应用,如加强生物工程和基因技术在水产加工领域的应用研究;采用"高压技术"和"栅栏技术",研制不经高温杀菌而能较长时间保鲜的水产加工产品;采用化学或物理方法相结合的新技术生产超细微粉末食品等。以水产加工为例,2008年世界水产品加工主要呈现出低值水产品综合开发利用速度加快、优质水产品深加工品位提高、合成水产食品异军突起、保健水产品、美容水产食品备受青睐的趋势,因此我们的企业就应适应发展,注意开拓其他领域,不要只专注于食品这一单一领域。在进行方便、风味、模拟水产品食品开发的同时,还要注意保健、美容水产食品等医药生物领域产品的开发。

(8) 实施绿色营销　随着人们生活水平、生活质量的提高和保健意识的增强，绿色食品越来越受到广大消费者的青睐，绿色消费逐渐成为时尚。对此，企业既不能畏惧退缩，也不能漠然处置。而应建设绿色市场，实施绿色营销。一是健全绿色水产品营销网络；二是建设绿色水产品的批发、超市和连锁店；三是开展网上绿色营销；四是举办绿色水产品展销会。同时积极申请并宣传符合要求的水产品及其绿色环保标志，树立起企业在社会上的"绿色环保"形象，最大限度地刺激绿色需求，从而满足国际消费者对绿色水产品的要求，增强企业水产品的国际竞争力。

(9) 不断提高管理水平　我国企业在进一步扩大开放中，通过合资嫁接等方式，大量引进技术和资金的同时，还应引进西方国家先进的管理思想、管理经验和管理制度，直到引进西方国家的企业文化、企业理念以及一些积极的价值观。当然，我们在引进管理思想、企业文化的时候，不能照搬西方现成的东西，应加强学习、消化、吸收和创新，借鉴西方国家的文明成果，立足于企业的实际，建立起具有中国特色的企业管理思想和企业文化，打破传统的家庭式的小生产管理模式，树立现代化的管理理念。只有这样，才能提高企业产品的知识含量，形成开放式市场化管理文化，增强企业的凝聚力，发挥企业员工的创造性，求得新的发展。

信息窗

高标准高要求——提升通威水产国际竞争力

2008年11月20日，在通威（海南）水产食品有限公司隆重举行的开业庆典上，8把象征着财富、智慧、行业标准的金钥匙在大众的见证下缓缓启动，这标志着总投资1.5亿元、年产值将达到4.5亿元的通威（海南）水产食品有限公司正式投产。美国GFT公司总裁、通威（海南）水产高层和来自海南省、澄迈县及老城开发区的其他各级领导及海内外众多同行、客商600多人共同见证了通威提速打造世界级健康安全食品供应商的这一重要时刻。

通威（海南）水产食品有限公司是由通威股份和海南广通实业有限公司合资兴建，并按高起点、高要求、高标准建设的世界一流的、专业化的水产食品加工企业，其建成实现了通威在海南打造覆盖种苗、饲料、水产品加工等各个环节的完整水产产业链条。公司主营南美北对虾、罗非鱼和海水鱼系列深加工产品，年生产能力达3万吨，冷冻储能力达5000t。公司严格按照国际检测标准建立了世界级的、专业的原料与产品检测中心，能够全面满足常规指标和出口欧美的水产品的检测需要，能够实现食品从源头到餐桌的全程可控和全程可追溯，为健康安全食品提供了强大的质量保障，从而全面提升了通威水产产业链的综合示范价值和国际竞争能力。

通威（海南）水产食品公司通过打造完整产业链，依靠产业一体化经营，给中国水产食品加工行业探索出了一套全程安全可控、可追溯的良性生产、加工模式，也让这个备受金融风暴侵蚀而略显寒冷的冬天多出了一份温暖和信心，希望通过海南水产食品公司搭建的平台，真正形成产业合力，切实把海南的生态优势转化为水产品价值优势、品牌优势和竞争优势，让海南的"绿岛产品"经得起世界的检阅。

第四节　渔业企业国际战略联盟

随着经济全球化和区域经济一体化的发展，国际竞争日益激烈和复杂。20世纪80年代以来，越来越多的企业特别是跨国公司纷纷调整战略，从对立竞争走向大规模的合作竞争，而国际战略联盟则是这种合作竞争的最新形式之一。随着我国加入WTO，中国将进一步打开自己的大门,降低关税,减少非关税壁垒,向外国资本和跨国公司开放更多的投资领域和市场,中国企业将面临一场更为严峻的竞争和挑战。如何在这势不可挡的国际经济一体化浪潮中抓住机遇,在国外企业和跨国公司带来的挑战面前争取优势地位并在竞争中取胜,关系到中国企业的生存和发展。在深化自身体制改革与技术创新,加强各种基础性应对措施的同时,我国企业有必要从战略的角度进行前瞻性研究。通过与国外企业构建战略联盟,实现优势互补,创造双赢格局,无疑是一种值得尝试的战略选择。

一、战略联盟的内涵和特征

战略联盟就是指企业在追求长期优势的竞争过程中,为了达到阶段性的企业目标,而与其他一个或几个企业结盟,交换互补性资源,以利各企业发展和运营的一种合作关系。

它是扩大范围(如市场范围、产业范围、纵向范围)而不扩大企业的方法,也是一种不用实际联合就可以取得纵向一体化的低成本和特色优势的手段。战略联盟通常带有长期的性质,为此,与一个联盟伙伴比与一个独立的企业能进行更为密切的协调,尽管这并不是毫无代价的。

战略联盟最本质的特征在于它是协作型竞争。在联盟中,各个企业为了共同的利益和目标,相互合作,共担风险,但各个企业是独立的,仍然保持着各自的经营自主权。联盟的本质是牺牲小我,完成大我,亦即是为了扩大本身的市场或利润,必须放弃眼前的利益,靠合作来竞争,为了竞争而合作。

国际战略联盟是 20 世纪 90 年代兴起的世界经营管理新潮流,是指两个或两个以上的国家中的两个或更多个企业出于对整个市场的预期和企业自身总体经营目标、经营风险的考虑,为达到共同拥有市场、共同使用资源、增强竞争优势等目的,通过各种协议、契约而结成的优势相长,风险共担的网络组织。它是企业战略联盟在更大空间、范围和更广泛领域内的综合运用。近几年来,缔结国际战略联盟的发展势头非常强烈,不仅在数量上猛增,涉及的业务范围也在不断扩大。国际战略联盟已经突破国家、地区及行业的限制,成为企业扩大市场,增强其国际竞争力,进行国际化经营的重要战略。

二、我国渔业企业战略联盟的类型

1. 竞争者之间的联盟

企业竞争者之间可以在多个层次上建立深层次的合作,既竞争又合作。如合作研发核心技术、共同开发关键零部件、联合采购、共享分销渠道、共建合资企业、共同建立行业标准等。这种联盟形式都是基于资源互补的联盟。

信息窗

2009 年 1~9 月,广州市饲料总产量 192.7 万吨,比去年同期相比下降 1.7%;2009 年 1~6 月,湛江市饲料总产量达到 96.35 万吨,同比增长 9%,同时新增 3 家水产生产企业,市场发展呈现"强者恒强"的格局。面对饲料行业发展的严峻态势,由广州饲料行业协会组织的 30 多家水产、饲料、添加剂、生物制药企业来到湛江市实地参观考察湛江水产行业发展,向湛江同行学习先进的生产经验和营销心得。在交流座谈会上,湛江饲料行业协会会员向广州代表团介绍了企业逆势发展的思路和出路,广州同行也把当前市场上最安全、最有效的饲料添加剂推荐给湛江本地水产企业。双方建立战略同盟关系,主动降低中间环节成本。

> **信息窗**
>
> 2006年，我国北方某渔业集团公司与日本国玛鲁哈株式会社结成战略联盟，合资成立大连远洋玛鲁哈食品有限公司。该集团是中国最大的水产品生产基地，其强大的远洋捕捞能力在国内首屈一指，拥有水产品加工基地资源和技术的优势。而玛鲁哈株式会社是日本最大的水产综合性企业，拥有超过120年的水产生产加工历史，其中水产品，尤其是水产罐头、鱼肉香肠、冷冻食品加工技术，处于世界领先水平，同时拥有良好的市场资源。两者携手标志着中国水产品罐头和软包装水产食品研发生产跨入了国际同行业先进水平。合资公司的成立，将帮助该集团公司快速提升实力。

2. 上下游企业之间的联盟合作关系

在同一产业链上，企业与供应商、客户的联盟、协同发展，共同为最终消费者创造价值。现在的竞争不仅仅是企业价值链之间的竞争，更是企业价值链系统的竞争，上下游企业间的联盟有利于提升企业的竞争力。

> **信息窗**
>
> 澳大利亚Coles公司在2007年对上架新产品的市场问卷调查显示，由某渔业分公司——荣成食品公司生产的8种裹粉鱼排调理食品均获得顾客100％满意度和100％的再购买愿望。为此，该渔业山东荣成食品公司生产的8种裹粉鱼排订单飞涨，在原先订单基础上，又急剧增加了12个货柜，200多吨，从而展现了强劲的海外市场前景。Coles公司是澳大利亚最大的超市连锁集团，在澳洲有431间分店，雇员近6万人，供货商遍布世界各地，各厂家都以自己的产品能进入Coles超市为荣。据悉，Coles公司根据供货商品的质量，将超市商品定位为A、B、C三个档次，A级属高端产品，价格远远高于同种类的B、C级。中国企业生产的商品，他们一律定在B级以下，而该渔业荣成食品公司生产的8种新产品，以其高质量、高标准，被Coles公司破例按A级商品的价格订货，成为了Coles公司可信赖的供货商。

3. 跨产业国际战略联盟

与不同产业企业建立联盟，借助合作伙伴的帮助，可以使企业快速进入新的业务领域，实现公司经营的多元化。随着新技术的不断涌现，产业融合加剧，我国渔业企业要跨行业发展迫切需要跨产业国际战略联盟。

> **信息窗**
>
> 2008年，美国沃尔玛集团副总裁查理斯·雷德菲尔德来到广东某上市水产企业参观，并与该企业确立了战略合作伙伴关系。他表示沃尔玛对中国食品加工制造业充满信心，双方的合作将对提升地方水产行业起到积极的推动作用。

三、国际战略联盟的作用

加入WTO之后，我国国内市场将步入"全面对外开放"的新阶段。一方面，国内行业将积极对缔约国开放市场；另一方面，我国企业也要逐步走出国门，加入国际市场的竞争。那些在行业中居主导地位，资金实力雄厚，拥有知名品牌的大型企业在稳住国内市场的基础上逐步拓展海外市场，走国际化经营的道路势在必行。

我国企业与国外企业或跨国公司建立联盟,可以通过交换双方在资金、技术、信息、人才、机会等方面的互补资源,进行全球性互利活动从而达到双赢目标。

1. 互补优势,实现协同效应

(1)信息互补　具有中国市场的地方性专门知识,是我国企业参与国际间合作的优势所在。而在世界经济一体化、全球化的浪潮中,中国企业缺乏世界市场的知识,商品力、营销力很小,建立国际战略联盟,可借助合作伙伴的营销渠道、信息网络来及时了解海外市场的需求信息和竞争对手的状况,学习国外先进的技术和管理知识,不断强化中国企业在世界市场的竞争力。

> **信息窗**
>
> 　　安徽某水产科技有限公司与国内外大型水产商务资讯网站合作,是其高级会员;成为中国食品土畜进出口商会小龙虾分会会员单位;有多名员工专门从事市场网络信息的收集工作,建立信息网络,把已有的客户列为信息点,联系成片,建立网络,多方位快速反馈市场信息,为公司经营决策、捕捉商机提供了科学依据。

(2)市场互补　联盟合作后,国内外企业可以构筑起全球性的营销网络,相互利用对方的客户基础、经销渠道,进行产品的交叉销售,不断扩大市场范围。同时,还可抵制某一地区经济发展放缓带来的冲击,保证双方盈利的稳定增长。1980年以来,我国先后与非洲地区十几个发展中国家发展平等互利、灵活多样的国际渔业合作关系,建立起互利互补的合作格局。相继签订了中国-毛里塔尼亚渔业协定、中国-几内亚渔业协定等合作条约。不仅帮助这些国家开发利用渔业资源,还为他们提供了大量劳动就业机会,深受当地国家和人民的称赞。由于远洋渔业投资大、生产周期长,我国企业大多采取与外商合资、合作或补偿贸易的方式,就地捕捞、加工和销售,保持了较高的生产效益。

> **信息窗**
>
> 　　2006年,某远洋渔业集团与印尼AG集团共同投资2000万美元在印尼成立合资公司,双方各占50%股份,计划在印尼建立远洋渔业基地和生产加工基地,组建300艘渔船规模的渔业捕捞船队,从事渔业捕捞、加工、销售及渔船补给等业务。该远洋渔业集团早在20世纪90年代初就率先在印尼开展远洋渔业项目,在印尼海域作业的渔船数量和捕捞产量均占全国一半以上。具有多年在印尼海域从事捕捞作业的经验,拥有一批适合在印尼海域作业的渔船和从事渔业捕捞、加工的专业人才。通过此次渔业合作,将有力促进该集团远洋渔业的发展和渔业产品结构调整以及销售渠道的开拓。

2. 分担风险,实现规模经济效益

对于任何一个企业来讲,单独研究开发一项新产品,新技术需要花费很高的代价,而且要受到自身能力、信息不完全等因素的制约。而国内外企业结成联盟后,通过集中双方的人力、物力、财力,扩大信息传递渠道的密度和速度,实现更大范围内的资源最优配置和相当规模的全球生产,从而使联盟双方都能在以单位成本为基础的全球竞争中获胜。

> **信息窗**
>
> 　　山东某水产企业收购了该市 200hm² 海域后,又购买了邻近的 266.7hm² 海域;湖南某水产养殖公司继 2005 年收购安徽某湖 11866.72hm² 后,2006 年又通过上海的合资公司收购了江苏某水产股份有限公司 57% 的股权;2009 年,大连某渔业集团开发广鹿岛 11.45 万亩深水海域,这是该渔业公司继去年 12 月在海洋岛开发 20 万亩深水海域后,再次整合临近深水海域,主要从事虾夷扇贝等海珍品的底播增殖生产。截至 2010 年,该渔业公司确权的海域达 110 万亩,年产水产品 2.5 万吨,养殖区域由黄海扩展到渤海和东海,成为目前我国最大的海珍品增养殖基地和海珍品原产地。这些都是通过整合达到资源的优化配置的。江苏某水产食品有限公司在这方面先走了一步,该公司利用本地区低值淡水龙虾资源,与有关部门和高校的科技人员联合研究,开发了熟制系列产品,直接供人食用,产品受到欧美市场的欢迎,年创汇达到 600 万美元,年创利税 1300 余万元。
>
> 　　2007 年,美国 LBS 国际有限公司和安徽某水产科技有限公司签订了"淡水冷冻鱼糜及制品深加工技术研究与开发项目",该合资项目总金额 2600 万元。该公司拥有 10000 多亩无公害水产养殖基地,签订订单基地数十万亩,斑点叉尾鮰等养殖品种通过"国家级无公害认证",建有 1150 亩的省级水产良种场,年繁育良种 20 亿尾。公司还建有 200 多亩国际一流的深加工厂区,拥有 2000t 冷冻冷藏库、单冻机和酶标分析仪等先进的设备设施,主要产品龙虾仁、整肢虾和鮰鱼片等自营出口美国和欧盟,公司通过 HACCP、BRC、ISO9001 和 ISO14001 认证,成为国内首批良好农业规范(GAP)认证示范企业,在产品源头控制和食品安全可追溯体系方面总结出一套科学的管理体系,产品取得美国、欧盟、韩国、俄罗斯等多国出口注册资格,多年来,未发生一起食品安全事件。美商正是看中其一流的设备设施和完善的管理体系后双方才结成联盟。通过结盟,双方互利互惠,实现双赢。

> **信息窗**
>
> 　　江苏某水产食品有限公司 1993 年与香港合资,通过客商的商贸关系直接打入欧美市场,取得显著效益。同时又在远洋捕捞、养殖加工、海洋医药化工等方面与韩国、美国等客商合资,组建集团,成为生产贸易型骨干企业,近年创汇达 550 万美元,年创利税 1200 余万元。
>
> 　　日本海上渔业有限公司是我国某水产(集团)总公司于 2002 年在日本注册成立的。该公司拥有 5 艘大型超低温金枪鱼延绳钓船,常年在印度洋和太平洋水域作业,捕捞高价值金枪鱼类,产品全部直接在日本市场上销售。同时利用自身便利条件,该公司还大量开展专业渔业捕捞船舶的各种备品配件的采购和贸易业务。除此以外,作为该水产集团总公司在世界最大鱼类消费国家设立的窗口,该公司在高档鱼产品贸易方面也取得了很好的成绩,每年将集团船队在非洲、美洲等地区捕捞生产的大量高价值鱼产品销售到日本,同时还促成了多个中外渔业公司与日本客户的贸易往来。

3. 降低企业对外直接投资的风险

　　与国内投资相比,对外直接投资在融资、汇率、经营、技术、政治等方面都面临着更大的风险。加之我国跨国经营企业对外直接投资经验欠缺,缺少精通国际间资本运作的管理人才,我国也缺乏熟悉跨国并购业务的金融机构、评估机构、律师机构等中介部门为企业提供这方面的服务。借助国际战略联盟方式,通过与东道国企业进行各种合作,将大大降低各方面的风险。由于合资合作企业或多或少都与东道国利益有直接、间接的联系,面对当地政府保护本国利益的各项措施,即使享受不到扶持,也不至于受到"歧视"。特别是在各种制度不健全、投资风险相对较大的发展中国家,借助当地合作伙伴去开辟、理顺投资过程中的各道手续,可以有效规避可能会有的政治风险。当地伙伴的引导,也有利于我国企业尽快熟悉、了解东道国的法律法规、社会环境、风俗习惯、避免一些意外风险的出现。此外,充分发挥了各自企业的产品优势、市场优势、技术优势、管理优势、服务优势,这样,就有助于减轻投资风险。

> **信息窗**
>
> 　　台商迄今在福建省兴办的渔业合资、合作和独资企业近 300 个,总投资 3.1 亿多美元,均占全省水产业三资企业数量和利用外资总量的 40% 还要多。台资水产企业在资金投入的同时,还引进了优良水产品种,优化了该省水产品种结构,大大促进了高优养殖业的发展,带动了渔业生产结构的调整和升级。福建省通过台资企业直接引进了美国红鱼、胭脂鱼、吴郭鱼、虱目鱼、九孔鲍、斑节对虾等 20 多个优新品种,通过消化、吸引、创新,已在省内推广养殖,逐步成为新的产业。漳州市在一批台资水产企业的带动下,现已建成为全国最大的鲍鱼生产基地,年产量 1880t,产值近 3.4 亿元。一些台资企业注重以"特"取胜,如福清某水产开发有限公司专门从事大弹涂鱼的养殖,养殖面积已从 1998 年的 3000 亩迅速增至 5000 亩,福清某养殖有限公司是该省唯一养殖沙蚕的企业,其产品全部销往国际市场。
>
> 　　台资企业的进入推动了福建省渔业产业化。台商已从原来单一的投资水产养殖或加工扩展到全方位投资,覆盖到水产苗种繁育、水产品加工、水产饲料、休闲观光渔业、水产贸易以及科技合作等领域。闽台渔业合作已成为福建省发展开放型渔业的最大优势。台资水产企业尤其是加工企业,大多是以国际市场为导向,它们的到来加速了该省渔业贸易与国际市场的接轨,成为水产业出口创汇的中坚力量。仅 10 多家台资烤鳗企业年产量即达万吨以上,出口创汇近 2 亿美元。福建东山县台资企业生产的产品 90% 以上销往日本、东南亚和欧美市场,1999 年出口创汇 350 万美元,被评为漳州市出口创汇大户。
>
> 　　2000 年,我国某水产(集团)总公司与澳大利亚某集团公司和华佳喜鱼翅公司共同投资的中澳合资企业。利用澳大利亚丰富的资源条件、成熟完备的市场体系和广阔的发展前景,开拓新的远洋渔业基地,完善金枪鱼捕捞、运输、加工和销售一体化的经营体系,增强集团在海内外市场的竞争力,为上海水产集团总公司争取到了更大的国际市场份额和实现了更高的经济效益。
>
> 　　2007 年,我国某水产(集团)总公司与密克罗尼西亚联邦公司达成一系列发展远洋渔业的合作意向。通过密克公司操作,从而获得密克的捕鱼许可证进行生产。该国地处南太地区,环境和生产条件符合美国 HACCP 和欧盟卫生标准,可直接进入美国和欧盟市场。

4. 提升国际化企业的管理水平

　　我国水产企业现有的管理人员缺乏市场意识,在与海外企业进行投资合作时,不清楚自身的竞争优势与能力,也不了解对方的优势与能力,投资目标不明确,只是盲目地向海外投资扩大规模,缺乏跨国经营决策的风险意识和风险制约机制。因此,我国企业需要培养全球战略意识,优化资源配置,开拓资本运作渠道,建立全球客户网络,提高管理水平。但是,中国大多数实施跨国经营的水产企业,目前尚没有一套科学的企业跨国经营策略和管理体系。企业国际化经营与国内经营所要求的内容毕竟不一样,目前我国企业缺乏这方面的经验和人才。而跨国公司在国际化经营管理方面有很多成熟的经验可以借鉴。所以,我们可与国外企业建立国际战略联盟,向对方学习,在学习的过程中建立与本企业特点相结合的管理体系和管理方法。

> **信息窗**
>
> 　　在辽宁某渔业公司与日本某株式会社的战略联盟中,该渔业公司希望向该株式会社学习其严谨的工作态度,以及国际化经营管理的先进方法,并结合其他措施以控制其在渔业生产中的成本,

加快该渔业公司在海水养殖方面的机械化和工业化、建立和完善养殖基础数据库的发展步伐，使之在海洋产业领域取得更大的发展空间；而此株式会社则借此机会，学习在新的环境条件下，处理与员工和供应商及其他利益相关者之间关系的技巧，不断提高其管理水平。

四、渔业企业战略联盟的开发

与其他战略一样，国际联盟战略的本意和效果也会在实施过程中受到扭曲或削弱，它的成功在一定程度上取决于对战略联盟全方位、全过程的管理水平。因此，必须注意以下几点。

1. 选择合适的联盟伙伴

联盟伙伴的选择是建立企业战略联盟的基础和关键环节，慎重地选择合作对象是联盟顺利发展的前提条件。为进一步降低风险还可优先考虑从与自己有长期业务关系的客户中进行选择。广泛地了解联盟对象战略，对其价值取向、能力和公司文化进行战略评价，一个富有吸引力的合作者应该在产品、知识、技术、能力、财务实力、企业文化方面拥有自己的资源优势，在此基础上，联盟各成员能够优势相长、良性互动。

信息窗

长期以来，大连某渔业集团公司与双日株式会社保持着良好的合作关系。2003年，该渔业集团公司与日本双日株式会社在大连保税区合资成立了东北地区第一家大型金枪鱼超低温加工企业——大连翔祥食品有限公司。该公司自创立以来发展顺利，所生产的金枪鱼类产品占国内同类产品市场份额的70%以上。2009年，该渔业集团与日本双日株式会社在大连举行了战略合作框架协议签约仪式。作为世界500强企业的双日株式会社，是日本六大综合商社之一，业务范围涉及机械、宇宙航空、金属资源、食品、化学品、电子通信、汽车、建筑等多个领域。2008年营业额超过500亿美元。双日株式会社的前身日绵株式会社和日商岩井株式会社都是20世纪80年代就到大连投资发展的日本企业。双日株式会社十分看好该集团公司的发展潜力，愿意帮助其集团公司扩大产品在国际上的贸易、扩大加工规模和兴建保税港区冷库项目，使其在海洋产业领域取得更大发展，尽快成为世界级知名企业。而该渔业集团公司与双日公司结成战略合作关系，实现了原料、资金、技术、品牌、市场等资源要素共享和优势互补，必将加快其工业化、市场化、国际化、信息化战略目标实现的步伐。

2. 灵活地选择战略联盟的结构范围

对于广大的中小企业而言，由于自身优势不明显，还难以与国外企业或跨国公司进行全面的战略合作。但这些企业可以就某一产品或某一项目，利用自己在成本或特色上的优势，与国外企业进行具体领域内的合作，积极地参与国际化经营。此外，一批具有优势和发展潜力的企业可通过先在国内进行兼并、收购或强强联合，推动市场竞争，促使资本的集中和积累，逐步发展成为大规模的企业集团后，再争取与国外企业及跨国公司进行股权参与式或宽框架协议式的深层次合作，以使联盟真正建立在平等、相互依赖及协调效应的基础上。

信息窗

2009年，我国某水产总公司与日本玛鲁哈水产株式会社结成战略联盟，该公司打算在深圳建立一个高端的水产品加工和批发市场，利用玛鲁哈公司在加工和养殖方面领先的技术优势、该公司开发中国市场的优势、珠江三角洲地区经济相对发达的优势，把深圳建设为给中国供应高端水产品的通道。

3. 强化组织学习，提升竞争优势

我国企业由于规模小，技术相对落后，在同国外发达国家的跨国公司进行联盟时主要是一些技术含量低的联盟，利用国外的先进技术来进行生产经营。为了能增强自身的实力，提升自身的竞争优势，需要中国企业在联盟过程中主动学习国外公司的先进管理经验与技术，通过组织学习来提升整个组织的能力与知识积累。

信息窗

2010年，北方某渔业公司董事长带领部分公司高管前往日本东京、青森及北海道等地参观学习。期间，访问了日本青森县成邦株式会社、东京筑地市场、北海道北胜渔业协同组合、雄武渔业协同组合、丸吉株式会社等多家企业。日本同行们先进的扇贝养殖与加工技术，使公司各位高管受益匪浅。

在与战略合作伙伴日本双日株式会社交谈中，双方就皮口工业园区的建设、规划及设计等合作，进行了实质性磋商并达成了一致。在与阪和兴业、伊藤洋华堂等企业进行友好商谈中，在养殖加工、包装设计、终端陈列、销售模式、客户服务等多个方面达成了共识。此次参观学习，该渔业公司各位高管发现了差距，找到了不足，看到了提升的空间，增强了国际间争优创先的信心。

五、渔业企业战略联盟中面临的问题与管理

1. 企业战略联盟中存在的问题

战略联盟的价值与魅力逐渐为众多企业所认识，因而使企业之间的合作联盟成为一道亮丽的风景线。联盟顺利能给双方带来巨大的经济效益和竞争优势，但是成功联盟是件不易的事情。全球著名战略咨询公司麦肯锡公司最近对美国，日本和欧洲49个联盟进行了研究，结果显示，30余个联盟在运作的前三年就出现了问题，仅有40%的企业联盟维持在4年以上。造成这种现象的主要原因有以下几方面。

① 错误地选择了合作对象。在战略联盟中，联盟双方的贡献对战略联盟的发展有举足轻重的作用。然而很多企业在寻求联盟时忽视了对方价值取向和经营理念、尤其是资信与经营能力的评估，有时只是注重资金力量的雄厚与否，没有考虑作为一个企业最重要的素质是经营管理水平和技术先进的程度，即产品创新和市场创新的能力。

② 文化间的差异。联盟的各方来自不同的国别，各自的文化深刻影响企业的行为和经营原则，从而使各方在合作中会产生由于文化的差异而带来的摩擦，美国一个公司和日本公司在合作两年后，彼此之间的隔阂日益加深，两个公司围绕联盟的调整争论不休，双方的关系最后急剧恶化，美方怀疑日方的合作诚意，而日方指责美方缺少灵活性，联盟最终破裂。

③ 短期的利益目标。战略联盟中的战略系指企业在与竞争对手比较的过程中显示出独到的相对优势，以此优势寻求合作。因此，联盟是一种长期的发展措施，战略联盟的收益不可能在一个较短时期内立即见效。而在实际合作中，很多企业对战略联盟预期过高，甚至以

为它能使企业成为竞争激烈的市场中的"常胜将军"。这样,一旦在战略联盟的初期没有能够得到期望的结果,企业势必以联盟破裂来结束虚幻的发展规划。

④ 不平等的结盟。战略联盟是企业自身利益与共同利益相一致的国际化经营方式,合伙人之间的关系应是平等的,相互信任的,这种关系不受合伙人之间经济实力差异的影响。在现代某些战略联盟中,尤其是中小企业与大企业的联盟,双方的地位难以均衡,原因在于一般战略联盟的建立,要求双方都有相同或类似要素的对等投入,即充分地体现自身的长处。实际上,中小企业在发展联盟的进程中,由于缺乏一定的实力,要素的投入不能跟上联盟体发展的要求,最终只能重新置身于有关的国际战略联盟之外。

2. 企业战略联盟的管理

(1) 完善战略联盟协议　对合作双方的权利、义务和利益分配进行明确的界定,确定联盟的结构和管理制度,设定争议解决和终止条款等,对于联盟运行至关重要。

(2) 对战略联盟做出贡献　战略联盟具有不稳定的特性,只有联盟各方都为联盟做出了应有的贡献,实现了双赢,战略联盟才能存续,这就要求合作双方都要提供对合作方有价值的资源。

(3) 冲突的协调　战略联盟隐含着各种各样的冲突,如合作的一方有可能为了自身的利益采取损害联盟利益的行动。合作双方应该建立沟通和谈判机制。沟通交流是培养相互信任的一种重要手段,而信任是联盟合作成功和稳定发展的关键因素。真诚的交流能让对方了解自己的公平、守信、没有机会主义行为,从而增进信任、消除摩擦、化解矛盾。战略联盟常是在相互妥协中进行决策的,双方应通过谈判达成共识。

(4) 合作企业的组织变革　合作企业应建立与联盟有效对接的管理组织结构体系。

(5) 管理联盟生命周期　联盟生命周期阶段包括期望、约定、评估、协调、投资、稳固等。根据联盟生命周期不同阶段的特定问题,采取不同的管理措施。

(6) 培养优秀的联盟管理者　略。

信息窗

海尔与三洋的国际战略联盟

2002年1月8日海尔与三洋在大阪宣布:2个企业成为21世纪战略伙伴关系,其合作内容主要包括4点:第一,三洋充分利用海尔的销售网络,在中国销售三洋品牌产品;第二,在日本大阪,海尔与三洋合资成立"三洋海尔股份有限公司",使海尔冰箱和洗衣机等家电产品进入日本市场;第三,推进双方在生产基地方面的相互合作;第四,扩大三洋零部件向海尔的供应及技术协作。海尔与三洋的合作并没有被限制在某个领域,而是把对方作为自己的战略伙伴,围绕着怎样为消费者提供满意产品而展开竞争与合作。消息宣布后,在日本各界引起强烈反响。日本最大的电视台NHK当晚播发了这个消息,并评价道:"海尔与三洋合作必将对日本其他家电厂家今后的战略决策带来重大影响"。日本《朝日新闻》2002年1月9日头版头条报道了海尔三洋合作的消息并指出"这种对等合作在日本来说是第一次!"。

1. 结成联盟的动机与原因

(1) 三洋选择海尔的原因　三洋从1983年进入中国市场,投资建厂,一直把中国定位于"工厂与加工"的战略地位,即利用中国廉价劳动力,加工产品出口到欧美等国家与地区。到2002年为止,三洋在华有41家合资公司与独资公司。他们各自控制独立的销售网络和服务体系,虽经营三洋品牌,但资源不能共享,优势不能互补。面对高速成长的中国市场,拥有品牌与开发制造优势的三洋,其销售业绩却徘徊不前。三洋迫切需要重新审视中国市场的重要性,并反思对中投资战略以及国际化经营的思路。

海尔是中国家电市场最强大的品牌,其价值超过400亿元,同时也拥有覆盖全中国市场的销售网络，42个海尔工贸公司，9000多个销售据点，12000个售后服务网点。支持网络的背后是 BBP（电子采购）、BPR（企业内部流程优化再造）、DRP（分销物流）、CRM（客户管理系统）组成的快速采购、制造、客户管理系统，它们有机地链接，构成完整的信息流、资金流与物流三流合一的电子商务系统。

三洋正是看中了海尔覆盖全国的销售网络与营销能力而决定与其携手，结成战略同盟。

(2) 与韩国三星共创亚洲标准　20世纪90年代，在移动电话、电脑等领域，一直是以欧美企业为中心制定"行业标准"，日本企业委身其下。在"网络家电"领域，三洋、海尔以及三星电子进行通力合作，共建亚洲标准。三家公司于2003年7月在中国上海建立了筹备中心，开发以大屏幕液晶背投彩电为中心的网络家电，并统一其标准。

2. 联盟基础

(1) 高层领导的共同经营理念　追溯历史，三洋与海尔并未有多少交流，海尔老员工只记得早年，厂里进过一些三洋的小配件。而三洋意识到海尔的竞争力是在2000年，井植敏在中东到处看到海尔产品与广告。三洋与海尔在最短时间内结成战略联盟的真正原因，是两个企业高层领导者的一拍即合。据井植敏说，2001年9月25日第一次访问海尔后，感觉到与张瑞敏有着共同的价值观。随后张瑞敏对日本三洋回访时，两位领导者陆续进行了十几个小时的交流。在交流中，双方对彼此的企业哲学非常赞同，尤其对所谓企业就是满足消费者需求这一理念，看法惊人地一致。

海尔的文化核心是创新，用创新的产品全力满足消费者的需求，并以不断创新精神和令客户意想不到的速度，迅速满足客户对产品的改进意见，在消费者心中获得极高的美誉度。三洋口号是"热爱地球和人类"，将人类生活的"舒适"、"温暖"、"美好"作为企业发展的远大理想。三洋是指太平洋、大西洋、印度洋，包含了三洋将以人类、技术、服务三根支柱为依托，三大洋相连的全世界人民共同发展的寓意。三洋把"共存"作为21世纪发展的核心，其中包括"经济发展与地球环境的共存"、"与世界各国的共存"、"企业与劳动者的共存"。

井植敏说："我与张瑞敏谈了好几次日本市场的特点。他也非常认可在极其重视产品质量的日本市场，廉价销售产品等于降低知名度这一看法。因此，双方的战略很快统一起来了。"进入日本市场的海尔产品将价格设定在与日本产品不相上下的程度，只便宜数千日元，即使暂时销量不佳也要把战略重点置于构筑品牌知名度上。

(2) 共享资源、优势互补　包括三洋在内所有在华的跨国家电企业最大竞争优势是技术与产品开发，销售渠道是其软肋。而海尔、TCL等中国家电企业正好相反，竞争优势主要是覆盖全国，渗透一、二、三级城市的销售网络与售后服务。长期以来，跨国家电企业大多将国内一级城市作为营销主战场，二、三级及农村市场只能通过代理商运作。他们也承认，渗透中国二、三级市场显得"力不从心"。一方握有技术（包括零部件开发技术），另一方拥有销售网络，这构成了中外家电企业联合的基础。三洋在零部件供应与产品开发方面具有优势；海尔在生产规模、营销网络等方面具有优势，资源互补，互相需求构成海尔与三洋合作的基础。

(3) 组织学习　海尔的管理模式对三洋形成了冲击。首先，海尔"马上行动"的标语也出现在三洋。三洋井植敏认为：所谓马上行动就是致力于一件事情时，用走路的速度，而不是骑马速度，就不能在世界竞争中取胜。比如在日本企业管理目标和计划以半年为时间单位，定出一年目标，再按计划执行。而海尔以一个月作为单位进行目标管理，颇有一种速度感。以外，海尔实行"合同工"制，即由员工个人对公司市场贡献与获得报酬直接关联。这点给井植敏带来了冲击，开始在三洋废除固定年薪制和定期升迁制度。三洋通过与海尔的合作，学习海尔迅速反应，马上行动的作风，改革企业内部组织与人员管理。而海尔通过与三洋合作学习日本企业的产品开发、生产工艺等。

3. 案例分析与研究启示

通过海尔与三洋的案例，发现以下事实。

① 价值链的优势互补。海尔与三洋在产品开发、制造、营销等增值链各个环节更多的是互补关系，通过联盟有利于发挥出整合优势。

② 来自高层领导的力量与人缘。海尔与三洋迅速结成战略联盟，很大程度上是两个企业高层领导的一拍即合。他们对市场与消费者的需求、企业概念等看法相通，有相似的价值观与经营理念。

③ 市场利益驱动。海尔通过与三洋的合作，有利于海尔产品进入日本市场，提高海尔的世界品牌知名度；三洋为海尔产品提供全方位售后服务，有利于日本消费者放心地购买海尔产品；合作2年多时间里，海尔产品在日本市场占有率倍数增长。另一方面，三洋反思其在华投资经营战略，想通过与海尔合作成为最大供应商；借助海尔的营销渠道与售后服务网点，扩大三洋在华销售能力；学习中国企业迅速对应市场的管理机制。

④ 重视联盟过程与管理。海尔总裁杨绵绵兼三洋海尔股份公司的副总裁，对联盟过程与管理亲历亲为。井植敏更是对与海尔合作高度重视，通过各种方式强调三洋与海尔合作的战略意图。海尔与三洋的案例研究给中国企业的有2点启示：第一，要明确与跨国企业结成战略同盟的战略目的，战略同盟的目的要与企业自身发展目标相一致。海尔与三洋的合作表面上是为把海尔产品卖到世界家电强国——日本，实际上是通过卖产品到日本，来提升海尔的国际品牌知名度。创建世界品牌是海尔一贯的梦想，与三洋合作是实现其目标的一个关键步骤。第二，战略同盟是中国企业国际化经营，提升国际竞争力的重要方式，但能否与跨国企业结成战略同盟（平等的），取决于本企业是否拥有独特、有吸引力的经营资源。第三，结成联盟只是良好的开始，要取得市场绩效，更需要重视联盟过程与管理工作。中国企业与日本企业平等合作，结成战略联盟，是新生事物。他们的合作给企业双方乃至于中国企业与日本企业带来哪些深层影响？在他们结盟过程中，又如何对联盟不同阶段，进行不同联盟管理，将作为今后的课题而追踪研究。

实操与思考

如果你是一家小型水产养殖或加工企业的老板，在你的周边也有十几家同样的小型水产企业，面对市场竞争，你该如何进行经营？

第十二章　渔业企业的预测与决策

> **学习目标**
>
> 1. 掌握渔业市场调查的概念、作用与类型。
> 2. 了解渔业经营预测的概念和原理，了解市场预测的程序和基本方法。
> 3. 掌握经营决策的概念，渔业经营决策的内容、类型、原则、程序和方法。
> 4. 了解渔业投资决策的一般原理及方法。

案例导入

　　西尔斯零售商店大扩张：金斯·罗伯特·伍德第一次世界大战后归来发现，连锁商店开始席卷全国，通过产品价格手册邮购的业务受到冲击。1921年，伍德向他的新雇主蒙哥马利·沃德公司指出，公司有四个分销点、一个组织有效的采购体系以及良好的声誉，如果公司能够利用这些优势便能竞争过其他连锁店。但是伍德的意见没有被管理层采纳，并于1924年被开除。伍德随后加入了西尔斯罗巴克公司，后来成为公司的总裁。伍德意识到城市对零售商店的重要性，因此一上任，他就开始了行动，包括在哪里开设新店，谁将来管理它们。西尔斯早期的一些店铺选在城市外的高速公路旁边，这似乎有些滑稽，但是后来，随着城市的扩张，这些店被融进了城市之中。3年之内，西尔斯的零售商店已经扩张至300多家。在西尔斯，伍德被尊为西尔斯零售扩张之父。

　　伍德在西尔斯罗巴克公司的事例说明，企业的发展与其正确的决策直接相关。但是要做出正确的决策，离不开对于市场发展走势的准确判断。所有这些，都是既令决策者们向往而又难以把握的问题。所以企业的决策问题，既是企业经营管理的重心所在，又是企业经营管理技术这门课程所无法回避、必须面对、必须加以研究并予以解决的问题。好在经过多年的努力，企业界已经有了很多决策方面的成功经验，许多学者又对此进行了系统的、深入的研究，使企业的决策问题已经有了一个比较系统的理论与方法。

第一节　渔业企业的市场调查

一、市场调查的概念、作用与类型

1. 市场调查的概念

　　市场调查是企业认识市场和取得市场信息资料的最基本的方法。它是随着商品的生产和交换的需要而产生和发展的。渔业市场调查就是以水产品市场及渔业生产资料市场为对象，运用科学的方法收集、分析、整理有关市场信息资料，为渔业企业的生产经营决策提供依据。这一概念说明，渔业市场调查的对象是水产品市场及渔业生产资料市场，以获取市场过去和现在的信息资料;渔业市场调查的方法是运用各种现代的科学方法进行收集、分析、整理市场信息资料;通过调查,取得完整的市场资料,才能进行定性和定量预测,在预测的基础上,企业才能做出正确的决策。

2. 市场调查的作用

(1) 市场调查是渔业企业认识市场的基本方法　没有调查就没有发言权。渔业企业从事市场的生产经营活动亦是如此。要了解市场需要什么,需要多少,哪些水产品充裕,哪些水产品紧缺,上下游产业的生产经营形势及其市场发展趋势如何,等等。对某一水产品,不同地区市场需求是否相同,竞争对手情况如何等。只有深入市场进行调查,才能认识市场的过去和现在,才能探索出市场的变化动向和趋势,渔业企业的生产经营活动才能合乎市场的实际,取得良好的经营效果。

(2) 市场调查是市场预测和市场决策的基础　渔业企业进行市场经营活动,面对复杂的市场环境,需要有正确的战略和策略,它们来源于企业的市场决策,正确的市场决策要求企业能准确地预测市场,而预测的资料是否准确,就看企业是否了解市场,是否通过市场调查获取有关的真实资料。

(3) 市场调查有利于企业不断改进经营管理,提高经济效益　市场环境在不断变化,渔业企业通过经常性的市场调查,了解其变化的趋势,适时调整好经营战略和策略,改善企业的经营管理,合理地使用自己的人力、物力和财力,适应市场竞争的要求,才能不断提高市场占有率,提高企业的经济效益。

3. 市场调查的类型

(1) 按调查目的分类　市场调查可以分为探测性调查、描述性调查、因果关系调查和预测性调查。

① 探测性调查是一种非正式调查,它是当调查者对所要调查的课题不明确时,通过探测摸底,找出问题的症结所在,然后确定调查重点的调查方式。

② 描述性调查是一种正式调查,它是调查者对所调查的问题进行认真的收集、记录、分析和整理调查资料的一种调查方式。这种调查往往是在探测性调查的基础上进行的。

③ 因果关系调查是在描述性调查的基础上,为了进一步分析各变量之间的相互关系,是寻因索果的调查方式。预测性调查是为了预测未来市场变化趋势而进行的调查,它完全是为了预测的需要。

(2) 按调查对象分类　市场调查可以分为普遍调查和抽样调查。

① 普遍调查也称为全面性调查,它是以总体为对象,对所调查的总体的每一个个体都进行调查。如人口普查、商品库存普查等。这种调查方式取得的调查资料全面、可靠,但调查的工作量大,花费的人力、物力、财力和时间都要多。

② 抽样调查也称为非全面性调查,它是从被调查总体中选取一部分个体作为样本进行调查,取得调查资料的方法。

(3) 按调查方法分类　市场调查可以分为观察调查、询问调查和实验调查。

(4) 按调查区域范围分类　市场调查可以分为国际市场调查和国内市场调查。

(5) 按调查时间分类　市场调查可以分为一次性调查、经常性调查、定期调查和临时调查。

二、市场调查的内容

市场调查的内容相当广泛,主要有以下四个方面。

1. 市场环境的调查

市场环境的调查主要是对影响水产品市场供求变化的政治、经济、人口、风俗习惯、社会风尚、科技文化、自然环境、市场竞争等方面进行调查。主要包括:政治环境调查、科技环境调查、人口环境调查、社会环境调查和竞争环境调查。

2. 市场需求的调查

市场需求直接影响企业经营状况，市场环境的影响最终集中反映在市场需求上。在买方市场上，只要有需求，企业才有市场机会，企业要千方百计去研究市场需求才是上策。它包括市场对某一类水产品的总需求量及需求的地区分布；需求量的变化及基本发展趋势；本企业产品在各地市场上的占有情况，以及消费者或用户对本企业产品的满意程度的调查等。

3. 水产品资源的调查

水产品资源调查主要是指调查水产品供应情况。它包括：水产品的生产和库存的调查、水产品供应的渠道及供应价格的调查和水产品进出口情况的调查。

4. 水产品销售情况的调查

销售情况调查包括：网点设置是否合理、销售价格策略是否恰当、销售渠道是否顺畅和促销措施是否奏效。

三、市场调查的步骤与方法

1. 市场调查的步骤

（1）选择调查题目　就是确定本次调查所要达到的目的。市场调查是为企业制订各项经营决策服务的，因此，它的选题一定要围绕着企业在经营中迫切需要解决的问题来进行。

（2）确定搜集资料的范围　根据调查的目的要求确定市场调查的范围。如果要了解全国各地对本企业产品的需求情况，那么只需要在指定的地区搜集资料就可以了。

（3）调查表或问卷的设计　任何一种调查方法（特别是询问法）都需要填写一定的调查表或问卷，而且，调查表或问卷设计的好坏，将直接关系到调查结果的正确与否。为此，调查表或问卷，一般由经验丰富的调查研究人员来设计。

（4）抽样设计　搞市场调查，有两种方式可供选择：一种是普查，就是对被调查总体的每一个个体毫无遗漏地一一进行调查；另一种方式是抽查，就是对调查总体只抽取其中的一部分进行调查。对大多数企业来说，抽样调查是市场调查最好的方式。

（5）调查人员的选择、培训和管理　市场调查是通过人来进行的，因此，调查人员素质的高低，决定着每一次调查工作的成败。对于按规定的调查人员，必须认真地进行培训。

（6）资料的整理与分析　当资料的搜集工作完成以后，就要对资料进行整理和分析。其工作主要包括：资料的分类、校编、列表、百分比计算，以及使用相关分析等多种方法。

（7）写出调查报告　调查报告的主要内容包括：本次调查的目的、调查使用的主要方法、调查得到的结果，以及对今后工作的建议等。

2. 市场调查的方法

市场调查的基本方法有以下三种。

（1）询问法　询问法是以询问的方式，作为搜集资料的手段，将所要调查的事项，以当面、电话或书面的方式向被调查者提出询问，从而获得所需要的资料。常用的询问方法有：个别面谈、集体面谈、电话询问和邮件调查等。

（2）观察法　观察法是由调查员或利用仪器（如照相机、摄像机、录音机等）在现场进行观察的一种搜集资料的方法。通过观察所发生的事实，判断被调查者在某种情况下的行为、反应和感受。常用的观察方法有：直接观察、行为记录和痕迹观察等。其特点是资料真实可靠，但受局限，一般无法说明事物发生的原因。

(3) 实验法 实验法是把对调查的问题有影响的许多因素选择出一两个,指定在一定条件下实验并观察其反应。常用的实验法有市场试销实验和实验室实验两种。所谓市场试销实验,就是事先选择一个具体有代表意义的市场,然后把产品(特别是新产品)投入到这个市场进行试销,以观察顾客的动向。试验的内容包括产品的质量、品种、规格、外观、牌子、商标、包装、价格、促销方式和销售渠道的选择等。实验室实验则包括广告的设计和消费者心理实验等。

上述三种方法,各有其优缺点,因此,采取什么样的调查方法,要根据每一次调查搜集资料的具体要求来选择。

第二节 渔业企业的经营预测

一、预测及其基本原理

1. 现代企业经营预测的要素

现代企业经营预测有3个要素:以各种信息资料为依据,以正确的理论为指导,以数学方法为手段。这就要求科学预测要建立在充分的调查研究、占有大量信息资料的基础上,根据事物的内在联系及其发展规律,运用适当的数学方法,对未来的发展趋势作出一种有根据的分析和判断。此即现代预测学,它与古老的、传统的预测方法有明显的、本质的区别。

渔业企业经营预测就是根据事物间的内在联系及其客观发展规律,用科学的方法对现有资料进行分析和加工以判断未来。市场预测是在市场调查基础上,运用科学的预测手段与方法对影响市场活动诸因素的过去、现状及未来发展变化规律进行分析研究,对市场因素的未来发展与不确定状态作出预计、测算与判断。

2. 预测的原理

(1) 惯性原理 惯性原理是指市场交换活动及其影响因素在其发生、存在与发展变化过程中存在惯性,表现为对其原来状态的延续性与抗改变性。根据惯性原理,分析事物与预测对象过去与现在的运动状况,找出反映这种状态的运动规律,并加以延续,就可以预测事物未来的发展变化。惯性原理亦称为预测的延续性原理。

(2) 相关性原理 任何事物的发展变化都不是孤立的,都是在其他事物的相互影响、相互制约、相互联系中发展的。事物间的这种相互关系,在具体事物之间常常表现为变化的因果关系与时间上的先导后致关系,这就是事物发展变化的相关原理或相关规律。相关原理亦被称为预测学的因果原则与回归原则。

(3) 模拟原理 通过长期的市场调查与分析研究,人们发现事物间在其发展变化的运动过程中有着极为类似的活动规律。这就是事物间的模拟规律。

(4) 统计学原理 实践与统计计量的结果发现,随机现象中某一结果出现的可能性及其概率的大小亦是有规律的。根据以往统计资料提供的规律,寻找事物结果发生的概率,并由此对市场营销活动可能产生的效果等进行预测,称为统计学原理。

二、预测的种类与作用

1. 预测的种类

(1) 按预测的范围分类 可以分为宏观预测和微观预测。

(2) 按预测的时间分类 可以分为长期预测、中期预测、短期预测和近期预测。长期预测一般是对五年以上的预测;中期预测一般是一年以上五年以下的预测;短期预测一般是一个季度以上一年以下的预测;近期预测一般是对一个季度的预测。

(3) 按预测的方法和要求分类　可以分为定性预测和定量预测。

2. 市场及企业经营预测的作用

科学预测可以掌握企业生产经营活动的变化动态及发展趋势,为企业提供市场需求变化的动态信息,使企业最高决策层可以预知市场将为企业提供什么机会或带来什么危害,以便及早作出应变对策,从而为企业制订经营目标和战略计划提供依据,便于企业进行生产组织和经营决策;便于企业进行自我诊断和自我调整;便于企业作出技术取舍及技术改造。

三、市场预测的内容与原则

1. 市场预测的内容

市场预测的内容是很广泛的。一般来说,凡是能引起市场变化的,包括政策因素在内,都属于市场预测的范围。

(1) 社会需求预测　主要是预测市场对本企业产品的需要量有多大?市场容量有多大?发展趋势如何?预测消费者的购买欲望和购买力的投向、购买结构的变化情况等,使企业能迅速适应这种变化的需求。

(2) 市场占有率的预测　市场占有率是指本企业的产品销售量占该种产品市场销售总量的比例。它是体现企业产品竞争能力和企业实力大小的指针之一。因此,要比较本企业与同行业中其他企业,产品在质量、价格、销售范围,以及为用户服务等方面所处的位置,并预测将来的发展趋势。

(3) 技术发展预测　预测市场对产品品种需求变化的趋势,特别是与本企业产品有关的新技术、新材料、新工艺、新设备等科学技术的发展趋势,以及产品的更新换代,新产品的发展趋向等。

2. 经营预测的基本原则

(1) 科学性原则　相对而言,占卜、看相、算命等预测方法属于传统预测方法,现在已被综合性的科学预测所取代。科学性的预测方法须占有详尽的信息资料,反复地进行定性定量两方面的研究分析,从而使预测结果比较符合或接近客观实际。

(2) 广泛性原则　经营预测涉及经济学、市场学、数理统计、气象学、心理学、社会学、伦理学、人口、地理、政治等方面。在有些因素之间,看起来他们互不关联,其实都是有关联的。

只有将上述有关资料、信息与本企业自身情况相结合,才能综合确定企业的发展方向及发展战略。

(3) 时空性原则　科学预测须做到快捷及时、正确可靠。为此要做到在搜集信息时有高度的时间性,而且在传递、整理、使用这些信息时也要有高度的时间性。及时和早到的信息可成为重要的情报,过时的信息只能作为历史资料。

在预测的空间(即地域)方面,也要体现出与预测目的的一致性。

(4) 经常性原则　一个决策的产生是多种发展变化的因素所决定的,对各种因素综合分析的结果才能形成决策。正因为这"各种因素"的发展变化(抑或是互相影响,抑或是此消彼长),所以当时的那种决策结果求得的应该是一种静态的平衡。有时某单一因素的变化即可使决策变形,有时则需几个因素相继变化才起作用;有时几个因素均有变化时该决策反而不会变形。这就要求:首先对决策要经常检验或校正;其次要及时对影响决策的资料作跟踪分析;其三是形成的决策应该是一种对变数有较大适应性的平衡,即某一个或几个因素有变化时对决策不至于有较大的影响。

四、市场预测的程序

市场预测的一般程序可用图 12-1 表示。

1. 确定预测目标

确定预测什么，达到什么目标或要求。

2. 收集和分析有关资料

对收集到的资料要严格审核，要做到资料可靠、可比、计算口径一致、核算方法相同，统计时间与计量单位一致等。

3. 选择预测方法

根据对资料的动态分析来选择合适的预测方法。

4. 进行预测

利用已有的资料信息，用已经选定的方法进行预测，以获得预测结果。

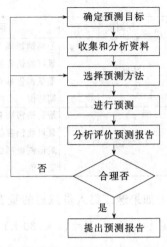

图 12-1 市场预测的一般程序

5. 分析预测结果

分析是否已经达到预测目标要求；预测误差是否在允许的范围之内；预测结果的合理程度如何等。

6. 提出预测报告

略。

五、预测的基本方法

渔业企业经营预测方法有定性预测和定量预测两大类。其中，定性预测方法中又可分为综合意见法、主观概率法、德尔菲法等；在定量预测方法中又可分为简单平均法、加权平均法、最小平方法、平均趋势预测法等。下面分别加以介绍。

1. 定性预测方法

定性预测就是对预测目标的未来，给予性质上的推断，如该种产品的销售前景为好、中、差。其基本特点是：根据预测者的主观经验来判断未来，对未来只给予质的描述，在判断的过程中不一定给出必要的数量论证。根据主观判断的方式和程度，定性预测有以下三种方法。

(1) 综合意见法　即根据调查者的资料，企业领导者召集本企业的有关管理人员、技术人员、经营人员，共同分析研究判断未来，最后企业领导者在综合大家意见的基础上做出决定。这种方法简单易行，便于操作。

(2) 主观概率法　这种方法是在综合意见法的基础上，每个人员对产品销售前景给的不是一个确定的量，而是分别给了几种可能情况下的量，这时需对每种可能情况给出主观概率，求出期望值，然后再根据每类人员的期望值，给出不同人员的权数，然后再求综合的预测值。如对某产品销售前景的预测见表 12-1。

表 12-1　主观概率法预测　　　　　　　　　　　　　单位：万元

预测者	预测销售额	可能性（概率）	期望值
销售人员	最高销售额 1000	0.3	300
	最可能销售额 700	0.5	350
	最低销售额 400	0.2	80
	期望值		730

续表

预测者	预测销售额	可能性（概率）	期望值
计划人员	最高销售额 1200	0.2	240
	最可能销售额 900	0.6	540
	最低销售额 600	0.2	120
	期望值		900
生产技术人员	最高销售额 900	0.2	190
	最可能销售额 600	0.5	300
	最低销售额 300	0.3	90
	期望值		570

如果这三类人员意见的重要程度分别为 2∶1.5∶1，则其综合预测值为：

$$Y=(2\times 730+1.5\times 900+1\times 570)/(2+1.5+1)=751（万元）$$

（3）德尔菲法　德尔菲法也称专家意见法，是指预测者根据预测目标与内容挑选若干专家，并使专家在匿名情况下，充分进行信息交流，从而得到预测结果的方法。它具有以下三个特点。

① 匿名性。即对同一问题不同专家的意见是相互不见面的。一般采用函询的方法，这样可以避免受领导、权威或能言善辩者的影响，有利于集思广益。

② 多轮反馈性。即对收集到的差距较大的意见，不报名反馈给专家们，启发考虑不同意见，促使不同意见逐步接近和集中。

③ 意见收敛性。即收集专家意见工作的人，在每次把不同意见反馈给专家时，应有意识地向意见收敛的方向发展，以使意见不断相对集中，有利于提供领导决策。

德尔菲法的一般程序是：a. 确定征询课题；b. 选择专家，确定专家人数和结构；c. 设计咨询表；d. 逐轮咨询和信息反馈；e. 对每一轮的专家意见进行汇总并做统计分析。

2. 定量预测方法

定量预测就是根据比较完备的历史统计资料，运用一定的数学方法，进行科学加工处理，对市场未来发展做出量的测算。常用的方法主要有时间序列预测法和回归分析预测法两种。这里主要介绍时间序列预测法中的简单平均法、加权平均数法、直线最小平方法和平均趋势预测法四种方法。

（1）简单平均法　其计算公式为：

$$Y_{预测值}=\sum Y_i/n$$

式中　$Y_{预测值}$——预测值；

n——时间序列的资料期数；

Y_i——预测对象各时期的实际数值资料。

[例 12-1]　某企业 1990～2001 年甲产品的销售量分别为 21kg、22kg、25kg、24kg、26kg、28kg、27kg、30kg、32kg、29kg、31kg、34kg，试预测 2002 年甲产品的销售量。

解：$Y_{2002}=\dfrac{21+22+25+24+26+28+27+30+32+29+31+34}{12}=27.42$（kg）

简单平均法预测操作较为简单，但其预测结果准确性较差。简单平均法预测比较适合一些市场较为稳定，统计资料变化不大的情况。

（2）加权平均数法　不同的资料，特别是不同时期的资料，对预测值的影响程度不同，因此，分别按照对预测值的影响大小给予不同的权数来进行预测。其计算公式为：

$$Y_{预测值}=\frac{Y_1W_1+Y_2W_2+\cdots+Y_nW_n}{W_1+W_2+\cdots+W_n}=\frac{\sum Y_iW_i}{\sum W_i}$$

式中　Y——预测值；

Y_i——预测对象各时期的实际数值资料；

W_i——权数。

[例 12-2]　某企业 1997～2001 年甲产品的销售量分别为 21kg、22kg、25kg、24kg、26kg，各年份的销售量对预测值的权数分别为 1、2、3、4、5，试预测 2002 年甲产品的销售量。

解：
$$Y_{2002}=\frac{21\times1+22\times2+25\times3+24\times4+26\times5}{1+2+3+4+5}=24.4\text{（kg）}$$

（3）最小平方法　其计算公式为：

$$Y_{预测值}=a+bX$$

式中　a——固定常数，$a=\sum Y_i/n$；

b——固定系数，$b=\sum XY_i/\sum X^2$；

X——时间序数。

[例 12-3]　某企业 2001～2009 年甲产品的销售量分别为 24kg、26kg、28kg、27kg、30kg、32kg、29kg、31kg、34kg，试预测 2010 年甲产品的销售量。

解：画表并计算（见表 12-2）

$$a=\sum Y_i/n=261/9=29\text{（kg）}$$
$$b=\sum XY_i/\sum X^2=62/60=1.03$$
$$X=5$$
$$Y_{2010}=a+bX=29+1.03\times5=34.15\text{（kg）}$$

表 12-2　甲产品销售量计算表　　　　　　　　　　　　　　　　单位：kg

年份	销售量(Y)	时间序列(X)	X^2	XY
2001	24	−4	16	−96
2002	26	−3	9	−78
2003	28	−2	4	−56
2004	27	−1	1	−27
2005	30	0	0	0
2006	32	1	1	32
2007	29	2	4	58
2008	31	3	9	93
2009	34	4	16	136
2010		5		
合计	261		60	62

（4）平均趋势预测法　其计算公式为：

$$Y_{n+1}=最后一个移动平均数+最后一个趋势差额移动平均数\times时间序列$$

[例 12-4]　1999～2009 年甲产品的销售量分别为 22kg、25kg、24kg、26kg、28kg、27kg、30kg、32kg、29kg、31kg、34kg，试预测 2010 年甲产品的销售量。

解：画表并计算（见表 12-3）

表 12-3　甲产品销售量移动趋势值计算表　　　　　　　　　　单位：kg

年份	销售量Y	五期移动平均数	趋势差额	三期趋势差额移动平均数
1999	22			
2000	25			
2001	24	25.00		
2002	26	26.00	+1.00	
2003	28	27.00	+1.00	1.20
2004	27	28.60	+1.60	1.07
2005	30	29.20	+0.60	0.93
2006	32	29.80	+0.60	0.87
2007	29	31.20	+1.40	
2008	31			
2009	34			
2010				

最后一个移动平均数为 31.20；

最后一个趋势差额移动平均数为 0.87；

时间序列为 3；

$$Y_{2010}=31.32+0.87\times 3=33.81 \text{（kg）}$$

第三节　渔业企业的经营决策

一、经营决策的概念

决策就是人们确定未来行动目标，并从两个以上实现目标的行动方案中选择一个合理方案的分析判断过程。而经营决策就是在经营目标和经营思想指导下，对企业所要实现的目标及其途径的选择和决定，在多种方案中选择一个最佳方案的过程。

二、经营决策的作用

决策关系到企业的全局利益及长远利益，决定着企业的成长和发展。

三、经营决策的内容

渔业企业经营决策的内容涉及企业的发展方向、目标、规模和大政方针等重要问题，也包括日常经营事务的处理。渔业企业经营决策的内容大体上包括以下几方面。

1. 经营战略决策

主要包括经营方向、经营目标、经营方针、经营政策和经营方式等方向。

2. 市场营销决策

主要包括市场营销环境分析选择、市场预测、市场细分与目标市场的选择、营销组合策略、售后服务等方面。

3. 研究与开发决策

主要包括新技术、新工艺、新材料、新产品开发决策、市场开发决策等方面。

4. 生产经营决策

主要包括品种的选择、地理位置的选择、企业布局与建筑设计、经营规模、经营结构、采购、供应、库存等方面。

5. 财务决策

主要包括企业资金的筹措、资金结构和资金调度、固定资产投资、目标成本、财务计划、利润、分配等方面。

6. 组织决策

主要包括企业性质、组织机构、人事制度、领导体制、人财物的配备等方面。

四、经营决策的类型

① 按照决策问题的性质不同，决策可以分为战略决策、战术决策和业务决策。

战略决策一般属于长期性决策，主要指解决企业的有关大政方针方面的问题，如解决企业的生产规模、长期投资等。战术决策属于短期性决策，主要解决日常管理与生产经营方面的问题。业务决策是指为了提高日常的业务效率的一种决策。

② 根据决策者在企业所处的管理层次不同，决策可以分为高层决策、中层决策和低层决策。

③ 根据问题出现的重复程度和解决问题经验的成熟程度不同，决策可以分为程序化决策和非程序化决策。

④ 按照决策的方法不同，决策可以分为定量决策和定性决策。

⑤ 按照决策问题所处的条件不同，决策可以分为确定型决策、风险型决策和不确定型决策。

确定型决策就是决策者在情况确定和必然出现的结果为已知条件下所做的决策。风险型决策也叫随机决策，是指未来存在着不可控因素，一个方案会出现几个不同的结果，其结果可以按照概率条件来计算所做的决策。不确定型决策是指决策者不能确定和估计的各种方案成功的可能性，也就是各种方案多种结果出现的概率，主要根据决策者的状态和经验来进行决策。

水产企业的经营决策是按照普通决策学原理，结合水产企业的特点来进行的。

五、经营决策的特征

① 对未来的行为确定目标。
② 有两个以上可供选择的方案。
③ 决策是一个提出问题、分析问题、解决问题（得出方案）的系统分析过程。

六、经营决策的一般程序

经营决策的过程一般分五个阶段即：
① 提出问题。
② 明确决策目标。
③ 列出可行方案。
④ 研究可行方案。
⑤ 选择可行方案。

1. 确定决策目标

目标的确定是制订决策的起点。目标选得正确，目标的内容定得明确而具体，是决策的首要条件。在确定决策目标的时候，应根据企业的理想与实际差距、急需解决的问题以及人财物等实力。为了保证目标确定的正确性，需经过下列步骤。

要对经营环境进行调查、预测和对企业进行诊断，找出理想经营状态与实际经营状态之间的差距。

找出差距问题的时间函数和空间连锁幅度，确切地认识差距问题的类型。

根据现实的可能性对决策目标提出约束条件，并规定要达到的边界，在这个基础上初步确定决策目标。

要组织专家进行可行性论证，再慎重地确定决策目标。

在确定决策目标的程序中，需要注意两个问题：一个是尽可能地使决策目标定量化，并据此作为实施决策中的检验标准，例如时间指标、数量和质量指标、消费指标、技术指标等；另一个是决策目标既要注意有形的价值（含近期），也要注意无形的价值（含远期），不要单从有形的价值上来评估决策目标的总价值。

2. 准备决策方案

准备出两个以上的备选方案，需要经过以下步骤。

① 研究确定决策目标的经营环境，注意企业内部条件利用。

② 备选方案拟订者要充分应用个人经验、知识和创新精神。

③ 运用系统观点，对方案进行设计，使各种措施纵横连贯，形成均衡协调的人工封闭系统，然后对备选方案进行可行性分析和评审。

选择决策方案。备选方案拟订以后，就要对方案进行评价、比较和选择。需要经过以下步骤：

要确定选择决策方案的价值标准。

要组织专家对企业内部外部环境进行论证，还可采用经验判断法、数学分析法、试验法等进行比较，找出差异。

对选择的方案要进行修订补充，使其更加完善。

3. 实施方案并进行追踪决策

决策的实施和追踪是决策全过程中不可缺少的程序，要运用跟踪和反馈原则。为了在实施中取得令人满意的效果，需经过以下几个步骤。

使决策执行者都要了解决策的内容、目的和意义。

要健全机构、组织力量，不适应时要作相应调整。

要指挥行动，跟踪变化，及时反馈，协调关系。

要注意总体效应，及时总结经验教训，做好追踪决策，保存原决策优点，而舍弃其缺点。根据上述决策程序、步骤，不断重复活动过程，形成动态的决策。

七、经营决策常用的方法

渔业企业经营决策方法可归纳为定性决策和定量决策两大类。

1. 定性决策方法

定性决策是运用社会学、心理学、组织学、经济学等相关知识，发挥专家、学者和职工群众的集体智能，凭借人的直观、灵感、经验以及形象思维和创新能力来进行分析、判断和抉择的方法。这类方法主要有厂长（经理）决策法、群体决策法、列表决策法等。该方法较适用于受社会因素影响大、综合性、战略性问题的决策。

定性决策方法简便灵活。但定性决策也存在着缺乏严格论证，主观成分较大等缺点。常用的定性决策方法有以下三种。

（1）畅谈会法　畅谈会法是通过召开专家会议，使与会者互相启发、互相影响、互相刺激，引起"思维共振"，产生组合效应，形成宏观智能结构，从而诱发出更多的创造性设想。这种方法鼓励与会者自由思考，畅所欲言，思路越广越受欢迎。不允许对别人的意见反驳、批评，也不准做结论，意见和建议越多越好。最后由决策者根据有关信息进行决策。

（2）综摄法　这是一种利用非推理因素，通过召开一种特别会议来激发群众创造力的方法。具体步骤如下。

提出所要解决的问题,详细介绍问题的有关背景材料、问题的现行解法,在此之前已经想到和实验过哪些创新设想,指出期望的创新法。

参加者从不同角度重新提出问题。

对各种问题加以分析和比较,并根据其对创新解决的重要性大小加以系统排列。

远离问题。根据排定的顺序,每次以一种表述形式为出发点,从熟悉的领域转入可能远离问题的陌生领域,并尽力搜索从表面上看与问题无关,实则有类似之处的要素。

强行结合。这是综摄法最核心的一步,是将模拟的成果与原问题强行结合起来,可形成一种独创性的方案。经过强行结合形成初步设想后,必须围绕其不足之处继续寻求改进完善,直至得出决策者满意的方案。

(3)德尔菲法　德尔菲法在预测内容中已作阐述。企业重大问题,采用德尔菲法比较合适。

2. 定量决策法（亦称计量决策法）

即借助于数学方法,对决策过程中的某些变量、目标、条件及其相互关系作定量分析与计算,从而做出决策方案的一类方法,它有较强的针对性和专用性,其结论也有较强的严密性和客观性。

定量决策又可按决策类型分为确定型决策、风险型决策和不确定型决策。

(1)确定型决策　即可行性方案中所需条件都是已知的,其后果也可计算出来,从而按决策目标可作出肯定选择的决策。

[例12-5] 某渔场欲购一台机器,有三种型号可供选择,每型的购置费及年度使用费、折旧费见表12-4,如何选择?

表12-4　机器购置决策因素计算表　　　　　　　　　　单位:万元

型　号	购置费用	年折旧费	年经营费	年度使用总费用
甲	70000	7000	14000	21000
乙	85000	8500	6000	14500
丙	78000	7800	8500	16300

上表计算表明,乙型号虽购置费用最大,但年度使用费最少,故应选乙型。

[例12-6] 某场有一批鱼待销,现有就地、本地区、外省区三个市场方案可供选择,综合情况见表12-5。应如何选定销售方案?

表12-5　鲜鱼销售方案决策因素计算表

项　目 \ 方案	销往市场		
	就地	本地区	外省区
预测销售/kg	10000	15000	20000
预测销售成本/(元/kg)	0.2	0.5	0.7
预测销价/(元/kg)	4.5	4.5	5.2
预测销售利润/元	43000	64500	90000

计算表明,若以最大利润值为标准,应选择销往外省区的方案。

[例12-7] 某企业投产甲产品,生产规模为每月30000件,总的固定成本为200000元,甲产品单位变动成本为15元,一单位欲订购甲产品25000件,每件给出的报价是25元,问是否可以接受这批订货?

分析:是否接受订货关键是看企业是否有盈利或保本,那么,就要知道企业在此报价下的盈亏平衡点,如果订货超过盈亏平衡点则有利可图,可以接受订货。

解：
$$盈亏平衡点 = \frac{总固定成本}{单价-单位变动成本} = \frac{200000}{25-15} = 20000（件）$$

根据该单位的报价，从计算结果看，订购数量大于盈亏平衡点，因此，可以接受订货。

（2）**风险型决策** 风险型决策是指在决策时有若干个可行方案，每个可行方案有几种不同的自然状态，各种自然状态都有一个客观概率的决策。

风险型决策的决策标准有：按期望值标准；按最大可能性标准。

① **按期望值标准进行决策** 这是风险型决策中最常用的方法。期望值就是期望今后可能获得的收益值。期望值法又可以用决策树和决策表的形式进行决策。

a. **决策树** 决策树由以下几个部分构成。

决策点：一般用小方框来表示，作为决策的出发点。

方案枝：一般用直线表示，它是从决策点引出的若干条直线，每条代表一个方案。

自然状态：一般用直线表示，它表示该方案在各种自然状态下的综合损益值。

概率枝：一般也用直线表示，它是从自然状态引出若干条直线，每条直线代表一种状态。

[例 12-8] 某企业为生产某种水产加工的新产品而设计了两个基建方案，甲方案是建设一个较大的工厂，需投资 300 万元；乙方案是建一个车间，只需投资 150 万元。两者的使用期都是 10 年。预测在此期间，该产品销路好的概率为 0.7，此时甲方案每年可盈利 100 万元，乙方案每年可盈利 40 万元；销路差的概率为 0.3，此时甲方案每年要亏损 20 万元，乙方案每年可盈利 20 万元。估算两个方案的年度损益值（见表 12-6）。

表 12-6 各方案年度损益值表　　　　　　　　　　　　单位：元

项　目	概　率	甲　方　案	乙　方　案
销路好	0.7	100	40
销路差	0.3	−20	20

解： 根据已知条件，画决策树，如图 12-2 所示。

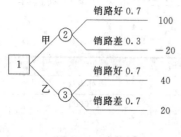

图 12-2 决策树

$$Y = \sum Y_i / n$$

式中　Y——预测值；

　　　n——时间序列的资料期数；

　　　Y_i——预测对象各时期的实际数值资料。

根据决策树计算各点的期望值：

点②：$0.7 \times 100 \times 10 + 0.3 \times (-20) \times 10 - 300 = 340$（万元）

点③：$0.7 \times 40 \times 10 + 0.3 \times 20 \times 10 - 150 = 190$（万元）

根据计算结果，两个方案中甲方案的期望收益值大于乙方案的期望收益值，故选择甲方案。

b. **决策表法** 举例如下。

[例 12-9] 某企业对市场进行调查前，对甲产品生产拟订了四种生产方案，分别生产 200 件、210 件、220 件、230 件。各生产方案得出销售状况及概率分别是销售 200 件为 0.2，销售 210 件为 0.4，销售 220 件为 0.3，销售 230 件为 0.1，每生产一件的售价为 50 元，成本为 30 元（即每件可盈利 20 元）。若生产计划与市场销售不符，超过需求的产品要削价处理，每件价格为 20 元（即每件要亏损 10 元）。试作出决策。

解： 列表并计算（见表 12-7）

表 12-7 期望利润值分析表　　　　　　　　　　　　　　　　　单位：元

利润 \ 销售状态 \ 方案	市场销售状态				期望利润值
	200 件	210 件	220 件	230 件	
	0.2	0.4	0.3	0.1	
200 件	4000	4000	4000	4000	4000
210 件	3900	4200	4200	4200	4140
220 件	3800	4100	4400	4400	4160
230 件	3700	4000	4300	4600	4090

生产 200 件的方案期望利润值为：

$$4000\times0.2+4000\times0.4+4000\times0.3+4000\times0.1=4000（元）$$

生产 210 件的方案期望利润值为：

$$3900\times0.2+4200\times0.4+4200\times0.3+4200\times0.1=4140（元）$$

生产 220 件的方案期望利润值为：

$$3800\times0.2+4100\times0.4+4400\times0.3+4400\times0.1=4160（元）$$

生产 230 件的方案期望利润值为：

$$3700\times0.2+4000\times0.4+4300\times0.3+4600\times0.1=4090（元）$$

根据计算，生产 220 件的期望利润值最高，故选择该方案。

[例 12-10] 某场欲销一批鱼类，据调查，四种日销量及发生的概率已知，预计生产成本 0.8 元/kg，市价 1.5 元/kg，若畅销，可获毛利 0.7 元/kg；若滞销，将损失 0.4 元/kg。现拟订日上市 1000kg、1500kg、2000kg、2500kg 四个方案，制出表供决策者选择。

所制表格见表 12-8。

表 12-8 鲜鱼销售方案决策因素计算表

收益值/元 \ 自然状态 \ 实施方案/kg	日销量/kg				期望利润值/元
	1000	1500	2000	2500	
	0.2	0.4	0.3	0.1	
1000	700	700	700	700	700
1500	500	1050	1050	1050	940
2000	300	850	1400	1400	960
2500	100	650	1200	1750	815

上述计算表明，日上市 2000kg 的利润期望值最高，可按此方案执行。

② 按最大可能性标准进行决策　以上各方案都掩盖了偶然情况下的损失。因为无论哪一方案，都有一定的风险，所以还可以用最大可能性标准来进行决策。最大可能性标准即选择自然状态下概率最大的事件，从中选出收益值最大的方案。表 12-8 中 1500kg 日销量的概率为 0.4，其最大收益值为 1050 元，故也可表明应选用该方案。

注：这个风险主要是指市场风险，所以选用了最大的市场概率。

（3）不确定型决策　在无法测算各种自然状态出现的概率时，决策主要取决于决策者的状态和经验。由于决策者将面临哪一种自然状态是完全不确定的，因而决策的结果也是完全不确定的。常用的方法有小中取大法、乐观系数法、最小后悔值法三种。

① 小中取大法（悲观型法） 它是在每个方案中选择一个最小收益值，然后再从这些最小收益值中，取一个最大的收益值。

[例 12-11] 某渔业机械厂某月将投产某种小型渔业机械，现有 A、B、C 三种方案，拟分别生产 18 台、19 台、20 台。若生产的产品全部售出，则每台可获利 20 元，若生产的产品数量大于市场需求量，则多出的每台要亏损 5 元，试作出决策。

解：列表并计算（见表 12-9）

根据从各方案中选择的最小收益值 360 元、355 元、350 元中，选择最大收益值的是 A 方案的 360 元。故选择 A 方案。

表 12-9　小中取大法决策　　　　　　　　　　　　　　　　单位：元

方　案	生产量	销售量			最小收益
		18 台	19 台	20 台	
A	18 台	360	360	360	360
B	19 台	355	380	380	355
C	20 台	350	375	400	350

② 乐观系数法（乐观型法） 这一方法是根据市场情况及决策者的经验选择一个乐观系数 a，一般 a 在 0.5～1 之间，不乐观系数为 $1-a$。此法是将每一个方案的最大收益乘以乐观系数 a，再加上该方案的最小收益值乘以 $1-a$，进行比较，选出一个最大的期望利润。

[例 12-12] 如表 12-9 中，现取 a 为 0.7，试作出决策。

解：根据表 12-9 的计算结果：

方案 A 的期望利润为：$360\times0.7+360\times0.3=360$（元）

方案 B 的期望利润为：$380\times0.7+355\times0.3=372.5$（元）

方案 C 的期望利润为：$400\times0.7+350\times0.3=385$（元）

根据计算结果，C 方案的期望利润最大，因此，选择 C 方案。

③ 最小后悔值法　它是以每个方案的后悔值或机会损失大小来选择某种方案。其方法是先计算每个方案的最大后悔值，然后从最大后悔值中选择一个后悔值最小的方案，该方案就是最佳方案。

[例 12-13] 某渔业机械厂某月将投产某种小型渔业机械，现有 A、B、C 三种方案，拟分别生产 18 台、19 台、20 台。若生产的产品全部售出，则每台可获利 20 元，若生产的产品数量大于市场需求量，则多出的每台要亏损 5 元，试作出决策。

分析：如选择 B 方案生产 19 台，而市场只需 18 台，那么就多生产 1 台，要亏损 5 元，后悔值就为 5；若市场需要 20 台，就少生产 1 台，企业少赚 20 元，后悔值为 20。

解：列表并计算（见表 12-10）

表 12-10　最小后悔值法决策　　　　　　　　　　　　　　单位：元

方　案	生产量/台	市场销售量			最大后悔值
		18 台	19 台	20 台	
A	18	0	20	40	40
B	19	5	0	20	20
C	20	10	5	0	10

根据计算，A 方案的最大后悔值为 40，B 方案的最大后悔值为 20，C 方案的最大后悔值为 10，在三个最大后悔值中，最小后悔值为 C 方案的 10，那么就选择 C 方案。

信息窗

德尔菲决策法运用实例

上海印染工业公司主管上海的 28 家印染企业，加工的产品有纯棉、涤棉、中长等色花布。这个公司过去一直是我国纺织品的重要出口基地，在国内市场也占有举足轻重的地位。但进入 20 世纪 80 年代后，它遇到了危机：

A. 由于消费偏好发生了变化，导致部分产品滞销；

B. 由于竞争加剧，竞争者产品花色品种不断增加，使上海印染工业公司的市场销售份额下降；

C. 国际市场不景气，对出口印染产品的品种、质量、花色的要求越来越高，使上海印染工业公司的产品出口下降。

由于产品积压，迫使公司开始研究市场状况。公司的决策层召集了部分直接营销人员、产品研究人员和内部专家，讨论下一个五年发展计划，提出了开发 10 个新产品、改造 10 个老产品的初步方案。

公司领导认为自己的计划可能有局限性，为了保证产品方案的正确，决定运用德尔菲决策法广泛征求企业外部各类专家的意见，对印染产品的发展趋势作出判断。

公司将征询的内容划分为内销和外销两大类，并列出应开发和发展的产品目录。征询产品的项目仅限制在公司初步确定的产品方案内，提出的问题有：

您认为在所限定的产品中，为满足国内市场的需求，应开发哪些新产品？哪些老产品可能有发展前途？为了适应国际市场的需求，应开发哪些新产品，改造哪些老产品？并提出自己的理由。

关于征询对象的选择，公司向国家机关和省市贸易部门、科研部门、高等院校和企业的领导、科研人员、技术干部近 200 名专家发了意见征询表格。3 周后，收到 91 份反馈意见，其中国家机关有 4 人、贸易部门 23 人、科研人员 12 人、高等院校 3 人、企业 49 人。第一轮反馈意见回收率为 45%。这 91 位专家对 20 个品种进行了认真的评价，公司从中归纳出意见比较集中的适合外销的新、老产品共 17 种，适合于内销的产品 16 种。引起公司注意的是，专家们的意见并非局限于公司所提出的 20 个品种之内，专家们认为，除公司所列的 20 个品种之外，适合外销的新、老产品分别还有 126 种和 135 种，适合于内销的新老产品分别还有 117 种和 180 种。这对于公司是意外的收获。

第二轮反馈：召集部分专家开座谈会，与会专家 42 人，专家们充分地各抒己见，提出的产品品种竟达到 800 多种，并对每种产品的开发与改造都提出了足够的论据。

会议进行到第三天，专家们着重讨论了第一轮所肯定的 17 种外销产品和 16 种内销产品，并对各种产品进行了无记名的投票，投票结果是：17 种外销产品中获票率超过 50% 的产品 11 种，淘汰 6 种；内销产品中有 12 种票数过半，淘汰 4 种。另外，外销产品与内销产品中有 9 种是相同的。

第三轮反馈：公司将以上信息汇总后，以第一轮反馈中的 91 名专家和内部 18 名专家作为咨询对象，向专家们同时发出两套问卷：其一，对外销的 11 种产品和内销的 12 种产品进行论证；其二，对第二轮中所提出的 800 多种产品进行表决。

3 周后，109 位专家中有 93 位有了反馈意见，结果如下。

第一，在第一套问卷中，意见是一致的，外销产品有 9 种，淘汰 2 种，内销产品有 10 种，也淘汰 2 种，其中外销和内销有 8 种商品相同，这表明公司原先设想的 20 种产品只有 10 种与专家的意见一致，如果专家们的意见比公司的意见更切合实际的话，那么，这一方法就防止了 10 种不适销产品的上市。

第二，在第二套问卷中，意见较集中的外销产品有 108 种，内销产品有 94 种，显然这为公司的发展开阔了视野，提供了方向。

实地调查。公司在获得上述资料后，并没有马上进行决策，他们组织了专门班子，进行了更深层次的调查。结果如下。

第一，专家们肯定的 9 种外销产品和 10 种内销产品经小规模生产、销售试验发现：市场需求量和市场潜力很大。

第二，在限定范围之外，还需增加纯涤纶、仿真丝、涤棉拷花轧花、涤麻混纺等品种，其中的部分产品在国际市场上看俏。

第三，天然纤维中要发展纺丝绸、纺毛、仿色织布等。

第四，要继续大力发展化纤产品，化纤产品最好能向抗静电纤维发展。化纤产品中，装饰用品（如化纤地毯等）市场潜力极大。

第五，布料厚薄要兼顾，厚的为各种劳动布、牛津纺、灯芯绒，薄的为涤棉烂花，高支纱细纺、低弹长丝薄型织物。

第六，门幅要宽，以适应制作新式服装的要求。

第七，混纺比例和纱支规格应多样化，当时的涤棉混纺比例只有 65/35 一种，今后则应发展 50/50、40/60、35/65、20/80 等；纱支规格应以 60 支、50 支、45 支、32 支、25 支、20 支多规格发展，以适应市场的多样化需求。

本案例的分析涉及以下的内容：企业如何采用德尔菲法对市场开展调查研究；在市场调查过程中如何选择调查对象；对调查所得资料进行分析的具体做法是什么。

第四节　渔业企业的投资决策

一、投资项目的可行性研究

渔业企业的投资不同于证券、文物等间接投资，它是一种直接投资。所以本节所述均为直接投资性质。

1. 可行性研究的含义及特点

可行性研究亦称可行性分析，对拟投资的项目的先进性、合理性、适用性和可能性作综合分析及论证，以达最佳效果。其基本方法是运用经济学及工程学原理，从技术与经济并重的原则出发，综合各相关因素进行科学的预测及方案比较，从中选择最佳的方案，为项目决策提供可靠依据。

可行性研究不同于调查研究，其特点如下。

① 综合性。

② 预见性。对产前、产中、产后的各种不确定因素及其变化的可能性进行分析；

③ 动态性。动态比静态更重要。各因素的时间序列变化、相互联系及增量分析不但可作为决策依据，也可作为签约依据。

④ 实用性。可操作性强。

2. 可行性研究一般可分为四个阶段。

（1）投资机会研究阶段　机会研究大多指新地区或新项目，主要是研究项目的发展前途和发展机会。一般来说，机会研究受到政府的支持和鼓励。世界各国都有一系列保护投资者利益的经济政策。机会研究在深度上只是概略性的，对投资和生产成本，一般作相当粗略笼统的估算，方法是依据现有同类企业的有关数据进行预估，不进行详细的计算和分析，误差允许在±30％范围内。

（2）初步可行性研究　初步可行性研究主要是进一步判断机会研究是否正确，并据此做出投资与否的初步决定，同时也决定最终可行性研究是否进行。所以可以说，初步可行性研究是介于机会研究和最终可行性研究的中间阶段。但是那些不需要进行机会研究的项目，如改建和扩建，就可以直接进行初步可行性研究。这就是说，初步可行性研究有些是在机会研究的基础上进行的，有些则不是。

初步可行性研究的深度和广度都比机会研究进了一步。其研究的内容，基本上与详细可行性研究相同，但在深度上与最终可行性研究比较，仍然是粗略的，对项目所需投资和生产费用的次要部分，仍可采用简便方法进行估算。在初步可行性研究中，如果认为某些部分对项目取舍具有决定性作用，则可以对这一部分进行独立的专题研究，有的叫辅助研究。这些辅助研究有市场销售研究、生产技术研究、专用设备研究、建设厂址研究、规模经济研究、经营管理研究等。辅助研究可以和初步可行性研究同时进行，也可以分别进行。辅助研究可以否定初步可行性研究，如果在详细可行性研究之后进行辅助研究，辅助研究还可以否定详细可行性研究。所以虽然名为辅助研究，实为关键性研究。

初步可行性研究对项目所需投资和生产费用的计算，误差允许在±20%范围内。

（3）详细可行性研究　详细可行性研究是对项目进行深入的技术经济论证，是方案的最后选择，是确定最优方案的依据。凡实行可行性研究的项目，都必须经历这一阶段。详细可行性研究是详尽、系统、全面的论证。要在准确而有根据的数据的基础上，做出多个方案，反复进行比较、分析。还要做各种设想，并做出与设想相应的答案。要协调各方面的关系，进行综合平衡，使投资和生产费用降低到最低限度。详细可行性研究并不是目的，而是为了达到决策项目的手段。正因为如此，才要求详尽准确。除按要求的内容做好研究外，还要做敏感性分析。

详细可行性研究对项目所需的投资和生产费用的计算，误差允许在±10%范围内。

（4）决策阶段　项目评价报告是进行项目评价和投资决策的依据。在该阶段，通过对详细可行性研究所提供的方案，进行综合分析与评价，提出结论性的意见，并写出评价报告。对结论的内容而言，既可能是推荐一个最优方案，也可能是提出两个以上供选方案备选，还可能得出"不可行"的结果。但无论结论如何，都为决策者提供了可靠的依据。

各个研究工作阶段的目的、任务、要求、费用和工作时间各不相同。一般来说，各阶段研究的内容由浅到深，项目投资和成本估算的精度要求由粗到细逐步提高，工作量由小到大，因而研究工作所需时间也逐渐增加。这种循序渐进的工作程序不但符合建设项目调查研究的客观规律，而且节省人力、时间和费用。因为在任何一个阶段只要得出"不可行"的结论，就可立即刹车，不再继续进行下一步研究；如认为可行，再转入下一阶段的工作，这就可避免人力、物力和财力的浪费。可行性研究的工作阶段还可根据建设项目的规模、性质、要求和复杂程度的不同，进行适当调整和精简。如对于小规模和工艺技术成熟或不太复杂的工程项目，就可直接作可行性研究；对于已进行过初步可行性研究的项目，认为有把握的就可据此作出投资决策。

现将上述阶段列表分析如下（见表12-11）。

表12-11　可行性研究各工作阶段特点比较

特点 阶段	范围及深度	目标要求	允许误差	研究费用占项目投资/%
机会研究阶段	粗略调查、经验分析和概算	选择投资机会	±30%	0.2~1
初步研究阶段	较系统的调查研判，确定是否继续	项目初选	±20%	0.25~1.5
详细研究阶段	全面综合评价，提出结论及报告，进行各方案的分析比较	正式报告和建议、选优决策	±10%	1~3
决策阶段				

3. 可行性研究的内容

渔业上一般有：项目提出的背景和依据、项目的目标、规模和要求，市场研究、技术选择、工程条件、项目投资、生产费用、经济分析、经济效果评价等。

二、投资决策的经济效益评价方法

经济效果是评价项目优劣的尺度。所以，项目评价是对投资项目做出的盈利性分析。其方法一般分为静态和动态两类。

1. 资金的时间价值

静态分析是最简单的分析。因为它忽视了资金的时间价值，因而与实际有较大的差距。所以说有较大的局限性。相应的，动态分析就克服了这一弊端，成为一种越来越普遍的方法。

资金的时间价值可从资金的利息上体现出来。

利息的计算方法主要有两类：

(1) 单利 只本金生息，而利息不再生息。公式：

$$S=P(1+ni)$$

式中 P——本金；

i——年利率；

n——借贷年数。

(2) 复利 除本金外，利息也计入本金而再次生息（俗称"驴打滚"）。公式：

$$S=P(1+i)^n$$

金融财会行业已按照这个公式编制出复利计算表，工作中可照表查对，比较方便。

目前国际上衡量货币时间价值的方法通常有三种。

① 终值 指一笔资金，按一定利率（指复利），存满一定时间，到期一次性获得的本利之和，公式同上：

$$S=P(1+i)^n$$

如：某渔场存入银行10000元，年利率8%，5年后其终值为：
$S=10000(1+8\%)^5$，查复利终值表，结果为14690元。

② 现值 指若干年后才能动用的一笔资金，折算为现值时的数额，这种提前付现款的活动也称为贴现。它是复利终值的逆运算。其公式为：

$$P=S/(1+i)^n$$

[例12-14] 某渔场存了一笔款，5年后到期时应为10000元，已知年利率为8%，现欲拿到现款（即提前支取），其现值应为：$P=10000/(1+8\%)^5$，查复利现值表后计算，其结果为6806元。

③ 年金 年金与现值、终值的区别在于：后两者均指资金的一次性收付，而年金则指的是资金的多次收付。若每年收付资金 A 元，则有公式：

$$P_A=A\left[\frac{1-(1+i)^{-n}}{i}\right]$$

式中，P_A 为在等额复利条件下，n 年后可收付的资金额（现值）。

[例12-15] 某渔场今年已建成投产，今后5年每年底可收回资金2万元，已知年利率8%，则5年中收回的资金折算为现值是：

$$P_A=20000\left[\frac{1-(1+8\%)^{-5}}{8\%}\right]=79860（元）$$

2. 投资决策的经济效益评价方法

(1) 投资回收期限

$$T=K/M$$

式中　K——投资额；
　　　M——年等额回收额；
　　　T——投资回收期。

上式只适用于年等额回收。若每年回收额不等，可逐年累计汇总，再同投资额相比较，直至把投资收回的时间。其公式为：

$$A = B - 1 + \frac{E-C}{D}$$

式中　A——投资回收期；
　　　B——累计净现金流量出现正值的年份；
　　　C——上年累计净现金流量；
　　　D——当年净现金流量；
　　　E——投资额。

[例 12-16]　某场投资回收期计算见表 12-12 和表 12-13。

表 12-12　某场投资回收期计算实例（$I=8\%$）　　　　　　　单位：万元

年次	现金流转	A 方案	B 方案	C 方案
0	投资额	150	200	120
1	回收期	60	70	100
2	回收期	60	80	80
3	回收期	60	100	30
4	回收期	60	90	—
5	回收期	—	60	—
合计	回收	240	400	210
	净流入	90	200	90

将表 12-12 中各方案投资回收期计算结果列入表 12-13 中。

表 12-13　投资回收期计算结果表　　　　　　　单位：年

内容＼方案	A 方案	B 方案	C 方案
投资回收期	2.5	2.5	1.25
计算方法	$\frac{150}{60}$	$3-1+\frac{200-80+70}{100}$	$2-1+\frac{120-100}{80}$

若考虑资金的时间价值，就要逐年将回收额折算成现值。现以表 12-12 中的 B 方案为例，用公式 $P = \frac{S}{(1+i)^n}$ 计算如下：

$$\frac{70}{(1+8\%)^1} = 64.82 \text{（万元）}$$

$$\frac{80}{(1+8\%)^2} = 68.56 \text{（万元）}$$

$$\frac{100}{(1+8\%)^3} = 79.4 \text{（万元）}$$

则 B 方案投资回收期为 $3 - 1 + \frac{200 - 64.82 + 68.56}{79.4} = 2.84$（年）。

(2) 投资回收净现值　把投资支出和将来可能发生的现金收益（利润＋折旧）按现值系数调整为现值，与该方案的投资额相比较，求其差额，此即净现值。如果净现值为负数，即当现金收益的现值小于投资支出的现值时，则该投资方案不能被接受。

其常用的计算方法有以下三种。

① 当年投资额为等额时，计算投资净现值的公式是：

$$NPV = A\left[\frac{1-(1+i)^{-n}}{i}\right] - P$$

式中　NPV——净现值；
　　　P——投资额；
　　　A——年等额回收额；
复利系数可查表。

现以表12-12中的A方案为例计算：

$$NPV = 60 \times \left[\frac{1-(1+8\%)^{-4}}{8\%}\right] - 150 = 198.72 - 150 = 48.72（万元）$$，其中198.72万元为收益现值，150万元为投资现值。

通过上述计算可知，该投资方案的收益现值大于投资现值，说明可以投资。

② 各年回收额为非等额时，求净现值的公式：

$$NPV = \sum_{k=1}^{n}\frac{A_k}{(1+i)^k} - P$$

式中　A_k——k期的回收额；
　　　k——期数，从 $1 \sim n$。

现仍以表12-12中的B方案为例加以说明：

$$NPV = \left[\frac{70}{(1+8\%)^1} + \frac{80}{(1+8\%)^2} + \frac{100}{(1+8\%)^3} + \frac{90}{(1+8\%)^4} + \frac{60}{(1+8\%)^5}\right] - 200$$
$$= 319.79 - 200$$
$$= 119.79（万元）$$

在上式中，319.79为收益现值，200为投资现值。计算结果表明，319.79＞200，说明可以投资。

求净现值的优点是把将来的收或支统一在现值这个共同的基础上，它是回收额的现值总数扣除投资后的余额，以绝对数表示其获利大小，所以有较强的说服力。

③ 现值指数　是投资与回收折成现值的总数之比，它能比较不同投资方案获利的高低，其公式：

$$PVI = \frac{\sum_{k=1}^{n}\frac{A_k}{(1+i)^k}}{P}$$

现仍以表12-12中各方案为例加以说明：
A方案：PVI=198.72/150=1.32
B方案：PVI=319.79/200=1.6
C方案：PVI=184.98/120=1.54

从以上计算结果看，B与C两方案相对获利较高，可从其中选出一个来实施。
上述公式和计算结果还说明：
当 PVI＞1 时，说明收益大于投资，方案可采纳；
当 PVI＜1 时，说明该方案将会亏损，不能被采纳；
当 PVI=1 时，说明该方案既无利益，也不亏损，一般不予采纳。

现值指数法的好处是可用来防止用净现值绝对额的大小来判断投资方案优劣而产生的误差。因为投资额大的方案，在许多情况下净现值的绝对值也大。同一方案，用净现值法和现值指数法评价，可能有相反的结果，所以有必要将二者结合起来，相互印证。

附表

附表一　复利终值系数表

i \ n	1%	3%	4%	5%	6%	8%	10%	12%	15%	20%	25%	30%
1	1.0100	1.0300	1.0400	1.0500	1.0600	1.0800	1.1000	1.1200	1.1500	1.2000	1.2500	1.3000
2	1.0201	1.0609	1.0816	1.1025	1.1236	1.1664	1.2100	1.2544	1.3225	1.4400	1.5625	1.6900
3	1.0303	1.0927	1.1249	1.1576	1.1910	1.2597	1.3310	1.4049	1.5209	1.7280	1.9531	2.1970
4	1.0406	1.1255	1.1699	1.2155	1.2625	1.3605	1.4641	1.5735	1.7490	2.0736	2.4414	2.8561
5	1.0510	1.1593	1.2167	1.2763	1.3382	1.4693	1.6105	1.7623	2.0114	2.4883	3.0518	3.7129
6	1.0611	1.1941	1.2653	1.3401	1.4185	1.5869	1.7716	1.9738	2.3131	2.9860	3.8147	4.8268
7	1.0721	1.2299	1.3159	1.4071	1.5036	1.7138	1.9487	2.2107	2.6600	3.5832	4.7684	6.2749
8	1.0829	1.2668	1.3686	1.4775	1.5938	1.8509	2.1436	2.4760	3.0590	4.2998	5.9605	8.1573
9	1.0937	1.3048	1.4233	1.5513	1.6895	1.9990	2.3579	2.7731	3.5179	5.1598	7.4506	10.6045
10	1.1046	1.3439	1.4802	1.6289	1.7908	2.1589	2.5937	3.1058	4.0456	6.1917	9.3132	13.7858
11	1.1157	1.3842	1.5395	1.7103	1.8983	2.3316	2.8531	3.4785	4.6524	7.4301	11.6415	17.9216
12	1.1268	1.4258	1.6010	1.7959	2.0122	2.5182	3.1384	3.8960	5.3503	8.9161	14.5519	23.2981
13	1.1381	1.4685	1.6651	1.7959	2.0122	2.7196	3.4523	4.3635	6.1528	10.6993	18.1899	30.2875
14	1.1495	1.5126	1.7317	1.9799	2.2609	2.9372	3.7975	4.8871	7.0757	12.8392	22.7374	39.3738
15	1.1610	1.5580	1.8009	2.0789	2.3966	3.1722	4.1772	5.4736	8.1371	15.4070	28.4217	51.1859
16	1.1726	1.6047	1.8730	2.1829	2.5404	3.4259	4.5950	6.1304	9.3576	18.4884	35.5271	66.5417
17	1.1843	1.6528	1.9479	2.2920	2.6928	3.7000	5.0545	6.8660	10.7613	22.1861	44.4089	86.5042
18	1.1961	1.7024	2.0258	2.4066	2.8543	3.9960	5.5599	7.6900	12.3755	26.6233	55.5112	112.4554
19	1.2081	1.7535	2.1068	2.5270	3.0256	4.3157	6.1159	8.6128	14.2318	31.9480	69.3889	146.1920
20	1.2202	1.8061	2.1911	2.6533	3.2071	4.6610	6.7275	9.6463	16.3665	38.3376	86.7362	190.0496
21	1.2324	1.8603	2.2788	2.7860	3.3996	5.0338	7.4002	10.8038	18.8215	46.0051	108.4202	247.0645
22	1.2447	1.9161	2.3699	2.9253	3.6035	5.4365	8.1403	12.1003	21.6447	55.2061	135.5253	321.1839
23	1.2572	1.9736	2.4647	3.0715	3.8197	5.8715	8.9543	13.5523	24.8915	66.2474	169.4066	417.5391
24	1.2697	2.0328	2.5633	3.2251	4.0489	6.3412	9.8497	15.1786	28.6252	79.4968	211.7582	542.8008
25	1.2824	2.0938	2.6658	3.3864	4.2919	6.8485	10.8347	17.0001	32.9190	95.3962	264.6978	705.6410
26	1.2953	2.1566	2.7725	3.5557	4.5494	7.3964	11.9182	19.0401	37.8568	114.4755	330.8722	917.3333
27	1.3082	2.2213	2.8834	3.7335	4.8223	7.9881	13.1100	21.3249	43.5353	137.3706	413.5903	1192.5333
28	1.3213	2.2879	2.9987	3.9201	5.1117	8.6271	14.4210	23.8839	50.0656	164.8447	516.9879	1550.2933
29	1.3345	2.3566	31187	4.1161	5.4184	9.3173	15.8631	26.7499	57.5755	197.8136	646.2349	2015.3813
30	1.3478	2.4273	3.2434	4.3219	5.7435	10.0627	17.4494	29.9599	66.2118	237.3763	807.7936	2619.9956

附表二　复利现值系数表

i \ n	1%	3%	4%	5%	6%	8%	10%	12%	15%	20%	25%	30%
1	0.9901	0.9709	0.9615	0.9524	0.9434	0.9259	0.9091	0.8929	0.8696	0.8333	0.8000	0.7692
2	0.9803	0.9426	0.9246	0.9070	0.8900	0.8573	0.8264	0.7972	0.7561	0.6944	0.6400	0.5917
3	0.9706	0.9151	0.8890	0.8638	0.8396	0.7938	0.7513	0.7118	0.6575	0.5787	0.5120	0.4552
4	0.9610	0.8885	0.8548	0.8227	0.7921	0.7350	0.6830	0.6355	0.5718	0.4823	0.4096	0.3501
5	0.9515	0.8626	0.8219	0.7835	0.7473	0.6806	0.6209	0.5674	0.4972	0.4019	0.3277	0.2693
6	0.9420	0.8375	0.7903	0.7462	0.7050	0.6302	0.5645	0.5066	0.4323	0.3349	0.2621	0.2072
7	0.9327	0.8131	0.7599	0.7107	0.6651	0.5835	0.5132	0.4523	0.3759	0.2791	0.2097	0.1594
8	0.9235	0.7894	0.7307	0.6768	0.6274	0.5403	0.4665	0.4039	0.3269	0.2326	0.1678	0.1226
9	0.9143	0.7664	0.7026	0.6446	0.5919	0.5002	0.4241	0.3606	0.2843	0.1938	0.1342	0.0943
10	0.9053	0.7441	0.6756	0.6139	0.5584	0.4632	0.3855	0.3220	0.2472	0.1615	0.1074	0.0725
11	0.8963	0.7224	0.6496	0.5847	0.5268	0.4289	0.3505	0.2875	0.2149	0.1346	0.0859	0.0558
12	0.8874	0.7014	0.6246	0.5568	0.4970	0.3971	0.3186	0.2567	0.1869	0.1122	0.0687	0.0429
13	0.8787	0.6810	0.6006	0.5303	0.4688	0.3677	0.2897	0.2292	0.1625	0.0935	0.0550	0.0330
14	0.8700	0.6611	0.5775	0.5051	0.4423	0.3405	0.2633	0.2046	0.1413	0.0779	0.0440	0.0254
15	0.8613	0.6419	0.5553	0.4810	0.4173	0.3152	0.2394	0.1827	0.1229	0.0649	0.0352	0.0195
16	0.8528	0.6232	0.5339	0.4581	0.3936	0.2919	0.2176	0.1631	0.1069	0.0541	0.0281	0.0150

续表

n \ i	1%	3%	4%	5%	6%	8%	10%	12%	15%	20%	25%	30%
17	0.8444	0.6050	0.5134	0.4363	0.3714	0.2703	0.1978	0.1456	0.0929	0.0451	0.0225	0.0116
18	0.8360	0.5874	0.4936	0.4155	0.3503	0.2502	0.1799	0.1300	0.0808	0.0376	0.0180	0.0089
19	0.8277	0.5703	0.4746	0.3957	0.3305	0.2317	0.1635	0.1161	0.0703	0.0313	0.0144	0.0068
20	0.8195	0.5537	0.4564	0.3769	0.3118	0.2145	0.1486	0.1037	0.0611	0.0261	0.0115	0.0053
21	0.8114	0.5375	0.4388	0.3589	0.2942	0.1987	0.1351	0.0926	0.0531	0.0217	0.0092	0.0040
22	0.8034	0.5219	0.4220	0.3418	0.2775	0.1839	0.1228	0.0826	0.0462	0.0181	0.0074	0.0031
23	0.7954	0.5067	0.4057	0.3256	0.2618	0.1703	0.1117	0.0738	0.0402	0.0151	0.0059	0.0024
24	0.7876	0.4919	0.3901	0.3101	0.2470	0.1577	0.1015	0.0659	0.0349	0.0126	0.0047	0.0018
25	0.7798	0.4776	0.3751	0.2953	0.2330	0.1460	0.0923	0.0588	0.0304	0.0105	0.0038	0.0014
26	0.7720	0.4637	0.3607	0.2812	0.2198	0.1352	0.0839	0.0525	0.0264	0.0087	0.0030	0.0011
27	0.7644	0.4502	0.3468	0.2678	0.2074	0.1252	0.0763	0.0469	0.0230	0.0073	0.0024	0.0008
28	0.7568	0.4371	0.3335	0.2551	0.1956	0.1159	0.0693	0.0419	0.0200	0.0061	0.0019	0.0006
29	0.7493	0.4243	0.3207	0.2429	0.1846	0.1073	0.0630	0.0374	0.0174	0.0051	0.0015	0.0005
30	0.7419	0.4120	0.3083	0.2314	0.1741	0.0994	0.0573	0.0334	0.0151	0.0042	0.0012	0.0004

附表三 普通年金终值系数表

n \ i	1%	3%	4%	5%	6%	8%	10%	12%	15%	20%	25%	30%
1	1.0000	1.0000	1.0000	1.0000	1.0000	1.0000	1.0000	1.0000	1.0000	1.0000	1.0000	1.0000
2	2.0100	2.0300	2.0400	2.0500	2.0600	2.0800	2.1000	2.1200	2.1500	2.2000	2.2500	2.3000
3	3.0301	3.0909	3.1216	3.1525	3.1836	3.2464	3.3100	3.3744	3.4725	3.6400	3.8125	3.9900
4	4.0604	4.1836	4.6425	4.3101	4.3746	4.5051	4.6410	4.7793	4.9934	5.3680	5.7656	6.1870
5	5.1010	5.3091	5.4163	5.5256	5.6371	5.8666	6.1051	6.3528	6.7424	7.4416	8.2070	9.0431
6	6.1520	6.4684	6.6330	6.8019	6.9753	7.3359	7.7156	8.1152	8.7537	9.9299	11.2588	12.7560
7	7.2135	7.6625	7.8983	8.1420	8.3938	8.9228	9.4872	10.0890	11.0668	12.9159	15.0735	17.5828
8	8.2857	8.8923	9.2142	9.5491	9.8975	10.5366	11.4359	12.2997	13.7268	16.4991	19.8419	23.8577
9	9.3685	10.1591	10.5828	11.0266	11.4973	12.4876	13.5795	14.7757	16.7858	20.7989	25.8023	32.0150
10	10.4622	11.4639	12.0061	12.5779	13.1808	14.4866	15.9374	17.5487	20.3037	25.9587	33.2529	42.6195
11	11.5668	12.8078	13.4864	14.2068	14.9716	16.6455	18.5312	20.6546	24.3493	32.1504	42.5661	56.4053
12	12.6825	14.1920	15.0258	15.9171	16.8699	18.9771	21.3843	24.1331	29.0017	39.5805	54.2077	74.3270
13	13.8093	15.6178	16.6268	17.7130	18.8821	21.4953	24.5227	28.0291	34.3519	48.4966	68.7596	97.6250
14	14.9474	17.0863	18.2919	19.5986	21.0151	24.2149	27.9750	32.3926	40.5047	59.1959	86.9495	127.9125
15	16.0969	18.5989	20.0236	21.5786	23.2760	27.1521	31.7725	37.2797	47.5804	72.0351	109.6868	167.2863
16	17.2579	20.1559	21.8245	23.6575	25.6725	30.3243	35.9497	42.7533	55.7175	87.4421	138.1085	218.4722
17	18.4304	21.7616	23.6975	25.8404	28.2129	33.7502	45.4470	48.8837	65.0751	105.9306	173.6357	285.0139
18	19.6147	23.4144	25.6454	28.1324	30.0057	37.4502	45.5992	55.7497	75.8364	128.1167	218.0446	371.5180
19	20.8109	25.1169	27.6712	30.5390	33.7600	41.4463	51.1591	63.4397	88.2118	154.7400	273.5558	483.9734
20	22.0190	26.8704	29.7781	33.0660	36.7856	45.7620	57.2750	72.0524	102.4436	186.6880	342.9447	630.1655
21	23.2392	28.6765	31.9692	35.7193	39.9927	50.4229	64.0025	81.6987	118.8101	225.0256	429.8609	820.2151
22	24.4716	30.5368	34.2480	38.5052	43.3923	55.4568	71.4027	92.5025	137.6316	271.0307	538.1011	1067.279
23	25.7163	32.4529	36.6179	41.4305	46.9956	60.8933	79.5430	104.6029	159.2764	326.2369	673.6264	1388.463
24	26.9735	34.4265	39.0826	44.5020	50.8156	66.7648	88.4973	118.1552	184.1678	392.4842	843.0329	1806.002
25	28.2432	36.4593	41.6459	47.7271	54.8645	73.1059	98.3471	133.3339	212.7930	471.9811	1054.701	2348.803
26	29.5256	38.5530	44.3117	51.1135	59.1564	79.9544	109.1818	150.3339	245.7120	567.3773	1319.489	3054.444
27	30.8209	40.7096	47.0842	54.6691	63.7058	87.3508	121.0999	169.3740	283.5688	681.8528	1650.361	3971.778
28	32.1291	42.9309	49.9676	58.4026	68.5281	95.3388	134.2099	190.6989	327.1041	819.2233	2063.952	5164.311
29	33.4504	45.2180	52.9663	62.3227	73.6398	103.9659	148.6309	214.5828	337.1697	984.0680	2580.939	6714.604
30	34.7849	47.5754	56.0849	66.4388	79.0582	113.2832	164.4940	241.3327	434.7451	1181.882	3227.174	8729.986

附表四 普通年金现值系数表

n \ i	1%	3%	4%	5%	6%	8%	10%	12%	15%	20%	25%	30%
1	0.9901	0.9709	0.9615	0.9524	0.9434	0.9259	0.9091	0.8929	0.8696	0.8333	0.8	0.7692
2	1.9704	1.9135	1.8861	1.8594	1.8334	1.7833	1.7355	1.6901	1.6257	1.5278	1.44	1.3609
3	2.941	2.8286	2.7751	2.7232	2.673	2.5771	2.4869	2.4018	2.2832	2.1065	1.9234	1.8161
4	3.902	3.7171	3.6299	3.546	3.4651	3.3121	3.1699	3.0373	2.855	2.5887	2.3616	2.1662
5	4.8534	4.5797	4.4518	4.3295	4.2124	3.9927	3.7908	3.6048	3.3522	2.9906	2.6893	2.4356
6	5.7955	5.4172	5.2421	5.0757	4.9173	4.6229	4.3553	4.1114	3.7845	3.3255	2.9514	2.6427
7	6.7282	6.2303	6.0021	5.7864	5.5824	5.2064	4.8684	4.5638	4.1604	3.6046	3.1611	2.8021
8	7.6517	7.0197	6.7327	6.4632	6.2098	5.7466	5.3349	4.9676	4.4873	3.8372	3.3289	2.9247
9	8.566	7.7861	7.4353	7.1078	6.8017	6.2469	5.759	5.3282	4.7716	4.031	3.4631	3.019
10	9.4713	8.5302	8.1109	7.7217	7.3601	6.7101	6.1446	5.6502	5.0188	4.1925	3.5705	3.0915
11	10.3676	9.2526	8.7605	8.3064	7.8869	7.139	6.4951	5.9377	5.2337	4.3271	3.6564	3.1473
12	11.2551	9.954	9.3851	8.8633	8.3838	7.5361	6.8137	6.1944	5.4206	4.4392	3.7251	3.1903
13	12.1337	10.635	9.9856	9.3936	8.8527	7.9038	7.1034	6.4235	5.5831	4.5327	3.7801	3.2233
14	13.0037	11.2961	10.5631	9.8986	9.295	8.2442	7.3667	6.6282	5.7245	4.6106	3.8241	3.2487
15	13.8651	11.9379	11.1184	10.3797	9.7122	8.5595	7.6061	6.8109	5.8474	4.6755	3.8593	3.2682
16	14.7179	12.5611	11.6523	10.8378	10.1059	8.8514	7.8237	6.974	5.9542	4.7296	3.8874	3.2832
17	15.5623	13.1661	12.1657	11.2741	10.4773	9.1216	8.0216	7.1196	6.0472	4.7746	3.9099	3.2948
18	16.3983	13.7535	12.6593	11.6896	10.8276	9.3719	8.2014	7.2497	6.128	4.8122	3.9279	3.3037
19	17.226	14.3238	13.1339	12.0853	11.1581	9.6036	8.3649	7.3658	6.1982	4.8435	3.9424	3.3105
20	18.0456	14.8775	13.5903	12.4622	11.4699	9.8181	8.5136	7.4694	6.2593	4.8696	3.9539	3.3158
21	18.857	15.415	14.0292	12.8212	11.7641	10.0168	8.6487	7.562	6.3125	4.8913	3.9631	3.3198
22	19.6604	15.9369	14.4511	13.163	12.0416	10.2007	8.7715	7.6446	6.3587	4.9094	3.9705	3.323
23	20.4558	16.4436	14.8568	13.4886	12.3034	10.3711	8.8832	7.7184	6.3988	4.9245	3.9764	3.3254
24	21.2434	16.9355	15.247	13.7986	12.5504	10.5288	8.9847	7.7843	6.4338	4.9371	3.9811	3.3272
25	22.0232	17.4131	15.6221	14.0939	12.7834	10.6748	9.077	7.8431	6.4641	4.9476	3.9849	3.3286
26	22.7952	17.8768	15.9828	14.3752	13.0032	10.81	9.1609	7.8957	6.4906	4.9563	3.9879	3.3297
27	23.5596	18.327	16.3296	14.643	13.2105	10.9352	9.2372	7.9426	6.5135	4.9636	3.9903	3.3305
28	24.3164	18.7641	16.6631	14.8981	13.4062	11.0511	9.3066	7.9844	6.5335	4.9697	3.9923	3.3312
29	25.0658	19.1885	16.9837	15.1411	13.5907	11.1584	9.3696	8.0218	6.5509	4.9747	3.9938	3.3317
30	25.8077	19.6004	17.292	15.3725	13.7648	11.2578	9.4269	8.0552	6.566	4.9789	3.995	3.3321

信息窗

项目投资可行性研究实例

××藻产业开发的可行性研究

第一章 总论
1.1 项目概况
1.2 项目的提出
1.3 我国的种植概况
1.4 加工概况
1.5 项目建设的必要性及经济意义
第二章 产品介绍及市场分析
2.1 ××藻简介(原料产品)
2.2 ××胶介绍(终级产品)
2.3 市场状况(国内市场、国际市场、市场趋势分析)

第三章 建设规模与建设条件
3.1 建设规模
3.2 资源条件
3.3 海洋气象条件
3.4 海域地貌条件
3.5 后勤保障条件
3.6 加工厂环境条件
3.7 开发技术条件
3.8 资金条件

第四章 种植技术方案
4.1 种植工艺流程
4.2 种植技术方案
4.3 采、晒、运方案
4.4 保障条件及安排
4.5 种植主业与其他各业的关系

第五章 加工方案
5.1 加工工艺流程
5.2 加工厂厂址选择
5.3 设备引进及安装
5.4 环境保护

第六章 企业组织及劳动定员
6.1 公司机构
6.2 种植基地
6.3 麒麟胶加工厂
6.4 企业定员

第七章 项目目标实施的进度安排
7.1 第一期目标
7.2 第二期目标
7.3 第三期目标
7.4 中期目标
7.5 远期目标
7.6 项目进度计划表

第八章 投资估算与财务评价
8.1 固定资产投资估算
8.2 生产成本分析
8.3 销售收入测算
8.4 投资回收期测算
8.5 财务评价
8.6 研究结论

附件
1
2
3
……

附表
1

2
　　　3
　　　……
　　附图
　　　1
　　　2
　　　3
　　　……

>> 实操与思考

1. 名词解释
   ① 终值
   ② 年金
   ③ 单利
   ④ 复利
   ⑤ 现值
   ⑥ 最小后悔值
   ⑦ 乐观型决策法
   ⑧ 悲观型决策法
2. 市场调查有哪些步骤和方法？
3. 经营预测有哪些方法？

第十三章　渔业企业的经济效益分析与评价

> **学习目标**
> 1. 了解经济分析与评价的作用、原则与方法。
> 2. 学习渔业企业经济效益分析评价的内容及指标体系。
> 3. 初步掌握渔业企业经济效益分析评价的一般技能。

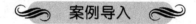
案例导入

　　大别山区某地有一个大型水库渔场，养鱼水面1万亩，职工五十余人。在20世纪90年代，年产鲜鱼40万斤左右，年平均收入（140~180）万元，除去物资投入成本和人员工资后，每年上交水库管理局（渔场为管理局的下属单位）（10~15）万元，每年结余在（0~20）万元之间。若从企业经营角度看似乎并无盈利（固定资产折旧、公积金、公益金等应提资金没有按例计提），但若从当时的管理体制及运行机制看，该场属于事业单位性质，当地政府对其在经费上实行的是自收自支、自负盈亏、超收留用、欠收不补的财政制度。由于事业单位冗员过多是普遍现象，该渔场也不例外。假如实行企业管理体制，该渔场可裁员20人以上，每年可减少人员费用30万元左右。在20世纪90年代末的企业兼并、资产重组浪潮中，当地政府决定将该场承租给一个外地客商。双方约定：客商每年交付承包费80万元，连续承包15年；渔场职工自行离职，离职期间由政府为每个职工交付每年的养老保险及医疗保险，直至退休（退休后的工资和医疗费用由专门机构负责兑现给每位职工）。

　　看起来，这是一个双赢的合作。当地政府和客商都认为这个交易是合算的。因为：政府每年为该场职工交付的"两费"总额不到10万元，而每年可以得到的承包费是80万元。客商也认为这笔交易是合算的。因为：按他的设想，有15~20人就可以管理好这个摊子，人员费用只需（30~40）万元，产量可以提高到60万斤，总收入可以达到（220~250）万元，物资投入费用能有多少呢？他虽然没学过系统的养鱼知识，但凭着他过去在一个1000亩水面的养鱼和管理经验，估计不会有多大的问题。更重要的是，他已得到了某些政府要员的口头承诺：可以优先得到政府的大额度扶持贷款。他认为，纵使不赚钱，只要能得到贷款，就是合算的。

　　事情的结果如何呢？客商按约定交付了当年的承包费80万元，然后接手进行正常的经营管理，年底捕鱼毛收入150万元，净收入110万元，除去上交的承包费，净结余30万元。但是，一、如果继续维持原生产水平，需要投放鱼种（5~6）万斤，需款25万元左右，再加上承包费、人工费、管理费，承包者将无利可图，而且无力维护老设备（捕鱼船、网及巡逻艇等），更无力添置新设备；二、如果要使总产提高到60万斤以上，必须采取相应的技术措施：一是将鱼种投放量增加到10万斤，需投入40多万元；二是根据该水库的水质和饵料生物状况，需增加氮、磷或复合肥及益生菌等营养性物质，需投入资金（25~30）万元，增产方案总计需要资金100万元以上。

贷款手续繁杂，并且到了次年春天由于投、融资体制的惯性和惰性而变得愈加渺茫。该客商眼见贷款无望，去年冬天卖鱼所剩的30万元用于沟通公共关系、发放员工工资已经所剩不多。惶惶然度日如年，放养季节就这样被错过了（即使不被错过也无钱投放鱼种）。这年的10月15日，是客商按约交付承包费的最后期限（5天前政府已下达最后通牒），他眼看着水库已无鱼可捕，如果硬撑下去后果将不堪设想；即使年底贷款能够到手，但这一年的承包费80万元是铁定要自掏腰包的（因为误了节令，水面荒废了一年）。于是，在一个月黑风高的夜晚，他走向了逃亡之路。

该客商和当地政府的合作就这样戛然而止。该渔场已经自动离职的员工又接到要求上岗的通知，但是，能干的大多都已经找到了新的职业，一些不太能干的、还没有找到工作的欣欣然重新上岗。经过这样一番洗牌，该渔场元气大伤，至今也没缓过劲来。

上例表明：① 签订水面承包合同的主要依据是对于该水域渔业经济效益的分析评价结论如何。

当地政府认为该水库经济效益不太理想，但没有细究其内在的原因（一是冗员过多，二是资金缺乏）。客商只看到了该渔场冗员过多的弊端，而忽视了80万元承包费的沉重负担。只将希望寄托在增产上，但又忽视了解决增产所需要增加的资金的难度。因此，客商在签约前的谈判中就应该考虑到如果不能实现增产计划，所能够交付的承包费是多少。这也是本章内容要涉及的问题。

② 任何一个渔业经济实体，其经济效益分析评价都要放在同一个参照系中进行。上例中，该渔场不是企业性质，但在评价其经济效益时，也应该按照企业的标准来进行。逐项评价其经济指标、技术指标和一般指标。例如在技术指标上，该水库的鱼产量按面积算还是较高的，但若按人均产鱼量算，将会是较低的。

③ 渔业企业经济效益分析与评价是经营管理者决策的重要依据。在上例中，如果政府和客商都能本着切实负责和理性的态度来对待这次合作，就一定会对该水库渔场的各种现实状况做认真细致的分析评价，在此基础上达成一个双方都能接受又可以通过努力而能够实现的合作方案。也或者通过经济效益分析评价之后，政府可能会认为该水库渔场的经济效益还是不错的，应该维持现行体制，适当裁减冗员、增加生产投入，以获得更好的经济效果。

第一节 概　　述

将渔业企业经营活动中的投入和产出相比较，其结果就称为渔业企业经济效益。其中，渔业企业经营活动中的"投入"，包括了劳动占用量（劳动过程中所占用的物化劳动量，包括场地、机器、厂房、水面以及保证生产正常经营所必需的原材料储备等）和劳动耗费量（在劳动过程中活劳动和物化劳动的消耗）；"产出"指的是劳动成果（物质效用和经济收益）。

通常，渔业企业经营者最关注的有两点：和自己企业的过去相比，现在的经营结果是否在进步？和同行业的相似企业相比，自己的进步幅度有多大？所以，渔业企业经济效益分析与评价具体应该包括下列含义。

第一，与自己年初的预定目标相比较。

每一个渔业企业，不论其规模大小，年初都将有自己的生产经营计划，按照这个计划和相应的措施，年终或一个生产周期结束，可以将自己的经营结果和年初的计划相比较，看看哪些方面实现了年初的目标，哪些方面没有实现目标，从而找出缺陷与不足，总结经验与成绩，改进今后的工作。

第二，与同行业相似企业相比较。

看看它们的进步程度如何？自己的企业在哪些方面做得比他们好，哪些方面做得不如他们？

第三，确立和使用合适的评价指标体系来进行比较和评价。

一是评价指标要有可比性，二是评价指标要有实际意义，三是评价指标体系既要考虑全面，又要有所侧重，而且具有可操作性。

第四，经济效益水平及其评价指标体系应有明确的时效性。在不同的时间和空间，渔业企业所处的经济发展水平、技术发展水平、社会经济水平、市场活动状况甚至生产者、消费者的状况都是不一样的。所以，一般地，在进行横向比较时，都是在同一时间段对各相关指标进行相互的比较。

第五，和预测与决策相比，渔业企业经济效益分析与评价是一种事后分析的行为。

本质上讲，渔业企业经济效益分析与评价是渔业企业对其生产经营活动的总结和分析，同时又为渔业企业制订下一轮生产经营计划奠定基础。所以，渔业企业经济效益分析与评价对企业的不断发展壮大具有十分重要的意义。

第二节　渔业企业经济效益分析评价的原则与方法

评价和衡量渔业企业经济效益的大小或高低，需要一个客观的、可比的标准。这也是分析评价中最为复杂、最为关键的问题。由于经济效益的内容十分广泛，每一个渔业企业的生产经营活动在客观上又与社会经济效益和生态环境效益存在着相互的制约和影响。所以，应该遵循一定的分析评价原则，才能保证其分析评价结果客观、公正、准确、可靠。实践证明，进行渔业企业经济效益分析与评价应该坚持以下原则。

一、经济效益分析评价的原则

在进行渔业企业经济效益分析与评价时一般应遵循以下原则。

1. 价值与使用价值相统一的原则

渔业企业的产品，必须为消费者所接受才能够实现其商品价值，这样才能为企业带来经济收入。反之，如果渔业企业所提供的商品不能够为消费者所接受或者它所生产的产品要么是求大于供、要么是供大于求，在这些情况下，企业产品都将背离其实际价值。所以，渔业企业在生产经营中，必须面向市场，以市场为导向，合理确定其产品的品种及其规格、产量，以此来满足消费者不断发展变化着的消费需求，从而实现产品的使用价值和价值的统一。

2. 渔业企业长远效益与当前效益相统一的原则

一是要防止只顾眼前利益而忽视长远利益的情况；二是要防止只讲长远利益而忽视眼前利益的情况。渔业企业的长远利益是由企业的发展宗旨、任务、目标所决定的，同时也是经过大量的调查研究和认真细致的分析测算所作出的重大决策，如果没有出现人力不可抗拒的干扰因素，战略性的决策目标是不能随意改变的。而企业的现实性利益又是企业为了生存所不得不考虑和面对的现实问题。所以，当现实利益和长远利益发生冲突的时候，只要不危及企业的现实生存，一般来说现实利益要让位于长远利益。通常，渔业企业的现实利益和长远利益往往是一致的。这个原则，对于渔业企业的积累与消费、树立以人为本用户至上的观念、维护企业形象等都具有直接的指导意义。

3. 渔业企业自身经济效益与社会效益相统一的原则

社会效益是社会整体所追求的目标，渔业企业自身的效益（也可称为渔业企业效益）是渔业企业自身所必须追求的目标（这也是企业的性质所决定的）。社会效益和企业效益之间，由于二者所处的社会位置不同，因此，在目标的追求上既有其相似性又有其矛盾性。二者各有特点，互相促进又互有影响和制约。在处理二者关系时，一是渔业企业效益要自觉地服从于、服务于社会效益的需要；二是紧密地和社会效益联系起来，在整个社会效益的原则要求下来分析和考虑企业自身的发展。

4. 渔业企业直接经济效益和间接经济效益相统一的原则

间接经济效益也可以理解为用户效益，直接经济效益即企业自身所获得的效益。二者的关系实际上是一种互为依靠、相得益彰的关系。因此在进行企业经济效益分析与评价时，只考虑企业自身的经济效益而不考虑间接的经济效益是不客观、不公正、不合理的。反之，只考虑间接的经济效益而不考虑渔业企业自身的效益也是不合理和不现实的。如果只考虑企业的直接经济效益，长此下去，企业会失去赖以生存的消费群体从而失去自己的市场地位；如果只考虑间接的经济效益而忽视企业的直接经济效益，则违背了企业的本性，也是难以长期为继的。

5. 经济效益与社会效益、生态效益相统一的原则

经济学界一般地把货币收入看成企业的经济效益，把那些不是货币收入的效益看成是社会效益。把那些维护或治理环境、使其更好地适应人类的生产与生活的经济活动称为环境效益。

当前，经济的全球化和生产的工业化极大地提高了劳动生产率。在物质生活日益丰富的同时，人类活动对环境的影响也日益剧烈。渔业企业在寻求自身利益的同时，应该重视将自身的经济效益与社会效益、环境效益统一起来，保护环境、维护社会效益。一方面自己要在生产和经营中提倡健康、环保理念，积极推行绿色的、健康的食品的生产经营，严格按照国家的有关规定控制产品质量、解决药物残留和污水的排放。另一方面，渔业企业要和全社会一起，自觉地、坚决地反对污染水域、污染空气、污染土地等污染环境的行为。企业在安排生产经营活动时，有时会遇到自身利益与社会效益、环境效益相抵触，这时要自觉地让位于、服从于社会效益和环境效益，当这种情况较多地发生时，说明企业在发展战略、发展目标上与社会效益和环境效益的要求不相一致，这时应该坚决地、果断地调整自己的发展目标和发展战略，使其与社会效益和环境效益尽可能多地一致起来。

此外，分析评价渔业企业经济效益，还应与同行业标准或水平、国内先进标准或水平、国际先进标准或水平、过去的标准或水平结合起来，相互对照、比较，从而才能够较全面、较客观、较公正地评价出渔业企业的经济效益水平。

二、经济效益分析评价的方法

进行渔业企业经济效益分析与评价一般采用以下方法。

1. 对比法

就是将两个或两个以上的相关指标进行对比分析，根据其差异来找出产生差异的原因。对比指标所采用的计价标准、统计方法、统计口径和统计时间应该一致起来。下面从横向比、纵向比、计划与实绩比三个方面举例说明。

[例13-1] 南湖渔场有员工100人，湖区养殖水面1万亩，2009年全湖鱼产量达到150万斤，人均产鱼量为1.5万斤，折合亩产鱼150斤。东湖渔场有员工80人，湖区养殖水面0.8万亩，2009年全湖鱼产量也达到150万斤，人均产鱼1.875万斤，折合亩产187.5斤。由上看出，两家渔场，水面大小差异不大（都在水产专业的"大型养殖水域"标准内）、进行比较的时间段相同、统计口径一致，但是南湖渔场的亩产量、人均鱼产量（劳动生产率）都低于东湖渔场，如果二者的生态环境条件、社会治安条件相似，则可以说明南湖的生产技

术水平、经营管理水平低于东湖渔场。

这是一个横向比的例子。

上例中,如果有一个渔场是由精养鱼塘(或称高产鱼池)组成的水面,则二者是不适合互相比较的。因为大型养殖水面的渔业生产力一般会远远低于精养鱼塘的生产力。这也说明统计口径的一致性和指标的可比性是十分重要的。

[例13-2] 南湖渔场2008年有员工100人,湖区养殖水面1万亩,2008年全湖鱼产量达到130万斤,人均产鱼量为1.3万斤,折合亩产鱼130斤。2009年全湖鱼产量达到150万斤,人均产鱼量为1.5万斤,折合亩产鱼150斤。与2008年相比,2009年总产量增加了(150−130)÷130×100=15%;人均产鱼量增加了(1.5万斤−1.3万斤)÷1.3万斤×100=15%;成鱼亩产量增加了(150斤−130斤)÷130斤×100=15%;用百分比表示可以说明数据变化的强度。

这是一个纵向比的例子。

在上例中,统计口径、相关指标都是一致的。

[例13-3] 南湖渔场计划2009年生产成鱼145万斤,成鱼销售145万斤×3元=435万元;年终实际生产成鱼150万斤,成鱼销售实现150万斤×2.8元=420万元;成鱼生产超出全年生产计划任务的3.4%[(150万斤−145万斤)÷145万斤×100=3.4%];但是,成鱼销售收入没有完成年度计划(只完成了年度销售计划的420万元÷435万元×100=96.55%),其原因是市场销售价格下降了。这也说明该企业今后要调整自己的产品结构(或许还要改进销售方案),生产出更加符合市场需求的新产品,从而提高企业的经济效益。

这是一个计划与实际结果相比较的例子。

2. 平衡分析法

把企业的各项经济活动联系起来进行平衡关系的分析,查明各指标间的依存关系,测定各因素对指标变动的影响程度。如果发现有不平衡的情况,可以及时地采取措施组织起新的平衡,使企业实现持续稳定的发展。同时,借助经济指标的平衡关系,可以用于进行因素分析,从各指标的相互联系中查明影响因素。

例如:成鱼经营利润=销售毛利−销售费用−销售税金

其中销售毛利对经营利润起正方向的作用,而销售费用和销售税金则起反方向的作用。反方向的作用越大则经营利润越少,同时也说明销售毛利的增加是实现成鱼经营利润的主要的、唯一的因素。

3. 结构分析法

结构分析法是根据渔业企业中某项经济活动有内在联系的各个因素的结构或比重,通过不同时期或不同单位的分析对比,探讨各因素在结构上的变化,从而评价其变化是否合理。

[例13-4] 某水库渔业公司2006年以来每年的渔政管理费用结构变化情况如表13-1所列。

表13-1 渔政管理费用各年统计表　　　　　　　　　　　　　单位:万元

年　份	2006	2007	2008	2009
能源(燃料)费	1.0	1.3	1.5	1.9
设备维护	0.3	0.5	0.5	1.3
工资及福利	14.0	16.0	17.0	19.0
办公及管理费	2.0	2.3	2.5	2.2
其他	1.0	1.0	1.0	1.0
合计	18.3	21.1	22.5	25.4

表13-1中数据说明,该水库近几年渔政管理费用逐年增加。主要表现为工资及福利费

用和能源费用的增加。在 2009 年又出现了新的增加因素：由于设备老化，设备维护费出现了较大幅度的增长，从而出现了整个渔政管理费用明显居高不下，而且逐年增加的趋势。

4. 因素分析法

因素分析法又称连环替代法。主要用于分析某一计划指标的完成情况受到哪些因素的影响及影响的程度。计划指标的完成情况，通常都是许多因素综合作用、互相影响的结果。有些因素在其中起着积极的作用，有些因素起着消极的作用。在各因素中，它们互相又有主次之分。而通过连环替代法的分析计算，可以进一步地查明原因，找出比较具体的线索或方向。以便抓住关键问题，采取有效措施，加强和改善经营管理。

例如，影响成鱼销售收入变化的因素主要有养殖面积、单产、单价，其计算式是：成鱼销售收入＝养殖面积×单位面积产量×单位售价。现将该计算式与某渔场的生产实际相联系，计算上述因素对成鱼销售收入的影响程度。

[例 13-5] 某渔场 2008 年成鱼生产销售计划与实际销售收入情况如表 13-2 所列。

表 13-2 某渔场 2008 年成鱼生产销售计划与实际销售收入

指标	计划数	实际数	差异
养殖面积/亩	1000(A)	950(a)	－50
亩产/kg	500(B)	550(b)	＋50
单价/元	4(C)	3.8(c)	－0.2
销售收入/元	2000000	1985500	－14500

在表 13-2 中：

(1) 成鱼销售收入计划数＝(A)×(B)×(C)＝1000×500×4＝2000000（元）

(2) 按照既定的各因素顺序用实际数逐一替换计划数

① 养殖面积对销售收入的影响＝(a)×(B)×(C)－(A)×(B)×(C)＝950×500×4－1000×500×4＝－100000（元）

② 每亩产量对销售收入计划的影响＝(a)×(b)×(C)－(a)×(B)×(C)＝950×550×4－950×500×4＝2090000－1900000＝190000（元）

③ 单位售价对销售收入计划的影响＝(a)×(b)×(c)－(a)×(b)×(C)＝950×550×3.8－950×550×4＝1985500－2090000＝－104500（元）

上述三项因素影响程度之和为：－100000＋190000－104500＝－14500（元）

由以上结果可以看出，对销售收入影响最大的因素是单位面积的鱼产量。所以，今后要保证企业成鱼销售收入计划的实现，就必须采取有效措施，提高成鱼单产。

必须指出，用连环替代法来分析计算某一因素对综合指标的影响程度，是以其他相关因素不变为前提的。而事实上其他因素也是在变化着的。由于替换顺序不同，所测得的各因素的影响值也不相同。通常在安排各因素顺序时所坚持的原则是：将各因素区别为数量指标和质量指标，要先替换数量指标，再替换质量指标；如果因素中既有实物指标又有价值指标，要先替换实物指标，再替换价值指标；如果因素中同时有几个数量指标或质量指标，要区分基本因素和从属因素、主要因素和次要因素，并根据它们之间的依存关系来确定替换顺序。例如工人人数和工作日数都是数量指标，但工作日数是工人人数和出勤天数的乘积，所以工人人数是基本因素，工作日数是从属因素，很显然，应先替换工人人数，再替换工作日数。

5. 产出率分析法

产出率是投入与产出之比。产出率可以分为实物形态的产出率和货币形态的产出率。例如，投入的鱼种、生产出来的成鱼，是实物形态上的评价与分析比较；而所投入的鱼种和卖出去的成鱼又可以按价值形态来进行分析评价。

渔业生产的全部过程，其实是一个整合各种资源，并将其投入到生产经营各环节的过程。所以，在分析评价其经济效益时，通常要从产出率上找原因。

运用产出率分析法，一般从"投入产出比"和"项目产出率"着手。

（1）投入产出比　是指产品总收入与总成本相比。

[例13-6]　某渔场生产秋片鱼种60万元，所投入的总成本是40万元，其投入产出比是：60/40＝1.5∶1。

在实际工作中，还会经常采用成本产值率。其计算方法是：

成本产值率＝总产值÷总成本×100%

以上题为例，成本产值率应为：60÷40×100%＝150%

显然，成本产值率越高，说明企业经济效益越好。

（2）项目产出率　是指产值与各项目费用之比的百分率。用以反映每项成本费用的效率。例如苗种费用产出率、饲料肥料费用产出率、劳动工资产出率等。其中苗种费用产出率和饲料肥料费用产出率是十分重要的两个指标。其计算方法是：

苗种费用产出率＝产值÷苗种费×100%

饲料肥料费用产出率＝产值÷饲料肥料费×100%

当前的渔业生产实际已经表明，过去所经常使用的饵料系数和增重倍数，已经很难客观地用来评价分析渔业企业的生产经营水平。其原因主要是实物之间的质量和价值差别越来越大，而且渔业生产者追求不同的市场定位，他们对于产品的出水规格的要求以及养殖方式、方法也有较大的差别。所以，在分析评价渔业企业经济效益时，在进行实物分析评价的同时，采用价值形式来计算投入产出率，其结果应该会更加合理。

除以上方法以外，还有动态分析、盈亏平衡点分析等方法。

第三节　渔业企业经济效益分析评价的指标体系

渔业经济效益分析评价指标是衡量渔业经济效益在具体的时空条件下数量关系的尺度，是进行经济效益计算和分析的重要依据。由于社会经济现象的复杂性和人类社会生产活动的复杂性，经济效益反映在社会经济活动的各个方面，它的表现形式也是多种多样的。这是因为，计算任何经济效益都必须同时涉及投入和产出两个方面，而无论是投入还是产出，都很难或者根本不能用相同的计算单位来表达。比如，养殖生产最基本的投入项目有水面、苗种、饲料、肥料、能源、劳动等，没办法只用一个计量单位来概括它们。同样的，产出也是这样，产量的提高和质量的改进一般不能进行简单的加总。因此，需要设置和应用一系列指标，以便从各个不同的方面、不同的范围、不同的层次来计算和分析经济效益的大小，来评价生产经营管理水平的高低。这种相互联系、相互补充、全面评价渔业企业经济效益的一整套指标所构成的体系，就叫做渔业经济效益指标体系。

渔业经济效益指标体系的建立，一是以需要和可能为出发点，能够较准确、科学、全面地反映渔业生产过程中各种要素投入和劳动成果之间所形成的内在联系，能够用统一的尺度来分析、计算、比较企业的经营管理水平，找出制约企业发展的影响因素，从而为企业的健康成长发挥有益的作用。

一、经济效益指标体系的构成

一般来说，渔业企业经济效益指标体系包括了三个大类。

1. 渔业经济效益衡量指标

这类指标是通过具体的数值形式直接反映劳动消耗及劳动占用与劳动成果之间的对比关系。它能直接计算、度量、比较不同渔业企业经济效益的大小，在整个指标体系中处于主要地位，所以又称为主体指标。在这类指标中，应该包括哪些具体指标，这与渔业生产的性质和内容有关，但不管什么生产，一般都要从基本生产资料、劳动和资金三个方面来反映经济效益。目前常用的指标有水域产出率、劳动生产率、资金产出率等。

2. 渔业经济效益分析指标

这类指标主要用来反映形成一定经济效益的因素、各个环节对经济效益的影响程度，用于分析经济效益的有无以及经济效益的大小及其原因。它在指标体系中一般处于辅助地位，所以又称为辅助指标。这类指标又可分为三种。第一种是经济分析指标，用来反映渔业企业生产活动的经营状况，分析那些影响因素的数值的指标。具体包括成果产出指标和资源投入指标。第二种是技术分析指标，通过具体数值来反映渔业技术方案和技术措施的有效性、可靠性、先进性，如受精率、成活率、饲料系数等。第三种是生态分析指标，用具体数值来反映对保护和改善渔业生态环境的效果以及提供生态系统中物质变换和能量转换的程度，如捕捞强度、水域污染程度等。

3. 渔业经济效益目的指标

用来反映满足人类和社会需要程度的指标。主要包括水产品产量、产值、利润、商品率、创汇率、渔业劳动者的收入等。

以上三类指标，既有明显区别又有密切联系，是一个具有系统性、层次性、动态性的有机整体。

二、经济效益指标及其计算方法

1. 渔业经济效益衡量指标

（1）水域（渔船）生产率指标组　主要包括以下几个指标。

① 捕捞资源利用系数＝允许捕捞量÷捕捞资源总量×100％

允许捕捞量指的是捕捞资源的再生能力所容许的最适宜持续捕捞的数量，它应当低于捕捞资源的自然更新量。当接近于 1 时，则该资源的利用系数为最佳，否则会资源衰退，影响长远的、整体的经济效益。

② 单位渔船产量（产值、净产值）＝捕捞总量（产值、净产值）÷渔船总吨位

③ 单位养殖面积产量（产值、净产值）＝养殖总产量（产值、净产值）÷养殖总面积

（2）劳动生产率指标组　渔业劳动生产率指的是单位劳动时间所生产的水产品的产量，或生产单位水产品所花费的劳动时间，其计算公式为：

劳动生产率＝水产品总产量(产值)÷活劳动时间＋物化劳动时间

由于在实际工作中，物化劳动还无法还原为劳动时间，物化劳动消耗量就难以用统一尺度进行计算。所以通常所说的劳动生产率，实际上是活劳动生产率。按照活劳动消耗计算的劳动生产率，在物质消耗变化不大的情况下，基本上能反映劳动生产率的状况和变化趋势，所以它仍有重要的经济意义。这样，劳动生产率的计算就可以变为：

渔业劳动生产率＝水产品数量(产值)÷活劳动时间

目前，计算渔业劳动生产率一般用每个渔业劳动力每年生产水产品的多少（或产值的大小）来表示：

劳均水产品商品量＝(水产品年产量－渔业生产消费量－渔民生活消费量－存塘储备量)
÷年平均在册劳动力数

劳均创造净产值＝(年总产值－年消耗的生产资料价值)÷年平均在册劳动力数

（3）资金产出率指标组　包括成本产出率和资金占用生产率两类指标。

① 成本生产率　有两个表达方式：

单位成本＝产品成本÷产品产量

成本利润率＝利润÷产品成本×100％

② 资金占用生产率　主要有以下三个具体指标：

100元流动资金占用的产品产量(产值)＝产品产量(产值)÷流动资金占用额×100％

100元固定资金占用的产品产量(产值)＝产品产量(产值)÷固定资金占用量×100％

资金利润率＝利润÷资金占用总额×100％

2. 水产养殖业常用的经济效益分析指标组

（1）技术经济指标

① 水面利用效果指标　包括水面利用率、总产量、总产值、净产值、纯收入、单位面积产量、单位面积产值、单位面积净产值、单位面积纯收入。

② 劳动生产率指标　每个养殖劳动力在单位时间内平均生产的水产品产量或产值，纯收入。

③ 产品成本指标　如总成本、单位成本、成本纯收入率、成本利润率。

④ 资金利用效果指标　如每百元资金生产的产量或产值、资金纯收入率、资金利润率。

⑤ 基本建设投资回收期指标　略。

（2）养殖技术效果分析指标　包括受精率、出苗率、成活率、增重倍数、苗种自给率、饲料系数、放养密度、混养比例等。

（3）目的指标　包括对国家提供的利税、商品率、人均占有量、优质鱼比例、养殖劳动力人均收入等。

3. 水产捕捞业常用的经济效益分析指标组

水产捕捞业经济技术指标是衡量水产捕捞业经济效益大小的特定的计量尺度，它通过捕捞生产过程中的投入与产出的比较，达到以尽量少的物资消耗、资金与资源的占用而获得尽可能多的适合社会需要的水产品。

水产捕捞业经济技术指标由三部分组成：一是捕捞生产的总的数量概念，如产量、产值、利润等；二是反映投入产出的指标，如劳动生产率、吨鱼成本、资金利税率等；三是与经济效益密切联系的一些技术性指标，如出海船数、实有船数、出鱼率等。

（1）产量指标　具体有以下几项。

① 总产量指标　是一定时期内各类捕捞产品的总和，一般按到港的产量计算或按渔讯期计算，鱼类按鲜品的重量计算，贝藻类按其各自的不同标准计算。

② 平均航次产量　是指报告期内各艘渔船出海航次的平均产量，其计算式是：

平均航次产量＝报告期水产品产量(kg)÷出海航次数(次)

③ 平均网次产量　指捕捞船只在报告期内平均每投入一次网所获得的水产品产量，它是捕捞业的一个重要的技术指标。其计算式是：

平均网次产量＝报告期水产品产量(kg)÷投网总次数(次)

④ 平均功率产量　指的是总产量与捕捞船只的千瓦总数的比较，可以反映渔业机械化水平、吨位大小对捕捞产量的影响程度，其计算式是：

平均功率产量＝水产品产量(kg)÷出海千瓦总数(kW)

除上述指标外，捕捞企业还常用实有船产量及出海船产量等指标。

平均实有船产量＝水产品产量(kg)÷平均实有船数(艘)

$$\text{平均出海船产量} = \text{水产品产量}(kg) \div \text{平均出海船数}(艘)$$

(2) 产值指标

① 总产值　以不变价格计算的总产值，是政府统计的依据。而以现行价格计算出的总产值只能作为捕捞企业的总收入。

② 净产值　是一定时期内新创造的价值。国有捕捞企业的净产值是税金、利润和工资的总和，其他捕捞企业是税金、公积金、公益金、员工报酬分配的总和。

(3) 质量指标

① 鲜度合格率　在报告期内捕捞产量中，可食用的水产品所占的比重。其计算式是：

$$\text{鲜度合格率} = \text{可食用的水产品产量} \div \text{水产品总产量} \times 100\%$$

② 等级品率　根据水产品的等级标准，可分为一级品率、二级品率。其计算式是：

$$\text{一级品率} = \text{一级品水产品产量} \div \text{可食用的水产品产量} \times 100\%$$
$$\text{二级品率} = \text{二级品水产品产量} \div \text{可食用的水产品产量} \times 100\%$$

③ 冰鲜鱼装箱率　其计算式为：

$$\text{冰鲜鱼装箱率} = \text{冰鲜鱼装箱量} \div \text{冰鲜鱼总量} \times 100\%$$

④ 吨鱼售价　常用于单位之间的评价。

(4) 利润指标

① 总利润　是捕捞生产的全部投入与产出的比较。其计算式为：

$$\text{捕捞总利润} = \text{水产品销售收入} - \text{捕捞成本} - \text{销售费}$$

② 吨鱼利润　其计算式为：

$$\text{吨鱼利润} = \text{利润总额}(元) \div \text{捕捞的水产品总量}(t)$$

(5) 劳动生产率　用来表示活劳动消耗与劳动成果的关系。其中船员劳动生产率表示每一船员在单位时间内从事捕捞生产的能力，常用实物表示。其计算式为：

$$\text{船员劳动生产率} = \text{水产品总产量}(kg) \div \text{船员平均人数}(人)$$

(6) 燃料消耗　是物化劳动与生产的比较。其计算式为：

① 吨鱼耗油　其计算式为：

$$\text{吨鱼耗油} = \text{柴油}(kg)\text{耗量} \div \text{水产品产量}(t)$$

② 千瓦小时耗油　其计算式为：

$$\text{千瓦小时耗油} = \text{柴油消耗量}(kg) \div (\text{千瓦总数} \times \text{开车小时})$$

③ 每出海日材料消耗　其计算式为：

$$\text{出海日材料消耗} = \text{材料消耗量}(元) \div (\text{出海船数} \times \text{每艘出海天数})(艘日)$$

(7) 成本指标　是捕捞生产过程中活劳动与物化劳动的总和。具体包括以下内容。

① 总成本。

② 吨鱼成本，指的是每捕 1t 鱼所消耗的成本。

③ 出海艘日成本（元/艘日），其计算式为：

$$\text{出海艘天成本} = \text{总成本} \div \text{出海船只数} \times (\text{每艘出海天数})$$

(8) 资金占用　包括固定资金和流动资金两部分。具体包括以下内容。

① 每 100 元流动资金的占有量　即每 100 元流动资金捕捞的水产品产量，表示着资金占用与劳动成果之间的数量关系。其计算式为：

$$100 \text{元流动资金占用量} = \text{水产品产量}(kg) \div \text{流动资金平均占用额}(元) \times 100\%$$

或者用 100 元产值所占用的流动资金量表示：

$$100 \text{元产值所占用的流动资金} = \text{流动资金平均占用额}(元) \div \text{总产值}(元) \times 100\%$$

② 100 元固定资金所占用的产值　其计算式为：

$$100\text{元固定资金所占用的产值}=\text{全年总产值}\div\text{固定资产平均总值}\times100\%$$

③ 资金利税率 是固定资金及流动资金与创造利税的比较,也是企业考核的中心值标。其计算式为:

$$\text{资金利税率}=\text{总利润}\div(\text{固定资产产值}+\text{平均流动资金})\times100\%$$

(9) 出渔率 指的是平均出海数与实有船数之比,反映着渔业企业的渔船利用情况。其计算式为:

$$\text{出渔率}=\text{平均出海船数}\div\text{平均实有船数}\times100\%$$

除上述之比外,还有投资回收期、净现值、安全等方面的指标。

4. 渔业企业科技进步指标组

渔业企业科技进步指标组主要有以下指标。

(1) 新增总产量 指的是在有效使用期间,累计推广范围内,应用渔业科技新成果所带来的水产品总产量。其计算式为:

$$Y=(Y_n-Y_o)\times R\times A$$

式中 Y——新增总产量;
　　Y_n——新科研成果的单位面积产量,kg/m^2;
　　Y_o——对应的单位面积产量,kg/m^2;
　　R——单位增量增值系数,%;
　　A——累计有效推广面积、船数、台数等。

(2) 新增纯收益 是指在有效使用期间,累计有效推广范围内,采用新科研成果为社会新增的新收益额或节约的资源数额。其计算式是:

$$P=(P_n-P_o)\times A-(C_n+E_n)$$

式中 P——对应面积纯收益,元/m^2;
　　P_n——新增纯收益,元;
　　P_o——新科研成果的单位面积纯收益,元/m^2;
　　A——累计有效推广面积、船数、台数等;
　　C_n——新成果科研费用,元;
　　E_n——新成果推广费用,元。

$$\text{新成果单位纯收益 }P_n=\text{新成果单位面积产值}-\text{新成果单位面积成本}$$
$$\text{对应单位面积纯收益}=\text{对应单位面积产值}-\text{对应单位面积成本}$$
$$\text{新成果单位面积产值}=(\text{对应单产}\times\text{缩值后的单产增量})\times\text{产品价格}$$

(3) 科研费用新增收益率(%) 是指在有效使用期间,累计有效推广范围内,新科研成果耗费每元科研费用能产生多少新增纯收益。它是渔业科研单位在新增纯收益总额中应占份额与该项成果科研费用总额之比,其计算式为:

$$S_o=(P\times W_r/C_n)\times100\%$$

式中 S_o——科研费用新增收益率,%;
　　P——新增纯收益,元;
　　W_r——成果研制单位在新增收益中的份额,%;
　　C_n——新成果科研费用,元。

(4) 生产费用新增收益率 是指在有效使用期间,累计有效推广范围内,使用某项科研成果新增加的生产费用能带来多少新增收益。它是新成果使用单位在科研成果新增纯收益总额中应占份额与使用该项成果新增生产费用之比。其计算式为:

$$S_m = P \times M_r / M_n$$

式中 S_m——生产费用新增收益率;
　　　P——新增纯收益,元;
　　　M_r——新成果使用单位在新增纯收益总额中应占份额,%;
　　　M_n——使用某项科研成果新增加的生产费用,元。

第四节　渔业企业经济效益分析的内容

渔业企业经济效益分析与评价的内容十分丰富,不同的企业有不同的分析角度,所以不同的企业有不同的分析内容。例如养殖业和捕捞业、加工业之间,其所要分析的内容和侧重是不同的;再如,大型企业和小型企业,其所要分析的内容和侧重也是有所不同的。本节主要就一般养殖企业所要分析评价的主要内容作以简单介绍。

一、生产执行情况分析

1. 产量分析

（1）总产量和单位面积产量计划完成情况的分析　见表 13-3。

表 13-3　某年某渔业企业的主要产品产量计划的完成情况

主要产品名称	养殖面积/万亩			单位面积产量					总产量			比上年增减		比计划增减	
	上年	本年		上年	本年		增或减		上年	本年					
		计划	实际		计划	实际	比上年	比计划		计划	实际	数量	/%	数量	/%
成鱼/t	1.2	1.4	1.5	0.1	0.1	0.11	+0.01	+0.01	1200	1400	1650	+450	+37.5	250	+17.9
冬片鱼种/kg	0.15	0.15	0.16	200	220	250	+50	+30	30×10⁴	33×10⁴	40×10⁴	+10×10⁴	+33.3	7×10⁴	+21.2

（2）影响产量变动的因素分析　影响产量变动的主要因素,一是投入生产的水域面积,二是单位面积产量。影响产量变动的因素分析见表 13-4。

表 13-4　产量变动因素分析表

主要产品名称	养殖面积/hm²		每公顷产量		总产量及其变动因素				
	计划	实际	计划/kg	实际/kg	按计划面积计划总产计算/t	按实际面积计划总产计算/t	按实际面积实际总产计算/t	由于面积变动对产量的影响/t	由于单位产量变动对产量的影响/t
成鱼	933.33	1000	1500	1650	1400	1500	1650	+100	+150
冬片鱼种	100	106.66	3300	3750	330	325	400	+22	+48

（3）产值计划完成情况分析　在计算总产值时,应划清总产值与销售收入的界限。总产值反映的是企业生产所获得的总成果,包括渔业、农业、副业等企业生产产品的总值,不论是否已经出售,都要计算进去。而销售收入则是企业销售产品的销售总额。产值计划完成情况分析见表 13-5。按照表 13-5 所列的数据,可从以下几方面开展分析评价。

表 13-5　某渔场总产值计划完成情况分析表　　　　　　　　　　　　　单位:元

业别	总产值						比较/%	
	上年实际		本年计划		本年实际		比计划	比上年
	金额	百分率/%	金额	百分率/%	金额	百分率/%		
渔业	1850000	83.4	2140000	85.1	2480000	88.8	115.89	134.05
工副业	367000	16.6	376000	14.9	312000	11.2	82.98	85.01
合计	2217000	100	2516000	100	2792000	100	111.0	125.9

① 渔业增幅较大，工副业没达到上年水平，工副业是薄弱环节。

② 总产值完成情况：该企业今年总产值实际完成数比计划数增加了 276000 元，超额完成年计划的 11%。其中渔业完成其计划的 115.89%；工副业完成其年度计划的 82.98%，比上年减少了 15.0%。

③ 总产值的增长速度：该企业今年总产值比上年增加 575000 元，比上年增长 11%，其中渔业增长 15.89%。而前年该企业的渔业增长率是 8.6%，工副业增长率是 6%，其渔业增长速度明显高于往年，而工副业的增长速度明显下降。

④ 渔业和工副业在总产值中的比重变化：由于渔业产值增长明显加速，其比重已经由 83.4% 上升为 88.8%；工副业产值比上年下降，其比重已经由上年的 16.6% 下降为 11.2%。如果不对工副业采取有效措施，这种趋势还将继续下去。

2. 结构和品种分析

在企业内部，由于各业之间、品种之间有许多相互制约或相互促进的作用，分析各业品种变化情况及其对经济效果的影响，对企业改善和调整经营方针、合理利用资源、改进生产结构、开发新产品等，有着重要的意义。

3. 产品质量分析

产品质量是指产品所具有的自然属性及其能够满足人们需要的程度。不同的产品有不同的质量指标要求。在水产养殖企业，有鱼种规格、尾重（肥满度）等指标。对于成鱼来说，不同的规格其售价是不同的，例如在江淮地区，有 0.5kg、0.75kg、1kg 三种规格的鳜鱼，0.75kg 的鳜鱼销售价要明显高于另外两种规格的鳜鱼。此外，就同一品种、同一规格的商品鱼而言，其价格顺序是活鱼高于鲜鱼，鲜鱼高于非鲜鱼。所以，产品质量的提高，通常反映出产品售价的提高。

对于产品质量的分析，水产企业内各业都应有明确的考核标准。例如养貂业可以计算和比较母貂受胎率、产仔率和子貂成活率，通过与计划和上年实际相比较，来分析评价企业经营管理工作的优劣。

二、劳动生产率分析

分析生产企业的劳动生产率的完成情况，主要是把劳动生产率的实际水平与计划水平对比，目的在于揭示偏离计划的原因，采取措施，提高工效。除了分析劳动生产率的升降情况及其原因以外，还应该研究如何挖掘劳动生产率的潜力。为此，通常将本企业的现有水平与历史最高水平相比、与同类企业的先进水平相比，并进行以下方面的计算：

可以扩大的产值＝（比较对象的劳动生产率－企业现有实际劳动生产率）×企业职工实际人数

可以节约的职工人数＝企业现有职工平均人数－企业本期总产值/比较对象的全员劳动生产率

表 13-6 所列的是某水产企业劳动生产率的纵向比较和横向比较情况。

表 13-6 统计资料

项目	本期实际	本企业历史最高水平（××年）	同类企业先进水平（××年）	对比差异	
				对本企业最好水平比较	对同类企业先进水平比较
总产值/元	1070000	980000	1200000	＋90000	－130000
职工平均人数/人	78	66	65	＋12	＋13
全员劳动生产率/元	13718	14848	18462	－1130	－4744

1. 与本企业历史最高水平相比较

全员劳动生产率达到历史最高水平可以扩大的产值＝(14848－13718)×78
$$＝88140(元)$$

全员劳动生产率达到历史最高水平可以节约的劳动力＝78－(1070000/14848)
$$＝6(人)$$

2. 与同类企业先进水平相比较

全员劳动效率达到同类企业先进水平可以扩大的产值＝(18462－13718)×78
$$＝370032(元)$$

全员劳动效率达到同类企业先进水平可以节约的劳动力＝78－107000÷18462＝20(人)

上述分析表明，该企业劳动力使用效果还大有潜力可挖，其具体原因还有待于进一步分析。

三、利润分析

1. 企业利润的概念

企业利润一般由三部分组成。

（1）营业利润　指营业收入减去成本和三项期间费用（销售费用、管理费用、财务费用）再减去应该负担的税金所剩下的余额。

（2）投资净收益　指企业对外投资所取得的利润、股利、股息等扣除发生损失后的余额。

（3）营业外收支净额　指与企业生产经营无关的各项收入减去各项支出后的余额。它包括固定资产盘盈、处理固定资产收益、罚款净收入、确定无法支付而按规定程序批准后转作营业收入的应付款项等。营业外支出包括固定资产盘亏、处理固定资产损失、非常损失、职工劳动保险费支出等。

渔业企业内有家庭渔场或个人承包上缴的利润，也应该加记在企业利润中。

2. 企业利润的计算

根据农业企业财务会计制度的规定，渔业企业的利润应按照下列公式计算：

利润总额＝营业利润＋投资净收益＋家庭渔场上缴利润＋营业外收入－营业外支出

其中营业利润按照下式计算：营业利润＝主营业利润＋其他业务利润－管理费用－财务费用

其中，主营业利润按下式计算：

主营业利润＝主营业收入－营业成本－营业费用－营业税金及附加

3. 企业经营成果的评价

可以用下列指标对企业经营成果进行评价。

（1）完成利润计划的百分比　计算式为：

完成利润计划的百分比＝企业实际利润总额÷企业计划利润总额×100％

也可以与上年完成情况作对比。

（2）资本金利润率　计算式为：

资本金利润率＝利润总额÷资本金总额×100％

（3）营业收入利税率　计算式为：

营业收入利税率＝利税总额÷营业收入×100％

（4）成本费用利润率　计算式为：

成本费用利润率＝利润总额÷成本费用总额×100％

还可以根据企业的实际需要，采用其他的一些指标对经营成果进行分析评价。

四、企业运营能力分析

衡量企业利用债权人提供资金进行经营活动的能力，反映债权人发放贷款的安全程度的纸币是资产负债率。

资产负债率＝负债总额÷全部资产总额×100%

反映企业应收账款的流动程度的指标是应收账款周转率。

应收账款周转率＝赊销收入净额÷平均应收账款余额×100%

赊销收入净额＝销售收入－现销收入－销售退回、折让、折扣

平均应收账款余额＝(期初应收账款＋期末应收账款)÷2

衡量企业销售能力和存货是否过量的指标是存货周转率。

存货周转率＝(销货成本＋期末存货)÷2

》》 实操与思考

一、项目实训

1. 项目目标：根据对实习渔场有关技术经济指标的了解，分析评级该渔场的经济效益。
2. 项目任务：调查了解该渔场的逐年产量、收入、开支、盈利情况，并进行以下分析：人均鱼产量、单位面积产量变化情况、人均产值、员工薪酬变化情况、百元产值利税率变化情况、斤鱼成本变化情况等。写出分析评价报告。
3. 项目组织：由教师选择调查对象；对学生进行分组；每个被调查的渔业企业可同时接纳几个小组的调查实习，调查中各小组可以相互交叉传抄该企业的有关技术经济资料，以了解企业的生产经营情况；在教师的指导下，各组讨论确定经济效益分析的指标和方法，进行计算与分析的分工。
4. 教师对各组的分析报告进行讲评并给出成绩。小组成绩即为组员的成绩。

二、思考：

1. 渔业企业经济效益的含义是什么？评价渔业企业经济效益要坚持哪些原则？
2. 渔业经济效益的评价指标体系主要由哪几大类指标构成？
3. 进行渔业企业经济效益分析的主要内容有哪些？
4. 案例分析（背景材料附后）
① 该案例中应用了哪些评价指标？
② 案例中评价指标的作用是什么？
③ 该企业经济效益评价的思路有哪些？

××珍珠集团股份有限公司 2009 年经济效益分析评价

一、中国淡水珍珠产业 2009 年发展情况综述

2009 年，是中国淡水珍珠产业在经历了全球经济危机严重冲击后触底企稳的一年。

1. 珍珠养殖业的发展情况

2008 年下半年，由于受到了全球经济危机的影响，我国淡水珍珠养殖业受到了严重冲击。广大养殖户为快速回笼资金而纷纷恐慌性地抛售珍珠统货，导致珍珠统货价格在 2008 年年底出现了暴跌。

2. 珍珠加工业的发展情况

中国淡水珍珠产量占全球淡水珍珠产量的比例达到 95% 以上，因此，虽然全球经济危机对我国淡水珍珠产业带来了严重冲击，但是珍珠加工企业产品批发价格并未出现类似珍珠统货价格的巨幅波动，珍珠产品的批发价格在 2008 年珍珠统货价格暴跌时跌幅相对较少；同时，在 2009 年珍珠产品批发价格的上涨力度也相对较弱。

3. 其他

2008 年年底到 2009 年年初，在珍珠统货价格出现非理性下跌的过程中，我国部分大型珍珠加工企业

挺身而出,筹措资金收购珍珠养殖户恐慌性抛售的珍珠统货。此举的意义,有利于维持行业的稳定发展。

二、公司 2009 年经营情况

1. 经营情况综述

2009 年,在全球经济危机中,公司稳健、谨慎开展各项业务。在保持主营业务稳健经营的同时,公司针对原募集资金投资项目经济环境发生重大变化的实际情况,决定终止珍珠粉中药饮片及胶囊生产建设项目和营销网络建设项目的实施,将募集资金用途变更为淡水珍珠湖北养殖基地项目。通过新募集资金投资项目的实施,促进了公司产业链向上游珍珠养殖业的战略性延伸,培育和提升了公司的核心竞争力。

2009 年是公司培育养生饮料和系列化妆品等新产品并开始投放市场的第一年,各项工作均处于探索阶段,新产品的业务发展尚未取得明显成效。

2009 年,由于受经济危机导致珍珠产品价格下跌以及公司主动调整营销策略的影响,公司实现销售收入 28417.20 万元,与上年同期相比减少了 17.41%;由于受珍珠产品销售收入减少、毛利率水平下滑、高档珍珠产品销售收入比重下降以及公司新产品市场开拓费用增加等因素的影响,实现归属于母公司所有者的净利润为 1178.44 万元,与上年同期相比减少了 68.46%。2009 年期末总资产为 77346.77 万元,归属于母公司所有者的权益为 36674.21 万元,资产负债率为 47.78%。截至报告期末,公司无对控股子公司以外的担保事项。

2. 主要经营数据情况

(1) 主要产品、原材料等价格变动情况

① 原材料价格变动情况 公司的原材料以中高档珍珠统货为主,与 2008 年年末、2009 年年初统货暴跌后的价格水平相比,2009 年全年中高档珍珠统货的收购价格平均出现 30% 以上的上涨,不过全年公司珍珠统货的采购均价与 2008 年全年相比仍下降了约 31%。

② 产品价格变动情况 (略)。

(2) 毛利率变动情况 公司 2009 年主营业务毛利率为 23.63%,与 2008 年相比毛利率下滑了 6.42 个百分点。

(3) 主营业务按行业、产品和地区分布情况

① 主营业务分行业情况 (略)。

② 主营业务分地区情况 (略)。

④ 主要供应商、客户情况 (略)。

⑤ 非经常性损益情况 (略)。

三、对公司未来发展的展望 (略)

四、报告期内的投资情况 (略)

五、关联企业经营状况 (略)

第十四章 渔业企业的文化建设

> **学习目标**
> 1. 了解企业文化建设的意义。
> 2. 学习企业文化建设的概念和内容。

案例导入

辽渔集团企业文化建设

坐落在辽东半岛南端大连湾畔的辽宁省大连海洋渔业集团公司（简称辽渔集团），在65年的发展历程中，择海而栖，依海成长。现今，企业资产总值46.2亿元，员工7000余人，海陆域总面积260万平方米，岸线总长4012.6m，是国家农业产业化重点龙头企业，经济效益连续多年居全国同行业之首。2009年，在国际金融危机的冲击下，辽渔集团积极开展"反浪费、堵漏洞、降成本、挖潜力、增效益"活动，使经济效益在省属企业中名列前茅。

成绩的取得，得益于辽渔集团将开放型的海洋文化与企业经营发展实际有机结合，形成了以"信念、智慧、制胜"为重要内容的并根植于职工群众心中催人奋进的企业文化，推动了辽渔集团的持续发展。

一、让企业文化在创新中发展

走进辽渔240万平方米的港区，会感到一种海洋气息扑面而来。港池内豪华气派的客滚船彰显着企业的实力；园林式厂区、鱼类标本展馆，以及保留完好的历史建筑，流露出企业的品位；训练有素并以辽渔而自豪的职工队伍，不仅彰显着企业非凡的昨天和今天，也预示着企业美好的明天。这真是一个连空气都有海鲜味、到处洋溢着文化的企业。

1987年，辽渔集团广泛发动职工，经过半年多的征集讨论，提炼出"信念、智慧、制胜"的辽渔企业精神。以后的十余年，先后形成了"反浪费、堵漏洞、降成本、挖潜力、增效益"的管理宗旨，"质量数第一、满意在辽渔"的质量方针，"以市场为导向，依靠管理和技术进步提高企业素质，整体联合扩大优势，在同行业中不求大但求好"的市场经营理念，"产品多样化、资本多元化、管理现代化、机制科学化、市场国际化"的发展战略理念，"开放创新、放大效益"的企业管理理念。2002年初，"厚德载物诚信固本、开放创新求真务实、终身学习真心合作、事业乃大贡献为荣、面向海洋造福大众"的企业核心价值观得到了职代会的确认。至此，以海洋文化为特色的辽渔企业文化初步形成体系。

2006年，辽渔集团制订出《辽渔集团企业文化建设规划2007~2009》，重新梳理了视觉识别系统、行为识别系统、理念识别系统，并在理念识别系统中增添了"蓝色海洋消费理念",以及"专注海洋,关注健康"的企业广告用语,使具有海洋特色的辽渔文化更加系统和规范。

二、加强制度建设和思想道德建设

注重制度建设,固化和增强文化的约束力。2001年,辽渔集团编印了两个分册的规章制度,2009年又删繁就简,补旧增新,重新印制了三个分册,涵盖五大类制度、68个管理规定(办法)。严格按制度办事,实行规范化管理。

辽渔企业文化建设的根本是理念和制度。企业的核心理念只有固化下来,才能形成贯穿经营管理全过程的文化力。多年来,"满意在辽渔"的主题教育,成功打造了"放心港"、"放心库"等服务品牌;"反浪费、堵漏洞、降成本、挖潜力、增效益"活动,大大提高了效益水平。"因为有了我,周围安全环境更和谐"安全主题教育活动、大张旗鼓的千人签名活动、样板车间、班组建设等活动,深入人心。固化理念不是建设的全部,要建立和谐文化还必须有刚性的制度保证,使刚性的制度设计和柔性的理念灌输相辅相成,从而构成企业文化的重要支撑。为了打造百年辽渔,辽渔集团积极进行体制创新试点工作,修订董事会议事规则,建立提名、薪酬、投资管理和风险管理四个委员会,明确了决策层、执行层和管理层的职责分工和工作程序,把战略管理、人才管理、财务管理、薪酬管理等都纳入规范化、制度化和程序化轨道。

企业文化最终目的是作用于人,达到提升职工综合素质的效果。特别是要打造一个有归属感和责任感的员工队伍。在辽渔集团高层领导言传身教的影响下,中层管理团队也用行动诠释开放、创新、包容、责任、诚信、感恩等核心价值理念。中层干部随船出海靠前指挥,这在全国同行业是首创;星期天、节假日只要有工人加班,单位主要领导必到公司已经成为习惯;突发恶劣天气,电视台天气预报就是防台防汛工作的临时通知,相关各级领导干部都迅速到岗。

辽渔企业文化建设的核心是守法和诚信。守法是设置行为底线,不做不应该做的;诚信是建设道德高地,做好应该做的。

正是依靠诚信高地,辽渔成功地打造出享誉全国的"远洋牌"系列产品。"远洋牌"海洋食品成为消费者最为放心的安全、营养食品,畅销全国。

三、用和谐文化打造过硬的职工队伍

集团公司重视开展各种文化交流活动,使职工具有开放的视野。不同背景下的地域文化和不同的文化传统,辽渔人都能欣然适应。加强感情沟通,提高职工情商,使其具有宽广的胸怀和包容的心态。邀请知名专家作专题讲座;让劳模家属参加职代会,并为其披红戴花;为海上禁酒船员春节每人赠送两瓶茅台、五粮液等名酒。通过这些活动增进了职工对企业改革的理解和支持。辽渔集团这些年来的改革力度前所未有,但整个改革过程却是平稳的,充分显示出企业文化的凝聚力和向心力。有位职工妻子在看过董事长写就的《男人与海》的书籍后,写了一封信,她说原来想不通的问题想通了,没想到企业这么难、领导这么不容易。董事长非常感动,专门给这位家属写了回信,并刊登在渔业工人报上,引起很大反响。可见,辽渔文化是企业和谐发展的润滑剂。

让感恩的传统和理念,成为企业上上下下的共识。董事长经常讲:"大成于德,小成于智。做人要知恩图报,对所有帮助过辽渔的人都要铭记在心。"在这种理念的支配下,辽渔集团努力回报社会。每当危难关头,辽渔人都能挺身而出。1995年,辽阳地区发生洪灾,辽渔主动请缨捐款捐物受到省政府表扬;2008年,四川汶川大地震,辽渔奉献大爱、出钱出力,再次受到省、市政府的充分肯定。

> 投桃报李、重情重义。辽渔铭记曾经帮助过自己的人，做到人走茶不凉。2003年改制船员的船只在南方港口停靠时发生火灾，损失很大。集团公司研究认为，船员参加改制本身就是对集团公司改革的巨大支持，现在遇到困难，不能一推了之，要让他们体会到辽渔大家庭的温暖，于是派人专程前去慰问并救助十万元。
> 　　在先进文化的引导下，辽渔集团的明天会更美好。
> 　　讨论：1. 辽渔集团是怎样建设企业文化的？
> 　　　　　2. 塑造企业文化对公司的发展有哪些推动作用？

第一节　概　　述

一、人本管理原理

所谓人本管理，即以人为核心、以人为根本的管理。主要表现在以下几方面。

① 人是管理系统的主体要素，也就是说人是最重要、起主导和决定作用的要素。

② 人是一种特殊资源。

在生产的所有要素中，只有人这种要素在管理过程中具有创造作用，人力资源可以进行开发。人力资源开发的最主要目的就是提高其生产力。

加强人力资源管理，主要有：一是有一个科学的人力资源计划和激励政策，保证组织所需要的人力资源有可靠保障，并能吸引到组织最为需要的人，而不至于使管理成本和产品成本上升过多；二是把组织的人做到合理使用，使人尽其才，才尽其用，最大限度发挥作用；三是组织发展，运用行为科学理论和方法，使组织成员态度行为价值观、信念和各自需求进行改革，有计划地从上至下提高组织效率。

管理的终极目的是人的发展。人本管理的内容主要从以下几方面理解。

a. 人的管理第一　企业管理，从管理对象上看，分为人、物及信息，于是企业管理就具有了社会属性和自然属性两种特质。企业的盈利性目的是通过对人的管理，进而支配物质资源的配置来达到的。基于这种考虑，企业管理就必然是也应该是人本管理，以及对人本管理的演绎和具体化。

b. 以激励为主要方式　激励是指管理者针对下属的需要，采取外部诱因进行刺激，并使之内化为按照管理要求自觉行动的过程。

③ 建立和谐的人际关系。

人们在一定的社会中生产、生活，就必然要同其他人结成一定的关系，不同的人际关系会引起不同的情感体验。首先，人际关系在企业管理中的作用。人际关系，会影响到组织的凝聚力、工作效率、人的身心健康和个体行为。其次，企业管理和谐目标的三个层次的含义。实行人本管理，就是为了建立没有矛盾和冲突的人际和谐，达成企业成员之间的目标一致性，以实现企业成员之间的目标相容性，以形成目标期望的相容从而建立和维持和谐关系。

④ 积极开发人力资源。

人力资源开发是组织和个人发展的过程，其重点是提高人的能力，核心是开发人的潜能，所以说，人力资源开发是一个系统工程，它贯穿人力资源发展过程的始终。

二、企业文化的概念

企业文化是企业员工在较长时间内的生产经营实践中逐步形成的共有价值观、信念、行为准则及具有相应特色的行为方式、物质表现的总称。

企业文化由三个不同层次的部分组成。核心层是指价值观、信念及行为准则，通常称为企业精神；中间层是指员工的工作方式、社会方式、应付事变的方式等，通常称为企业作风；外围层是指产品设计、质量、厂容厂貌、员工服饰等，通常称为企业形象。

三、企业文化与人本管理原理的关系

企业文化是人本管理的指导思想，人本管理要把握好企业文化的科学性，两者之间的桥梁是安全，统称企业安全文化建设。

企业是社会发展经济的资本，文化是延续人类生命的精神食粮，人本管理和企业文化建设之间的关系，前者是资源而后者是摄取。所以只要把握好企业安全文化建设就是高度协调企业文化与人本管理之间的关系。

安全是生命的载体，安全意味着生命必将存在；生产是企业的生命，没有生产的企业必然失去存在的价值。我们要把握企业安全文化基本建设的方法，就应该树立正确必要的文化观；人类文化以安全为载体得以传承；文化是人类的精神灵魂。我们要把握企业安全文化基本建设的方法。

人类文化和企业文化建设同是发展生命力和发展社会文明的建设，而企业安全文化建设不同的是主要发展生产力。企业安全文化建设指的是高意识文化建设，其作用在于促进社会生产力的进一步发展以推动社会文明建设。企业安全文化基本建设是社会进步的必然趋势，是人类历史社会文明建设质的飞跃。

第二节　渔业企业文化的功能

一、免疫功能

优秀的企业文化不仅可以使企业具有免疫功能，也可以使员工具有免疫功能。它因为有正确的价值观而避免不健康的经营思想和经营方式的侵入，保证了企业机体的健康性，使企业能够茁壮成长，持久发展。

二、凝聚功能

具有优秀企业文化的企业一定是一个前景广阔、良性运行的企业，优秀的人才只有在这样的企业里才大有用武之地。

三、促进有效管理功能

通过加强企业文化建设，提高全体员工的凝聚力和积极性，进而促进企业的科学化、系统化的有效管理，提升企业的核心竞争能力，最终使企业获得持续发展的动力。

四、激励功能

优秀的企业文化是企业持续成长的动力源，它创造着企业的活力，也激发着员工的工作热情，使他们的积极性和潜能得到最大限度的发挥。企业文化的激励功能来自于企业文化本身的精神力量。

五、教育功能

一个人要成为对企业有用的人才必须经过这个企业的特定的企业化过程，这个过程就是企业文化对员工个体的教育过程。企业化的最后结果是员工的个人文化与企业文化达成一致性。

六、约束功能

企业的现实告诉我们，企业中员工的个人目标与企业的组织目标不可能完全相同，个人的价值观与企业的整体价值观也不可能绝对一致，这就决定了员工的实际行为与组织要求的行为之间必然存在着一定的差距，只不过优秀企业中的差距小些。企业文化将企业的目标、价值观和行为方式最大限度地内化为员工自己的目标、价值观和行为方式，使对员工的外在约束变成了员工的自我约束，从而达到管理的最高境界——无为而治。

七、辐射功能

企业文化的辐射途径有：第一，软件辐射，即通过企业精神、企业价值观、企业伦理等的发散与传播传递企业文化；第二，产品辐射，即企业以产品为载体对外传送企业文化；第三，人员辐射，通过广大员工的语言和行为传播企业文化；第四，媒体辐射，通过各种媒体宣传企业文化，达到辐射的目的。

八、规范企业形象功能

企业文化是通过树立良好的企业形象来提高企业的核心竞争力。企业文化是一种竞争性文化，建立企业文化的目的就是为了提高企业的核心竞争力。卓越的企业文化可以规范企业形象，使企业形象传播活动更加有效、更加快捷地深入社会公众和顾客中。

九、导向功能

企业文化规定着企业发展的战略方向，企业在选择经营领域和经营目标时，企业做什么，不做什么，以及怎么做，都是由企业文化决定的，具体地说是由企业信奉的价值观和遵循的经营宗旨决定的。这就好像一个人的人生目标和行为方式是由其人生观决定的一样。

第三节 企业文化建设

一、企业文化的再定位

优秀企业文化产生的共同的价值观、认同感，加强了员工间、部门间的沟通与协调，打破了彼此之间的障碍，对以整个企业为载体的核心能力的营造十分关键。由于企业文化中的价值观、信念等因素一旦形成，往往在一定时期内保持稳定，而企业战略、核心能力由于持续地学习、创新以及外部条件的变化，处于一种动态发展中，所以伴随着上一个阶段企业战略、核心能力的企业文化对下一阶段企业战略、核心能力的营造会有很大的影响，且在多数情况下往往是不利的。企业文化的规则限定了工作能力和企业有效运作，这要求企业内要有一支勇于变革的领导团队，能够不断更新和改变企业文化（即企业文化的再定位），为人才创造良好的工作环境，使企业文化在企业战略执行、核心能力营造中始终发挥积极的作用。

文化定位可依据以下要素进行。

① 创新与冒险，即公司在多大程度上鼓励员工创新与冒险。

② 注意细节，即公司在多大程度上是期望员工做事缜密，善于分析，注意小节。

③ 结果导向，即公司管理人员在多大程度上将注意力放在结果上，而不是强调实现这些结果的手段与过程。

④ 团队导向，即公司在多大程度上以团队而不是以个人工作来组织活动。

⑤ 人际导向，即管理决策在多大程度上会考虑到决策对公司成员的影响。

⑥ 进取心，即员工的进取心和竞争性如何。
⑦ 稳定性，即组织活动重视维持现状或者是重视成长的程度。
员工对以上七个要素的认知构成了企业文化，通过对这七大要素的界定，就可以提炼出企业的核心价值观。

二、提炼企业的核心价值观

任何组织想继续生存和获得成功，首先一定要有健全的核心价值观作为所有政策和行动的前提，而且企业成功最重要的因素是忠实地遵循这些核心价值观，如果违反这些核心理念，就必须加以改变。在进行文化定位时，关键一点是要把握自己真正相信的东西，而不是抓住其他公司定为价值观的东西，也不是外在世界认为应该是理念的东西。有了对公司文化要素的界定，就可以轻松拟订核心价值观草案了。对核心价值观的陈述可以用不同的方法，但必须简单、清楚、纯真、直接而有力。通过自上而下和自下而上反复沟通，这样，公司的核心价值观就体现出来了。

三、企业文化建设的策略化与制度化

被业界称为"海尔三部曲"的企业文化建设的流程相信都不陌生，首先是提出理念与价值观，进而推出典型人物与事件，然后是在核心价值观的指导下建立保证人物与事件不断涌现的制度与机制。如海尔提出"人人是人才"、"赛马不相马"的理念，继而推出"部长竞聘上岗"、"农民合同工当上车间主任"等案例，最后构造"人才自荐与储备系统"、"三工并存、动态转换"、"末位淘汰制"等管理机制。

四、企业文化建设对人力资源管理提出的要求

必须明确的是，企业文化的形成在很大程度上要与企业的人力资源管理相结合，才能将抽象的核心价值观通过具体的管理行为统筹起来，真正得到员工的认同，并由员工的行为传达到外界，形成在企业内、外部获得广泛认同的企业文化，真正树立公司外部形象。

具体的人力资源管理策略主要有以下几个方面。
① 将核心价值观与公司的用人标准结合起来。
人力资源部通过有目的的公关活动和广告宣传，让员工了解企业文化，特别是公司的核心价值观，并通过开发合适的测评工具，对招聘主管人员与用人部门的经理进行严格的技能培训；在制定职位"入职要求"时会请企业文化主管人员参与，保证录用与本公司文化契合程度较高的人才。在制订员工发展政策时，要明确告诉员工，公司只培养与发展那些与本公司文化契合程度较高的员工。
② 将核心价值观的要求贯彻于企业培训之中。
在公司各类培训活动中，要采用一些比较灵活的方式，如非正式活动、非正式团体、管理游戏、管理竞赛、"师傅带徒弟"等方式将公司核心价值观在这些活动中不经意地传达给员工，这样有助于营造一种强大的文化氛围，潜移默化地影响与改变员工的行为。例如联想的"入模子"。
③ 将企业文化的要求融入员工的绩效与激励之中。
在公司的绩效与激励管理体系内要将公司的价值观的内容作为考评与激励内容的一部分，具体做法是将公司核心价值观用各种职业化行为标准来具体描述，通过鼓励或反对某种行为，达到诠释公司核心价值观的目的。或者采用通用电气公司的做法。
④ 企业文化的形成要与沟通机制相结合。
通过各种灵活务实的沟通机制，可使核心价值观达到上下理解一致，从而在员工心目中

真正形成认同感。公司可以开展象征性的企业欢庆仪式、礼仪、纪念活动,也可以通过树立本公司典型的英雄人物、传奇人物,通过"树立典型"的方法,明确告诉员工提倡什么、鼓励什么,公司员工也就知道自己该怎么做了。当然这也要求所有的管理人员参与其中,并成为忠实实践公司核心价值观的表率。

同时要着手修订公司制度上与企业文化建设不相符合的部分,用公司的核心价值观来指导公司各项管理制度的修订与完善。另外,要按照公司的核心价值观的要求,花时间培训中层管理人员,从而在管理方式上作出相应改进。

通过机制与制度建设以及管理改进,新的价值观的群体意识逐步形成。企业文化建设的目标得以实现。

信息窗

獐子岛渔业 敢立潮头勇为人先

始创于 1958 年的大连獐子岛渔业集团股份有限公司,是由原獐子岛镇办渔业基础上改制发展起来的,是集海珍品育苗、水产养殖、远洋捕捞、暂养净化、食品加工、销售、国际贸易、海上运输于一体的综合性海洋食品企业。进入新世纪,獐子岛渔业进入突飞猛进的发展黄金期。企业总资产逾 19 亿元,拥有员工 4000 多名,在黄海、渤海、东海的确权海域累计近 150 万亩。公司于 2006 年在深交所上市,打造了中国农业板块第一支百元股。2007 年,獐子岛渔业成为"全球成长型公司社区"创始会员,并当选为"CCTV 年度最佳雇主"。多年来,企业在自身发展的同时还带领数万渔民共同致富,成为"农业产业化国家重点龙头企业"。已经确立了国内不可动摇的行业地位,以及日益提升的国际影响力。

为什么从一个偏远小岛走出的企业在众多的水产企业中脱颖而出,成为中国渔业的一代天骄呢?是"敢立潮头、勇为人先、创新奋进、求实发展"的企业精神,是"责任、合作、执行、感恩"的核心价值观,是不断积淀和升华的企业文化。獐子岛渔业集团的文化建设,可概括为以下几个方面。

一、开辟发展新天地

进入 21 世纪,獐子岛渔业秉承老一代獐子岛人的奋斗精神,结合现代企业发展思路,不断开拓进取,成为"中国农业产业化国家重点龙头企业",打造了中国渔业第一品牌,在资源开发、产业升级、科技创新、对外合作、市场营销、品牌建设、经营模式变革等多个领域创造了同行业中一个又一个"中国第一"。正是英雄文化的生生不息、代代相传,才使獐子岛渔业英雄辈出、荣誉满堂,一次次克服万难,一次次缔造神话,一次次完成了中国渔业的破冰之旅,将北纬 39 度这一鲜为人知的神秘地带,建设成举世瞩目的海洋牧场,缔造了中国渔业领军企业的神话。

二、打造坚实大营盘

在獐子岛渔业公司企业文化理念中,为海岛人民创造城市化条件,为所有股东、客户、员工提供增值空间始终作为企业发展的使命和宗旨。

公司为感谢员工的努力,把獐子岛渔业成功上市日,确定为"员工节",每年都举办各类庆祝活动。积极探索新农村建设的新思路,为员工营造了"工作是伙伴、生活是兄弟、技术是师徒"的和谐环境,并通过建设"学习型企业"使员工与企业共同发展、共享果实。饮水思源、回馈感恩,企业的凝聚力、向心力不断增强。许多员工为在獐子岛工作而感到幸福和自豪!这种企业和员工之间的荣辱与共、同舟共济是獐子岛渔业发展的力量源泉。

三、强势开拓新市场

獐子岛渔业充分发挥资源优势,打造北纬 39 度品牌文化。运行海珍品良种工程,深入提高产品质量;改良加工工艺,加强食品研发,丰富产品种类,建成了亚洲最大的贝类净化中心——金贝广场;食品安全体系率先与国际接轨,产品通过了美国、日本、韩国、加拿大、澳大利亚等国家及欧盟的食品安全认证；不断创新营销模式，完善国内国际市场体系，公司销售网络遍布全国70余个主要城市，"獐子岛"商标已在30个国家和地区注册，产品远销欧美及亚太地区的10多个国家，公司在中国香港、美国、加拿大、法国设立了分公司；同时，与大连大商集团、中国国家举重队、世界500强日本双日株式会社等达成强强合作，携手共赢的合作理念也得到了国内外客户及合作伙伴的一致认可。如今北纬39度品牌已成为高品质海珍品的标志和代名词，而品牌建设的成功是企业文化助推市场的结果，为企业继续巩固国内市场、拓展国际市场提供了强劲的原动力。

四、独具特色的企业文化

獐子岛成功秘诀何在？獐子岛渔业董事长说："和谐用海。"这不仅道破了企业成功的要害，而且也确定了獐子岛今后的发展方向。

獐子岛人主张融合物我，强调与自然共生共存。獐子岛商标摘取了国内水产行业首枚"中国驰名商标"，品牌价值超过10亿元；产品还通过了美国、欧盟、日本、韩国、加拿大、澳大利亚等国家和地区的食品安全认证。企业在可持续发展的同时还带领数万渔民共同致富，成为"农业产业化国家重点龙头企业"。

獐子岛推崇的"和谐用海"，就是特有的企业文化带来了人与企业、人与人之间的和谐。目前，凡是拥有獐子岛镇户籍的居民，人人都是獐子岛渔业的股民，实现了少有所依，老有所养。已经形成人人关心企业，人人关爱大海，这种潜移默化的凝聚力和亲和力，给企业带来了旺盛的活力。

为了保护生态，獐子岛渔业每年都要拿出上千万元的资金对海底进行生态恢复，包括岛上居民的生活用水、医疗用水都是处理后才排向大海，更让人记忆深刻的是渔民出海作业，在船上如厕必须用马桶，绝不允许倒入海里。在《时代之魂》电视片中可看到这样一个镜头：獐子岛渔民在出海捕捞中，把采捕上来的死贝壳全部回收上岸，以保证海底的清洁。

獐子岛渔业的发展，不仅依靠资本、技术等物质因素，还坚持以企业文化铸造企业的灵魂，形成了独具特色的精神支柱和行为导向。"和谐用海"的理念在獐子岛渔业的高速发展中起到了重要作用。

五、獐子岛渔业企业文化建设的内容

企业标志释义

深厚的文化底蕴、易于识别。龙是中国的象征，也是与世界沟通的一种特定符号，具有明显的国际性。结合鲜红的色彩，充分体现獐子岛人时刻承袭祖辈团结奋进，坚持不懈的创业精神，用激情和信念续写獐子岛走向辉煌的伟大篇章；将"獐子岛"文字进行"水围绕山"的图案化的意义，凸显了北纬39°独特的地理位置，同时，也体现了獐子岛渔业珍惜自然资源，拥护环保，感恩地球的经营理念。

企业精神

敢立潮头：始终把握世界经济脉搏

勇为人先：永远领先对手一步

创新奋进：创新是企业永恒的主题

求实发展：以扎实有效的工作寻求发展

企业核心价值观

责任、合作、执行、感恩

经营理念

> 诚信——以真诚的态度、良好的信誉开展业务
> 品质——以严谨的作风、卓越的品质服务社会
> 创新——以拼搏的精神、超前的思维谋求发展
> 员工品德标准
> 忠诚、信用、协作、勤奋、敬业

实操与思考

一、项目实训

1. 项目目标：通过对两个以上渔业企业的行为模式、规范或标准、主要价值观、哲学、规章和感觉或气氛等企业文化的几个方面的调查，更好地理解企业文化的概念、特点、内容和功能。

2. 项目任务：调查任务有如下几点内容：行为模式，例如雇员之间的称呼（姓或名）、穿着等；规范或标准，决策程序等；主要价值观、质量观等；哲学，对待客户、产品及产品服务的态度等；规章，上班时间、工休时间、社交礼仪方面的表现等；感觉或气氛，友好或疏远、紧张或轻松、创造力（创造欲望及其效果）等。

3. 项目组织：根据上述企业文化的内容再制定具体的调查内容；由教师选择确定的调查对象，选择有不同代表性的、不同类型的企业作为调查对象，以便于比较和分析。对学生进行分组，在教师指导下由各组制订调查方案，每组调查1~2个企业；在调查、分析、讨论的基础上由各组自行写出调查报告；将调查报告自制成多媒体课件，以便课堂交流。

4. 项目测评：就调查情况及其结果展开课堂汇报及交流；教师根据调查报告及课堂讨论情况给各组打分，小组得分即为组内每个学生的得分。

二、思考

背景材料分析：材料附后。

① 呼伦渔业是如何阐释企业文化的？
② 呼伦渔业的企业文化与企业的发展理念有什么关联？

背景材料：呼伦湖渔业公司企业文化

呼伦渔业企业宗旨：生态渔业，绿色渔业。

呼伦渔业企业理念：以人为本，应变创新；生态立企，科技兴业；渔业为主，多元经营；提升能力，做大做强。

呼伦渔业企业使命：实现产权多元化、生产集约化、经营开放化、产品系列化、销售网络化、管理现代化，将呼伦渔业公司建成以渔为主、多元经营、渔工贸旅综合发展的现代化企业。

呼伦渔业企业标识：

① 标识的创作灵感来源于甲骨文的"鱼"，及远古时的青铜器皿上描画的鱼纹，结合现代平面设计的艺术手法，构成了现在的标识。

② 引寓甲骨文和青铜器"鱼纹"的意义在于：

呼伦湖渔业公司深远的企业文化：

"民族的即世界的"，以民族文化的标识走向世界。

③ 标识的内在构成具有极强的哲学思维。

a. "鱼中有鱼"：引寓"你中有我，我中有你"的哲学思维，折射现代企业在竞争和发展中必然遵循的规则。

b. 互联互动：线条与线条、单元与单元之间，互相连接互相依存，互相配合，互相带动，折射现代企业的内部管理所必然遵循的规则。

　　c. 无限伸延：标识的组合线有序交织，又无限伸延，寓示企业发展的多途径和愈走愈开阔的美好前景。

　　④ 标识整体"鱼"、"人"、"湖"合一，似鱼形又似人形，又似湖水的波浪，内在的结构同样如此，多"人"字组成"多个波浪"、"多条鱼"，"多条鱼"依存多个波浪，多个"人"字寓示呼伦湖企业"人"与"湖"与渔业互相依存的关系，即与大自然和谐相处，互相哺育天然规则，只有合理利用、科学开发呼伦湖，才能依托大自然开创企业辉煌，实现呼伦湖人远大事业。

第十五章 渔业政策与法规

> **学习目标**
> 1. 了解渔业政策与法规对渔业企业的作用与意义。
> 2. 初步掌握利用相关法规维护企业与个人权益的方法与原则。
> 3. 进一步增强法纪观念,树立合法经营的理念。

案例导入

2005年5月,某地渔民在泄洪渠里放网箱养鱼。上游厂家事故性排放的污水使该网箱中所养之鱼全军覆没,损失达100万元。渔民痛心疾首,请求县渔政站查处。县渔政站认为:渔民在泄洪渠里放网箱养鱼没有办理养殖许可证,渔政站无权管理。

这里牵涉:一是工业企业污物超标排放是否违法?二是虽然办理渔业养殖许可证是渔业法所规定的内容,但是没办许可证又没有受到别人劝阻情况下的养殖产品是否可以被随意侵犯?三是渔政部门是否只保护有养殖许可证的水产品?上例只是渔业生产经营者可能会遇到的众多法律问题中的某一个而已。可以想象,一个没有法律观念、对行业法规及相关法规知之甚少或满足于一知半解的人会在渔业企业经营上一帆风顺、有所作为吗?

渔业政策涵盖了资源利用与养护、渔业结构政策与渔船管理、水产品市场、渔业关系、渔业执法以及水产养殖等方面的所有规则和机制。渔业政策与法规在渔业经济、渔业生产、保护渔业生态平衡和渔业的可持续发展中起着非常关键的作用。

第一节 渔政管理

一、渔政管理的概念

渔政管理是按照党和国家制定的渔业法规,并运用经济和行政手段,对我国所管辖范围内的渔业及一切渔业水域和水产资源进行严格的监督和管理工作。渔政管理的目的,在于保证各项渔业法规得到遵守和贯彻执行,因此又带有执法性,具有强制性。

加强渔政管理工作对贯彻执行渔业法规,维护渔业生产秩序,保护渔业水域生态环境,保障国家、集体、个人渔业权益,从而提高渔业经济效益,保证渔业生产稳定、持续增长具有重大意义。

据历史记载,我国早在殷商时代,就设有专管渔政的官吏,到了明清,渔政设施及渔政机构有了进一步的改进,1929年还制定过《渔业法》,但由于统治阶级的腐败无能,帝国主义的侵略十分猖獗,渔政管理形同虚设,实质上成为帝国主义、官僚资本主义和封建主义的御用工具。新中国成立后，党和政府十分重视渔政管理工作，在恢复和发展渔业生产的同时，建立了渔政机构，颁布了一些渔业法规。十一届三中全会以后，我国的渔政管理又向前迈进了一大步。现在的渔政管理不仅包括海洋渔业，而且包括淡水渔业；不仅包括捕捞业，而且包括养殖、增殖业；不仅保护水产资源，而且保护渔业水域生态环境；不仅维护渔场的生产秩序，而且对港口集市的水产品也加以管理；不仅对国内实行管理，还延伸到涉外渔事，维护国家权益等问题。

二、渔政管理的任务和职责

渔政管理的中心任务是：保证国家对渔业法规的贯彻执行、对资源的合理利用和保护；对内维护渔业生产的正常秩序，对外代表国家保护我国渔业权益。

渔政管理的具体职责是：

① 监督检查渔业法规的贯彻执行；
② 承办渔业登记；
③ 核发、审批渔船增减和渔业生产许可证；
④ 维护生产秩序，处理渔业纠纷；
⑤ 协助组织重大鱼汛生产，维护海上安全；
⑥ 维护水域生态环境，保护珍贵稀有水生动植物；
⑦ 监督检查国际渔业协定的执行，协助有关部门处理涉外事宜。

三、渔政机构的设置

我国的渔政机构是按照"统一领导，分级管理"的原则设置的。国家设置渔政渔港监督管理局，隶属渔业行政主管部门——农业部领导，对内、对外行使渔政监督管理权。在三个海区设立三个海区渔政管理机构，隶属农业部渔政渔港监督管理局领导。各省、自治区、直辖市以及以下的市、县基本以行政区域设置渔政监督管理机构。

农业部渔政渔港监督管理局是渔业行政执法的职能部门，主要职责是依据渔业法规，对渔业资源、渔业水域环境、渔船、渔港和渔业电讯实施监督管理，代表国家行使渔业监督管理权。其主要任务包括：监督检查渔业法规的贯彻执行，并对制定或修订渔业法规提出方案，负责维护国家渔业权益，监督执行对外渔业协定、协议；负责对渔业资源的保护、增殖和管理；组织管理渔业船舶；监督管理渔港、渔港水域的航行安全，调查处理渔业船舶海损事故；保护渔业水域的生态环境；组织管理渔业电信、导航业务；业务上领导三个海区渔政局，并主管全国渔政系统的业务建设和管理工作。

海区渔政局的主要任务是：组织领导和协调所辖海区各省、自治区、直辖市的渔政管理工作；贯彻执行国家发展渔业和保护、增殖水产资源、保护水域环境的方针、政策；根据国家颁布的渔业法规，结合渔业资源状况制定实施细则和实施方案，开展渔政管理和繁殖保护水产资源的宣传教育；监督执行我国与外国签订的渔业协定，维护我国渔业权益；负责农业部授权的新增、更新渔船的审批及渔业许可证的发放和注销；配合各地区组织协调重大的渔汛生产及外海生产，调节处理渔业生产纠纷，维护渔场秩序；配合海上安全指挥部门维护海上生产安全，协助海上抢险救助，防范自然灾害；执行国家有关无线电通信工作的方针、政策和规定；负责渔政、资源信息系统的建设和管理；组织培训渔政工作人员，提高渔政工作人员的政策水平和业务素质；执行农业部交办的任务。

地方各级渔政监督管理机构的管理范围是：沿海滩涂、浅海及定置渔业的渔场；养殖渔业；海洋机动渔船底拖网禁渔线以内的水域；本行政区内的内陆水域等。

目前，各省、自治区、直辖市分别设立了渔政、渔港、监督、渔船检验、电信等管理部门。沿海主要市、县相应地建立了渔政管理部门，内陆重点渔业市、县和一些大型湖泊、水库则设立了渔政管理机构，另外，在黑龙江、吉林、辽宁三省边界水域还设立了四个边境渔政管理站。

四、渔政管理的原则

我国的渔政管理工作实行统一领导、分级管理的原则。即滩涂、浅海、定置渔业场地和其他小型沿岸作业海域，由所在县渔政部门管理；机轮底拖网禁渔区线内海域，由所在地省、市、自治区渔政部门管理；禁渔区线外海域，由所在海区渔政部门管理；毗邻海域、跨界水面，由有关方面协商管理，或由上一级渔政管理部门管理，也可由上一级渔政部门指定的单位代为管理。内陆大中型水域由所在省、地、县渔政部门或协商指定的渔政部门管理。

五、渔政管理的范围

1. 水上监督管理

水上进行渔政管理的工具是渔政船。渔政船的职责是监督、管理生产渔船，执行水产资源繁殖保护的有关规定，维护生产秩序，处理水上作业纠纷等。对实行增养殖的渔业水域，还必须加强对亲鱼（亲虾）的保护。

2. 口岸监督管理

在沿海称口岸，在内陆水域称河口、湖口或库口的监督管理，其主要任务是：
① 对特定的渔业水域船只的管理；
② 对渔业许可证和渔具渔法的检查；
③ 处理渔业纠纷；
④ 处理违章事件等。

3. 市场监督管理

从渔业水域中所获得的水产品，最终要到市场上出售。渔船在生产过程中是否按照渔业法规中所规定的可捕标准，幼鱼比例以及使用何种渔具、渔法以取得渔获物等，都会在水产品交易市场中反映出来。实行市场监督管理，可以弥补水上监督管理和口岸监督管理的不足。

实行水上监督管理、口岸监督管理和市场监督管理相结合，做到渔政管理与公安、航运、环保、工商行政、水产供销等部门密切配合，协作支持，将会使渔政工作做得更好、更有成效。

六、渔政管理的办法

渔政管理主要是采用法律的方法。为了增强渔政管理的效果，在采用法律方法的同时，也辅之以经济方法、行政方法和思想政治教育方法。

第二节　渔　业　法　规

一、渔业法规概述

1. 渔业法规的概念和对象

渔业法规是由国家立法机关和行政机关制定并颁布，适于调整渔业经济关系和社会关系的法律规范的总和。它是部门法，也是实体法。是农业经济法的重要组成部分。

作为部门法，渔业法规的调整对象，从纵向经济关系来看，主要是各级渔业行政管理机关和经济管理部门在领导、组织、指挥、管理渔业经济组织、个体经济户过程中所发生的经济关系。从横向经济关系来看，主要是各渔业经济组织、联产承包户、个体经济户之间在生产、流通、消费、分配过程中所发生的经济关系。

实际上，渔业作为国民经济的重要组成部分，客观上与整个国民经济及其他经济部门存在着必然的经济关系。因此，渔业法规也必然地与综合经济部门法规、其他部门经济法及某些专项法存在着联系与交叉。渔业法规实际上除了包括渔业法、水产资源繁殖保护条例、渔业水质标准、渔业许可证若干问题暂行规定、渔政管理工作暂行条例等渔业部门法规外，还应包括宪法、刑法、计划法、统计法、财政法、物价法、土地法、水法、环境保护法、经济合同法以及工、商经济法和交通运输法等法规中与渔业经济活动有关联的部分。所以，渔业法规实际上是一个体系庞大的法律体系，是社会主义法制建设的重要组成部分。

2. 渔业法规的性质

法和国家一样，是阶段斗争的产物，是为统治阶级服务的。马克思主义认为，法是体现统治阶级意志，经国家制定或认可，以国家强制力保证实施的行为规则的总称，这就是法，也就是法的本质。

我国渔业法规属于社会主义法。社会主义法是在彻底摧毁旧法律体系的基础上建立和发展起来的人类社会新型的法。社会主义法是广大人民意志的体现，是由社会主义国家制定和认可，并以其强制力保证实施的行为规则的总和。我国渔业法规是由全国人民代表大会常务委员会或受其委托的国家行政机关制定颁布的，是广大劳动人民意志的反映。同时，它又是在以社会主义公有制为核心的多种劳动经济成分并存的经济制度基础上制定的，体现出它的社会主义性质。《中华人民共和国渔业法》第一章第一条规定："为了加强渔业资源的保护、增值、开发和合理利用，发展人工养殖，保障渔业生产者的合法权益，促进渔业生产的发展，适应社会主义建设和人民生活的需要，特制定本法。"鲜明而又具体地表达了我国渔业法规的社会主义性质。

3. 渔业法规的作用

（1）**渔业法规是促进我国渔业现代化的保证** 渔业是国民经济的重要经济部门，是人类取得动物蛋白的重要来源，在现代经济生活中占有极重要的位置。过去我国曾经是渔业较发达的国家之一。鸦片战争以后，帝国主义不断侵入我国渔场，加上统治阶级对渔民的残酷剥削，使我国的渔业日渐衰落，生产技术发展停滞。新中国成立前夕，我国的鱼产量已从1936 年的 150 万吨下降到 45 万吨。新中国成立以后，特别是党的十一届三中全会以后，党和国家非常重视渔业，渔业生产发展很快。但是渔业的发展仍旧面临着许多问题和困难，如：由于酷渔滥捕，使渔业资源遭到严重破坏；工业污染、围海围湖造田又给水域和生态环境带来巨大的破坏；加工储运技术及装备落后，渔获物霉变损失严重；小型渔业企业众多，分布广而散，经营管理粗放，资金规模小，应变能力差，难以适应社会主义市场经济的要求。发展渔业要有一个好的法律环境，才能保证政策顺畅、准确、迅速地落实，保证科学技术切实转化为生产力，保证投入对位准确，能迅速获得良好的社会经济效益。同时随着渔业经济的发展，渔业经济组织形式和经营方式的多样化，生产社会化程度的提高，渔业的交换关系、财产关系、金融关系、核算关系的发展，协作关系也越来越复杂，单纯依靠行政手段、经济手段来领导、组织和管理好渔业经济是不可能的，必须借助于法律，以渔业法规的强制力来保证渔业经济活动进入健康发展的良性循环，才能促使渔业现代化的早日实现。我国的渔业法规正是依据渔业现代化发展的客观需要而不断地发展、完善的。

（2）**渔业法规是渔业政策的法制化** 我国的渔业经济是在共产党和社会主义国家领导下发展的，党和国家的领导主要靠政策及法规来体现。党的政策是制定社会主义法律的基本依据，而只有通过国家的法律、法规才能使党的政策具有人人遵守的效力，具有国家的强制力,渔业法规即是规范化、法制化的渔业政策。它以相应的政策为基础,通过总结实践经验,并通过国家机关制定为法律。如:《渔业法》第一章第三条规定:"国家对渔业生产实行以养为主,养殖、捕捞、加工并举,因地制宜,各有侧重的方针……"。以及其他方面的一些规定,过去都曾是我们党和国家发展渔业的政策,通过国家机关制定为法律、法规,就具有了国家意志的属性,就可以用国家强制力保证实施。当然,不能因此把法律与政策混同起来或割裂开来,这是一定要千万注意的。

(3) 渔业法规是推动科技兴渔的保证 渔业法规作为我国社会主义国家上层建筑的重要组成部分,对社会主义渔业经济的发展起保护和促进作用。科学技术是生产力,为促进渔业现代化,渔业法规以法律的形式把更广泛地进行科学研究与实验、科技成果的推广应用,以及与之相应的提倡、鼓励、惩罚措施等固定下来,有助于科学技术与渔业发展的结合,加速渔业现代化的进程。另外,渔业法规中还包含有《渔业水质标准》等技术规划,使渔业技术标准法制化。为此,渔业法规也就成为渔业科技发展的重要保证。

(4) 渔业法规为渔业经济发展提供了良好的社会环境 渔业法规同其他法一样,它的强制力主要表现在对违法犯罪行为的打击惩罚上。渔业经济保持高速度发展,需要有一个安定的、充满活力的社会环境。渔业法规与其他法律、法规相配合,一方面为渔业各级、各类经济组织提供了稳定的纵向和横向的经济秩序;另一方面对有损于经济秩序稳定和其他违法犯罪活动强行禁止和制裁,从而为渔业经济迅速发展所需的社会环境,提供了法律保证。

我国的渔业法制建设已经走入正轨,随着社会主义市场经济的发展和繁荣,渔业法规的研究和渔业法制建设必然有更大的发展和完善。因此,这里只能简单介绍一些与渔业经济发展联系相对密切的法律和法规。鉴于我国渔业政策与法规的内容十分丰富,本章将择其要而介绍,其余的作为附录列出供参考或检索。

二、渔业法

1. 渔业法概述

渔业法是国家关于渔业的专门法律,是调整我国渔业经济领域中产生的各种经济关系和社会关系的法律规范的总和,也是由国家立法机关制定的调整渔业生产建设领域内,国家、经济组织、企业、事业单位以及公民个人之间发生的各种经济关系的法规的总的依据。渔业法是部门法,也是实体法,是我国实行以法治渔的重要法律依据。

《中华人民共和国渔业法》于1986年1月20日在六届人大十四次会议上通过,由当时国家主席李先念发布中华人民共和国主席令予以颁发,自1986年7月1日起施行。渔业法的颁布施行,使我国的渔业法制建设有了新的开端。

渔业法充分体现了以下原则。

① 积极发展内陆水面和沿海的养殖业,改造渔场环境、增殖水产资源。
② 分别按不同情况,合理规定禁渔区、禁渔期、渔船数和捕捞量。
③ 保护国家、集体和个人对水面的合法使用权和财产、物质利益。
④ 发展外海远洋渔业,实行优惠政策。
⑤ 采用先进技术,加强科学管理,提高产品质量,搞好保鲜加工,改善市场供应。
⑥ 大力保护渔业资源,规定保护对象和采捕原则。
⑦ 禁止向渔业水域排弃有害于水产资源的污染物,保护水域环境。

2. 渔业法的基本内容

《中华人民共和国渔业法》是我国最高立法机关根据《中华人民共和国宪法》规定的精神制定出的国家渔业的根本大法,具有最高权威性。1987年经国务院批准农牧渔业部颁发的渔业法实施细则,是与渔业法配套的程序法。《全国人民代表大会常务委员会关于修改

《中华人民共和国渔业法》的决定》已由中华人民共和国第九届全国人民代表大会常务委员会第十八次会议于2000年10月31日通过,自2000年12月1日起施行。根据2009年8月27日第十一届全国人民代表大会常务委员会第十次会议第三次修正,渔业法共六章五十条,主要内容如下。

渔业法在第一章"总则"中,首先阐明了本法的社会主义性质:"为了加强渔业资源的保护、增殖、开发和合理利用,发展人工养殖,保障渔业生产者的合法权益,促进渔业生产的发展,适应社会主义建设和人民生活的需要,特制定本法。"同时也是对渔业法的任务作了明确的规定。

本法的适用范围为"在中华人民共和国的内水、滩涂、领海以及中华人民共和国管辖的一切其他海域",适用对象为在上述适用范围内"从事养殖和捕捞水生生物、水生植物等渔业生产活动"。

另外,渔业法第一章中还对发展渔业科技、渔业资源保护和发展渔业生产等方面做出贡献的单位和个人的奖励进行了规定,体现了科教兴渔的思想,能促进渔业生产水平大幅度提高和加速渔业现代化的步伐。

渔业法还在总则中对国家渔业行政管理体制与职责、权限的划分作了规定,从而促进渔业行政管理法制化,强化了管理机制,提高了管理效能。

渔业法的第二章对"养殖业"做了以下规定。

首先,规定国家发展水产养殖业的方针,"国家鼓励全民所有制单位、集体所有制单位和个人充分利用适于养殖的水面、滩涂,发展养殖业。"是过去我国鼓励国家、集体、个人一起发展养殖业方针的法制化。

其次,根据生产资料所有权和经营权分离的改革精神,渔业法对水面、滩涂的所有权和使用权予以同等的法律保护。为了更好地贯彻国家发展水产养殖业的方针,充分利用好适于养殖的水面、滩涂,发展养殖业,保护水面、滩涂的所有者和使用者的合法权益,渔业法规定了水面、滩涂养殖使用证制度,并规定了养殖使用证的核发机关、对象以及对取得全民所有水面、滩涂使用权,"无正当理由使用水面、滩涂满一年的,由发放养殖使用证的机关责令限期开发使用;逾期未开发利用的,可以吊销养殖使用证"。

为保护养殖生产持续进行,渔业法对因水面、滩涂所有权和使用权发生争议调解的方法和程序作了规定。

最后,对于国家征用养殖水面、滩涂的处理依据和办法也作了规定。

关于渔业法第三章"捕捞业",有以下规定。

捕捞业是直接向渔业资源要水产品,历史的经验证明,捕捞产量一旦超过渔业资源的增殖量,就会破坏渔业资源的生态平衡,为渔业资源带来灾害性的后果。改革开放前的一段时间,由于种种原因,使我国的渔业资源受到极大的破坏,恢复资源是我国发展水产业的当务之急。"为了加强渔业资源的保护、增殖、开发和利用,"对"国家鼓励、扶持外海和远洋捕捞业的发展,合理安排内水和近海捕捞力量"这一捕捞业的发展方向加以法律规定。对从事外海、远洋捕捞业要求需经国家批准,国家对其在资金、物资、技术和税收等方面给予扶持或优惠,使我国发展捕捞业方针的贯彻得到了重要的法律与物质保证。

为合理地开发、利用内水和近海渔业资源,渔业法规定了渔业捕捞业许可证制度。规定了捕捞许可证的批准发放、使用和管理方法,以及用于从事捕捞业船舶的检验制度。

渔业法的第四章"渔业资源的增殖保护"是从加强对渔业资源的增殖和保护出发,从法律与技术上对渔业资源的管理加以规定。主要有以下几个方面。

第一,有偿使用渔业资源。

渔业资源受益单位和个人需按规定缴纳渔业资源增殖保护费。

第二，加强对渔业资源的增殖和保护。

主要包括严禁酷和竭泽而渔，强化了对保护渔业资源品种有重要经济价值的水生动物苗种、怀卵亲体的保护规定；对有害于渔业资源的水体利用、水利工程、围湖造田及水下爆破、勘探、施工作业等行为进行了法律限制；对防治水体污染也作了规定。

渔业法的第五章"法律责任"规定了违反渔业法应负的法律责任、法律监察机关及追究法律责任的程序。

保护渔业资源是渔业法的根本任务之一，破坏渔业资源除可按渔业法的规定，"没收渔获物和违法所得，处以罚款，并可以没收渔具，吊销捕捞许可证"外，情节严重的可追究刑事责任。

生产资料的所有权和经营使用权受国家保护，凡侵害渔业生产经营者财产和生产经营权，破坏渔业生产经营调价的应由渔业行政部门责令其赔偿经济损失并处以罚款；数额较大、情况严重的，要追究刑事责任。

捕捞许可证是国家加强对渔业资源增殖与保护的重要法律手段。无证私捕、违犯捕捞许可证规定滥捕以及非法转让捕捞许可证，都是违法行为，要视情节轻重给予制裁。

"渔业法"第五章还规定了行政处罚主管机关及法律程序。

渔业法的第六章"附则"，主要规定了渔业法实施细则的制定、批准的法律程序和渔业法的起效期。

3. 渔业法同其他渔业法规的关系

我国的渔业法是以《中华人民共和国宪法》规定精神为依据而制定的渔业根本大法，它体现了全中国人民关于对渔业经济管理的共同意志。渔业法作为部门法的实体法，需要具体化、程序化才能顺畅有效地施行。渔业经济、行政管理的各项条例、规定、标准、办法、实施细则等都是渔业法具体化与程序化的表现形式，反映着渔业法在渔业经济活动的各个方面、各领域的要求。因此，它们都是从属于渔业法的，它们的制定、实施与修订都必须以渔业法为依据，如果与渔业法相抵触，即为无效。

三、水产养殖质量安全管理规定

为提高养殖水产品的质量安全水平，保护渔业生态环境，促进水产养殖业的健康发展，2003年7月24日，农业部部长杜青林签发中华人民共和国农业部第31号令，发布了《水产养殖质量安全管理规定》。该规定于2003年9月1日起实施。

该规定共五章25条。

第一章总则对制定本规定的目的、应用范围、主管部门等做了说明。只要是在中华人民共和国境内从事水产养殖的单位和个人，都应当遵守本规定。农业部主管全国水产养殖质量安全管理工作；县级以上地方各级人民政府渔业行政主管部门主管本行政区域内水产养殖质量安全管理工作。国家鼓励水产养殖单位和个人发展健康养殖，减少水产养殖病害发生；控制养殖用药，保证养殖水产品质量安全；推广生态养殖，保护养殖环境。

第二章对养殖用水水质标准、监测、处理及排放都提出了具体要求。《规定》要求，水产养殖用水应当符合农业部《无公害食品海水养殖用水水质》（NY 5052—2001）或《无公害食品淡水养殖用水水质》（NY 5051—2001）等标准，禁止将不符合水质标准的水源用于水产养殖。水产养殖单位和个人应当定期监测养殖用水水质。养殖用水水源受到污染时，应当立即停止使用；确需使用的，应当经过净化处理达到养殖用水水质标准。养殖水体水质不符合养殖用水水质标准时，应当立即采取措施进行处理；经处理后仍达不到要求的，应当停止养殖活动，并向当地渔业行政主管部门报告。

第三章涉及养殖生产的主要层面。例如《规定》要求，各级渔业行政主管部门应合理规划安排养殖生产布局，科学确定养殖规模、养殖方式。从事水产养殖的单位和个人应申领养殖证，并应当填写《水产养殖生产记录》并保存至该批水产品销售后2年以上。水产养殖专业技术人员必须经过职业技能培训并获得职业资格证书方能上岗。销售的养殖水产品应符合有关标准，并附具《产品标签》提出的要求。

第四章对渔用饲料和水产养殖用药提出了具体规定，对水生生物病害防治员提出了准入要求。使用渔用饲料应当符合《饲料和饲料添加剂管理条例》和农业部《无公害食品渔用饲料安全限量》（NY 5072—2002），禁止使用无产品质量标准、无质量检验合格证、无生产许可证和产品批准文号的饲料、饲料添加剂，禁止使用变质和过期饲料。使用水产养殖药物应当符合《兽药管理条例》和农业部《无公害食品渔药使用准则》（NY 5071—2002）。使用药物的养殖水产品在休药期内不得用于人类食品消费。水产养殖单位和个人应填写《水产养殖用药记录》并保存至该批水产品全部售后2年以上，并应接受药物残留抽样检测。

只有水产养殖单位和个人认真学习并贯彻执行《水产养殖质量安全管理规定》，从保护渔业生态环境的高度出发，实行生态养殖、健康养殖，切实提高养殖水产品质量安全水平，才能促进水产养殖业持续健康地发展。

四、渔业水质标准

本标准共六章。

第一章"主题内容与适用范围"。本标准适用鱼虾类的产卵场、索饵、越冬场、洄游通道和水产增养殖区等海、淡水的渔业水域。

第二章"引用标准"。本章利用图表形式对渔业水质的理化指标进行了具体规定，对水质中放射性物质的含量也作了规定，增强了渔业水质标准的可操作性。

第三章"渔业水质要求"。本章利用图表形式从三十三项水质标准指标对渔业水域的水质进行定性的规定。标准值单项超标，即表明不能保证鱼、虾、贝正常生长繁殖，并产生危害，危害程度应参考背景值、渔业环境的调查数据及有关渔业水质基准资料进行综合评价。

第四章"渔业水质保护"。本章从防止渔业水质污染、保护渔业水质，为鱼、虾、贝、藻类水产品提供正常的生长繁殖条件出发，对可造成污染的各种废水、废液、废弃物的排放处理作了明确的规定。主要有：任何企、事业单位和个体经营者排放的工业废水、生活污水和有害废弃物，必须采取有效措施，保证最近渔业水域的水质符合本标准。未经处理的工业废水、生活污水和有害废弃物严禁直接排入鱼、虾类的产卵场、索饵场、越冬场和鱼、虾、贝、藻类的养殖场及珍贵水生动物保护区。严禁向渔业水域排放含病原体的污水；如需排放此类污水，必须经过处理和严格消毒。

第五章"标准实施"。本标准由各级渔政监督管理部门负责监督与实施，监督实施情况，定期报告同级人民政府环境保护部门。在执行国家有关污染物排放标准中，如不能满足地方渔业水质要求时，省、自治区、直辖市人民政府可制定严于国家有关污染排放标准的地方污染物排放标准，以保证渔业水质的要求，并报国务院环境保护部门和渔业行政主管部门备案。本标准以外的项目，若对渔业构成明显危害时，省级渔政监督管理部门应组织有关单位制定地方补充渔业水质标准，报省级人民政府批准，并报国务院环境保护部门和渔业行政主管部门备案。排污口所在水域形成的混合区不得影响鱼类洄游通道。

第六章"水质监测"。科学监测的方法和有效的组织制度，是保证渔业水质标准顺利实施的重要条件。本章规定：本标准各项目的监测要求，按渔业水质分析方法进行监测执行。渔业水域的水质监测工作，由各级渔政监督管理部门组织渔业环境监测站负责执行。

《渔业水质标准》是为贯彻执行中华人民共和国《环境保护法》、《水污染防治法》和《海洋环境保护法》、《渔业法》，防止和控制渔业水域水质污染，保证鱼、贝、藻类正常生长、繁殖和水产品的质量,由国家环境保护局于1989年8月12日颁布。本标准于1990年3月1日开始实施。

五、渔业许可证

渔业许可实际上是一种行政许可。它秉承着相关法律的意图,也代表着政府的意志。从行政层面来看,渔业行政的内容主要有:行政许可(例如苗种生产许可、捕捞许可、野生动物利用特许等)、行政确认(例如渔船检验、苗种产地检疫、船员考试发证、无公害认证等)、行政登记(例如渔船登记、水域滩涂养殖证等)。这里主要介绍渔业许可的一些主要内容。

1. 渔业许可证若干问题暂行规定概述

渔业许可证制度是为了加强渔业资源增殖保护管理工作,保证渔业资源得以合理开发利用,对捕捞业加强监督监察的具有法律效力的行政管理制度,是渔业管理工作的重要内容。

酷渔滥捕,对渔业资源不加限制地索取,是除水质污染外又一个渔业资源的破坏因素。为了保护渔业资源,对捕捞活动同样要加以限制。可是,为了使渔业资源迅速恢复增殖,禁止一切捕捞生产活动,一时还难以做到。首先是长期以来形成的产业结构把一大批劳动者固定在捕捞业上,全部转向新产业还存在着现在没有办法一下解决的困难。其次,发展外海、远洋捕捞业,对船只设备、资金、技术要求都很高,目前,对中小企业和个人还不可能迅速发展。另外,随着人民生活水平的不断提高,对高蛋白质食物的需求越来越大,况且,水产品还有科研、教育等特殊单位的特殊用途。所以在保护渔业资源不至于遭受进一步破坏,并稳步增殖的前提下,允许适当开发近海、内水捕捞。渔业许可证制度就是以法制的强制力,把捕捞作业严格限制在渔业资源能稳定增殖、合理利用的范围内。

本规定产生于《渔业法》颁布之前,不可能完全准确地体现渔业法规定的精神,但目前仍是我们加强渔业许可证制度管理的最可靠、最便于贯彻执行的法律依据。

2. 渔业许可证若干问题暂行规定的内容

本规定共八条,另加一个说明。

首先,阐明制定本规定的法律依据和本规定的任务作用。国务院《水产资源繁殖保护条例》第十七条规定:"应当切实加强对水产资源繁殖保护工作的管理,建立渔业许可证制度,核定渔船、渔具数量和作业类型,进行渔船登记,加强监督检查,保障对水产资源的合理利用。"

其次,规定了渔业许可证制度的使用范围与申请渔业许可证内容方面的要求。本规定的使用范围:凡从事渔业(暂不包括养殖)的单位,必须向渔政管理部门提出申请,经审查批准后,方准进行生产。从而确立了渔业许可证的法律地位与作用,为依法保护水产资源,提供了有效的技术手段。对于渔业许可证的申请,本规定要求:需书面说明使用的船名、船号、船长姓名、船舶吨位、主机马力、作业类型、作业场所、作业时间、渔业规定数量、主要捕捞对象,并要求对遵守水产资源繁殖保护的规定做出保证。能有效地限制和控制水产资源的过度捕捞,使生产者具备保护水产资源的意识和责任。

再次,规定渔业许可证的审核发放、使用管理制度和统一领导、分级管理的原则。渔业许可证制度能否起到有效保护水产资源的关键在于建立、健全渔业许可证的管理制度和原则。本规定从这个意义出发,在审查发证方面规定:对严重破坏水产资源的渔具、渔法,对机关、部队、团体、厂矿企业等非渔业生产单位,不发许可证;对海军及驻岛部队、水产科研、教育实习单位,任何捕捞只能满足自身或特定用途的需要,不得采捕水产珍品和从事渔业(捕捞)生产;农业村、组发展渔(捕捞)副业生产,也要按本规定审核批准。对渔业许可证管理方面的规定主要包括:渔业许可证必须规定有效期,保证渔政部门能根据资源状况调整捕捞量；捕捞作业必须携带渔业许可证和悬挂作业许可证标志以便于管理、检查；渔业许可证不得转让、涂改，遗失许可证应在一个月内申请补发，伪造、作弊要依法处理。对渔业许可证的审核发放，实行统一领导、分级管理的原则。规定：海洋定量作业和木帆船由所在县（市）渔政部门办理。机动渔船和内陆水域渔业由省、市、自治区水产机构渔政部门办理，或指定下级渔政部门办理。跨海区或跨省（海洋是禁渔区线内）作业必须取得有关方面的渔业许可证书。从我国香港、澳门地区及国外购入或补偿贸易、合营等引进生产渔船，应事先提出申请，并经国家水产主管部门批准后才能准许发给渔业许可证。

最后，规定各地贯彻、执行本规定时，要按照本规定结合实际情况制定具体实施办法，报上级主管部门备案。

本规定于 1979 年 12 月，由原国家水产总局颁布实施。

第三节　经济合同法与劳动合同法

一、经济合同法

1. 制定经济合同法的目的和主要内容

在我国经济生活中，生产建设、交通运输、流通、消费、科研等各个方面之间都有大量经济往来。特别是现在，除了全民所有制、集体所有制外，还有各种形式的经济联合体、个体经济及外国企业、中外合资企业等。这是一个多种经济成分并存、多层次的经济结构。我们在实行计划经济的前提下，要发挥市场调节的辅助作用，发展商品生产，各种经济关系是十分复杂的。今后，随着经济管理体制的改革，经济中的纵向和横向联系，除必要的行政办法外，大量要靠经济合同来解决。而经济合同本身有许多复杂的情况和问题，需要有一个统一遵循的法规才行。因此，迫切需要制定经济合同法，而后再依据这个法制定各种具体合同的条例和实施细则，这样，才能保证经济活动沿着社会主义道路顺利进行。这个《经济合同法草案》第一条就写明了立法的目的，是为了保护经济合同当事人的合法权益，维护社会经济秩序，提高经济效益，保证国家计划的执行，促进社会主义现代化建设的发展。

经济合同法主要规定了它的适用范围、订立经济合同的原则和形式，以及经济合同的履行、变更和解除、违反经济合同的责任、纠纷的调解或仲裁、经济合同管理的一般原则。在这个法中，还对购销、建设工程承包、加工承揽、货物运输、供用电、仓储保管、财产租赁、借款、财产保险、科技协作共十种经济合同的订立、履行、违约责任，作了比较具体的规定。

2. 经济合同法的适用范围

这个法是调整企业、农村社队、国家机关、事业单位、社会团体等法人之间的经济合同关系的。但个体经济作为国有经济、集体经济的必要补充，目前正在恢复和发展，城镇个体经营户同国有、集体经济单位的联系不断增加；随着农村生产责任制的推广，公社社员同国营、集体经济单位的经济往来也有增加；因此，送审稿中规定，个体经营户、农村社员同法人之间的经济合同关系，也须参照这个法的规定执行。

3. 经济合同与计划的关系

我国实行的是计划经济，经济合同既是使国家计划具体化和得到贯彻执行的重要形式，又是制订计划的重要依据和必要的补充。经济合同应当确保国家计划的贯彻执行。为此，这个法除了在"总则"中提出订立经济合同必须符合国家政策和计划的要求外，还在有关条文中作了具体规定，属于国家指令性计划产品和项目的经济往来，必须按国家下达的指标签订经济合同；属于国家指导性计划产品和项目的经济往来，参照国家下达的指标，结合本单位的实际情况签订经济合同。变更和解除的经济合同如涉及国家指令性计划产品或项目，应报下达该计划的主管部门批准。

4. 经济合同的责任问题

违反经济合同的责任，原则上规定由违约者承担责任。由于当事人一方的过错，造成经济合同不能履行或者不能完全履行，由有过错的一方承担违约责任，除支付违约金外，如果已给对方造成损失，还应进行赔偿，补偿违约金不足的部分。对方要求继续履行合同的，仍应继续履行，不能以赔偿金代替履约。这样规定，主要是为了确保国家计划的贯彻执行。因为我国的大量经济合同是依据国家计划签订的，不履行经济合同将影响国家计划的实现。这种实物履行原则，是社会主义经济合同法区别于资本主义经济合同法的一个重要特征。若由于上级领导机关或业务主管机关的过错，造成经济合同不能履行或者不能完全履行的，该法中规定由上级领导机关或业务主管机关承担违约责任，应先由违约方按规定向对方偿付违约金或赔偿金，再由应负责任的上级领导机关或业务主管机关负责处理。这样规定，有利于分清责任，督促领导机关和业务主管机关改进工作。

5. 经济合同的鉴证问题

经济合同是不是必须鉴证，草拟过程中有三种意见：一是实行全面鉴证，不经鉴证的经济合同无效；二是采取自愿原则，经济合同可以经鉴证，也可以不经鉴证；三是政府及有关主管部门规定必须鉴证的经济合同，只有经鉴证后方为有效。鉴于鉴证只是经济合同的一种行政管理办法，而且经济合同的面广、量大，不可能也没有必要全面鉴证，目前鉴证机构、鉴证条例等都还没有解决，还缺少一套比较行之有效的办法，马上在该法中规定了对合同实行鉴证还不成熟，不作具体规定为好。因此本法对鉴证的问题暂不作具体规定。近两年来，有些地方的经济合同管理机关对一些重要的经济合同已经负责鉴证，今后仍可根据实际的需要和可能继续进行，并注意积累经验。经济合同当事人一方要求对经济合同进行鉴证或公证的，也可以进行鉴证或公证。

6. 经济合同的仲裁问题

从我国目前处理经济合同纠纷的实践来看，必须经过仲裁裁决的案件极少，绝大多数通过调解就解决了。1979 年曾规定实行两级仲裁、两级审判，既费时又不必要。加之现在全国已建立经济审判庭 1000 多个，有能力承担审理工作。多数同志主张经济合同纠纷可以通过调解解决，但有的地方和部门已经搞起仲裁的，仍可按有关规定执行。因此，在这个法律草案中规定，发生经济合同纠纷可以提请政府规定的经济合同管理机关调解或仲裁，也可以直接向人民法院起诉。

7. 经济合同法的内容

经济合同法共七章五十七条。

二、劳动合同法

1. 劳动合同法的立法宗旨

① 以邓小平理论和"三个代表"重要思想为指导，全面贯彻落实科学发展观，从我国的国情和实际出发，坚持正确的政治方向。

② 针对现实生活中迫切需要规范的问题，明确劳动合同双方当事人的权利和义务，着眼于构建与发展和谐稳定的劳动关系，促进社会和谐。

③ 体现劳动合同法作为社会法的性质和特点，在兼顾用人单位和劳动者各自特殊利益、体现双方共同利益的前提下，重在保护劳动者的合法权益。

2. 劳动合同法的立法价值

劳动合同法的立法价值在于追求劳资双方关系的利益平衡。立法的特点是涉及各种形式用工单位和不同层次劳动者之间的利益关系，体现了各自的利益诉求。企业的用工成本和法律风险得以提高,将对企业的现行的劳动合同管理模式和人力资源管理理念形成全面的冲击和挑战,并产生深远的影响。

3. 劳动合同法内容

劳动合同法于2007年6月29日第十届全国人民代表大会常务委员会第二十八次会议通过。劳动合同法共八章九十八条。

信息窗

劳动合同无效的认定

1997年3月,某机械设备厂欲招聘一名机械设计师。王某(男,37岁)应聘后,与厂方签订了为期3年的劳动合同,未约定试用期。一个月后,厂方发现王某根本不能胜任工作,便书面通知与其解除劳动合同。王某不服,诉至劳动争议仲裁委员会,要求仲裁。经劳动争议仲裁机构调查:当时该机械设备厂因生产需要,欲招聘一名有机床设计工作经验,且掌握机床电气原理和机床维修知识的机械设计师。王某得知此事后,于是到该厂应聘。当时他自称自己完全符合该厂所提出的招聘条件,不但具有8年从事机床设计工作的经验,而且精通各种机床的电气原理和维修知识。厂方听了王某的自我介绍后,便与其签订了为期3年的劳动合同,约定的工作岗位为机械设计师。一个月后,厂方在工作中发现,王某不但不能胜任机床设计工作而且连进行该项工作的基本常识都不懂。于是,厂方便怀疑王某应聘时的自荐材料。经过调查得知,王某的自荐材料纯属虚构,他高中毕业后,一直在一家国有企业当机床维修工人,并不懂机械设计。进该机械设备厂前,他刑满释放,在社会上游荡。厂方在获悉了王某的真实情况后,决定与其解除劳动合同。

劳动争议仲裁委员会确认王某与机械设备厂订立的劳动合同无效,厂方胜诉。根据《劳动法》第18条的规定:"采取欺诈、威胁等手段订立的劳动合同"为无效劳动合同。"无效的劳动合同,从订立的时候起,就没有法律约束力。"王某为了达到与该机械设备厂签订劳动合同的目的,隐瞒了真实情况,谎称自己"具有8年从事机床设计工作经验,精通各种机床的电气原理和维修知识。"这种做法属欺诈行为,因而他与企业订立的劳动合同为无效合同。无效劳动合同,从订立时起,就没有法律约束力。

与渔业企业相关的法规名录

一、与渔业企业经营管理相关的法规名录

1. 中华人民共和国野生动物保护法序列

中华人民共和国野生动物保护法(1988年11月8日中华人民共和国第七届全国人民代表大会常务委员会第四次会议通过。2009年8月27日第十一届全国人民代表大会常务委员会第十次会议修改)

中华人民共和国自然保护区条例(1994年10月9日国务院令第167号发布,2011年1月8日国务院令第588号修改)

中华人民共和国濒危野生动植物进出口管理条例(2006年4月29日国务院令第465号)

中华人民共和国水生野生动物保护实施条例(1993年9月17日国务院国函[1993]130号批复,2011年1月8日国务院令第588号修改)

中华人民共和国水生动植物自然保护区管理办法（1997年10月17日农业部令第24号发布）

中华人民共和国水生野生动物利用特许办法（1999年6月24日农业部令第15号发布）

2. 中华人民共和国动物防疫法序列

中华人民共和国动物防疫法（1997年7月3日第八届全国人民代表大会常务委员会第二十六次会议通过 2007年8月30日第十届全国人民代表大会常务委员会第二十九次会议修订）

动物检疫管理办法（2010年1月21日农业部令2010年第6号）

执业兽医管理办法（2008年11月26日农业部令第18号）

动物诊疗机构管理办法（2008年11月26日农业部令第19号）

动物疫情报告管理办法（1999年10月19日农业部农牧发〔1999〕18号）

农业部修订并施行一二三类动物疫病病种名录（2008年12月11日农业部第1125号公告）

中华人民共和国进出境动植物检疫法（1991年10月30日第七届全国人民代表大会常务委员会第二十二次会议通过）

中华人民共和国进出境动植物检疫法实施条例（1996年12月2日国务院令第206号）

进境水生动物检验检疫管理办法（2003年4月16日国家质量监督检验检疫总局令第44号）

出境水生动物检验检疫监督管理办法（2007年8月27日国家质量监督检验检疫总局令第99号）

进出口水产品检验检疫监督管理办法（2011年1月4日国家质量监督检验检疫总局令第135号）

3. 中华人民共和国农产品质量安全法序列

中华人民共和国农产品质量安全法（2006年4月29日第十届全国人民代表大会常务委员会第二十一次会议通过）

农产品产地安全管理办法（2006年10月17日农业部令第71号）

农产品包装和标识管理办法（2006年10月17日农业部令第70号）

农产品质量安全检测机构考核办法（2007年12月12日农业部令第7号）

4. 其他相关法规

中华人民共和国物权法（2007年3月16日第十届全国人民代表大会第五次会议通过）

中华人民共和国农村土地承包法（2002年8月29日第九届全国人民代表大会常务委员会第二十九次会议通过）

中华人民共和国农村土地承包经营纠纷调解仲裁法（2009年6月27日第十一届全国人民代表大会常务委员会第九次会议通过）

农村土地承包经营权证管理办法（2003年11月14日 农业部令第33号）

中华人民共和国水污染防治法（1984年5月11日第六届全国人民代表大会常务委员会第五次会议通过 1996年5月15日第八届全国人民代表大会常务委员会第十九次会议修正 2008年2月28日第十届全国人民代表大会常务委员会第三十二次会议修订）

中华人民共和国农业法（1993年7月2日第八届全国人民代表大会常务委员会第二

次会议通过 2002年12月28日第九届全国人民代表大会常务委员会第三十一次会议修订）

中华人民共和国农业技术推广法（1993年7月2日第八届全国人民代表大会常务委员会第二次会议通过）

中华人民共和国农民专业合作社法（2006年10月31日第十届全国人民代表大会常务委员会第二十四次会议通过）

中华人民共和国安全生产法（2002年6月29日第九届全国人民代表大会常务委员会第二十八次会议通过）

中华人民共和国行政许可法（2003年8月27日第十届全国人民代表大会常务委员会第四次会议通过）

中华人民共和国行政处罚法（1996年3月17日第八届全国人民代表大会第四次会议通过，2009年8月27日第十一届全国人民代表大会常务委员会第十次会议修正）

中华人民共和国行政复议法（1999年4月29日第九届全国人民代表大会常务委员会第九次会议通过，2009年8月27日第十一届全国人民代表大会常务委员会第十次会议修正）

中华人民共和国国家赔偿法（1994年5月12日第八届全国人民代表大会常务委员会第七次会议通过。2010年4月日第十一届全国人民代表大会常务委员会第十四次会议修正）

国家赔偿费用管理条例（2011年1月17日国务院令第589号）

中华人民共和国行政复议法实施条例（2007年5月29日国务院令第499号）

中华人民共和国经济合同法（1981年12月13日第五届全国人民代表大会第四次会议通过）

中华人民共和国劳动合同法（2007年6月29日中华人民共和国第十届全国人民代表大会常务委员会第二十八次会议通过）

二、《中华人民共和国渔业法》及其配套法规规章名录

——中华人民共和国渔业法（1986年1月20日第六届全国人民代表大会常务委员会第十四次会议通过，2000年10月31日第九届全国人民代表大会常务委员会第十八次会议《关于修改〈中华人民共和国渔业法〉的决定》第一次修正，2004年8月28日第十届全国人民代表大会常务委员会第十一次会议《关于修改〈中华人民共和国渔业法〉的决定》第二次修正，2009年8月27日第十一届全国人民代表大会常务委员会第十次会议《全国人民代表大会常务委员会关于修改部分法律的决定》第三次修正）

——渔业资源增殖保护费征收使用办法（1988年10月9日国务院批准）

——农业部关于确定经济价值较高的渔业资源品种目录的通知（1989年5月30日[1989]农（渔政）字第13号发布，2007年11月8日农业部令第6号确认有效，2010年11月29日农业部第1492号公告确认有效）

——黄渤海、东海、南海区渔业资源增殖保护费征收使用暂行办法（1989年10月27日公布，1997年12月25日农业部令第39号、2001年12月10日农业部令第5号修订）

——黄渤海区对虾亲虾资源管理暂行规定（1990年11月8日发布，1997年11月25日农业部令第39号修订，2007年11月8日农业部令[2007]第6号修订）

——农业部关于禁止在公海使用大型流网作业的通知（1991年6月8日[1991]农（渔政）字第3号公布）

——长江渔业资源管理规定（1995年9月28日农渔发[1995]29号公布，2004年7月1日农业部令第38号修订）

——吕泗、长江口和舟山渔场部分海域捕捞许可管理规定（1999年2月13日农渔发〔1999〕3号公布）

中日渔业协定暂定措施水域管理暂行办法（1999年3月5日农业部令第8号公布，2004年7月1日农业部令第38号修订）

——中韩渔业协定暂定措施水域和过渡水域管理办法（2001年2月16日农业部令第47号公布，2004年7月1日农业部令第38号修订）

——渔业捕捞许可管理规定（2002年8月23日农业部令第19号发布，2004年7月1日农业部令第38号修订 2007年11月8日农业部令〔2007〕第6号修订）

——远洋渔业管理规定（2003年4月18日农业部令第27号公布，2004年7月1日农业部令第38号修订）

——渤海生物资源养护规定（2004年2月12日农业部令第34号公布，2004年7月1日农业部令第38号、2010年11月26日农业部令2010年第11号修订）

——中国水生生物资源养护行动纲要（法规2006年2月14日国务院国发〔2006〕9号文印发）

——国家重点保护经济水生动植物资源名录（第一批）（2007年12月12日农业部第948号公告）

——水生生物增殖放流管理规定（2009年3月24日农业部令〔2009〕第20号发布）

——水产种质资源保护区管理暂行办法（2011年1月5日农业部令〔2011〕第1号发布）

——水域污染事故渔业损失计算方法规定（1996年10月8日农渔发〔1996〕14号公布）

——渔业水域污染事故调查处理程序规定（1997年3月26日农业部令第13号公布）

——渔业污染事故调查鉴定资格管理办法（2000年4月12日农渔发〔2000〕7号公布，2004年7月1日农业部令第38号修订）

——水域滩涂养殖发证登记办法（2010年5月24日农业部令〔2010〕第9号发布）

——水产养殖质量安全管理规定（2003年7月24日农业部令〔2003〕第31号发布）

——水产苗种管理办法（2001年12月10日农业部令〔2001〕第4号发布，2005年1月5日农业部令〔2005〕第46号修订）

——水产原、良种审定办法（1998年3月2日农渔发〔1998〕2号印发，2004年7月1日农业部令〔2004〕第38号修订）

——水产原良种场生产管理规范（2001年2月1日农渔发〔2001〕3号）

——农业部关于"中华人民共和国渔业船舶油类记录簿"使用办法的通知（1989年6月27日〔1989〕农（渔政）字第14号公布）

——农业部关于实施《清理取缔"三无"船舶通告》有关事项的通知（1994年11月8日〔1994〕农渔发21号公布）

——中华人民共和国渔业船舶检验条例（法规2003年6月27日国务院令第383号发布）

——渔船修造厂认可办法（1994年11月28日〔1994〕农（渔检）字2号公布，2007年11月8日农业部令第6号、2010年11月26日农业部令2010年第11号修订）

——中华人民共和国渔业船舶登记办法（农业部1996年1月22日农业部农渔发〔1996〕2号文印发，1997年2月25日农业部令〔1997〕第39号修订，2004年7月1日农业部令〔2004〕第38号修订，2010年11月26日农业部令2010年第11号修订）

——渔业船舶船名规定（1998年3月2日农业部农渔发［1998］1号文发布，2007年11月8日农业部令［2007］第6号修订）

——中华人民共和国渔业行政执法船舶管理办法（2000年6月13日农业部令［2000］第33号发布）

——中华人民共和国渔港水域交通安全管理条例（法规1989年7月3日国务院令第38号发布）

——渔业船舶航行值班准则（试行）（1999年11月8日农渔发［1999］10号公布）

——中华人民共和国渔业港航监督行政处罚规定（2000年6月13日农业部令［2000］第34号发布）

——中华人民共和国船舶进出渔港签证办法（1990年1月26日农业部令［1990］第11号发布，1997年12月25日农业部令［1997］第39号修订）

——渔港费收规定（1993年10月7日［1993］农（渔政）字第15号公布）

——渔船作业避让规定（1983年9月20日农牧渔业部［83］农（管）字第28号公布，2007年11月8日农业部令第6号修订）

——中华人民共和国渔业海上交通事故调查处理规则（1991年3月5日农业部令第4号公布，1997年12月25日农业部令第39号修订）

——渔业航标管理办法（2008年4月10日农业部令第13号公布）

——中华人民共和国渔业船舶验船师资格考评管理规定（1998年12月16日农业部农渔发［1998］11号文发布，2007年11月8日［2007］农业部令第6号确认有效）

——注册验船师制度暂行规定（2005年1月26日人事部　交通部　农业部　国人部发［2006］8号文发布）

——注册验船师（渔业船舶类）资格考试认定办法（2009年11月30日人力资源和社会保障部　农业部人社部发〔2009〕151号文发布）

——农业部关于下发《海洋渔业船舶船员证书》考试发证收费标准的通知（1989年7月20日［1989］农（渔政）字第28号公布）

——中华人民共和国渔业船舶普通船员专业基础训练考核发证办法（1998年3月2日农业部农渔发〔1998〕2号发布，2004年7月1日农业部令第38号修订）

——中华人民共和国海洋渔业船员发证规定（2006年3月27日农业部令第61号发布）

——内河渔业船舶船员考试发证规则（1994年8月18日农业部农渔发［1994］11号发布，2004年7月1日农业部令第38号修订）

——渔业行政处罚规定（1998年1月5日农业部令第36号公布）

——中华人民共和国管辖海域外国人、外国船舶渔业活动管理暂行规定（1999年6月24日农业部令第18号公布，2004年7月1日农业部令第38号、2010年11月26日农业部令2010年第11号修订）

——沿海和内陆边境水域渔业执法人员制服供应办法（1996年4月16日农渔发［1996］5号公布）

——内陆水域渔业执法人员制服供应办法（1996年4月16日农渔发［1996］5号公布）

——水产品批发市场管理办法（1996年11月27日农渔发〔1996〕13号发布2007年11月8日农业部令［2007］第6号修订）

实操与思考

1. 什么是渔业法规？渔业法规的性质是什么？渔业法规具有什么作用？
2. 什么是渔业法？渔业法的基本内容是什么？
3. 什么是渔政管理？渔政管理的任务和职责是什么？
4. 简述渔政管理的方法。
5. 渔船检验法规主要包括什么内容？
6. 作为一名劳动者，我们怎样去保护好自己的合法权益。作为一个企业老板，应该怎样做才能不侵犯员工的合法权益？
7. 案例分析：材料附后。

材料1：非渔业水体污染事故究竟该由谁处理

2004年5月，某市某县生物化工有限公司A和某市农场淀粉厂酒精车间B排放超标酒精废液，致使C地发生严重水污染事故，造成D县、B所在市城北区的网箱鱼大量死亡，经济损失近百万元。事故发生后，经过环保部门现场调查取证，并根据被污染河段监测数据、水文资料进行科学分析，最终认定A为事故的主要责任人，B对该起事故也负有一定责任。

事故发生后，两企业所在地政府和环保部门对事故责任人进行了依法处理。同年8月，经过环保部门协调，受害人和责任人就污染事故损害赔偿达成协议：C地前段的损失，全部由A负责赔偿，后段污染损失由A和B按7：3的比例负责赔偿。

然而，事过近一年后，B所在市的渔政站准备跨行政区对这起污染事故再次进行处罚。2005年3月30日，该渔政站向A发出渔业污染处理通知书，拟对该公司罚款60万元，并责令赔偿天然渔业资源损失224.5万元。

A认为，事故发生后，其所在市有关行政部门已进行过处罚。

那么，"5·31"事故是否属于渔业污染事故？对同一违法事实能否进行多次处罚呢？记者就此采访了有关环保人士和律师。环保人士认为，"5·31"事故并非渔业污染事故。根据国家有关法律规定，渔业污染事故是指在国家统一规划确定可以用于养殖业的大江大河等水域内，渔业生产者获得本级人民政府根据国务院规定的具体办法核发的养殖证，合法从事渔业生产的过程中，受到环境污染损害的突发性事件。据了解，"5·31"事故发生的河段不属于国家规划确定用于养殖业的水域，受害人也没有取得养殖证。

广西律师协会环境与资源法专业委员会专家认为，法律明确了各部门处理水污染事故的类型，水环境污染事故一般由环保部门处理，当属于法律有明确规定的类型时，才由其他部门处理。比如，渔业污染事故应由渔政监督管理机构调查处理，船舶造成的污染事故由航政机关调查处理。"5·31"事故并非渔业污染事故，其他部门的调查处理就没有法律依据。另外，根据《行政处罚法》规定，对同一违法事实不能进行多次处理、处罚。去年，A所在市有关行政部门已对"5·31"事故责任人进行过处罚，渔政部门不应对这起不是渔业污染事故的水污染事故再次进行处理、处罚，而B所在市渔政站更不应该跨行政区进行处罚。

材料2：双重劳动关系仍受法律保护

张某某某企业下岗职工，与企业签订无固定期限劳动合同。下岗期间该企业仍为其缴纳各项社会保险。2006年张某被一家外企聘用，双方未签订劳动合同，口头约定试用期满后月工资2000元。2009年外企解除与张某的劳动关系，张某提出支付加班工资、未订立劳动合同支付两倍工资的要求。遭外企拒绝后，张某申请仲裁，仲裁裁决认为其与外企不存在劳动关系。张某不服，诉至法院。

法院裁决：

法院认为，张某虽系企业下岗职工，与原企业签订无固定期限劳动合同，但我国法律并不禁止劳动者具有双重劳动关系。原告下岗后到被告单位工作已经形成了事实劳动关系，且原告的双重劳动关系之间并不矛盾，劳动者与新的用人单位的劳动关系应当依法受到保护。故判决支持原告诉讼请求。

案例评析：

建立双重劳动关系是目前经济转型期职工待岗再就业中存在的较为普遍的现象，本案就涉及双重劳动关系能否同样受劳动法的保护这样一个问题。

双重劳动关系指的是劳动者与两家用人单位之间存在形式上的或事实上的劳动关系。目前法律关于非全日制劳动者建立双重劳动关系有明确的规定，即允许非全日制劳动者可以同时在两家以上用人单位工作，形成多重非全日制劳动关系。但全日制的劳动者与一家用人单位保留劳动关系，而为另一家用人单位提供劳动，能否同样受到劳动法的保护呢？笔者认为这个答案应该是肯定的。

《劳动合同法》第三十九条规定，劳动者同时与其他用人单位建立劳动关系，对完成本单位的工作任务造成严重影响，或者经用人单位提出，拒不改正的，用人单位可以与其解除劳动合同。该条明确说明在"对完成本单位的工作任务造成严重影响，或者经用人单位提出，拒不改正的"这两种情况下，用人单位可解除与其他用人单位同时建立有劳动关系劳动者的劳动关系，即规定了双重劳动关系下解除劳动关系的特殊规则。该条虽然仅是规定用人单位不同情况下行使劳动关系单方解除权的情形，但其立法意旨却显然是在承认同时建立的劳动关系均受法律保护的基础上作出的上述规定。如果同时建立的劳动关系对完成本单位的工作任务未造成严重影响，则劳动者同时与其他用人单位建立的劳动关系就可以合法存续，受到法律同等保护。因此，从该条可以明确反推出法律对双重劳动关系的认可，只是法律未进一步对后建立劳动关系的权利义务作出更加明确的规定。

那么在双重劳动关系下的劳动者与仅存在单一劳动关系下的劳动者，在解除劳动关系时享有的劳动保护能否相同呢？笔者认为，双重劳动关系下劳动者与原单位保持劳动关系，在其解除或终止与原单位的劳动关系时，可以享受养老、医疗等社会保障，以及符合法律规定的经济补偿金支付等劳动待遇；在与同时建立劳动关系的用人单位解除或终止劳动关系的情形下，同时建立劳动关系的用人单位可不再重复向其履行原单位已经履行的劳动法律责任，否则就不符合对用人单位公平保护的立法原则，也不符合我国社会保险政策，即在原单位仍为其缴纳社会保险费的情况下，新的单位（除工伤保险外）无法再重新建立社会保险关系。但劳动关系是用人单位自用工之日起与劳动者建立的，不能因劳动者享有劳动待遇的差异而被否定。只是双重劳动关系下劳动关系的解除或终止，既要依照劳动法律的规定对劳动者的劳动权益进行全方面的保护，又要整体上兼顾用人单位的劳动权益，依法平衡双重劳动关系下劳动者与用人单位之间的劳动权利和义务，实现法律追求的公平与正义。

因此，本案张某与该企业之间建立的劳动关系应属于特殊的劳动关系，其特殊性就在于后建立劳动关系的用人单位可以不为张某参加养老、医疗社会保险，但必须承担未订立劳动合同向张某支付两倍工资的法定义务；不能免除为张某依法参加工伤保险的法定义务；在提供正常劳动的情况下，必须依法支付张某工资和延长工作时间应当支付的法定的加班加点工资报酬；必须依法为张某提供安全、卫生等劳动保护。后建立劳动关系的用人单位必须与原用人单位一起全面担负起保护劳动者依法享有合法权益的法律责任。

法条参考：《中华人民共和国劳动合同法》第三十九条

劳动者有下列情形之一的，用人单位可以解除劳动合同：（四）劳动者同时与其他用人单位建立劳动关系，对完成本单位的工作任务造成严重影响，或者经用人单位提出，拒不改正的，用人单位可以与其解除劳动合同……

参 考 文 献

[1] 葛光华. 水产养殖企业经营管理. 北京：中国农业出版社，1995.
[2] 胡笑波，骆乐. 渔业经济学. 北京：中国农业出版社，2001.
[3] 潘迎宪. 渔业经济与管理学. 北京：中国农业出版社，2004.
[4] 曹少璞. 企业经营管理学. 北京：中国农业出版社，1997.
[5] 胡伟. 现代企业管理. 北京：化学工业出版社，2009.
[6] 吴键安，郭国庆，钟育赣. 市场营销学. 北京：高等教育出版社，2001.
[7] 滕铸，季敏波，程华. 现代企业管理学. 上海：上海财经大学出版社，1997.
[8] 谢强. 品牌营销. 成都：西南财经大学出版社，2007.
[9] 宗蕴璋. 质量管理. 北京：高等教育出版社，2003.
[10] 王志刚. HACCP经济学. 北京：中国农业科学技术出版社，2007.
[11] 曾忠碌. 公司战略联盟组织与运作. 北京：中国发展出版社，1999.
[12] 王维志，陈秀开. 泥鳅养殖与国际贸易. 北京：中国农业出版社，2009.
[13] 薛求知. 当代跨国公司新理论. 上海：复旦大学出版社，2007.
[14] 鲁桐. WTO与中国企业国际化. 北京：中共中央党校出版社，2002.
[15] 何畔. 战略联盟：现代企业的竞争模式. 广州：广东经济出版社，2002.
[16] 王超. 跨国战略——国际工商管理. 北京：中国对外经济贸易出版社，1999.
[17] 曾忠禄. 公司战略联盟组织与运作. 北京：中国发展出版社，1999.
[18] 秦斌. 一体化国际经营. 北京：中国发展出版社．1999.
[19] 梁能. 国际商务. 上海：上海人民出版社，1999.
[20] 车慈慧，黄科忠，罗澄岳. 实用市场营销学. 哈尔滨：哈尔滨出版社，1995.
[21] 皮埃尔·杜尚哲，贝尔纳·加雷特，李东红. 战略联盟. 北京：中国人民大学出版社，2006.
[22] 菲利普·科特勒. 市场营销管理. 亚洲版第2版. 梅清豪译. 北京：中国人民大学出版社，2002.
[23] 江苏省海洋与渔业局. 2009～2012年水产养殖主推种类、技术和模式. 渔业致富指南，2010，(3).
[24] 海南省海洋与渔业厅. 拓宽渔业资金渠道，繁荣渔业市场经济. 中国农业会计，2002，(3).
[25] 郭国防. 控制和降低水产养殖成本的关键技术. 水产科技，2007，(4).
[26] 杨光铮. 我国工业的国际竞争力及名牌战略. 内蒙古财经学院学报，2000，(1).
[27] 倪义芳，吴晓波. 世界制造业全球化的现状与趋势及我国的对策. 中国软科学，2001，(10).
[28] 曾端祥. "全球化"发展新态势与中国战略选择. 江汉大学学报，2001，(1).
[29] 余镜怀. 试论中国民族产业国际竞争力整体提高战略. 当代经济科学，2001，(5).
[30] 成思危. 经济全球化与中国的应对. 中国软科学，2001，(3).
[31] 王核成. 中国企业国际竞争力的培育. 经济理论与经济管理，2001，(4).
[32] 张海涛，蒋缨. 个性化营销：营销新纪元. 商业研究，2002，(11).
[33] 常永胜. 20世纪市场营销理论的变革与进展. 南方经济，2000，(7).
[34] 沈承颖，杨树林. 浅谈水产养殖业的成本核算及管理. 中国农业会计，2006，(8).
[35] 汲昌霖，荣超. 关于水产养殖企业成本管理问题的探讨. 渔业致富指南，2009，(16).
[36] 陈士良. 跨国战略联盟——"走出去"经营战略模式之一. 上海企业，2004，(2).
[37] 罗涛，谭春兰. 远洋捕捞企业成本核算的一般性与特殊性分析. 农业经济问题，2007，(S1).
[38] 周凌霄，王新华，陈军. 跨国战略联盟对中国企业国际化经营的借鉴. 企业研究，2002，(3).
[39] 王晋祥. 中小企业的成本管理. 山西经济管理干部学院学报，2010，(1).
[40] 杨洁涵、包特力根白乙. 创建水产品品牌战略的探索研究. 渔业经济研究，2010，(1).
[41] 秦斌. 企业间的战略联盟. 财经问题研究，1998，(3).
[42] 陈殿阁. 从竞争走向合作. 经济管理，2000，(3).
[43] 闫玉华. 水库渔业经营之路的探讨. 渔业致富指南，2007，(13).
[44] 宴国祥. 营销组合理论演变的动因分析及其对我国企业营销实践的启示. 湘潭：湘潭大学，2003，(12).
[45] 张成考. 21世纪营销组合的创新思维——4R营销组合论. 工业技术经济，2006，(4).
[46] GBT 19838—2005，水产品危害分析与关键控制点（HACCP）体系及其应用指南.
[47] 中华人民共和国卫生部令第5号，1990年11月20日. 水产品卫生管理办法.
[48] SC/T 3009—1999，水产品加工管理规范.
[49] 时庆. 中国现行管理的几点感悟. http：//blog. ceconlinebbs. com/BLOG _ ARTICLE _ 4485. HTM. 2009-09-25.
[50] 人力资源管理12大注意事项.
http：//www. xici. net/u12091331/d60550397. htm. 2010-8-31.